출판인 김언호가 만난
우리 시대의 현인들

"인간의 길
삶의 지혜를
말하다"

그해 봄날

출판인 김언호가 만난 우리 시대의 현인들

한길사

오늘도 현인들의 청정한 목소리가

책을 펴내면서 독자들에게 드리는 말씀

「생각하는 백성이라야 산다」는 함석헌 선생의 말씀은 21세기를 사는 한국인들의 가슴을 여전히 진동시킨다. 1958년 '6·25 싸움이 주는 역사적 교훈'이라는 부제를 붙인 이 글을 다시 읽으면서, 나는 함석헌 선생의 성찰에 감동한다.

"나라를 온통 들어 잿더미 시체더미로 만들었던 6·25 싸움이 일어난 지 여덟 돌이 되도록 우리는 그 뜻을 깨닫지 못하고 있다. 역사의 뜻을 깨달은 국민은 이러고 있을 리 없다. 역사적 사건이 깨달음으로 되는 순간 그것은 지혜가 되고 힘이 되는 법이다."

'생각' 없이 반듯한 삶, 나라다운 나라를 세울 수 없다고 선생은 1989년 서거할 때까지 우리들에게 말씀했다.

1976년 출판 일을 시작하면서부터 나는 '어떻게 살 것인가'를 나름 나의 책 만드는 주제로 삼고 있다. '한 권의 책'이란 한 시대의 생각과 말씀을 담아낸다. 반듯한 생각과 말씀으로 도덕적이고 정의로운 인간공동체가 구현될 것이다. 한 권의 책을 쓰고 만들고 읽는 행위는 아름다운 나라와 창조적인 사회를 가능하게 하는 필요·충분조건일 것이다.

그 70년대부터 나는 한 권의 책을 위하여 시대정신을 성찰하고 그 정신을 실천하는 현인들을 만났다. 그 만남이란 10년, 20년, 30년, 40년에 걸쳐 지속되었다. 말씀을 듣고, 토론했다. 현인들의 생각과 성찰, 정신과 이론은 책 만드는 나에겐 축복 같은 것이었다. '어떻게 살 것인가'에 대한 질문이고 대답이었다. 현인들의 말씀을 들으면서 현인들의 책을 만들어, 동시대인들과 함께 읽는 일은 생각과 인문의 축제였다. 책 만들기는 나를 각성시키고 나의 지성과 이성을 연찬시키는 과정이었다. 한 권의 책이야말로 우리들의 삶의 이치와 가치를 밝혀주는 빛이었다. 희망이었다.

되돌아보면, 내가 현인들을 만나고 책을 만들던 그 시대는 험난했다. 고단한 삶이 그 시대의 상황이고 조건이었다. 말하고 쓰는 것은 물론이고 생각하는 것조차 용인되지 않았다. 그러나 그 험난한 시대상황은 우리들의 생각을 일깨우고 심화시켰다. 시대상황을 인식하는 이론은 강고해졌다. 민주주의는 우리의 인간다운 삶을 위한 전제조건이고 실천해야 할 덕목이었다. 어깨동무하고 펼치는 우리의 운동이었다. 이 분단시대에 민족문제는 우리에게 주어지는 당위적 과제였다. 민주주의와 민족문제는 나의 책 만드는 중심주제가 되었다.

우리에게 그 엄혹한 세월, 그 겨울은 그러나 봄을 의미했다. 폭력적인 정치권력은 생각하고 각성하는 이 땅의 민족구성원들에게, 언젠가 그 겨울이 끝나고 새로운 생명이 움트는 봄이 도래한다는 믿음을 심어주었다. 그 겨울에도 우리는 희망을 이야기했다.

책을 만들면서 만난 우리 시대의 현인들, 그들의 삶과 사상은 우리의 빛나는 정신유산이다. 이 빛나는 정신유산은 공유되어야 한다. 이 민족공동체가 지향하고 구현해야 할 지혜와 가치이기 때문이다. 고단한 우리 현대사의 전개과정에서 창출된 이론과 사상이기 때문이다. 오늘을 사는 우리들에게 요구되는 도덕이고 윤리이기 때문이다.

한 출판인으로서 내가 만난 현인들의 실천적인 삶과 정신은 이미 역사가 되었다. 나는 이분들의 삶과 정신을 이 땅의 젊은이들에게 이야기해주고 싶었다. 오늘 우리의 삶은 어제의 역사로부터 기원하기 때문이다. 오늘 우리의 삶은 어제의 역사를 딛고 다시 일어설 수 있기 때문이다.

오늘도 나는 그 현인들을 만나고 있다. 그 육성을 듣는다. 이미 작고했지만 나의 가슴엔 변함없이 살아 있다. 청정한 목소리로 말씀한다.

나는 이분들이 남긴 그 정신과 그 책들과 함께, 오늘 우리는 무엇을 생각하고, 어떻게 실천해야 할 것인지를 탐구한다. 우리 민족공동체가 무엇을 지향하고 구현해야 할 것인지를 생각한다. 현인들의 '글'과 '말'과 '책'은 우리의 가슴과 머리에 살아 있는 아름다운 정신유산·문화유산임을 실감한다.

그 80년대에 베를린에서 만난 윤이상 선생은 나에게 말씀했다. "나의 음악은 내 개인의 것이 아니라 우리 조상들의 위대한 예술혼"이라고. 여기 소개하는 현인들의 말과 글, 정신과 사상은 이 민족공동체의 구성원들이 함께 지향하고 누리는 '공동선'이라는 생각을 다시 하게 된다. 험난한 시대에 함께 성취해낸 빛나는 역사이자 역사정신이 되었다.

올해로 나의 책 만들기 44년이 되었다. 여기 소개하는 현인들과 함께하는 세월이었다. 이분 저분의 이야기를 이미 쓰기도 했다. 이번에 나는 저간에 쓴 글들, 함석헌·윤이상·송건호·안병무·리영희·이이화 선생 이야기를 대폭 보완했다. 함석헌 선생을 읽고 선생의 책들과 선생을 담론하는 책 만들기가 어언 60년이 되어간다. 여기 수록되는 여러 선생님들의 이야기는 한 출판인으로서 나의 삶의 궤적이다.

이 책은 내가 쓴 것이지만, 내 개인의 것이 아니다. 우리 시대 현인들의 살아 있는 정신과 그 육성을 어떻게 하면 충실하게 전달할 수 있을지를 궁리했다. 나는 현인들의 말씀과 글을 인용하는 글쓰기 방식이 좋겠다고 생각했다. 나는 현인들의 육성을 충실히 받아 적는 기록자이자 전달자가 되자고 했다.

사진작가 황헌만 선생이 남긴 현인들의 사진은 이미 당대의 역사가 되고 있다. 황헌만 선생의 사진동행에 감사한다. 『경향신문』의 2020년 '신년기획'으로 이 책의 골격이 만들어졌다. 우리 시대 정신사의 한 줄기를 정리하는 계기를 제공해준 『경향신문』의 김석종 대표와 문화부 김광호 부장과 홍진수 차장에게 감사드린다.

한 권의 책은 공동작업이다. 한길사의 백은숙 편집주간을 비롯한 편집자·디자이너들의 '책 만들기'가 이번에도 책의 완성도를 높였다. 우리의 공동작업이 독자들에게 어떻게 수용될지, 나의 가슴은 설레기까지 한다. 독자 제현들과 함께 우리 시대 정신사가 정당하게 인식되어 반듯하게 자리 잡게 하는 한 계기가 되기를 기대한다. 한 권의 책의 문화는 독자들의 책 읽기로 완성되기 때문이다.

한길사는 1999년 주역의 대가 대산 김석진大山 金碩鎭, 1928- 선생의 『대산 주역강의』전 3권을 펴낸 바 있다. 대산 선생은 책을 펴낸 후 나에게 '경암'景巖이란 호와 기념 문장을 지어 휘호해주셨다. "좋은 책들로 아름답고 장대한 책의 산맥"을 만들라고 하셨다.

내가 펴낸 현인들의 저술들, 그 정신과 사상은 우리 시대의 지향을 밝히는 장대한 지혜의 산맥이다. 우리 민족공동체가 지향하는 큰길이다. 한길이다. 나는 이 땅의 젊은이들과 지혜의 산맥을 함께 오르고, 한길 큰길을 함께 걷고 싶다.

끝으로, 나의 이 책을 리뷰하는 '후기'를 써주신 우리 시대의 지사志士 김민웅 교수에게 감사한다. 저 80년대부터 우리는 우리 국가 사회가 필요로 하는 인문적 가치, 세상을 아름답게 만드는 책의 주제를 토론해오고 있다. 김민웅 교수의 변함없는 우정에 나는 늘 감동한다. 오늘도 이 땅의 민주주의와 사회정의의 구현을 위해 헌신하는 김 교수를 친구로 두어서 나는 행복하다. 그 용기와 열정이 참으로 아름답다.

이 책의 편집작업을 끝내고 제작에 들어갈 즈음에, 우리 시대의 현인 이이효재李李效再, 1924-2020 선생님이 서거하셨다. 연구자와 교육자로서, 민주주의 운동가와 여성운동가로서 선생님이 구현해낸 업적이 참으로 경이로움을 선생님이 서거함으로써 새삼 실감한다. 선생님의 정신과 사상, 이론과 실천은 우리의 삶에 늘 살아 있을 것이다.

나는 저 고단했던 80년대에 선생님을 만나서 희망을 이야기 들었다. 선생님은 나의 책 만드는 일을 늘 성원해주는 정신이었다. 『분단시대의 사회학』과 『제3세계의 도시화와 빈곤』 등 선생님이 펴낸 작업들은 우리 아카데미즘의 주체적이고 진보적인 이론으로 변함없는 가르침이 될 것이다. 이이효재 선생님 이야기는 다음 기회에 본격적으로 기록하고 싶다.

이번에 소개하는 현인들 말고도 기록해야 할 현인들이 참 많다. 일단 작고한 분들을 중심으로 엮었지만, 언젠가는 다른 분들도 당연히 우리 정신사·지성사에 기록되어야 할 것이다. 한 시대의 정신사·사상사는 더불어 함께 구현될 것이다.

나는 독자들에게 현인들이 남긴 이 지혜의 말씀을 큰 소리로 읽어보자고 권유하고 싶다. 같이 소리내어 읽는 낭독 프로그램을 만들고 싶다. 현인들의 육성을 몸으로 가슴으로 체험할 것이다. 나의 존재, 우리의 정신을 일으켜 세우는 음향일 것이다.

2020년 9월, 파주출판도시에서
한길사 김언호

그해 봄날

차례

2 | 진실과 정의의 이름으로

3 | 역사와 역사정신

4 | 함께 걷는 길

1 | 행동하는 양심

"생각하는 씨ᄋᆞᆯ이라야 삽니다. 씨ᄋᆞᆯ은 생각하는 것입니다.
생각 씨ᄋᆞᆯ입니다. 씨ᄋᆞᆯ의 ᄋᆞᆯ은 하늘에서 온 것입니다.
하늘의 한 얼입니다. 하늘에서 와서 우리 속에 있는 것이 ᄋᆞᆯ입니다."

__ **함석헌**

"동족상잔의 6·25전쟁은 우리 민족사상
영원한 수치이며 통한의 사건이었다.
우리는 다시 그런 죄악을 되풀이해서는 안 된다."

__ **김대중**

"지금 우리 민족의 가장 절실한 염원은 통일이다.
우리 언론은 통일을 지향해야 하고, 강한 민족의식을 가지고
민중에게 통일의식을 심어주어야 한다."

__ **송건호**

"인간은 누구나, 더욱이 진정한 지식인은 본질적으로 자유인인
까닭에 자기의 삶을 스스로 선택하고, 그 결정에 대해서 책임이
있을 뿐만 아니라 그 사회에 대해서도 책임이 있다고 믿는다."

__ **리영희**

생각하는 백성이라야 산다
다시 그리워지는 큰 사상가 함석헌 선생

5·16은 혁명이 아닙니다

"혁명은 민중의 것이다. 민중만이 혁명을 할 수 있다. 군인은 혁명 못 한다. 어떤 혁명도 민중의 전적인 찬성과 지지와 참가를 받지 않고는 혁명이 아니다. 민중을 내놓고 꾸미는 혁명은 참혁명이 아니다."

함석헌咸錫憲, 1901-1989 선생은 1961년 『사상계』 7월호에 발표한 「5·16을 어떻게 볼까」에서 5·16군사쿠데타를 통렬히 비판했다. 박정희 군부는 전국에 계엄령을 선포하고 무력 통치를 시작했다. 탱크와 총검으로 무장한 군인들이 거리와 관공서를 삼엄하게 지키고 있었다. 선생은 그런 상황을 개의치 않았다.

"정말 용기는 민중에게 맘대로 말을 시키는 사람이다. 칼을 든 것이 군인이 아니라 용기 있는 것이 군인이다. 용기는 무기를 쥠으로써 있는 것이 아니라, 능히 버림으로 시작되는 것이다. 그때 4·19는 맨주먹으로 일어났다. 이번엔 칼을 뽑았다. 그때는 믿은 것이 정의의 법칙, 너와 나 사이에 다 같이 있는 양심의 도리였지만,

이번에 믿은 것은 연알총알과 화약이었다. 그때는 민중이 감격했지만, 이번엔 감격이 없다. 그때는 대낮에 내놓고 행진을 했지만, 이번엔 밤중에 몰래 했다."

나는 그해 시골에서 중학교를 졸업하고 부산의 고등학교에 진학했다. 나는『사상계』의 이 글을 읽고 놀랐다. 문제가 될 것 같았다. 그러나 쿠데타를 일으킨 군인들도 함석헌 선생을 어떻게 하지는 못했다. 선생은 국민들과 지식인들로부터 광범한 지지를 받고 있었다.

나는 고교 시절『사상계』를 열심히 읽었다. 어려운 용어는 사전을 찾아야 했다. 함석헌 선생의 글은 밑줄 쳐가면서 읽었다.

"5·16은 혁명이 아닙니다. 그것이 혁명이라면 큰일입니다. 정신도 도리도 다 없습니다. 그 일을 만들어낸 일파와, 도둑놈의 것 나누어서 얻어먹는 추종자들은 그것을 애써 혁명이라고, 갖은 수단을 통해 변명 선전을 하지만, 적어도 이 나라에 아직 혼이 살아 있는 한 그런 것을 허락할 수 없습니다."

역사철학은『성경』에만 있지 않다
고교 3학년 봄에는 선생의『뜻으로 본 한국역사』로 교내 독후감대회에 참여하기도 했다. 책의「넷째 판에 부치는 말」에 밝힌 선생의 역사관을 다시 읽는다.

"우리 역사가 고난의 역사라는 근본 생각은 변할 리가 없지만 내게는 이제 기독교가 유일한 참종교도 아니요,『성경』만이 완전

큰 사상가 함석헌 선생은 늘 고전을 읽었다.
1980년대 초반 서재에서 고전을 읽고 있는 함석헌 선생.
선생은 우리들에게 고전을 읽어야 한다고 말씀했다.

한 진리도 아니다. 모든 종교는 따지고 들어가면 결국 하나요, 역사철학은『성경』에만 있는 것이 아니다.

　나타나는 그 형식은 그 민족을 따라 그 시대를 따라 가지가지요, 그 밝히는 정도의 차이는 있으나, 그 을 쯤이 되는 참에서는 다름이 없다는 것이다.

　여기 곁들여 내 태도를 결정하게 한 것이 세계주의와 과학주의다. 세계는 한 나라가 되어야 한다는 것, 그래서 국가주의를 내쫓아야 한다는 것이요, 독단적인 태도를 내버리고 어디까지 이성을 존중하는 자리에 서서 과학과 종교가 충돌되는 듯한 때는 과학의 편을 들어 그것을 살려주고 신앙은 그 과학 위에 서서도 성립될 수 있는 보다 높은 것을 찾아야 한다는 것이다.

　나는 이제 기독교인만 생각하고 있을 수 없다. 그들이 불신자라는 사람도 똑같이 생각하지 않으면 안 된다. 내게는 이제 믿는 자만이 뽑혀 의롭다 함을 얻어 천국 혹은 극락세계에 가서 한편 캄캄한 지옥 속에서 영원한 고통을 받는, 보다 많은 중생을 굽어보면서 즐거워하는 그런 따위 종교에 흥미를 가지지 못한다. 나는 적어도 예수나 석가의 종교는 그런 것이 아니라고 생각한다.”

역사는 새 세계관을 지어내는 풀무

　역사란 무엇인가에 대해서 많은 이론가들과 사상가들이 말한 바 있지만,『뜻으로 본 한국역사』에서 선생이 말씀하는 역사철학은 우리의 정신을 번쩍 깨어나게 한다.

　“여럿인 가운데서 될수록 하나인 것을 찾아보자는 마음, 변하는 가운데서 될수록 변하지 않는 것을 보자는 마음, 정신이 어지러운 가운데서 될수록 무슨 차례를 찾아보자는 마음, 하나를 찾는 마음, 그것이 뜻이란 것이다.

그 뜻을 찾아 얻을 때 죽었던 돌과 나무가 미美로 살아나고, 떨어졌던 과거와 현재가 진眞으로 살아나고, 서로 원수되었던 너와 나의 행동이 선善으로 살아난다. 그것이 역사를 앎이요, 역사를 봄이다.

역사를 참으로 깊이 알려면 비지땀이 흐르는 된 마음의 활동이 있어야 한다. 역사를 아는 것도 지나간 날의 천만 가지 일을 뜻도 없이 차례도 없이 그저 지저분히 머릿속에 기억해서만 되는 것이 아니라, 역사적 값어치가 있는 일을 뜻이 있게 붙잡아서만 된다.

역사란 우리 현재의 살림 속에 살아 있는, 산 과거다.

역사는 새 세계관을 지어내는 풀무다.

역사란 산 과거들의 서로서로 관계를

체계 있고 통일되게 하는 것이다.

역사란 사실과 사실이 한 개의 인간관계 고리로 맺어져 있는

한 개의 통일체다.

역사는 하나다.

하나밖에 없는 것이 역사다.

전체가 한 생명이다.”

썩어지는 씨올이라야 산다

1960년대와 1970년대 그 엄혹한 시대에 함석헌 선생은 이 나라 청년들의 희망이었다. 선생의 글을 읽고 말씀을 경청함으로써 자신의 삶과 자세를 가다듬을 수 있었다. 나는 서울에서 대학을 다니면서 늘 선생의 강연회를 갔다. 효창운동장, 서울시민회관,

대광고등학교 운동장, 명동 YWCA 강당이었다.

함석헌 선생은 1970년 4월 『씨ᄋᆞᆯ의 소리』 창간호에서 「썩어지는 씨ᄋᆞᆯ이라야 산다」를 발표한다. '4월혁명 열 돌에 되새겨보는 말'이라는 부제를 달았다.

"해마다 진달래 피는 이 4월이 오면 우리는 빛나는 혁명의 역사를 되새겨봅니다. 진달래는 과연 4·19의 좋은 상징입니다. 이 꽃이 겨울 꿈에 시든 강산을 하루아침에 피의 음악으로 깨워놓듯이, 4·19는 압박 밑에 쭈그린 씨ᄋᆞᆯ을 하루 만에 해방시켜놓았습니다.

모든 참혁명은 신비적입니다. 4·19는 정치가 아닙니다. 하나의 민족적인 서사시입니다. 종교적 감동이라 해야 할 것입니다.

5·16은 전혀 다릅니다. 일본 제국주의 사상을 거쳐서 오는 군국주의의 내림입니다. 해방 이후 창설된 우리나라 군대는 그 족보가 일본 군대에 가 닿습니다.

4·19는 여문 씨ᄋᆞᆯ이 떨어진 것이라 생각합니다. 3·1운동 이후 6·25에 이르기까지 고난 속에 부대끼는 씨ᄋᆞᆯ은 생각하고 생각했습니다. 그래서 ᄋᆞᆯ이 들었습니다. 4·19는 그 씨ᄋᆞᆯ이 얼마만큼 민주주의 정신에 여물었나를 증명해주는 것입니다. 피로 경무대 앞을 물들인 사람들만 아니라 전체 젊은이가 왼통 자기를 전체의 제단에 바친 것입니다. 5·16의 군인들같이 제 공로를 내세우고 그것을 밑천으로 한자리씩을 차지하잔 그런 생각은 그들 속에는 싹도 없었습니다.

떨어지는 것은 썩기 위해서입니다. 이제 할 일은 썩는 일입니다. 썩는 것은 그저 썩기만 위한 것이 아닙니다. 새싹을 키우기 위해서입니다. 그러기 위해서는 알갱이가 있어야 합니다. 주먹 같은 밤알도 알갱이가 없으면 소용이 없습니다. 그저 썩어버릴 뿐입니다. 그러나 알갱이가 살아 있으면 밤알은 다소 벌레가 먹었더라도 문제가 아닙니다. 자, 이제 우리 속에 알갱이가 있나 없나가 문제입니다.

알갱이는 하늘에서 받은 것입니다. 하늘 그 자체입니다. 땅에 와 있는 하늘의 말씀, 그것이 곧 알갱이입니다. 그것은 우주의 맨 첨부터 긴 역사를 통해 오늘까지 내려오는 것입니다. 씨올이 능히 땅속에 들어가 평안히 썩을 수 있는 것은 이 알갱이 때문입니다. 그 알갱이는 또 썩음을 생명으로 살려냅니다. 능히 죽는 것도 알갱이요 능히 사는 것도 알갱이입니다."

1977년 3월 17일, 함석헌 선생의 77회 생신을 맞아 서울 동숭동 흥사단 강단에서 선생의 말씀을 듣는 집회가 준비되었다. 그러나 경찰에 의해 강당은 폐쇄되었다. 우리는 아직 추위가 가시지 않은 이른 봄날 늦은 오후 흥사단 강당 밖 한길에서 선생의 말씀 「늙은이의 옛날이야기」를 들었다.

"할아버지의 할아버지다움, 할아버지의 할 일은 옛날이야기 하는 데 있습니다. 옛날이야기야말로 철학과 교훈이 들어 있습니다. 사람질 하는 이야기입니다. 옛날이야기란 무엇입니까. 그것은 먹어서 소화되어 씨올의 얼굴에 화기로 나타나는 학문·도덕·종교의 체험담입니다.

나라에 늙은이가 있어야 합니다. 인간과 민족의 종합적인 슬기와 신념을 상징하는 사상과 덕행의 인물이어야 합니다. 우리 사회에 왜 정신연령이 높은 할아버지가 없습니까? 정신 대접이 없기

함석헌 선생은 1961년 『사상계』 7월호에
「5·16을 어떻게 볼까」를 발표하고
5·16쿠데타를 강하게 비판했다.
"칼로 일어선 자는 칼로 망한다"고 말씀했다.
"군인은 혁명 못 한다!"

때문입니다. 할아버지는 동구 밖의 오래된 느티나무와 같습니다. 그늘을 만들어줍니다. 일하다가 쉬는 곳입니다. 할아버지가 아이들에게 이야기하는 곳입니다.

이 나라는 사람을 키우지 않습니다. 정치적으로 죽입니다. 이것은 개인의 문제가 아니라 한 시대 한 민족의 인격문제입니다."

8년에 걸쳐 간행된 함석헌전집 20권

1976년에 출판사를 시작한 나는 1980년, 그 '서울의 봄'부터 함석헌 선생의 전집 작업을 시작했다. 선생이 1970년부터 발행해온 『씨ᄋᆞᆯ의 소리』 편집위원이었던 안병무安炳茂, 1922-1996 · 송건호宋建鎬, 1927-2001 · 계훈제桂勳梯, 1921-1999 · 김성식金成植, 1908-1986 · 김용준金容駿, 1927-2019 · 고은高銀, 1933- · 법정法頂, 1932-2010 · 김동길金東吉, 1928- 선생이 전집의 편집위원이 되었다. 『씨ᄋᆞᆯ의 소리』는 전두환 신군부에 의해 1980년 폐간당했다.

1982년부터 출간되기 시작한 『함석헌전집』은 1988년에 전 20권으로 일단락되는데, 나는 한 출판인으로서 '함석헌 연구'에 나서는 것이었다. 원고를 찾고 정리하면서 나의 본격적인 함석헌 읽기가 시작되었다.

나는 선생님 댁을 수시로 찾았다. 도봉산을 올려다보는 쌍문동이었다. 한 시대에 우뚝 서는 사상가를 뵙고 말씀을 듣고 그 책을 만드는 일이란 참으로 행복한 일이었다.

나는 1984년 선생과 편집위원들을 모시고 선생의 조촐한 생신 잔치를 해드리기도 했다. 하루 일식을 하시는 선생님을 모시려면 이른 점심이라야 한다. 이화여대 후문 쪽에 있는 '석란'이라는 음식점에서 열린 그날의 생신점심 때 우리는 선생의 노래를 듣기도

했다. 선생은 「나의 살던 고향」을 부르셨다. 북녘에 두고 온 고향과 어머니를 그리워하면서였을 것이다.

나는 오늘도 선생님이 『씨ᄋᆞᆯ의 소리』 권두에 실었던 「씨ᄋᆞᆯ에게 보내는 편지」를 읽는다. 여행할 땐 가방에 넣어간다. 1970년부터 1980년까지 10년에 걸쳐, 시대와 역사, 인간과 삶과 도리, 문명의 살림살이를 성찰한 명문들이다. 박정희朴正熙, 1917-1979의 유신 폭정으로 숨쉬기조차 어려운 시대에 쓰여진 절창들이다.

"생각하는 씨ᄋᆞᆯ이라야 삽니다.
씨ᄋᆞᆯ은 생각하는 것입니다.
생각 씨ᄋᆞᆯ입니다.
씨ᄋᆞᆯ의 ᄋᆞᆯ은 하늘에서 온 것입니다.
하늘의 한 얼입니다.
하늘에서 와서
우리 속에 있는 것이 ᄋᆞᆯ입니다.
생각하는 것이 ᄋᆞᆯ이요
ᄋᆞᆯ은 생각하는 것입니다.
ᄋᆞᆯ은 물질 속에 와 있는 정신입니다.
유한 속에 있는 정신입니다.
유한 속에 와 있는 무한입니다.
시간 속에 와 있는 영원입니다."

흙이야말로 평화의 산물입니다

선생의 글은 경이로움이다. 시이고 음악이다. 선생의 글과 말씀은 고단한 삶을 사는 우리들을 위무하는 아름다운 정신이다.

1980년대 『함석헌전집』을 만들면서
나는 늘 선생님을 쌍문동 자택으로 방문하고
선생님의 말씀을 듣곤 했다. 선생님은 서재에서 책을 읽거나
정원에서 꽃과 나무를 손질하고 계셨다.

"흙, 씨울의 바탕인 흙이 무엇입니까.

바위가 부서진 것입니다.

바위를 부순 것이 누구입니까.

비와 바람입니다.

비와 바람은 폭력으로 바위를 부순 것 아닙니다.

부드러운 손으로 쓸고 쓸어서,

따뜻한 입김으로 불고 불어서

그것을 했습니다.

흙이야말로 평화의 산물입니다.

평화의 산물이기에 거기서 또 평화가 나옵니다.

노래와 춤이 나옵니다.

씨가 부드러운 흙 속에 떨어질 때

거기서 노래와 춤이 나옵니다.

새로 돋아나는 싹처럼

아름답고 위대한 예술이 어디 있습니까.

영웅이라는 어리석은 아이들이 치고받아

그 피와 시체로 더럽혀 놓은 역사의 동산을

다시 푸르게 갱신시킬 수 있습니다.

겸손한 자가 땅을 차지합니다."

씨울은 아이들입니다

함석헌 선생이 1974년에 쓴 「모산야우」毛山夜雨를 읽는다. "씨
울 여러분, 누렇게 익은 온 들의 나락을 바라보며 여러분의 이름
을 불러봅니다"로 시작되는 어린이 예찬이다. 선생은 천안과 온
양 사이에 있는 조그만 마을 모산에 있는 귀화고등공민학교를 맡

아 거기 어려운 집안의 아이들을 가르쳤다. 선생은 "아이들과 놀 줄 아는 정치가"를 말씀한다.

"씨올은 아이들입니다.
아이들의 심정을 알고 아이들의 말을 들을 줄 아는
어른 정치가 아닌 아이 정치가를
천하를 좀 뒤둘 줄 아는 정치가를 좀 보내주시구려!
모산의 아이들은 아이들 중에서도 아이들입니다.
집이 가난합니다.
씻어놓은 조약돌같이 반들반들한
도시의 어른의 축소판 아이들이 아닙니다.
방금 캐놓은 고구마 같은 흙냄새 나는
흙냄새 나기 때문에
하늘 냄새 나는 아이들입니다."

"내가 아이들이 좋다는 것은 그들이 내 마음의 길동무가 되기 때문"이라는 선생은 우리들에게 "밤비 소리에 귀 기울여보라"고 권유한다. "사람을 사람으로 보지 않고 오직 권력과 돈으로만 보는 정치를 아니 할 수 없겠는가"라고 세상의 사람들에게 말씀한다.

1983년 한여름이었다. 그날도 선생은 꽃삽으로 정원의 꽃과 나무를 돌봐주고 계셨다. 선생은 내게 꽃잎을 따주시면서 향기를 맡아보라 하셨다.

"천리향千里香이란 꽃인데 벌이 십 리 밖에서 날아온다 합니다."

꽃을 가꾸는 소년 같은 할아버지! 1978년 여름, 쌍문동으로 이

함석헌 선생은 박정희 정부의 '굴욕적인 한일회담'을 반대하는
운동에 나섰다. 시민들은 선생의 강연을 듣기 위해 구름처럼 몰렸다.

사오기 전의 원효로 댁을 방문했을 때도 선생은 머리에 수건을 질
끈 동여매고 정원에서 꽃과 나무를 돌봐주고 계셨다. 선생의 정원
은 꽃과 나무로 무성하고 집 안은 난으로 가득했다.

선생은 "노자老子는 물자를 아껴 쓰라고 했어요" 하셨다. 선생
은 한쪽만 인쇄된 광고 전단지를 잘라서 실로 꿰매 메모지로 사용
했다. 다음 날 강연할 내용의 요지를 기록해놓는 것이었다.

선생은 휴지 한 장 함부로 버리지 않았다. 댁에 화재가 난 적이
있는데 모서리만 탄 우리 출판사의 책들을 버리지 않고 서가에 꽂

아두는 선생이었다.

미움이 아니라 사랑으로 하는 싸움

전집 작업이 끝나갈 무렵인 1986년 8월 나는 안암동 한길사의
작은 강의실에 선생을 초청해 씨ᄋᆞᆯ과 씨ᄋᆞᆯ 사상을 말씀 듣는 특강
을 네 차례 진행했다.

"왜 씨ᄋᆞᆯ이라 하느냐? 주체성 때문입니다. 민족주의나 국수주

의를 주장하는 것 아닙니다. 국민, 신민 하면서 몇천 년 남의 살림을 살았습니다. 그러는 동안에 우리 조상의 피와 뼈가 쌓여서 된 이 땅이 온통 엉겅퀴 찔레밭이 돼버렸습니다. 우리의 주체성을 찾기 위해, 우리의 '나'를 찾기 위해, 잃었던 말을 찾아보아야 합니다. 씨ᄋᆞᆯ은 민주주의 시대를 표시합니다. 영원한 미래가 압축되어 있습니다."

씨ᄋᆞᆯ과 씨ᄋᆞᆯ 사상은 함석헌 사상의 깊이와 넓이와 높이다. 그 정신과 사상을 펼치기 위해 저 70년대에 고난을 무릅쓰고 잡지『씨ᄋᆞᆯ의 소리』를 펴냈다.

"우리 싸움은 드러내놓고 하는 싸움이어야 합니다.
폭력으로 하는 싸움이 아닙니다.
우리는 밤에 나타나는 게릴라가 아닙니다.
청천백일 아래 버젓이 어엿이 내놓고
미움이 아니라 사랑으로 하는 싸움입니다."

1981년 연초 나는 선생께 세배하러 갔다. 탁자 위에 전두환이 새해 선물로 보낸 홍삼이 놓여 있었다. 선생은 그걸 갖고 온 청와대 비서실장에게 말씀했다.
"작년 것도 저기 있는데…"
전두환은 그 전해에도 홍삼을 보냈는데, 선생은 그걸 누구에게 주기도 그렇고 버리지도 못해 선반 위에 얹어놓았던 것이다.

한길사는 전집에 이어 1990년대에는 선집 전 5권을, 다시

『함석헌전집』전 20권이 끝나갈 무렵인
1986년 8월, 나는 성북구 안암동 한길사의
작은 강의실에서 선생님의 말씀을 듣는
'독자와의 대화'를 네 차례 진행했다.
선생은 씨올과 씨올 사상에 대해 강의했다.

2000년대에는『함석헌저작집』전 30권을 펴냈다. 김영호 교수의 『함석헌사상 깊이읽기』전 3권을 한길사 창립 40주년을 기념해 2016년에 펴냈다. 동시에『함석헌선집』전 3권을 한길그레이트 북스 제148·149·150권으로 펴냈다. 김영호·윤영천·김민웅이 편하고 해설했다. 지금까지 10여 종의 함석헌 연구서를 단행본으로 펴내고 있다. 함석헌은 오늘의 나를 있게 하는 큰 선생님이다. 나뿐 아니라 우리 모두를 존재하게 하는 정신의 터전, 생각의 뿌리 같은 선생님이다. 선생의 책을 펴내서 동시대인들, 이 땅의 젊은이들에게 읽게 하는 것이 한 출판인으로서의 나의 사명이라 생각하고 있다.

6·25 싸움이 주는 역사적 교훈

함석헌 선생은 그 누구도 엄두 내지 못하는 말씀을 했다. 용기와 진리의 사상가다. 1958년「생각하는 백성이라야 산다: 6·25 싸움이 주는 역사적 교훈」에서 말씀했다.

"나라를 온통 들어 잿더미, 시체더미로 만들었던 6·25 싸움이 일어난 지 여덟 돌이 되도록 우리는 그 뜻을 깨닫지 못하고 있다. 역사의 뜻을 깨달은 국민은 이러고 있을 리 없다. 우리 맘이 언제나 답답하고, 우리 눈알이 튀어나올 듯하고, 우리 팔다리가 시들부들 늘어져만 있어 아무 노릇을 못 하고 있지 않나. 역사적 사건이 깨달음으로 되는 순간 그것은 지혜가 되고 힘이 되는 법이다."

역사의 뜻을 새기지 못하고, 역사를 반성하지 못하는 우리 모두에게 주는 큰 말씀이었다.

"남한은 북한을 소련·중공의 꼭두각시라 하고, 북한은 남한을 미국의 꼭두각시라 하니, 남이 볼 때 있는 것은 꼭두각시뿐이지 나라가 아니다. 우리는 나라 없는 백성이다. 6·25는 꼭두각시의 놀음이었다. 민중의 시대에 민중이 살았어야 할 터인데 민중이 죽었으니 남의 꼭두각시밖에 될 것 없지 않은가."

이 글로 선생은 20일 동안 감옥에 가 있어야 했다. 선생은 이보다 먼저 1956년 「전쟁과 똥」이라는 글을 썼다. 군 잡지의 요청으로 쓴 것이지만 발표되지 못하고 1962년에야 빛을 본다.

"6·25 이래 나는 전쟁과 똥이라는 생각을 하게 된다. 어느 날도 우리가 전쟁 속에서 사는 것을 잊을 수 없고, 또 어디를 가도 똥 냄새 아니 나고, 똥을 아니 보고, 똥을 아니 밟는 곳이 없기 때문이다.
본래 전쟁이란 짐승의 일이요, 똥을 싸는 짓이다. 전쟁과 똥이 꼭 같은 것인데, 왜 똥은 피하고 전쟁은 피하려 하지 않을까. 똥은 몰래 누려 하는데, 전쟁은 드러내놓고 할까. 네 나라 내 나라라는 생각을 떠나서, 군인이란 사람이 사람 죽이잔 것 아닌가. 어찌 그것이 사람이며 사람의 근본일 수 있나. 이기고 돌아왔다손 치더라도 차마 중도에서 군복 집어던지고 집으로 돌아와 통곡할 일이다. 이상에 불타는 젊은이들을 잡아다가, 제 동무를 서로 죽인 것을 자랑으로 뽐낼 만큼 인간성을 잃도록 만든 것은 어떤 놈인가."

들사람, 들사람 얼
1980년 봄, 선생은 경찰의 연금을 뚫고 서울대학교에 가서 강연했다. 중요한 강연이나 집회가 있으면 선생은 늘 연금당했다.

학생들이 강연 전날 밤 선생을 모시고 서울대로 월담해서 들어갔다. 학생회관에서 학생들과 밤을 보냈다. 이튿날 아침 선생은 아크로폴리스에 출현했다. 수천 명의 학생들이 열광했다.

"20년 만에 서울대에서 강연했소."

댁을 방문한 나에게 선생은 통쾌하다고 말씀했다. 이 땅의 학생들은 늘 선생을 보고 싶어 하고 말씀을 듣고 싶어 했지만, 20년 동안이나 서울대에 가지 못하게 했으니. 새로운 시대를 소망하는 학생들의 가슴을 뚫어준 선생은 정말 통쾌했을 것이다. '들사람'이었고 '들사람 얼'이었다.

1959년에 발표한 「들사람 얼」野人精神은 함석헌 선생의 정신과 사상을 가장 잘 보여준다. 선생은 들사람 얼을 스스로 실천하는 들사람이었다.

"사람의 삶이 싸움인 줄 모르나봐!
싸움을 주먹으로 하는 줄
무기로 하는 줄, 꾀로 하는 줄만 알고
기氣로 하고 얼로 하는 줄 모르나봐.
삶은 싸움이요 싸움은 정신이다.
그는 문화를 모른다.
체면을 아니 돌아본다.
그는 자연의 사람이요
기운의 사람이요
직관의 사람, 독립독행의 사람
아무것도 거리끼지 않는 사람
다만 한 가지 천지에 사무치는

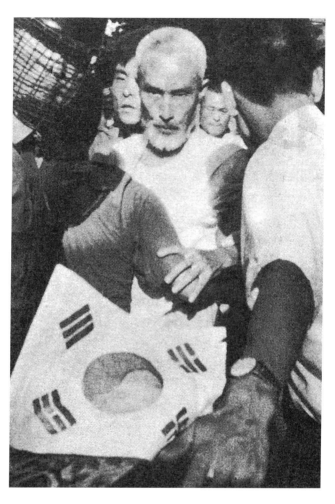

박정희 군사정권은 함석헌 선생을 두려워했다.
집회와 연설에 나가는 선생을 연금했다.
경찰의 저지를 뚫는 함석헌 선생.

얼의 소리를 들으려
모든 것을 돌아보지 않는 사람이다.
들사람이여, 옵시사!
와서 다 썩어져가는 이 가슴에
싱싱한 숨을 넣어줍시사!"

모든 이름은 깃발이다!

선생은 "모든 이름은 깃발이다"라고 하셨다. 놀라운 수사다. 선생은 큰 시인이라고 나는 생각한다. 선생은 '민중'에 대해서 이렇게 말씀하신다.

"민중은 말 때문에, 의견 때문에 사람을 버리지는 않는다.

말이야 무슨 말을 하거나, 생각이야 무슨 생각을 가졌거나, 그것 때문에 같이 살지 못할 것은 없다는 것이 민중의 맘씨다. 말과 생각 때문에 사람을 차별하고 죽이는 것은 학자·사상가·도덕가, 특히 정치가다.

그들은 힘써 이름을 내세우고 명분을 주장하지만, 사실 그들이야말로 염치없다. 더럽다, 타락이다, 업신여기면서도 그 손에서 얻어먹고 그 행렬에 끼어 가지 않나. 말은 지도指導라 하지만 사실은 따라가는 것이다. 정치가가 민중을 이끌어가는 것이 아니라 무지한 민중이 나라를 이끌어간다. 모든 이름은 다 깃발이다.

깃발을 매는 것은 민중이요, 지도자는 그것을 바라보고 있을 뿐이다. 어떤 행진에서도 깃발은 언제나 나아가는 방향과 반대로 나부끼는 법이다. 민중은 깃발을 매고 나아갈 뿐이요 바라고 가는 것은 아니다. 거기 무슨 글자를 썼거나 어디로 나부끼거나 그것은 문제가 아니다. 그것이 크게 문제가 되는 것은 저 지도자라는 사람들이다. 그것은 깃발이 문제기 때문에 역사의 행렬을 거꾸로 타고 앉아 있다.

민중은 사회의 바닥이다. 바닥이므로 타락이요 고상이요 따로 있을 여지가 없다. 타락인 줄 알지도 못하는 것이 민중이다. 구더기를 더럽다지만 더러운 것은 구더기가 아니다. 저는 속에서 똥을 내보내면서 구더기더러 똥 속에 있다고 더럽다는 사람 저 자신이 더러운 것이지. 민중은 고를 줄도, 갈 줄도 모른다.

바다 같은 것이 민중이다.

지금은 그 민중이 말을 하는 때다."

2008년 8월 15일, 나는 좀 색다른 음악회를 헤이리의 북하우스에서 열었다. 광복절을 기념하는 국악음악회였다. 나는 이날 젊은 소리꾼 민은경에게 함석헌 선생이 1966년에 쓰신 「압록강」을 판소리로 작창하여 부르게 했다. 150여 명의 관객들로부터 열띤 박수를 받았다. 1947년 어머니를 두고 고향을 떠나온 선생의 가슴 아픈 망향의 노래다. 선생의 고향은 압록강 하구 용천이다.

"압록강에 가자.

장마 걷히어 골짜기 시냇물 맑고

구름 뚫려 지평선 먼 산의 모습이 푸르기 시작하는구나.

새 가을이 온다.

내 고향 산천엘 가야지.

내 집, 공산당한테 쫓기어 내버리고 나온 내 집은

압록강가에 있다. 백두산서 시작해 천 리 넘는 길

굽이굽이 흘러온 그 강이 마침내 황해 바다로 들어가는 길.
서로 싸우는 건지
큰 가슴에 얼싸 안기는 건지 내 모르지만
밤낮을 울고 노래하고 출렁거리고 뒤흔드는 바로
그 사품에서 단물 짠물을 다 마셔가며 자라난 것이 나다.
고향이 뭐냐?
그것은 자연과 사람
흙과 생각
육과 영
개체와 전체가 하나로 되어 있는 삶이다.
거기 나 남이 없고
네 것 내 것이 없고
다스림 다스림받음이 없고
잘나고 못남이 없고
나라니 정치니 법이니 하는 아무것도 없고
하나로 조화되어
스스로 하는 삶이 있을 뿐이다.
나는 압록강의 아들이다.
내가 나고 파먹고 자라난 용천 일대가
압록강과 황해의 서로 만나는 데서 이루어진
살찐 앙금 흙인 것같이
내 생각도 그 강 그 바다 대화 속에서 얻은 것이다.
나는 지금도, 그 강가의 보금자리를 잃고 나온 지
스무 해가 되는 오늘에도 압록강 생각만 하면
내 가슴속에서 그 물결의 뛰놂과 아우성을 느낀다.

압록강에 가자. 가서 새 역사의 약속을 듣자."

우리의 가슴을 울리던 '함석헌 낭독의 밤'

2009년 2월 4일 저녁, 광화문 교보문고 본사 지하 문화이벤트 홀에서 시작된 '함석헌 낭독의 밤'은 함석헌 선생의 정신과 사상을 온몸으로 체험하는 기회가 되었다. 나는 이미 함석헌을 낭독하는 프로그램을 저작집을 진행하면서 구상하고 있었는데, 이날의 '실험'을 통해 '함석헌 낭독'의 새로운 가능성을 확인하게 되었다. 이날 낭독회에는 국민배우 최불암 선생과 원로 조각가 최만린 선생, 번역가 김석희 선생, 성공회대 김민웅 교수가 낭독에 나섰는데, 이 낭독행사는 한 달에 한 번씩 1년 동안 진행되었다. 나는 그 후에도 각계 인사가 참여하는 낭독회를 여러 차례 기획했다. 선생의 글과 말씀은 살아 있는 우리말 우리 정신이다.

1970년대 후반 나는 신문사에서 나온 뒤 선생을 뵙기 위해 원효로에 있는 댁을 방문하곤 했다. 선생은 50년대부터 70년대까지 30여 년 동안 이 작은 집에 거처하면서, 꽃과 나무를 가꿨다. 씨을들과 더불어 씨을의 사상을 펼치는 불멸의 저술들을 해내셨다.

1998년에 나는 선생의 흔적을 찾아 원효로 그 댁을 갔다. 판자로 지어진, 참으로 작은 그 집을 보고 싶었다. 나는 보존되어야 할 우리 현대사의 정신유산이라는 생각을 했다.

한때 함석헌 기념사업회가 그곳에 머물고 있었다. 기념사업회는 선생이 사시던 이 집을 서울시가 구입해서 기념물로 만들어달라고 서울시에 요청하고 있는 중이라고 했다. 그때 대통령은 김대중 선생이었고 서울시장은 고건 선생이었다. 그러나 몇 년 후에 다시 갔을 때 선생의 집은 흔적 없이 사라져버리고 연립주택이 육

2009년 광화문 교보문고 공간에서
나는 '함석헌 낭독의 밤'을 1년 동안 진행했다.
국민배우 최불암 선생도 낭독행사에 나섰다.

중하게 자리 잡고 있었다. 큰 사상가 함석헌 선생의 그 무엇을 알리는 아무것도 존재하지 않았다. 참으로 황망하고 허탈했다.

우린 이것밖에 안 되는가!

이것이 우리의 수준인가!

몇 년 전 피렌체를 여행했을 때 나는 마키아벨리Niccolò Machiavelli, 1469-1527의 고택을 방문한 적이 있다. 마키아벨리의 고택이라 해봤자 서까래 하나밖에 남아 있지 않았다. 집은 개축되었고 오직 서까래 하나만 살려놓았다. 길손을 위한 표지판에는 '마키아벨리의 고택'이라고 적혀 있었다. 그래도 한 사상가의 역사와 정신이 그것으로 살아남아 전승되고 있는 것이다.

나는 선생이 거처하던 그 판잣집의 나뭇조각 하나라도 남겨놓았다면, 그것으로라도 무얼 만들어 어딘가에 놔두면 얼마나 든든할까 했다. 콘크리트 블록이나 벽돌이라도 몇 장 보존해두었다면 이런 안타까움은 덜할 텐데.

한 시대의 정신과 사상은 저절로 만들어지지는 않을 것이다. 우리가 생각이 있는 사람들이라면 함석헌 같은 사상가를 지켜내고 배우는 일을 해야 할 것이다. 이런 사상가가 있음을 감사하고, 더 큰 우리 사상으로 만들어내야 할 것이다. 국가와 사회가 그것을 가능하도록 도와주어야 할 것이다.

생각하는 사람들이 나서야 한다. 함석헌이라는, 시대에 우뚝 서는 사상과 정신의 아이콘을 이 땅의 젊은이들에게 만들어주어야 한다. 평화운동, 같이살기 운동을 주창하고 남과 북에 통일정신을 일깨워준 시대의 스승을, 꽃과 나무와 어린이를 사랑하고 동서고금을 넘나들던 사상가를, 아름다운 우리말과 우리글을 구현해보인 시인을, 우리는 함께 만나야 한다. 우리의 정신적·사상적 유산으

赤壁賦　　蘇軾

壬戌之秋七月既望、蘇子與客泛舟遊於赤壁之下、清風徐來、水波不興、舉酒屬客、誦明月之詩、歌窈窕之章、少焉月出於東山之上、徘徊於斗牛之間、白露橫江、水光接天、縱一葦之所如、凌萬頃之茫然、浩浩乎、如馮虛御風而不知其所止、飄飄乎、如遺世獨立、羽化而登仙、於是飲酒樂甚、扣舷而歌之、歌曰、桂棹兮蘭槳、擊空明兮泝流光、渺渺兮予懷、望美人兮天一方、客有吹洞簫者、倚歌而和之、其聲嗚嗚然、如怨如慕、如泣如訴、餘音嫋嫋、不絶如縷、舞幽壑之潛蛟、泣孤舟之嫠婦、蘇子愀然、正襟危坐而問客曰、何爲其然也、客曰、月明星稀、烏鵲南飛、此非曹孟德之詩乎、西望夏口、東望武昌、山川相繆、鬱乎蒼蒼、此非孟德之困於周郞者乎、方其破荊州、下江陵、順流而東也、舳艫千里、旌旗蔽空、釃酒臨江、橫槊賦詩、固一世

함석헌 선생은 시민들에게 지속적으로 고전강의를 했다.
선생이 손수 쓴 글을 복사해 참가시민들에게
나누어주었다.

로 새롭게 구현해내야 한다.

3·1운동은 인간 역사를 꿰뚫는 윤리정신

2019년 3·1운동 100주년을 맞았다. 여러 행사들이 치러졌다. 그러나 함석헌 선생의 말씀은 3·1운동 그 정신을 우리 가슴속에 가장 큰 울림으로 각인시킨다.

"3·1정신이란 것이 따로 있는 것 아니다. 있다면 우주 인생을 꿰뚫는 정신이 있을 뿐이지. 해를 낳고 달을 낳고, 천체를 낳고, 꽃을 웃게 하고, 새를 울게 하며, 사람으로 사람이 되게 하는 그 정신이 3·1운동을 일으켰지. 민중의 산 정신이 드러난 것이다. 민중의 가슴속에 본래 언제나 있는 정신이 터져 화산처럼 불길을 뿜은 것이다.

3·1운동을 일으킨 것은 인간 역사를 꿰뚫고 있는 윤리정신 그 자체다. 생명의 맨 처음이며 끄트머리요 역사의 고갱이면서 그 살이다.

우리나라 민주주의는 3·1운동에서 시작되었다. 오늘 우리에게 부닥친 것은 남북통일 문제다. 3·1정신이 정말 있다면 3·8선이 걱정이겠느냐. 칼로 물을 쳐도 물은 또 합한다. 물같이 맑고 부드러우므로 하나되는 정신을 잃어버린 것이 걱정이지 칼이 걱정이냐.

민중은 언제나 자기를 부르는데 응하지 않는 법이 없다. 민중이 일어설 때 막을 놈이 없다. 칼이 다하는 날은 있어도 민중이 다하는 날은 없다. 민중을 주인으로 모셔야 한다. 3·1운동은 전체 민중이 주인이었다.

3·1운동이 실패가 아니냐고 하는가. 그런 소리 말라. 바다로 가는 냇물의 길은 발 앞만 보고는 모른다. 3·1운동이 아니었더라면 8·15는 없다. 분명히 기억해야 할 것은 대적을 도덕적인 인간으

로 믿고 그들의 양심에 호소하는 것이 가장 힘 있는 일이다. 믿음이 없이는 도둑의 사회도 성립하지 않고, 정의의 법칙을 지키지 않고는 무기조차 만들 수 없다. 근본되는 것은 이 우주의 윤리적인 질서를 굳게 믿음이다."

함석헌 선생은 평양고보 다니면서 스스로 3·1운동에 앞장섰고, 결국에는 학교를 그만두고 남강 이승훈南岡 李昇薰, 1864-1930 선생의 오산학교로 가게 된다.

"밭 갈고 물 길으며
자녀를 낳고 이웃을 이루며
처마 밑에는 제비가 새끼를 기르게 두고
뜰 앞에는 화초가 꽃을 키우도록 가꾸는
인간의 가슴 안에는
3·1운동을 일으킬 준비가 늘 되어 있다.
다만 그 민중을 꾀어 속이지만 말라!"

평화운동을 일으키자, 같이살기 운동을 일으키자

함석헌 선생의 가장 현실적이고 실천적인 두 정신과 사상은 평화운동과 같이살기 운동이다. 선생이 펼친 모든 글의 근원은 평화와 같이살기다. 생애에 걸쳐 선생이 생각하고 실천하려 한 것은 평화이고 같이살기다.

"지금 인간들의 공동체가 생존하느냐 공멸하느냐의 갈림길에 서 있다. 평화란 추상적이고 관념적인 슬로건이 아니다. 인류를 살리는 구체적인 대안은 오직 평화다. 평화는 생명生命이다. 절대의 명령이다. 생生은 명命이다!

씨ᄋᆞᆯ의 바탕이 평화요, 평화의 열매가 씨ᄋᆞᆯ이다. 씨ᄋᆞᆯ의 목적은 평화의 세계 이외에 있을 수 없다."

선생은 1997년 『씨ᄋᆞᆯ의 소리』 5월호에 「평화운동을 일으키자」고 쓰셨다. 장로회신학대학에서 강연한 것이었다.

"평화는 할 수 있으면 하고, 할 수 없으면 말 문제가 아니다. 가능해도 가고 불가능해도 가야 하는 길이다. 역사의 절대 명령이다. 평화 아니면 생명의 멸망이 있을 뿐이다. 이것은 믿음의 길이지, 계산의 길이 아니다.

평화운동에서 가능 불가능을 물어서는 안 된다. 당위이고 의무다. 그것을 하자는 결심이 있을 뿐이다. 평화를 할 수 있나, 그 가능성을 묻는 것은 삶이 어떤 것인지를 모르는 데서 나오는 말이다."

함석헌 선생은 "이 긴장 속에서, 이 전쟁의 위협 속에서만 평화운동은 가능하다"고 말씀했다. "평화의 나라에 평화운동 있을 수 없다"고 말씀했다.

"평화는 전쟁의 불꽃 속에서 피는 꽃이다. 삶은 죽음 속에서만 나오고, 기쁨은 근심 걱정 속에서만 나오고, 사랑은 미움과 싸움의 끝에서 나온다. 생명이 가는 길은 처음부터 언제나 그러했다. 늘 불가능의 가능이다.

그러므로 한길이라 했다. 대大인 동시에 일一이다. 삶이란 하나밖에 없는 유일의 길이요 운동이다. 그러므로 대도人道다. 대도가 곧 평화의 길이다. 여러 운동 중에 평화운동이 따로 있고 여러 길 중에 평화의 길이 따로 있는 게 아니라, 삶의 꿈틀거림이 곧 평화운동이요, 평화의 길이다."

선생은 다시 말씀한다. "평화운동은 전체 의식 없이는 될 수 없다"고. 이제라도 "민족이 다시 통일되려면 이데올로기라는 가면을 쓴 그 집단주의를 물리쳐야 한다"고. 그러려면 "남과 북의 민중 속에 강한 전체의식을 불러일으켜야" 한다고.
"평화운동은 정신운동이다!"
사회운동이나 정치운동은 겉에 나타난 제도와 조직을 변경시키는 것을 목표로 삼지만 "평화운동은 속마음의 운동"이다. 평화운동은 "신념의 길"이요, "봉사의 길"이고 "자기 희생의 길"이다.
함석헌에게 '같이살기 운동'은 인간 개개인의 실존이자, 인류 전체의 삶의 길이다. 1972년 선생은 다시 긴 글「같이살기 운동을 일으키자」를 그해 『씨ᄋ의 소리』 4월호에 발표한다. 그 어려운 시절, 선생이 우리 민족 구성원 전체에게 보내는 호소문이었다.

"민주주의니 공산주의니 하는 것이 무엇인가. 한끝에서 불이 붙어오고 있는 두 개의 단청한 서까래 아닌가. 그 집이 무너지고 그 서까래가 불이 될 때 그 둘 사이에 틀었던 네 집이 어찌 될 것이며, 그 속의 네 새끼는 어찌 될 것인가.
어서 바삐 도망해라! 그 멸망의 정치화재에서 빠져나와서 자유의 살길로 가는 것이 이 같이살기 운동이다. 너는, 너 씨ᄋ은 민족과 인류의 유전과 변화의 신비를 품은 알갱이만을 속에 품고, 알

함석헌 선생에겐 그 아무것도 거칠 것이 없었다.
진리와 생명, 평화운동과 같이살기 운동을 생각하고 말씀했다.
들사람 얼을 말씀하시는 들사람이었다.

몸으로, 모든 것을 내버리고 푸른 동산으로 도망해라! 그 동산이 같이삶의 동산이다.

나는 지금 우리가 이 다급해진 현실에서 살아나려면 어서 바삐 전체의 씨ᄋᆞᆯ이 하나 되어 일어나 힘 있게 운동을 일으켜야 한다고 생각한다. 이것이 나의 확신이다.

이것은 지금 우리가 할 수 있는 하나의 길이다. 오직 하나이기 때문에 하기만 하면 반드시 사는 길이다.

씨ᄋᆞᆯ은 참의 씨요 사랑의 ᄋᆞᆯ이다. 그것으로 살잔 것이 같이살기 운동이다. 지금은 우리가 인생을 한번 뜻 있게 써볼 만한 때다. 어떻게 쓸 것이냐? 전체를 위해 쓸 것이다."

3천만 앞에 또 한 번 부르짖는 말씀

함석헌 선생은 1964년 「3천만 앞에 또 한 번 부르짖는 말씀」을 발표한다. 그해 정월 서울 남가좌동의 어떤 아버지가 생활고에 쪼들리다 못해 세 어린 자녀를 빵에 독약을 넣어 먹여서 독살하고, 스스로도 목을 매어 자살하는 사건을 보고, 도저히 견딜 수 없어 쓴 글이다. '같이살기'란 말을 그때 처음 했다. 자살한 그 일가족 문제가 어찌 그들만의 문제냐는 말씀이었다. 이 사회가 그들을 죽이지 않았느냐고 통곡했다.

1963년 여름 선생이 외국여행에서 돌아와 세상에 대해 말씀한 글이 「3천만 앞에 울음으로 부르짖는다」였는데, 일가족 자살 사건도 같은 전체의 문제라고 생각해서 글 제목을 그렇게 붙였다.

"흙과 씨를 하나로 만드는 것이 봄비다. 그래야 싹이 튼다. 그래야 뿌리를 박는다. 분명히 하고 싶은 말은, 선善은 강제로 해서는 아니 된다는 것이다. 스스로 해서만 선이다.

씨ᄋᆞᆯ은 덤비지 않는다. 하는 것은 자기가 아니요 생명 그 자체임을 알기 때문이다. 그러기 때문에 믿는다. 믿기 때문에 평화요 즐거움이다.

씨를 심는 농부는 하늘을 믿는 마음이요 하늘을 믿기 때문에 마음이 화평하고 일하기가 즐겁다.

같이살기 운동은 반드시 이기는 길이다. 미운 사람이 없는데 어찌 아니 이기겠나. 너 나가 없는데 어찌 미운 사람이 있겠나. 가지고 싶은 마음이 없는데 무엇을 빼앗기겠나. 모든 씨ᄋᆞᆯ이 다 하나로 일어나기를 바란다."

함석헌 선생이 오늘의 우리들에게 말씀한다. "만물을 짓고 뜻을 이루어가는 것은 힘이 아니라 사랑"이라고. 선생은 큰 웅변가이지만 낮은 목소리로 말씀했다. 그러나 그 말씀은 웅장한 음향으로 우리들의 가슴을 울린다. 선생의 글과 말씀은 아름답다.

"인간이 가야 할 길은 단 하나
영원한 님의 가슴으로
뛰어드는 일입니다."

오늘 함석헌 선생의 글과 말씀을 읽을 수 있어서
우리는 행복하다.

통일은 우리의 권리이자 우리의 의무
민족통일을 준비한 위대한 정치가 김대중 선생

한 정치가의 정신과 사상을 보여주는 옥중편지

1980년 2월, 나는 김대중金大中, 1924-2009 선생의 옥중편지를 한 권의 책으로 만드는 편집·교열 작업을 진행하고 있었다. 선생은 1976년 3·1절날 명동성당에서 함석헌·윤보선尹潽善, 1897-1990·정일형鄭一亨, 1904-1982·윤반웅尹攀熊, 1910-1990·문익환文益煥, 1918-1994·안병무·문동환文東煥, 1921-2019·서남동徐南同, 1918-1984·이우정李愚貞, 1923-2002·이문영李文永, 1927-2014·문승훈文勝勳, 1939-2002·이해동李海東, 1934- ·함세웅咸世雄, 1942- 등 재야인사들과 '민주구국선언'을 발표했다. 박정희 유신권력은 이를 '대통령 긴급조치 9호 위반'으로 몰아 참여인사들을 구속했다.

김대중은 5년형을 선고받고 진주교도소에서 복역하면서 가족들에게 '옥중편지'를 내보냈고, 다시 서울대 병원의 '특별감방'에서 편지를 내보냈다. 이 편지들을 책으로 만드는 작업이었다. 험난한 시대의 고단한 정치역정을 헤쳐나가고 있는 정치가 김대중 선생의 정신과 삶의 자세를 보여주는 기록들이었다.

편집·교열 작업을 진행하면서 나는 인간 김대중의 진면을 만났다. 면벽面壁의 한계상황에서 써보낸 편지, 봉함엽서의 안팎 모든 여백에 깨알같이 적은 그 내용은 참으로 경이로웠다. 나는 그

편지글을 200자 원고지에 옮겨 적었는데, 어떤 편지는 40매나 되었다. 소식과 안부를 묻는 여느 편지가 아니었다. 편지의 형식을 빌린 한 정치가의 정치적 구상이었다. 독서하고 성찰하는 한 정치가의 역사탐구이자 문명비판이었다. 철학이고 사상이고 문학이었다. 민족과 역사 앞에 띄우는 간절한 소망이었다. 신앙고백이었다. 아내와 자식들에 대한 애틋한 사랑의 시편들이었다. 시대의 고난과 역경을 온몸에 지고, 당당하게 대처해나가는 한 인간의 용기가 아름다웠다.

"나는 매일 기도와 독서로 시간을 보내고 있습니다. 나는 오늘의 현실 속에서, 내 자신이 신념으로 택한 이 길이기 때문에, 불평과 후회 없이 조용한 마음으로 걸어나가겠습니다. 하느님의 정의가 결코 나를 버리지 않을 것이라 믿고 있습니다. 지금 살아 있는 것 자체부터 그분의 은혜가 아니고 무엇이겠습니까.

우리 국민과 마찬가지로 우리 집안도 지금 가장 힘든 도전을 받고 있습니다. 우리가 바르게 신념대로 살려는 한 피할 수 없는 운명입니다. 내가 진심으로 바라는 것은 옥중에 있는 나나, 밖에 있는 당신이나 아이들, 형제들이 이 고난의 시련을 정면으로 대하여 거기에 응전함으로써 후일 이 기간을 일생의 가장 값 있는 시절로 기억될 수 있게 하루하루를 충실히 살아가는 것입니다."

수도는 국토의 최전선에 있어야

1970년대 후반 박정희 유신정부는 행정수도를 충청도 지역으로 옮긴다는 계획을 발표했다. 옥중의 김대중은 그 같은 발상을 세계사의 예를 들면서 비판했다. '수도'란 무엇이며 수도는 '어디

한길사는 1994년 김대중 선생의
『나의 길 나의 사상』을 펴낸다. 나는 이 책에 들어갈
새 원고 「우리 민족을 말한다」를 기획했다.
고려대 강만길 교수와의 장편 대담이었다.

에' 있어야 하는지를 밝히는 그의 역사적 통찰이 나는 놀라왔다.

"베를린은 독일의 가장 동쪽에 있습니다. 10세기 이후 서구 기독교 세계의 가장 큰 위협인 러시아에 대해서 프러시아는 그 방위의 일선이었으며, 따라서 그 수도인 베를린은 통일 후에도 수도의 영광을 누렸습니다.

중국의 역대 제도帝都의 위치 역시 교훈적입니다. 주·진·한·수·당·송은 모두 북방 황하유역에 도읍했습니다. 이것은 중국에 침략해온 서융西戎·북적北狄 등에 대처해서였습니다. 베이징北京은 북방 종족에 대한 전방보루로서 청조 말까지 수도였습니다. 장제스蔣介石, 1887-1975의 국민당 정부가 만주 쪽에서 침입해오는 일본 세력을 두고도 난징南京으로 천도한 것은 이미 그 장래의 운명을 예고하는 것이었습니다.

일본 역사에서 교토京都의 문약文弱을 피하고 동북 호족의 정면에 도읍한 가마쿠라鎌倉막부나 에도德川막부는 모두 흥륭했고, 교토에 주저앉은 무로마치足利막부나 도요토미가豊臣家는 쉽게 쇠퇴했습니다. 메이지明治 이후 왕정복고를 해놓고도 적의 도읍인 에도江戸, 도쿄로 천도하여 교토의 퇴영을 피하고 서방문화의 태평양 파도 정면에 자리 잡은 것은 큰 결단이었습니다.

외국의 예에 비하면 우리나라의 그것은 너무나 대조적입니다. 신라가 통일했으면 마땅히 수도를 북으로 전진시켜 평양에 안동도호부安東都護府를 둔 당과 대결하고 함경도 전체와 평안도 태반을 차지한 발해에 대처했어야 했는데, 그런 뜻도 품지 못했습니다. 백제는 처음 광주를 수도로 정했다가 공주·부여 등 남으로 피해만 내려갔습니다."

한반도의 북쪽과 지금 만주 땅의 절반, 시베리아까지 차지한 고구려는 최초의 수도인 통구通溝에서 20대 장수왕 때 평양으로 천도했다. 역사를 읽으면서 우리는 고구려가 삼국을 통일하지 못한 것을 한스럽게 생각하지만, 멸망하기 200년 전에 저 넓은 만주보다 한반도를 중시한 고구려 지도부의 안타까운 심리상태를 김대중은 옥중편지에서 분석하고 있다.

"고려의 왕건은 고구려의 옛 땅 만주를 수복한다고 명분만 내세웠지 수도를 그 본거지인 송도로부터 평양까지 전진시키지 않았습니다. 조선은 정치·국방의 이유가 아니라 풍수설에 정신이 팔려 지관들의 혹설을 믿고 일국의 수도를 정했습니다. 우리나라의 수도는 국토의 중앙에 있어 국내행정과 집권자의 안전을 위주로 한 것이었습니다. 북쪽에서 강적이 오면 남으로 도망가고 남에서 쳐들어오면 북으로 달아났습니다.

수도는 국왕과 집권자의 편의에 의한 것이 아니라, 국토방위의 전방에서 싸우고 짓밟히고 되찾고 하는 피투성이의 투쟁 속에서 일국의 수도라는 영광과 국민의 총애를 얻게 됩니다. 불행한 분단의 결과이기는 하지만 지금 서울의 위치는 처음으로 가장 올바른 수도의 자리가 되었습니다. 한강 북쪽, 휴전선에서 불과 30여 킬로미터에 있는 수도, 여기에서 정부와 국가의 모든 지도적 인물들이 국가방위에 끊임없이 긴장하며 숨 쉬고 있을 때, 그 남쪽의 국민 믿음과 협력의 마음은 자연히 솟아오를 것입니다. 1971년에 내가 주장한 바 있지만, 지금 서울의 인구는 대폭 대전 지방으로 이주시켜야 할 것입니다. 그러나 이것은 결코 천도를 의미하는 것이 아니고 절대로 그래서도 안 될 것입니다.

우리가 역사에서 배울 것은 비단 수도뿐 아니라 민족이나 국가나 개인이나 휘몰아쳐오는 폭풍 앞에, 그 시대의 피할 수 없는 시련 앞에 감연敢然히 머리를 들이대고 가슴을 펴고, 그 도전을 받아들여 용감하고 슬기로운 응전을 한 자만이 승리하고 신의 축복의 미소를 얻을 자격이 있다는 것입니다."

정치가 김대중은 국가와 민족의 큰 미래를 전망하는 안목을 역사로부터 규명해낸다. 옥중의 성찰과 이론은 더 빛나는 것이었다. 선생의 옥중편지를 편집하면서 나는 그해 봄날을 행복하게 보내고 있었다. 그러나 전두환의 신군부는 쿠데타로 우리 모두의 희망을 짓밟았다. 나는 선생의 옥중편지 원고와 교정쇄를 장롱 깊숙이 묻어야 했다.

사형을 선고받았지만 용서하자는 옥중편지

광주항쟁에 나선 시민들을 학살한 전두환 신군부는 김대중을 '내란음모'죄로 구속한다. 민주주의를 요구하는 지식인들의 시국선언을 조력했다 해서 나도 조사받아야 했다. 우리가 펴낸 책의 대금을 받으러 광주에 들어가려고도 했지만, 총칼로 무장한 군인들의 삼엄한 경비를 뚫을 수가 없었다. 결국 옥중편지의 출간도 좌절되고 말았다.

1981년 11월 23일 전두환 신군부의 대법원은 김대중에게 사형을 선고한다. 사형선고를 받고 그가 밖으로 내보낸 편지는 우리 모두의 고통이고 슬픔이었다. 그러나 우리 모두의 희망이었다.

"예수님의 부활을 확신하는 것이 나의 믿음을 지탱하는 최대의 힘입니다. 언제나 눈을 그분에게 고정하고 결코 그분의 옷소매를 놓치지 않으려고 안간힘을 쓰고 있습니다. 그러면서 항시 '하느님이 저를 사랑하시는 것을 제가 믿습니다. 저의 현재의 환경도 주님이 주신 것이며, 주님이 보실 때 이것이 저를 위하여 최선이 아니면 허락하시지 않으셨을 것입니다. 제가 주님의 뜻하심과 앞으로의 계획하심을 알 수는 없으나 오직 주님의 사랑만을 믿고 순종하며 찬양하겠습니다'라고 기도하고 있습니다."

사형을 선고받은 아버지는 그러나 아이들에게 사랑으로 용서하자고 한다.

"사랑하는 홍걸아! 아버지는 누구도 원망하지 않고 누구도 미워하지 않는다. 우리는 우리가 죄인이기 때문에 남을, 원수조차 용서해야 한다. 용서는 하느님 앞에 가장 강한 사람만이 할 수 있다. 용서는 모든 사람과의 평화와 화해의 길이기 때문에 기쁜 마음으로 해야 한다.

하느님은 물리적인 강자가 아니다. 그분은 힘으로서는 약하고 사랑으로는 강하다. 예수의 생애가 바로 하느님의 이러한 특성을 증거하고 있다. 소비와 소유의 극대화로 행복을 성취하려는 오늘의 인류는 결국 좌절과 소외의 불행을 맞을 뿐이다. 우리의 진정한 행복은 자기 능력의 개발, 이웃에의 사랑과 봉사를 통해서만 얻을 수 있다.

사람을 대할 때 마음을 온통 열고 그를 받아들여야 한다. 나를 아낌없이 그에게 주어야 한다. 온몸으로 받고 주어 그와 하나가 되어야 한다. 그의 결함이나 계략을 눈감아주라는 말이 아니다.

박정희 군부와 전두환 신군부에 의해
김대중 선생은 6년 동안 재판받고
감옥에 있어야 했다.
온갖 유혹이 그에게 가해졌지만 이겨냈다.
"나는 국민을 배신할 수 없었다."
그는 고난을 이겨낸 승리자였다.
여기 실린 김대중 대통령의 사진들은
김대중평화센터가 제공한 것이다.

그것을 능히 보면서 온몸으로 대하고 주고받으라는 말이다."

아름다운 정신과 사상은 감옥에서 탄생한다

1970년대와 80년대 6년에 걸쳐 감옥에 있었던 김대중, 그의 옥중편지는 우리 현대사가 창출해낸 위대한 정신유산이자 빛나는 역사적 증언이다. 1970년대와 80년대에 감옥에서 보낸 편지와 부인 이희호 여사가 감옥으로 보낸 편지가 정리되어 김대중 대통령이 2009년 8월 18일 서거 한 달 후에 『옥중서신 1·2』로 간행되었다.

아름다운 정신과 사상은 감옥으로부터 탄생한다는 사실을 우리는 새삼 깨닫게 된다. 특히 그가 가족들에게 권유하는 책과 독서, 감옥으로 넣어 달라는 책들을 통해 우리는 '독서가 김대중'을 만나게 된다. 위대한 독서가이기에 그는 위대한 경세가이자 정치 지도자가 될 수 있었을 것이다. 그의 옥중편지들을 통해 우리는 이 민족공동체가 무엇을 지향해야 하는지를 인식하게 될 뿐 아니라 그가 읽는 책들을 통해 그의 사상의 넓이와 깊이를 알게 된다.

가족들에게 영치해 달라는 책은 참으로 다양했다. 역사·철학·사상·종교·사회에 두루 걸치는 책들이었다. 토인비의 『역사의 연구』, 라이샤워·페어뱅크의 『동양문화사』, 칸트의 『순수이성비판』 『실천이성비판』 『도덕형이상학』, 러셀의 『서양철학사』, 플라톤의 『대화』, 슈페터의 『자본주의·민주주의·사회주의』, 짐멜의 『사회학』이 그 책들이다. 『논어』 『맹자』 『장자』 『시경』 『산해경』 『손자』 『위지동이전』, 원효의 『대승기신론소』 『화엄경소』 『금강삼매경론소』, 율곡의 『성학집요』, 『십팔사략』을 읽는다. 니체의 『차라투스트라는 이렇게 말했다』, 마루야마 마사오의 『일본의 사상』, 뮈르달의『아시아의 드라마』『경제학비판』, 토플러의『제3의 물결』, 로스토우의『경제발전의 제단계』, 드러커의『단절의 시대』, 갈브레이드의『불확실성의 시대』『경제학과 공공목적』『대중은 왜 빈곤한가』를 넣어달라고 한다. 이기백의『한국사신론』『신라정치사회사』, 변태섭의『고려정치제도사』, 천관우의『한국상고사』, 진단학회의『한국사』전 7권, 유동식의『한국종교와 기독교』, 변형윤의『한국경제의 진단과 반성』, 주석균의『농민을 위하여』, 임종철의『국제경제론』, 박현채의『민중과 경제』, 유홍열의『한국천주교회사』, 윤성범의『한국사상과 기독교』, 민경배의『한국기독교회사』 등으로 한국사와 한국학을 연찬한다.

막스 베버의『사회경제사』와 애덤 스미스의『국부론』, 카노이의『교육과 문화적 식민주의』, 몰트만의『희망의 신학』, 레이몽 아롱의『사회사상의 흐름』, 야스퍼스의『철학적 신앙』『니체와 기독교』, 한스 켈젠의『민주주의와 철학·종교·경제』, 한스 큉의『왜 기독교인인가』, 프로이트의『심리학 입문』, 프롬의『소유냐 존재냐』를 원서 또는 번역서로 읽는다.

문학은 늘 애독하는 장르다. 가족들에게 권독한다. 박경리의『토지』와 황석영의『어둠의 자식들』『돼지의 꿈』, 유현종의『들불』등 한국소설과 함께 푸시킨의『대위의 딸』『에브게니 오네긴』, 헤밍웨이의『노인과 바다』『누구를 위하여 종은 울리나』, 헤일리의『뿌리』, 솔제니친의『암병동』『이반 데니소비치의 하루』,『시튼 동물기』, 카뮈·카프카·생텍쥐페리·파농의 책들, 톨스토이의『전쟁과 평화』『부활』, 도스토옙스키의『죄와 벌』『백치』『악령』『미성년』, 고골리의『죽은 넋』, 디킨스의『크리스마스 캐럴』『두 도시 이야기』『데이비드 코퍼필드』, 스탕달의『적과 흑』, 뒤마의 『몽테크리스토 백작』, 괴테의 『젊은 베르테르의 슬픔』, 마가렛 미첼의 『바람과 함께 사라지다』, 파스테르나크의 『닥터 지바고』를 열독한다. 송건호의 『서재필과 이승만』, 안병무의 『역사와 해석』, 서인석의 『성서의 가난한 사람들』, 이어령의 『축소지향의 일본인』, 정다산과 슈바이처와 야스퍼스와 기대승의 생애와 사상을 탐구한다. 김대중이 감옥에서 읽은 책들은 '다섯 수레'가 넘을 것이다.

그에게 집필의 자유가 허용되었다면

감옥 생활 6년 동안 김대중에게 집필의 자유가 허용됐다면 대단한 명저들이 탄생했을 것이다. '옥중편지'를 읽으면서 나는 새삼 야만적인 우리 교도정책을 실감한다. 단편적일 수밖에 없는 편지에만 그의 사상과 이론을 담아낼 수밖에 없었으니.

나는 1981년 네루Jawaharlal Nehru, 1889-1964의 명저 『인도의 발견』 *The Discovery of India*을 펴낸다. 1941년 4월부터 8월까지, 아흐마드나가르 요새의 감옥에서 집필된 『인도의 발견』은 인도의 문화와 전통과 사상을 인도의 주체적인 관점에서 새롭게 인식하는, 간디와 함께 인도의 독립운동을 이끈 네루의 민족주의 사관을 담아내고 있다. 제3세계의 비동맹운동을 이끌던 네루, 네루의 반제국주의 정신을 이 책은 생생하게 보여준다. 네루는 책의 「에필로그」에서 "자유와 평등과 참된 국제주의 바탕 위에서 번창하는 민족문화"를 천명한다. "우리는 참된 인도인이자 아시아인으로 머물면서 선량한 국제주의자이자 세계시민이 될 것이다"라고 했다. 수난과 역경을 딛고 세계에 우뚝 서는 우리의 정치지도자 김대중, 네루와 함께 제3세계의 평화운동을 상징하는 김대중의 옥중 성찰을 우리

감옥을 살고 있는 김대중과 함께
감옥 밖의 가족들도 함께 싸웠다.
그 부인들의 '민주주의 행진'이 지속되었다.
뒷줄 오른쪽부터 이희호 여사,
박용길 여사, 박영숙 여사가 보인다.

는 다시 주목한다.

한국의 정치지도자 김대중과 함께 나는 남아프리카공화국의 넬슨 만델라Nelson Mandela, 1918-2013를 떠올린다. 한길사는 1984년 무크지『제3세계연구』에서 만델라를 크게 다룬다. 1964년에 종신형을 받은 만델라는 그때 케이프타운 근교에 있는 감옥에서 복역하고 있었다. 1965년 영국에서 출간된 만델라의 자서전『자유를 향한 고난의 발걸음』No Easy Way to Freedom을 소개하는 것이었다.

"지나온 세월, 나는 아프리카 흑인들의 투쟁에 헌신해왔다. 나는 백인들에 의한 흑인 지배와 싸워왔고, 흑인들에 의한 백인 지배와도 싸워온 사람이다. 나는 모든 사람들이 함께 조화를 이루며 동등한 기회를 향유하고 살 수 있는 자유민주주의 사회의 이상을 소중하게 여겨왔다. 나는 이 이상을 실현시키고 싶다. 나는 자유와 민주주의를 위해 목숨까지 바칠 각오가 되어 있다."

김대중과 만델라는 긴 고난을 이겨내고 승리한다. 만델라는 1990년 27년 만에 석방되고 93년엔 노벨평화상을 수상한다. 이어 1994년에 대통령으로 선출된다. 아프리카 흑인운동의 위대한 승리였다. 김대중은 죽음을 넘고 넘어 1998년 대통령이 된다. 2000년에는 남북정상회담과 역사적인 6·15공동선언을 이끌어낸다. 노벨평화상을 수상한다. 김대중과 만델라는 철학하는 대통령이자 평화정신을 세계인에게 심는 리더십을 구현했다. 동시대의 두 평화주의자가 희망으로 인류의 가슴에 살아 있다.

『사회와 사상』 창간호에 싣는 그의 3단계 통일방안

1989년 한길사는 '사상의 대중화'를 내걸고 월간 『사회와 사상』을 창간한다. 나는 창간 특집으로 '현 단계 민족통일운동의 실천전략'을 기획했다. 이 특집의 일환으로 '각계 인사 6인의 통일방안: 어떻게 통일할 것인가'를 구성했다. '3단계 통일방안의 제창: 공화국연방의 내용과 방향을 밝힌다'는 통일운동가 김대중 선생이 저간에 연구한 통일방략이었다. 1971년 대통령에 출마할 때부터 평화공존·평화교류·평화통일의 3단계 통일방안을 그는 일관되게 주창해왔다.

"첫째, 평화적 공존의 실현이다. 동족상잔의 6·25전쟁은 우리 민족사상 영원한 수치이며 통한의 사건이었다. 다시는 그러한 죄악을 되풀이해서는 안 된다. 우리는 전쟁 억제의 안전조치를 이중·삼중으로 설치해놓아야 한다. 먼저 휴전 이후 35년이나 계속된 전쟁상태를 종식시키는 평화협정이 체결되어야 한다. 이 협정의 체결에는 전쟁에 참가했던 당사자, 즉 남북한 양 당국과 의용군을 파견한 중국, 유엔군을 대표한 미국 등 4자가 참가해야 한다. 평화협정 체결과 아울러 남북 상호간에 어떤 침략이나 도발도 있을 수 없는 불가침조약이 체결되어야 한다.

둘째, 남북 간의 평화적 공존체제가 이루어진 후 또는 공존체제 합의의 진행과정부터 정치·경제·사회·문화·체육·언론·학생 등 모든 분야에서 광범위하고 적극적인 교류가 실현되어야 한다. 교류를 통해서 민족의 화해와 동질성의 회복을 성취할 수 있다. 광범위하고 적극적인 교류만이 남북 간의 적대적 대립과 긴장을 해소시키는 가장 효과적인 방법이다.

1971년 대통령 선거에 출마할 때부터
김대중 선생은 평화공존·평화교류·평화통일의
3단계 통일방안을 일관되게 주창해왔다.

셋째, 통일은 민족의 지상과업이지만 가장 어려운 지상과업이다. 따라서 통일에는 불같은 정열과 얼음 같은 이성이 필요하다. 우리는 통일을 위한 평화공존과 평화교류를 적극 추진해야 하며 능히 가능한 일이다. 그러나 지금 당장 완전 통일은 불가능한 것도 안타까운 일이지만 사실로서 직시해야 한다."

김대중의 통일방략은 현실적이다. 현실을 감안하지 않는 북한의 '고려연방공화국' 안이나 남한의 '인구비례에 의한 통일'도 비현실적이라고 본다.

"나의 통일방안은 1민족 2체제의 원칙에 의하여 남북은 각기 독립정부로 기능하면서 중앙에는 다분히 상징적인 통일기구를 수립하여 통일에의 제1보를 내딛는 것을 기본으로 하고 있다. 남북 양측 정부는 독립정부로서의 완전한 자격을 갖는다. 다만 양 정부는 반드시 통일을 이루고야 말겠다는 민족적 의지와 실천목표에 따라 양측에서 파견한 동수의 공동대표에 의해서 통일기구를 설립한다.

이 통일기구에는 통일의회와 통일행정기구를 두어서 양측의 독립정부가 합의하여 그 권한을 부여한 사항을 논의하고 집행한다. 제1단계는 이렇게 아주 조심스럽고 착실하게 출발해야 한다. 그래야만 남북 어느 쪽도 불만 없이 통일에의 출발을 단행할 수 있다.

나의 최대의 비원은 하루속히 평화공존·평화교류의 체제를 확립하여, 남북 간의 평화와 화해의 실현을 적극 도움으로써 장래 우리의 다음 세대에 의한 완전통일에의 문호를 열어놓는 데 있다."

김대중은 남한에서의 민주정부 수립 없이는 통일에의 전진이 불가능하다고 강조한다. 민주정부만이 통일을 성취하고자 하는 민족적 양심과 국민의 지지로 북한 공산주의자에 대응해 자신 있게 통일문제를 추진해나갈 수 있다. 민주정부 아래서만 민족의 분단이 집권자의 야망에 악용당하지 않도록 국민이 감시하고 견제할 수 있다는 것이다.

"우리가 통일을 원하면 원할수록 대한민국에서 확고한 민주체제의 수립에 최우선적인 노력을 기울여야 한다. 민주발전을 등한히 한 통일 논의는 환상이요 낭만에 불과하다. 민주주의는 통일에의 유일한 지름길이요 튼튼한 보장이다."

『나의 길 나의 사상』 출간

한길사는 1994년 1월 김대중 선생의 『나의 길 나의 사상』을 펴낸다. 제1부 '역사·민족·민주주의', 제2부 '새로운 세계질서와 민족통일의 전략', 제3부 '나의 통일정책을 말한다', 제4부 '글로벌 데모크라시의 구상'으로 구성되어 있는 『나의 길 나의 사상』은 정치가 김대중의 사상과 철학, 이론과 정책을 종합해 보여주고 있다. 민주주의와 평화가 왜 중요하며 민족의 통일을 어떻게 구현할 것인가를 집중해서 탐구하고 있다. 문명비평가로서 20세기를 회고하고 21세기를 전망한다. '내가 기록될 역사의 페이지'를 말한다.

저간에 선생이 발표하고 강연하고 대화한 주요 내용들이 집합되었지만 나는 대형의 새 원고 「우리 민족을 말한다」를 기획했다. 고려대 강만길 교수와의 대담을 통해 김대중의 사상과 이론을 새롭게 구체화하고 싶었다.

"나는 유물론도 유심론도 잘못이고, 물과 심은 변증법적으로 통합되어야 한다고 생각합니다. 자유만 주장하는 것은 왼쪽 절름 발이고 빵만 주장하는 것은 오른쪽 절름발이입니다. 사람이 행복 하려면 빵과 자유가 함께 있어야 합니다. 자유와 정의가 같이 있 어야 합니다. 나는 일생 동안 단순한 자유주의만이 아니라 정의가 수반된 민주주의를 주장해왔고 노동자 등 약한 사람들 편에 섰습 니다. 공산주의에 대해서는 일관되게 반대했습니다. 나는 정치적 으로는 민주주의를, 경제적으로는 시장경제를, 사회적으로는 복 지를, 철학적으로는 유물론과 유심론이 변증법적으로 통합되는 방향으로 나아가야 한다고 생각하고 있습니다."

외세에 의한 분단인데, 이 분단을 극복하기보다는 동족끼리 수 백만을 희생시키면서 처참한 대립만 해온 것을 김대중은 통탄 한다.

"남북이 분단된 것은 이념이나 계급투쟁 때문도 아니고 문화와 종교가 다르기 때문도 아닙니다. 외세가 우리 민족을 갈라놓았습 니다. 우리는 민족과 이념을 구별해야 합니다."

참으로 엄청난 수난을 당하면서도 김대중은 민주주의와 정의 와 통일을 위한 길을 걸어왔다. 목숨까지 걸어야 했다.

"간혹 거울을 보면서, 잘 견뎌주어서 고맙다고

김대중 · 나의 길 나의 사상

한길사

1994년에 출간된 김대중 선생의
『나의 길 나의 사상』은 선생이 아끼는 한 권의 책이었다.
선생의 정치사상과 통일 방략 등
큰 정치가 김대중의 전모를 만날 수 있다.

제 자신에게 말합니다."

역사에 관한 깊은 독서

정치가 김대중은 역사에 관한 깊은 독서를 해왔다. 자신이 걷는 길에 대한 역사적 평가를 중시한다. 당대에 권세를 누렸던 사람들이 후세에 어떻게 평가되는지를 관심 있게 살펴보고 있다. 당대에 억울하게 매도되었던 사람도 다시 평가된다는 것이 그의 성찰이다.

"역사적 평가란, 작게는 내 자손들이 나를 어떻게 평가하느냐 하는 것이지만, 더 크게는 민족이나 세계가 나를 어떻게 평가하는가 하는 것입니다. 이 시대의 한국인이라면 민족 최대의 고통인 조국통일에 대한 관심을 가져야 할 것입니다. 제가 5년 동안 대통령을 했느냐 안 했느냐 하는 것은 중요한 문제가 아닙니다. 제가 조국과 민족을 위해 어떻게 살았는지가 중요합니다. 민족을 위해 사소한 차이를 버리고 헌신한 사람들은 역사에서 승리하는 것입니다.

나는 1980년 사형 언도를 받아 죽음을 앞두고 있었습니다. 협력하면 살려주겠다고 했습니다. 대통령만 포기하면 무엇이든 시켜주겠다는 것이었습니다. 당신도 가족이 있지 않느냐면서 그렇게 나를 설득했습니다. 저도 살고 싶었습니다. 그러나 국민을 배신할 수 없었습니다. 그것이 바로 인간의 자유의지라고 할 수 있는데, 살고는 싶으면서도 '나를 죽이시오. 국민을 배신할 수는 없소'라고 말했습니다. 역사는 박정희 씨나 전두환 씨보다는 반드시 저를 바르게 평가해주리라고 확신했습니다.

저는 스스로에게 타일렀습니다. '나는 최소한 역사에서의 나의 승리를 알고 죽는다, 바르게 산 수많은 사람들이 그랬듯이 나도 역사의 승자가 되는 것이다, 인생은 어차피 한 번 죽는 것이 아닌가, 이렇게 역사 속에서 승자가 된 자기를 믿고 죽을 수 있으니 나는 얼마나 다행인가', 이렇게 생각하니 마음이 편해졌습니다."

우리의 어머니 지구에 감사하고 사랑해야

이제는 민주주의가 자기 국경을 넘어서 이웃과 세계의 민주주의가 되어야 한다는 것이 김대중의 이론이고 사상이다. '국민국가 민주주의'로부터 주변 국가들을 포함한 '연방제 민주주의', 다시 전 세계를 포함하는 '세계적 민주주의'로 발전해나가야 한다는 것이다.

"내 국민의 자유, 내 국민의 복지만 생각하는 민주주의는 한계에 왔습니다. 이제 철학이 달라져야 합니다. 이런 생각에서 나는 지난 대통령 선거 공약으로 '신인도주의'를 주창했습니다. 나아가서 지구상의 모든 자연의 존재들, 동식물과 흙과 땅과 물과 공기의 생존과 번영도 보장해야 합니다. 우리는 지구를 수탈하고 학대하고 파괴하고 있습니다.

우리가 지금 귀 기울여 듣고 눈여겨보면, 지구상의 만물들이 사람들 때문에 못살겠다고 아우성치는 소리가 귀를 쟁쟁히 찌릅니다. 그들의 처참한 모습이 우리 눈에 비칩니다. 우리의 어머니인 지구에게 감사하고 사랑해야 합니다. 지구 위의 만물과도 같이 살고 번영해야 합니다. 이렇게 하지 않는다면 인류까지 멸망한다는 서구식 환경보존론으로는 부족합니다.

자연과 사람을 하나로 생각하는 동양 전래의 사상, 자연 존중과 애호사상, 모든 만물에 부처님이 깃들어 있다는 불교사상이 바탕이 되는 새로운 인도주의와 민주주의 철학이 우리 삶으로 일체화되어야 합니다."

인류 역사발전에서 사회주의 사상은 분명 큰 기여를 했다. 그런데 왜 그런 사회주의가 무너져내렸을까.

"본시 사회주의는 마르크스Karl Marx, 1818-1883 이전의 로버트 오엔Robert Owen, 1771-1858, 생 시몽Saint Simon, 1760-1825의 공상적 내지 이상적 사회주의에서부터 꽤 도덕적이었고 정의지향적이었습니다. 마르크스에 이르러 사회주의는 이론적으로 거의 완벽했습니다. 철학·정치학·경제학·사회학 등 사회과학 발전에 지대한 공헌을 했습니다. 여기서 우리는 하나의 의문을 제기하지 않을 수 없습니다. 그것은 자본주의는 사회주의로부터 도전받으며 많은 것을 배우고 또 자기발전을 해왔는데 왜 공산주의는 그러한 이론과 이상을 가지고 있으면서 자본주의로부터의 도전에 제대로 응전하지 못해서 패배했느냐 하는 것입니다. 그것은 민주주의를 안 했기 때문입니다. 민주주의를 하지 않는 체제는 반드시 독재화하고 부패하고 정의를 경시하게 됩니다. 공산주의는 이러한 밑으로부터의 비판과 시정을 요구할 수 있는 피드백 구조가 봉쇄되어 있고, 국민이 원할 때 정권을 바꿀 수도 없습니다. 혁명이 일어나거나 내부적 붕괴로 갈 수밖에 없습니다."

『한국사』 출간기념 '내가 보는 한국사' 특강

1986년 한길사 창립 10주년을 맞으면서 나는 우리 민족사의 발전과정을 집대성하는 대형의 『한국사』를 기획한다. 진단학회와 국사편찬위원회의 『한국사』가 있지만, 둘 다 현대사는 다루지 않는 것이었다. 남북 분단은 '역사의 분단'이 되었다. 국편과 같은 국가조직과는 달리 우리는 좀 더 자유롭게, 남북을 통합하는 한국사를 기획할 수 있지 않을까. '민찬한국사'를 만들자!

필자 170명이 참여하는 한길사의 『한국사』 전 27권은 기획을 시작한 지 8년 만인 1994년 봄에 동시 출간된다. 발해사를 강조하는 등 고대사를 새롭게 해석했을 뿐 아니라 근·현대에 지면을 대폭 할애하고 북한사까지 수용함으로써 한국사 인식의 지평을 변화시키는 하나의 큰 사건이었다. 편집위원회를 대표해서 강만길 교수가 간행사를, 출판사를 대표해 내가 발간사를 썼다. 편집위원과 필자 24명이 참여하는 육성강의를 CD에 담았다. 인터넷 시대가 막 열리는 시기에 컴퓨터로 읽을 수 있게 내용 전체를 CD롬에 담았다. 나는 '전자책 1호'라고 이름붙였다.

"한반도에 사람이 등장한 것은 구석기 시대부터다"는 첫 문장으로 시작되는 『한국사』는 각계각층으로부터 성원과 격려를 받았다. 역사학계의 큰 사건이자 역사인식을 도약시키는 계기가 될 것이고, 민족이 하나되는 역사서술 작업이라고 했다. 김대중 선생은 "그동안 값진 책을 출판하여 민족문화 발전에 기여해온 한길사가 전문 연구기관에서도 하기 어려운 『한국사』 전 27권을 출간한 것을 진심으로 축하드린다. 통일의 문턱에 서 있는 우리는 민족의 재통일 실현과 새로운 21세기에 대한 대응의 지혜를 『한국사』를 통해 함께 배웠으면 한다"고 치하했다.

한길사는 1986년부터 시작한 『한국사』 전 27권을
1994년 봄에 동시 출간했다. 이해 여름 나는
『한국사』 출간기념으로 전 72강의 '한국사대학'을 개설했다.
김대중 선생을 초청, '내가 보는 한국사'를 강의했다.

『한국사』의 간행을 기념하여 나는 '한국사대학'을 열었다. 『한국사』의 편집위원과 필자들이 독자들과 만나 강의하고 토론하는 것이었다. 『한국사』가 간행되던 그해 6월 24일부터 10월 말까지 총 72강좌로, 월요일과 목요일에는 고대·중세사반이, 화요일과 금요일에는 근·현대사반이 진행되었다. 역사연구자들과 지식 대중이 함께 참여하는 역사연찬의 축제마당이었다.

나는 김대중 선생의 특강 '내가 보는 한국사'를 기획했다. 선생은 특강하는 그날 나의 사무실에 들러 나와 아내 박관순을 위해 '사인여천'事人如天을 휘호해주셨다. 그의 삶과 실천의 정신적 자세를 보여주는 메시지였다. 강남출판문화센터 강당을 입추의 여지도 없이 채운 그날 저녁 두 시간 반 동안 계속된 강연에서 선생은 자신이 생각하는 민족사의 이상과 현실을 풀어냈다.

"진정한 정치가 할 일은 억압받는 자와 가난한 자의 권리와 생활을 보장하고 그들을 정치의 주체로서 참여하게 하는 것입니다. 그러나 이러한 과정에서 억압하던 자와 빼앗던 자들도 그들의 죄로부터 해방시켜서 대열에 참여하게 해야 합니다. 이 점에서 정치는 예술입니다.

만리장성은 진시황秦始皇, BC 259-BC 210이 만들었다고 합니다. 석굴암은 김대성金大城, ?-774이 만들었으며, 경복궁은 대원군大院君, 1820-1898이 건축했다고 역사는 기록합니다. 이것은 누구도 의심하지 않지만 잘 생각하면 터무니없는 허구입니다. 진실한 건설자는 그들이 아니라 이름도 없는 석수, 목수, 화공 등 백성의 무리들이었습니다. 우리가 이 사실을 정확히 깨달을 때 이름 없는 백성들에 대한 외경심과 역사의 참된 주인에 대한 자각을 새로이 하게 됩니다."

친일파 숙청의 실패가 나라 일을 망쳤다

정치가 김대중 선생은 우리 역사의 의인들이 뜻을 펼치지 못하고 숨져간 것을 안타까워한다.

"우리 역사를 보면 조금이라도 개혁적인 일을 하려던 사람들이 목숨을 온전히 부지한 예가 없습니다. 중국·한국·일본의 해상을 지배한 장보고張保皐,?-846는 국정을 개혁하려다가 부패한 귀족의 음모로 암살당했습니다. 고구려 구토 수복의 큰 뜻을 안고 수도를 평양으로 옮기려 했던 묘청妙淸,?-1135도 역시 귀족들에 의해 살해당했습니다. 왕후장상의 씨가 어디 있느냐, 우리가 정권을 잡아서 좋은 정치 해보자고 일어선 만적萬積,?-1198의 노예 해방투쟁은 로마의 스파르타쿠스의 난 같은 것에 비교가 안 됩니다. 뚜렷한 목표와 이념을 가지고 있었던 세계에 보기 드문 노예 해방투쟁이었습니다. 고려 말엽의 신돈辛旽,?-1371은 민중들로부터 성인으로 추앙받았지만 참혹한 죽음을 맞았을 뿐 아니라 후세 사람들에 의해 온갖 매도를 당했습니다.

조선왕조 초기 개혁을 시도했던 정도전鄭道傳,1342-1398은 살해되었고, 성인정치를 꿈꾸던 조광조趙光祖,1482-1519도 개혁에 실패하고 살해당했습니다. 민중의 권익을 생각했던 정여립鄭汝立,1546-1589, 백성을 하늘이라고 외쳤던 최시형崔時亨,1827-1898, 서북인에 대한 차별에 분노했던 홍경래洪景來,1771-1812도 비참하게 죽음을 당했습니다. 농민사상 그 예가 없이 찬연히 빛나는 반봉건·반제국주의 투쟁을 주도했던 전봉준全琫準,1855-1895도 형장의 이슬로

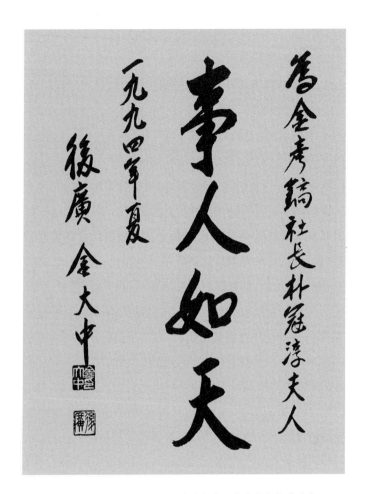

為金壽鎬社長朴冠淳夫人

一九九四年夏

後廣 金大中

事人如天

강남출판문화센터에서 진행된
'내가 보는 한국사' 강연차 한길사 나의 방에 들른
김대중 선생이 '사인여천'을 휘호해주셨다.
"사람을 하늘처럼 받들라"는
선생의 정신과 사상을 보여주는 휘호다.

사라졌습니다. 우리는 전봉준이 이끈 위대한 동학혁명을 다시없는 자랑으로 생각해야 합니다."

이렇게 되는 데는 우리 민족이 개혁을 꺼리고 두려워하는 보수적 성격을 갖고 있기 때문이라고 김대중 선생은 해석한다. 개혁을 거부하는 경향은 현재까지도 계속되고 있다는 것이다.

"해방 후의 우리 역사를 보십시오. 자기 나라를 짓밟은 악독한 지배자에게 붙어서 동족을 못살게 굴던 사람들이 해방된 후에도 여전히 지배자로 군림해왔습니다. 독립운동가를 고문하던 자들이 우리 경찰을 장악했고, 일제하에서 검찰과 판사를 하면서 악질적인 행동을 하던 사람들이 사법부를 장악했습니다. 천황을 위해 모든 것을 바쳐서 충성을 다해라, 그것만이 우리의 살길이라고 떠들어대던 친일 문화인·학자·예술인들이 해방 후 우리의 문화계·교육계·예술계를 장악했습니다.

참으로 통탄스럽고 부끄러운 우리의 역사입니다. 민족정기를 바로 세워야 합니다. 개혁해야 하는데 그걸 못 했습니다. 민족의 통일문제나 민주주의 문제의 잘못된 출발의 근본에는 친일파가 있습니다. 친일파에 대한 숙청의 실패가 모든 일을 망쳐놓았습니다."

위대한 독립운동가 김구 선생의 현실인식

1945년 12월 30일, 모스크바 3상회의에서 한국에 대한 5년 이내의 신탁통치가 결의되었을 때 우리 국민 모두가 일제히 이를 반대했다. 그러나 시간이 흐르면서 중간파 지도자들이 신탁통치를 받아들이는 것이 분단을 막는 길이라는 인식을 하게 된다. 미국도 1947년 초까지 신탁통치를 받게 하려 했다. 그러나 친일파들은 자기들 이익을 위해 '통일정부수립'은 안중에도 없었다. 신탁을 받는다는 것은 좌우합작으로 가는 것이었다.

"나는 김구金九, 1876-1949 선생을 절세의 애국자이자 위대한 인격자로 존경합니다. 그러나 김구 선생의 해방정국에서의 정치적 판단에는 문제가 있습니다. 김구 선생이 처음에 신탁통치를 반대했던 것은 당연하지만, 남한의 단독정부 수립이 임박했을 때까지 반대한 것은 문제가 있었다고 생각합니다. 신탁통치가 아니면 단독정부의 길밖에 없었습니다. 신탁통치를 끝까지 반대할 생각이었다면, 자신이 남한의 단독선거에 뛰어들어 남한의 대통령이 되었어야 합니다. 남한의 실권을 쥐고 남북협상을 열어서 통일을 추진했어야 할 것입니다. 그때 김구 선생이, 이승만李承晩, 1875-1965은 남한 단독정부를 만들어서 영원히 분단하려고 하지만 나는 북한하고 대화해서 통일하기 위해서는 잠정적으로 대통령이 돼야겠다면서 선거에 임했다면 국민들이 김구 선생을 지지했을 것이고, 김구 선생 진영이 국회의원 선거에 승리하고 대통령이 되었을 것입니다.

그때는 대통령을 국회에서 선출했습니다. 당시 국민들은 단독정부를 밀고 나가는 이승만을 크게 지지하지 않았습니다. 제헌국회 선거에서 그를 지지한 세력이 성공하지 못한 것으로 입증됩니다. 김구 선생은 신탁통치도 단독정부도 반대했습니다. 그분이 3·8선을 넘어 북한에 다녀오신 것은 애국자로서 상징적이고 감상적인 행동입니다. 비장한 결심의 발로이지만 현실을 움직이는 정치는 될 수 없었습니다. 미군정의 모순되는 태도와 좌우합작 지도자들의 너무나도 엉성한 상황판단이었습니다. 김구 선생의 태도가 통일의 기회를 놓쳤다는 것을 저는 지금도 안타깝게 생각하고 있습니다."

민족통일은 우리의 권리이자 의무

그날의 강연에서 김대중 선생은 '통일문제'로 마무리했다. 통일은 그의 모든 글과 강연과 담론에서 당연히, 반드시 논급되는 주제다. 통일작업은 통일운동가 김대중의 생의 당위이기 때문이다.

"통일은 우리의 권리입니다. 우리는 전쟁범죄 국가가 아닙니다. 독일처럼 외부의 눈치를 볼 필요가 없습니다. 그 독일조차 통일했습니다. 왜 우리는 못 합니까. 문제는 남북이 서로 민족적 양심과 공동운명 의식을 가지고, 이제 얼마든지 가능해진 자주통일의 길을 가야 합니다.

우리 주변국가들은 우리의 통일에 대해 일치된 견해를 갖고 있지 않습니다. 우리는 주변 4대국의 견해를 면밀히 검토하고 슬기로운 정책을 세워서, 한반도 통일이 그들의 이익과 일치될 수 있다는 것을 확신시켜, 자발적으로 우리의 통일에 협력하도록 이끌어야 합니다. 슬기와 인내심과 높은 수준의 외교 능력이 우리 민족에게 요구됩니다.

우리는 우리의 국익이 무엇인가를 생각해야 합니다. 외교에 있어서 중요한 것은 국익뿐입니다. 이익이 되면 협력하고 안 되면 대립합니다. 친미니 반미니, 친일이니 반일이니 이야기할 필요가 없습니다. 4대국 모두와 우호관계를 추진해야 합니다."

출판문화를 다시 일으켜 세워야 합니다

드디어 1998년 3월 김대중은 대통령에 취임한다. 그러나 나라의 경제살림이 IMF 관리체제에 들어간다. 출판사들의 살림도 총체적으로 흔들렸다. 나는 출판계 동료들과 함께 1998년 2월 7일 '새 대통령과 국민들에게 드리는 출판인들의 호소'를 발표했다. '출판문화를 다시 일으켜 세워야 합니다'는 제목을 단 이 성명서를 나는 2월 6일 밤을 새워 썼다. 민음사 박맹호^{朴孟浩}, 1934-2017, 문학과지성사 김병익, 지식산업사 김경희, 창작과비평사 이시영, 열화당 이기웅 등 주요 단행본 출판사 대표 35명이 서명했다.

"나라와 사회가 참으로 어려운 국면에 놓여 있는 오늘, 우리 출판인들은 이 시대적 난국의 근원적인 극복이 책의 지혜와 힘을 통해 확실하게 가능하다는 사실을 다시 확인합니다. 한 시대의 정신을 일깨우고 창조적인 사상과 이론, 유익한 지식과 정보를 담아내는 책을 만들어내고 널리 읽히는 일이야말로 우리가 몸담아 살고 있는 이 국가사회를 일으켜 세우고 한 차원 높게 발전시키는 토대이자 원동력입니다.

새 대통령과 새 정부는 출판문화를 한 차원 높게 발전시키는 일을 국정의 중요정책으로 삼아줄 것을 우리 출판인들은 진정으로 기대합니다. 출판문화는 다른 문화의 위에 서는 상위개념입니다. 출판문화 없이 경제도 과학도 불가능합니다. 문화와 교육은 물론이고 정치발전도 민주주의도 불가능합니다.

21세기는 지식과 정보의 시대이자 문화와 예술의 시대이고 경

김대중 대통령은 2000년 12월 노벨평화상을 수상한다.
민주주의와 인권을 위해 40년에 걸친 긴 투쟁,
6·15남북공동선언을 이끌어냄으로써
한반도의 평화에 기여한 선생의 헌신이
세계인들의 가슴에 각인되었다.

제와 과학의 시대입니다. 이 모든 것은 책 만들고 책 읽는 일로부터 시작됩니다. 출판문화의 발전 없이 우리의 국가이익을 지키는 진정한 세계화는 불가능할 뿐 아니라, 출판문화 없이 세계 속에 사는 우리 국가와 민족의 역량을 결코 키우지 못합니다."

나는 김대중 대통령이라면 우리의 호소에 귀 기울일 거라고 생각했다. 우리의 호소를 접한 새 대통령은 대책을 세우라고 지시했다. 그러나 그 대책을 지시받은 문화부의 시책은 현실적이지도 구체적이지도 못했다. 나라 안팎이 너무나 심각한 상황이었기에 출판에 대한 대책은 생각할 수도 없었을까. 충격적인 손실을 입은 출판계는 스스로 일어설 수밖에 없었다.

출판인들은 스스로의 역량을 조직화하는 작업에 나섰다. 자력갱생의 길이었다. 1998년 11월 2일에 창립하는 한국출판인회의가 그것이었다. 나는 제1대·제2대 회장을 맡는다. 출판계의 동료들과 함께 무너져내린 우리 출판의 재건을 위해 동분서주하는 것이었다.

철의 실크로드, 압록강의 기적을 만들자

2002년 2월 대통령 퇴임 후 김대중 선생은 쉼 없이 국가의 원로로서 평화통일의 방략을 역설한다. 한반도에서 어떻게 평화를 구현하고 민족통일의 길로 갈 것인지를 강연하고 설득한다. 국내외로부터 그의 체험과 경륜, 그의 이론과 사상을 요구해온다.

모든 평화운동의 시작은 대화로부터 출발한다! 김대중은 남한과 북한과의 대화, 미국과 북한의 대화를 지속적으로 촉구한다.

"대화는 친구만을 사귀는 것만이 아닙니다. 국가 이익이나 세계평화에 필요하면 '악마'하고도 대화해야 합니다. 오늘의 한반도 핵문제를 해결할 당사자는 미국과 북한입니다. 그 당사자가 대화하지 않고 어떻게 문제가 해결되겠습니까. 북한은 핵을 포기하고 검증받아야 합니다. 미국은 북한의 안전을 보장하고 경제제재를 해제해야 합니다. 이를 위한 협상이 동시에 실현될 때 북한 핵문제는 해결됩니다."

2006년 10월 서울대 개교 60주년을 기념하여 개소되는 통일평화연구소 초청강연회에서 김대중 선생은 "북한의 핵실험은 햇볕정책 때문이 아니다. 북한의 핵실험은 미국과 북한의 공동책임"이라면서 자신의 평화통일방안을 재천명한다.

"우리의 통일은 반드시 평화적으로 해야 합니다. 남도 좋고 북도 좋은, 공동 승리의 통일이 되어야 합니다. 여러분들이 총을 들고 조국방위라는 이름 아래 동족상잔의 전쟁에 나서지 않는 그런 통일을 해야 합니다.

조상들의 피와 땀과 눈물로 형성된 이 민족을 하나로 연결합시다. 21세기는 지식기반 경제의 시대입니다. 지적 전통과 교육열이 높은 우리 민족은 때를 만났습니다. 평화적 공존과 평화적 통일만 한다면 우리는 세계 속에 우뚝 솟는 큰 봉우리가 됩니다. '철의 실크로드'가 부산항에서 파리·런던까지 연결되도록 합시다. '압록강의 기적'이 이 땅에 이루어지도록 합시다."

원로 정치지도자 김대중 선생은 학생들에게 인생의 자세와 방법을 말한다.

"행동하는 양심이 되십시오. 우리의 마음속에는 나와 똑같이 남을 사랑하는 천사가 있고, 나만 생각하는 악마가 공존합니다. 우리의 노력 여하에 따라서는 천사가 이기기도 하고 악마가 이기기도 합니다. 천사가 이기기 위해서는 내 이웃을 사랑해야 합니다. 부모·형제·이웃·아내·자식·친구·사회·국민을 사랑하는 것이 이웃을 사랑하는 것입니다. 이웃을 사랑하는 사람은, 높은 지위에 올랐든 오르지 못했든, 부자가 되었든 못 되었든, 오래 살았든 못 살았든, 성공한 인생을 산 사람입니다.

'서생적 문제의식'과 '상인적 현실감각'을 가지십시오. '무엇이 옳으냐, 무엇을 해야 하느냐'는 원리원칙의 문제의식을 갖고 판단하되, 이를 실천하는 데는 장사하는 사람들의 지혜를 발휘해야 합니다.

외교하는 국민이 되어야 합니다. 한국은 지정학적 위치로 외교가 생명입니다. 우리 국민은 외교에 대한 관심이 적습니다. 가능한 한 외국인과 사귀고, 세계를 여행하십시오. 19세기 20세기는 민족주의 시대였지만 21세기는 세계주의 시대입니다. 우리 모두가 세계인이 되어야 합니다."

세계를 알고 세계와 같이 살아야

2006년 9월 김대중 선생은 부산대학교에서 '21세기와 우리 민족의 미래'라는 주제로 강연한다. 21세기를 '세계화의 시대' '지식정보화의 시대' '민주주의 보편화 시대'라고 규정하면서 '아시아·아프리카의 시대'가 된다고 했다. 김대중은 '문화한국'을 다시 역설한다.

"문화가 강해야 세계로부터 선망과 조명을 받습니다. 우리 상품이 더 잘 팔리고 문화산업과 관광산업이 융성해집니다. 지적 창의교육은 문화를 일으켜 세웁니다. 창의적 교육이 우리 민족을 세계에 우뚝 서게 합니다. 지금은 세계화 시대입니다. 세계를 알아야 하고, 세계와 같이 살아야 합니다. 세계와 협력해야 합니다. 우리가 세계로 나아가는 동시에 세계를 우리 안에 받아들여야 합니다. 성공하는 민족의 일원, 성공하는 세계인이 되십시오. 나는 여러분을 믿습니다."

2006년 8월 제72회 세계도서관정보대회가 서울에서 열렸다. 김대중 선생은 이 대회의 기조연설을 통해 도서관과 책, 지식과 정보에 대한 그의 신념을 펼친다.

"지금까지 양질의 지식을 얻고 교육을 받은 것은 가진 사람들의 특권이었습니다. 이제 가난한 사람도 세계의 도서관이 갖고 있는 콘텐츠를 자기 것으로 얻을 수 있습니다. 가난한 사람에게도, 가난한 나라에게도, 최고의 지적 접촉을 할 수 있는 기회를 주는 것이 21세기 도서관의 역할입니다. '정보격차'를 해소하는 도서관이 되어야 합니다."

21세기 도서관은 빈부격차와 빈곤타파에 기여할 수 있다. 지난 시대의 경제와 달리 눈에 보이지 않는 지식과 정보가 경제가 되고 부가 되는 이 지식정보 시대에 도서관은 이제 "계층상승과 재산

김대중 선생은 참으로 엄청난 수난을 이겨내고
1998년 대통령으로 선출된다.
다시 2000년 북한의 김정일 위원장과 남북정상회담을 하고
역사적인 6·15남북공동선언을 이끌어낸다.

증식의 기회를 주는 중심적 역할"을 할 수 있다.

"가난이 극복될 수 있다는 희망이 있어야 진정한 세계평화와 세계인의 화해가 가능합니다. 도서관이 지식과 정보를 공급함으로써 빈곤이 타파될 수 있다는 희망을 보여주어야 합니다."

도서관은 문명 간의 대화를 가능하게 한다. 오늘날 기독교와 이슬람교 간의 문명적 대립상태는 세계를 파국으로 몰고 있다.

"세계의 모든 도서관은 이슬람교와 기독교, 고통받는 아프리카 사람들과 선진국의 사람들, 동양과 서양 사이에서 대화와 정보교환을 통해 이해와 우정과 협력의 증진을 실현하도록 적극적인 역할을 해야 합니다. 이러한 노력은 빈곤타파와 더불어 테러리즘을 극복하고 세계를 평화로 이끌어가게 할 것입니다. 도서관은 평화의 견인차입니다. 도서관은 다양한 문명 속에서, 세계와 협력하는 세계민주 시민을 양성하는 기지가 되어야 합니다."

김정일 위원장에게 한 말

2005년 5월 김대중 선생은 한신대학교 개교 65돌 기념 초청강연회에서 지난 2000년의 6·15남북정상회담을 회고했다. "북한에 대한 불신과 증오가 팽배한 가운데서도 민족 화해와 국민의 안전을 위해서 남북정상회담을 추진했다"면서 북한의 김정일 위원장과 회담을 시작했다고 회고했다.

"누구나 영원히 사는 사람도 없고, 또 그 자리에 영원히 있는 사람도 없다. 지금 나와 당신은 남과 북을 통치하고 있는데, 우리가 마음 한번 잘못 먹으면 민족이 공멸한다. 우리가 민족 앞에 역사 앞에 경건한 마음으로 평화를 지키고 평화적 통일에 힘쓴다면 우리는 7,000만 민족에게 안전과 번영을 줄 것이고, 후손들에게 축복을 줄 것이다. 우리는 역사에서 평가받을 것이다.

북한은 남한을 공산화한다는 생각을 완전히 버려야 한다. 우리는 절대로 공산주의를 받아들일 수 없다. 동시에 우리도 북한을 흡수통일한다는 생각을 갖지 않겠다. 우리는 흡수통일해서 북한을 먹여살릴 경제적 능력이 없다. 우리는 서독이 아니다. 뿐만 아니라 우리는 불행히도 전쟁까지 한 처지이기 때문에 졸속한 통일은 큰 혼란과 갈등을 가져올 것이다. 그러므로 우리가 나아갈 길은 평화공존·평화교류·평화통일의 3원칙이다. 다시 3단계는 남북연합제·남북연방제·완전한 통일의 단계. 남북이 평화롭게 살고, 서로 교류하다가 10년, 20년 후에 안심하고 하나가 될 수 있다고 믿을 때 완전통일을 하자."

분단시대가 낳은 큰 정치가이자 평화운동가이고 통일운동가인 김대중이, 험난한 시대를 헤쳐오면서 체득한, 민족과 국가의 발전을 위한 현실적인 지혜가 발휘되는 협상이었다. 선생의 선구적인 민족통일의 이론과 구상과 지혜는 오늘 우리들을 설득해내고 있다. 그의 구상과 방략에서 남과 북은 민족의 통일문제를 진전시켜야 한다.

🍃

민족통일과 민주주의를 옹호하는 언론
역사의 길을 걸은 독립언론인 송건호 선생

나는 부하 젊은 기자들의 목을 칠 수 없다!

송건호宋建鎬, 1927-2001 선생 댁은 서울 은평구 역촌동이었고 우리 집은 불광동의 산동네 독바위골이었다. 나는 시내에 나갔다가 집으로 가는 길이면 으레 댁으로 가서 선생을 뵙곤 했다. 1978년 추석 전날이었다. 선생은 그날 대문을 나서는 나의 손에 5만 원을 쥐어 주셨다. 그땐 한길사가 펴내는 책들이 잇따라 판금되면서 신간을 내는 것은 물론이고 생활을 꾸려나가는 것도 힘든 시절이었다. 시내에 조그만 사무실을 운영하기가 힘들어서 그걸 철수하고 우리 집 작은 거실을 편집실로 쓰던 때였다. 그날 선생은 아이들에게 과자라도 사다주라는 말씀으로 나의 등을 밀었다. 그땐 선생의 생활도 퍽 어려운 시절이었다.

선생은 나에게 늘 '김형'이라고 불렀다. 다른 그 무엇보다도 책만드는 일이 중요하다는 말씀으로 격려해주셨다. 1970년대 말부터 1980년대에 송건호 선생과 진행한 이런저런 일들을 되돌아보면 나는 목이 메인다. 고단한 시대였지만 선생과 나는 늘 희망을 이야기했다. 나는 선생에게 우리 현대사에 대해서 물었고 선생은 자신의 경험과 공부와 생각을 이야기했다. 선생의 글과 책은 이 민족 성원들에게 민주주의와 통일에 대한 희망과 신념을 고무시키는 정신이었다.

1974년 10월 24일 동아일보사 기자들은 역사적인 '10·24자유언론실천'을 선언한다. 자유언론의 '선언'에 그치지 않고 '실천'에 조직적으로 나선다. 보도가 일정 부분 개선된다. 이에 박정희 유신정권은 광고주에게 압력을 가해 광고 없는 신문이 발행된다. '백지광고'가 그것이다. 그러나 독자들의 격려광고가 줄을 잇는다. 거대한 '광고민중운동'으로 진전된다.

박정희 정부는 동아일보사의 신문·방송·잡지·출판 언론인들의 자유언론실천운동에 본격적으로 대응한다. 회사에 압력을 가한다. 회사는 젊은 기자들의 자유언론운동이 회사의 '위계질서'를 무너뜨리고 '경영난'을 불러온다면서 앞장선 기자들을 해직시킨다. 기자들은 제작거부 농성에 들어간다. 각계의 민주인사들이 격려차 방문한다. 그러나 1975년 3월 17일 새벽, 회사는 폭도들을 동원해 언론인들을 강제 축출한다. 결국 113여 명이 해직된다. 해직 언론인들은 '동아자유언론수호투쟁위원회'를 조직하고 긴 여정의 자유언론운동에 나선다.

1974년 가을부터 75년 봄까지 동아일보사 언론인들의 자유언론실천운동의 중심에 언론인 송건호가 서 있었다. 74년 5월 편집국장에 취임하여 젊은 기자들과 호흡을 맞춘다. 금기시되던 사건들을 보도하기 시작하면서 『동아일보』는 자유언론실천의 새로운 장을 연다. 독재자 박정희는 자유언론을 두려워하고 사갈시했다. 자유언론과 권위주의 권력은 충돌할 수밖에 없었다. 편집국장 송건호는 회사의 젊은 기자들 해고에 동의할 수 없었다. 75년 3월 15일 스스로 편집국장직을 던진다.

1975년 3월 15일『동아일보』편집국장을 사임하면서
송건호 선생은 "자유언론운동에 나선 젊은 기자들 해고는
역사의 심판을 받을 것"이라고 했다.

"부하 기자들의 목을 치면서 더 이상 자리를 지킬 수 없다. 자유언론운동에 나선 젊은 기자들 해고는 역사의 심판을 받을 것이다."

우리는 늘 인사동 고서점에서 만났다

『동아일보』 편집국장 사직은 아직 학교에 다니는 여섯 자녀를 둔 송건호 그 개인에겐 고단한 삶의 시작이었지만, 언론인으로서뿐 아니라 재야운동가·역사저술가로서 역사적인 과제들이 그에게 주어졌고 그것을 해내게 된다.

30대 초반부터 신진평론가로 활약한 언론인 송건호는 '언론의 자유'와 더불어 '언론의 독립'이 무엇보다 중요하다고 인식했다.

"언론은 그 어떤 정치적인 개인이나 세력, 어떤 기업으로부터 영향받지 않는 독립된 자세로 보도하고 비판해야 한다. 나는 언제나 기자다. 어떤 권력과도 관련 맺지 않는다. 언론인이 어느 한편에 들면 그 생명은 그날로 끝장난다."

한길사는 1977년 9월 송건호 선생의 『한국민족주의의 탐구』를 '오늘의 사상신서' 제1권으로 펴내면서 출판을 시작했다. 한길사는 1990년대 초까지 192권의 '오늘의 사상신서'를 펴내게 되는데, '언론인 송건호'와 『한국민족주의의 탐구』는 한길사의 지향과 성격을 상징적으로 보여주는 한 권의 책이었다.

1976년 12월 24일에 출판등록을 한 한길사는 우리의 민족문제와 민주주의 운동, 민족사를 중요한 주제로 삼는다. 『여론』*Public Opinion*이란 고전적인 책을 저술한 미국의 언론인 월터 리프먼Walter

Lippmann, 1889-1974의 칼럼 '오늘과 내일'이 있었지만, 나는 '오늘'과 '오늘의 사상'을 중시하는 출판을 하고 싶었다.

한 지식인의 인식체계란 그가 살아가는 그 시대의 역사적 삶의 실천과정에서 거듭 태어날 것이다. 한 지식인이란 그가 살아가는 그의 공동체적 상황에 가혹하게 내던져짐으로써 그 시대와 상황의 현실과 구조를 더 분명히 인식하게 되고, 그 상황과 현실을 극복하는 사상과 논리를 체득하게 될 것이다. 그해 동아일보사를 스스로 퇴사한 그 이후의 일련의 역사적 실천과정 속에서 언론인 송건호의 논리와 지성은 한층 심화·발전하는 것이었다.

언론사의 현직에 몸담고 있지 않으면서도 송건호는 '대기자' 또는 '참언론인'으로서 언론 일을 하게 된다. 1975년 현직을 떠남으로써 오히려 더 본격적이고 왕성한 저술 활동을 펴게 되고, 민족과 현실의 문제를 구조적이고 치열하게 인식하려는 독자들에게 주목받는다. 1970년대와 1980년대라는 역사적 상황은 문제 저작을 써내는 '저자 송건호'를 탄생하게 했다.

'한 권의 책'이란 어느 날 느닷없이 존재하는 것이 아니라, 한 사회의 역사적 산물이라는 사실을 우리는 그에게서 다시 확인하게 된다. 한 권의 책이 역사 현실의 바깥 또는 개인의 담 안에 앉아 있는 문자인文字人에 의해 저술될 수도 있겠지만, 시대를 호흡하는 독자들에게 깊은 감동을 주는 저작이란 당대의 현실을 열정으로 만나는 실천적 인식으로 창출될 것이다. 저자 송건호는 이 민족의 역사적 삶을 마다하지 않고, 그 현장에서 연구함으로써 그의 글과 책은 우리 시대에 살아 있는 이론과 정신이 된다.

독립 언론인은 당대의 역사를 통찰하는 사상가가 되어야

1978년에 나는 15인의 에세이집 『어떻게 살 것인가』를 기획했다. '어떻게 살 것인가'는 그 시대 우리들의 화두였다. 나 스스로에게 묻는 질문이었다. 송건호 선생은 이 에세이집에 싣는 「상식의 길: 한 언론인의 비망록」에서 분단시대를 사는 언론인으로서 스스로의 삶의 자세를 말했다.

"지금 우리 민족의 가장 절실한 염원은 통일이다. 우리 언론은 민족통일을 지향해야 하고, 강한 민족의식을 가지고 민중에게 통일의식을 심어주어야 한다. 민족언론은 남북민족의 이질성보다도 동질성을 더욱 강조해야 하며, 체제 대립에서 오는 이질화는 일시적이요 민족의 동질성이야말로 본질적이라는 것을 강조해야 한다.

민족언론은 민족의 자주·자립을 주장하며 강한 민족적 긍지와 자존심에 불타 있어야 한다. 민족언론은 사회과학적 이론이 바탕이 되어 있어야 한다. 사회과학이 바탕이 된 언론만이 민족의 현실을 옳게 인식할 수 있고 옳은 길을 걸어갈 수 있다.

이런 의미에서 언론인은 사상가가 되어야 한다. 신문기자라고 해서 한낱 재능인으로서, 어느 때는 이런 글을 어느 때는 저런 글을 쓰는 대서소 서기와 같은 사람이라고 생각해서는 안 된다."

선생은 '분단시대의 민족언론'은 통일을 위한 르네상스에 앞장서야 한다고 주장했다. 민족정신을 각성시키는 민족언론이 선생의 언론관이었다.

"이 땅의 언론은 국제냉전의 하수인으로서가 아니라 자기 민족의 생존을 위하고 민족의 이익을 옹호해야 한다. 이데올로기가 다르고 체제가 달라도 우리는 같은 민족이며, 동질성은 본질적이고 이질화는 일시적이며 표면적이고 부분적이라는 민족 본래의 자각을 불어넣어야 한다. 같은 동족끼리 외세의 하수인이 되어 무엇 때문에 언제까지 반목하고 경원시해야 하는가."

언론은 '자유'를 뛰어넘는 '실천'의 개념이다. 자기 사회의 내부적 모순을 인식하고, 자기 사회의 민주화의 구체적 실천뿐 아니라 외부로부터의 자유와 해방이 아울러 확보되어야 한다. 선생은 제3세계적 시각에서 서구 자본주의 국가의 저널리즘이 내세우는 보편타당성을 비판한다. 서구에서 주장되는 언론의 자유, 이른바 뉴스의 객관성을 문제삼는 것이었다.

"이 객관주의가 제3세계의 민족언론을 잠식하는 무서운 무기가 되고 있다는 사실을 간과해서는 안 된다. 객관주의에 물든 언론인일수록 몰이념·몰민족적이며 주어진 정치적 여건에 순종하고 봉사하고 있다는 것은 우리들이 주지하는 바와 같다. 민족언론을 지향하는 언론인들은 따라서 언론에 있어서의 객관주의·보편주의와 이론적인 투쟁을 벌여 극복하지 않으면 안 된다."

'지금 이곳의' 역사에 대한 관심

한 언론인으로서 그에게 요구되는 당위를 성찰하고 실천하는 과정에서 송건호는 이 땅의 현대사를 읽고 연구한다. 그에게 언론은 역사와 역사의식이다. 그의 언론관에 일관되어 흐르는 바가 바

한국현대사 저술가이기도 한 송건호 선생은
"언론인은 뚜렷한 역사의식을 가져야 한다"고 역설했다.
"언론인은 박제된 역사가 아니라 오늘에 살아 있는
역사를 다루어야 한다."

로 '언론의 역사성'이다. 현실과 유리되어 있는 박제된 역사가 아니라 '오늘에 살아 있는 역사'다.

"지금 이곳의 입장에 서야 한다. '지금 이곳'의 입장이라는 것은 '역사적 입장'에 선다는 것을 의미한다. '역사적 입장'이라는 것은 '주체적'이라는 뜻이며, 동시에 '민족적 입장'이라는 뜻과 통한다.

언론인이 주어진 사실의 그 전모와 의미를 보도하려면, 뚜렷한 역사의식에 입각하지 않으면 안 된다. 자기의 주체적 입장, 민족적 입장에서 보도해야 한다. 역사의식에 투철한 사람일수록 민족의식이 뚜렷하며 후퇴 아닌 전진적 자세를 취한다. 뚜렷한 역사의식은 지금 생성하는 오늘의 사실에 대한 해석·평가의 기준이 될 뿐만 아니라 지나간 사실들에 대한 해석·평가를 찾는 가치기준이 되고, 시대에 대한 전망에 있어서도 하나의 방향을 제시한다."

'지금 이곳'에 대한 관심이 그를 현대사 연구 및 저술에 나서게 했다. 그는 언론인이라는 '자유분방함'으로 학계의 '금기구역'에 뛰어들었다. 일제강점기의 민족사·민족운동사를 다룬 『한국현대사론』[1979]의 저작은 그 일환이었다. 1930년대와 1940년대의 일제통치사에 대한 서술조차도 하나의 금기에 속했던 것이 '해방된' 이 땅의 현실이었다. 그러나 그는 "민중을 주체로 하는 역사"로서, 이 시기의 민중사·민중항쟁사를 과감하게 써낸다. 한국신학연구소 안병무 선생의 요청과 지원으로 저술한 이 책의 「서론」에서 선생은 현대사 연구의 당위성을 천명한다.

"신생국 사학계는 국사 연구의 첫 과제가 자기 민족이 어찌하여 이웃 나라의 식민지로 전락했으며, 식민지로서 어떠한 통치를 받아왔으며, 자기 민족이 외세통치에 어떤 저항을 했고, 또 한편 민족 속에서 누가 동족을 배반해 식민종주국에 충성을 바쳤으며, 그들이 왜 민족구성원으로서의 구실을 못 하고 외세에 영합하게 되었는가. 신생국으로서 낡은 식민주의 잔재를 청산하는 길은 무엇이며, 식민주의 잔재가 오래도록 남아 있다면 그 이유는 무엇이며, 그 잔재와 싸우는 길은 무엇인가 등이 연구되지 않으면 안 된다. 신생국으로서 진정 자주의식에 불타 있으면 근대·현대사 연구의 필요성을 더욱 느끼게 된다."

『해방전후사의 인식』을 기획하면서

우리 민족의 현대사 또는 민족운동사는 해방이 되었지만 민족과 국토의 분단과 이데올로기의 갈등으로 그것에 대한 정당한 인식과 타당한 서술을 어렵게 했다. 분단의 비극은 우리의 현대사 서술에 그대로 반영되었다. 이러한 제약조건에도 불구하고 1970년대 초·중반부터 그것에 대한 정당한 인식작업이 이 땅의 뜻있는 지식인들과 젊은 연구자들에 의해 시도되었다. 정치적 상황의 악화 속에서 오히려 더 진지하게 연구되기 시작했고 상당한 성과를 거두고 있었다. 일제강점기의 역사뿐만 아니라 '해방 전후의 역사인식'으로 진전하고 있었다.

『한국민족주의의 탐구』를 출간한 이후 나는 송건호 선생을 매일 만났다. 선생과의 만남은 곧 어떤 책을 펴낼 것인가라는 주제를 토론하는 것이었다. 유신권력이란 궁극적으로는 몰락할 수밖에 없다는 이야기를 나누기도 했다. 나는 1978년부터『해방전후사의 인식』을 기획하게 된다.

1979년 10월 15일, 대통령 박정희가 부하 김재규에 의해 시해되는 10·26정변이 일어나기 11일 전에 '역사적인 한 권의 책'『해방전후사의 인식』제1권이 탄생한다. 8·15해방이 되었지만 통일된 민족국가로 자주독립하지 못하고 남과 북으로 분단되어 전쟁까지 하게 되는 비극의 역사를 겪는 우리 현대사에 대해 나는 묻고 싶었다.

왜 분단되었을까?

외세에 의해 분단되었다고 하는데, 과연 그랬을까?

분단되지 않고 자주독립할 수 없었을까?

나는 동시대의 지식인들에게 이런 문제를 함께 규명해보자는 주제를 던졌다. 송건호 선생에게 말씀드렸고 선생도 정말 좋은 구상이라면서 직접 한 편을 쓰겠다고 했다. 선생의 「해방의 민족사적 인식」은 이렇게 해서 집필되는데, 1979년 7월 초순에 선생의 이 글을 받아 읽고 나는 감동했다. 이런 수준과 내용의 글들이라면 책이 자신 있다고 생각했다. 나는 송건호 선생의 많은 논설·논문 가운데 「해방의 민족사적 인식」이 대표적인 한 편이라고 생각한다.

"제국주의 일본의 식민통치에서 해방된 것은 틀림없었으나 해방의 날이라고 하는 바로 8월 15일을 계기로 남에는 미군이, 북에는 소련군이 진주하여 국토와 민족의 분열이 시작되었다. 이 분열로 6·25라는 동족상잔을 겪고 그 후 30년간 남북 간의 대립은 날로 심화되어 엄청난 파괴력을 가진 막강한 군사력으로 상호 대립하여, 언제 또 6·25보다 더 파괴적인 동족상잔이 빚어질지 모르는 불안하고 긴장된 상태가 지속되고 있다. 이 통에 민주주의가 시련을 겪고 민족의 에너지는 그 대부분이 동족상잔을 위한 새로운 군사력을 위해 소모되고 있는 암담한 하루하루를 보내고 있는 것이 이른바 '해방된' 이 민족의 현실이다."

해방된 민족공동체의 무한한 가능성을 압살한 이승만과 친일파

'민족의 해방'은 송건호의 주제였다. 민족의 자주적인 힘에 의해 해방되지 못함으로써 그 이후의 민족사는 왜곡되고, 민족주의와 민주주의도 시련을 겪고 있다는 것이 그의 실천적 역사인식이었다. 선생이 발표한 글 대부분이 민족의 '자주'와 '해방'을 주제로 삼고 있다. 해방 전후사와 해방 이후사에 대한 논술에 그는 '민족주의 사관'을 철저하게 적용시키고 있다. 그의 역사논술은 따라서 '과학으로서의 역사'라기보다 '가치로서의 역사'라고 할 수 있다.

"지난날이나 오늘날이나 자주적이 못 되는 민족은 반드시 사대주의자들의 득세를 가져와 민족윤리와 민족양심을 타락시키고, 민족내분을 격화시키고 빈부격차를 확대시키며 부패와 독재를 자행하여 민중을 고난의 구렁으로 몰아넣게 된다. 민족의 참된 자주성은 광범한 민중이 주체로서 역사에 참여할 때에만 실현되며, 바로 이러한 여건 하에서 민주주의는 꽃피는 것이다. 이런 관점에서 이미 30년이 지난 8·15의 재조명은 바로 오늘을 위한 연구라고 하지 않을 수 없다."

8·15 직후에는 분단이 고정된 것도 아니고 어떤 주의가 지배적

한길사는 '오늘의 사상신서' 제1권으로
1977년 『한국민족주의의 탐구』를 펴냈다.
그 이후로 나는 송건호 선생을 매일 만났다.
우리의 약속 장소는 인사동 고서점이었다.

인 것도 아니었다는 것이 그의 역사인식이었다. 우리 민족은 무한한 가능성 앞에 놓여 있었다. 이 민족의 가능성을 무산시킨 가장 큰 요인을 언론인 송건호는 냉전에 편승한 이승만 노선과 친일 지주세력으로 이루어진 한민당 노선에서 찾고 있다. 『한국민족주의론』창작과비평사, 1982에 수록된 「8·15 후의 한국민족주의」에서 선생은 단호하게 말하고 있다.

"외세를 배경으로 한 냉전 편승세력은 민족 일부에서 싹트기 시작한 민족주의 운동을 궁지로 몰아넣어 설 땅을 잃게 하고 1948년 8월 마침내 단독정부를 세워 이들 자주세력을 남북으로 흩어지게 하고 혹은 좌절시키기도 하여 그 후에는 존재조차 사라지고 만다. 냉전에 편승하여, 친일 지주세력의 엄호 하에 권력을 잡은 이승만과 그 추종자들은 '민족의 자주·통일정부 수립'이라는 위대한 명분을 내걸고 몸으로 실천하는 김구를 1949년 6월 26일 한 현역군인을 시켜 숨지게 했다. 김구의 비극 그것은 냉전파에 의해 무참히 쓰러지는 민족자주 세력의 비극을 상징하는 것이기도 했다."

통일로 완결되는 한국민족주의

송건호 선생은 한국의 민족주의에 대해 그 누구보다도 많은 글을 썼다. 그의 책과 글 어디에든 '민족' 또는 '민족주의'가 주제어로 등장한다. 그의 민족주의는 철저하게 '가치지향적'이다. 1986년에 한길사가 펴낸 『민족통일을 위하여』에 수록한 긴 글 「한국민족주의의 탐구」는 저간의 선생의 개인적 삶과 사회적 삶으로부터 이루어진 생각을 종합하는 것으로 보인다. 그러나 여러 여건으로 그의 생각을 다 쓰지 못했다고 선생은 나에게 말한 적이 있다.

그는 민족주의의 역사적 발전유형을 ① 서구 근대국가에서의 자본형資本型 민족주의, ② 파시즘 제국주의에서의 병영형兵營型 민족주의, ③ 제3세계에서의 민중형民衆型 민족주의로 나눈다. 그는 한국 민족주의의 방향을 제3세계의 '민중형 민족주의'에서 모색한다. 이 민중형 민족주의는 외세로부터의 '진정한 해방'과 국내의 '민주주의 확립'이라는 두 차원에서 비로소 가능해진다.

"민중형 민족운동은 결코 추상적이며 관념적 구호의 운동이 아니고, 반드시 구체적 과제를 위한 운동의 형태로 나타난다. 현실에서 출발해 현실로 돌아오는, 언제나 현실과 밀착된 운동이다. 화랑정신이니, 3·1정신이니 하는 막연하고 추상적인 지난날의 영광을 강조함으로써 민족운동의 내용이나 과제가 공허한 관념구호로 호도되면 안 된다.

대내적으로는 지난날 일제와 타협하여 자신의 사회경제적 기득권을 유지한, 일본의 병영형 민족주의의 잔재를 그대로 보존한 세력이다. 대외적으로는 민족주의에 이미 부정적인 발전을 보인 자본형 민족주의 국가인 미국의 지원 밑에서 민족의 진로를 찾은 세력이다. 한국 민족의 진로가 해외의존형의 길을 택하지 않을 수 없었다는 것은 한국과 밀접히 제휴한 우방이 자본형과 병영형 두 국가주의 나라였다는 점에서 분석될 수 있다."

한국민족주의를 논할 때, 통일문제를 제외하고는 논의 그 자체가 의미를 가지지 못한다. 한 민족의 진정한 해방과 참다운 독립을 위해서는 경제적 자립이 전제되어야 한다. 해외의존형 경제가 아니라 민족자존형 경제가 되어야 한다. '건설'도 해외의존형이 아니라 통일지향의 건설을 해야 한다는 것이다. "경제성장도 해외의존이 지나치면 통일문제가 그만큼 복잡해진다. 분단 속에서 이권이 있다고 생각하고 안주하는 사고思考가 생기는 건설은 민족경제의 건설이라고 할 수가 없다."

역사를 통찰하는 지식인의 자세

1950년대와 1960년대 초까지 송건호는 서구의 것들을 열심히 읽고 또 이야기했다. 그러나 4월혁명을 지나면서 생각을 달리하게 된다. 1967년 「한국지식인론」『민족지성의 탐구』, 1975에 수록을 발표함으로써 거센 찬반양론을 불러일으켰다. '한 사회과학도로서의 반성'이라는 부제를 달고 있는 이 장문의 에세이에서 선생은 미국 등지에서 연구하고 돌아온 학자들의 민족 현실에 대한 반역사성·몰역사성을 신랄하게 비판하고 있다. 사회과학적 가치 및 역사적 전통과 가치를 배제하는 미국의 학문 태도를 비판하면서, 기계적인 지식인이 아니라 한 시대의 역사적 현실에 대한 지성을 겸비한 실천성을 요구한다. 선생은 "한국의 지식인, 특히 사회과학도가 가져야 할 기본 성격이 역사적·전체적·경험적이라는 세 요소"라고 지적하면서 이것은 바로 실천적 인식과 관련된다고 했다.

"학문세계가 현실을 무시하고 초연하게 따로 있는 것처럼 생각하고 막연히 선진 외국학설을 소개·나열하는 것으로 자기의 권위를 찾고, 기껏 현실분석이라고 해야 외국학설을 적용하여, 외국

언론인이자 역사저술가 송건호 선생은
평생 책과 함께 살았다.
나에게 "좋은 책을 펴내는 일만큼
중요한 일이 없다"고 말씀했다.

이론으로서 우리의 현실을 보는 것을 유일한 현실인식인 것처럼 말한다면, 이 땅의 위기상황은 객관적으로 분석될 수 없다."

1960년대 초부터 한국의 지식인들은 박정희의 5·16군사정권에 대거 참여하기 시작했다. 송건호 선생은 "이 땅의 지식인이 사회참여에만 열중하고 문제의 핵심인 '지성'의 사회참여에 대해선 너무 등한시한 감이 많았다"면서, "'기능적 지식인'으로서가 아니라 현실의 역사적 본질을 꿰뚫는 '지성적 자세'가 필요하다"고 했다.

"사회과학의 역사는 형극의 길이었다. '참된 현실'을 분석·폭로하고 새로운 역사를 창조하는 아카데미즘은, 현상을 유지하려는 낡은 기성세력에 의해 혐오·기피당하고 억압·탄압을 받는다. '참된 현실'을 폭로하고 모순을 적출하는 것은 아카데미즘으로서 매우 큰 용기를 필요로 한다."

선생은 지식인 또는 지성인의 지조를 매우 중시한다. "지조와 논리를 파는 이른바 참여지향적 지성 또는 현실을 은폐하고 합리화시키는 사이비 지성"을 크게 비판한다. 그에게도 '좋은 자리'로 갈 수 있는 기회와 요청이 여러 차례 있었지만, 그는 스스로 한 언론인으로서 한 지식인으로서의 자리를 결코 떠나지 않으면서 글쓰는 행위를 삶의 당연한 도덕적·윤리적 질서로 고수해왔다. 그의 이러한 삶과 삶의 철학은 그를 권위주의 정치체제 또는 유신체제를 거부하는 민주주의 운동, 민족주의 운동의 현장에 서게 했고, 글과 행동으로 말하고 실천하게 했다.

남산의 지하감방에서 두 달 동안 혹독한 고문 당해

1980년 봄날 송건호·유인호兪仁浩, 1929-1992 선생이 그해 5월 15일에 발표하는 '지식인 134인 시국선언' 원고를 갖고 우리 출판사에 들렀다. 그때 한길사는 서대문 네거리 근처의 기독교장로회 선교교육원 창고 공간을 빌려 쓰고 있었다. 나는 그 원고를 우리 사무실에서 필경하고, 해직교수이자 민중신학자인 서남동 선생이 원장으로 있는 선교교육원 사무실에 가서 선생들이 등사하는 일을 도왔다.

"비상계엄령은 즉각 해제되어야 한다. 학원은 병영적 성격을 청산하고 학문의 연구와 발표의 자유는 보장되어야 한다. 언론의 독립과 자유는 절대 보장되어야 한다. 부당하게 해직된 『동아일보』와 『조선일보』의 기자들은 지체 없이 복직되어야 한다. 민주인사에 대한 석방·복권·복직 조치는 지체 없이 이루어져야 한다. 우리 국군은 정치적으로 중립을 지켜야 한다. 한 사람이 국군보안사령관과 중앙정보부장직을 겸직하는 것은 명백한 불법이므로 시정되어야 한다."

언론인 송건호는 1980년 5월 20일 남영동 대공분실로 연행되어 간다. 다시 남산 중앙정보부 지하감방으로 끌려간다. 두 달 동안 혹독한 고문을 당한다. 허위 자백을 하고 허위 자술서를 써야 했다. 체포되어 고문받는 연유도 몰랐다. 재판정에서 '김대중 내란음모의 공범'이라는 것을 알게 된다.

"아아! 생각하면 기가 막혔다.

내가 무슨 죄를 지었단 말인가.

민주주의 하자는 죄밖에 더 있나?

한 민족으로서 떳떳하게 자주적으로 살아보자면서

민족주의를 주장한 죄밖에 더 있나?

파리 한 마리 죽이지 못하는 심약한 내가

무슨 죄를 지었단 말인가?"

1986년 선생은 회갑 때 쓴 「이 땅의 신문기자, 고행의 12년」에서 이렇게 탄식했다. 1심에서 징역 3년 6월, 2심에서 징역 2년을 선고받았고, 80년 11월 6일에 석방되었다. 그러나 몸은 고문으로 심하게 상해 있었다. 2001년 선생이 서거하는 원인이 되었다.

언론인 송건호의 실천적 삶은 눈부셨다

참으로 어처구니없게도 혹독한 감옥살이를 겪었지만, 1980년대 언론인·지식인으로서의 송건호의 정신과 실천적인 삶은 실로 눈부셨다. 민주주의 세력은 그의 정신과 이론을 요구했고, 그는 나라와 민족과 사회의 민주주의와 민족정신의 고양을 위해 온몸을 던졌다.

선생은 월간『마당』1981년 9월호부터 김구·여운형呂運亨, 1886-1947·김창숙金昌淑, 1879-1962·안재홍安在鴻, 1891-1965 등 민족지도자들의 인물론을 연재했다. 일제의 고문으로 앉은뱅이가 된 심산 김창숙 선생의『심산유고』心山遺稿를 읽다가 감격했다. 눈물이 떨어져 원고를 적셨다. 도봉산 자락 심산의 묘소를 찾아가 엎드려 울었다. 이 연재는 정리되어 1984년 한길사에 의해『한국현대인물사론』으로 출간되었고, 이 저술로 선생은 1986년 제1회 심산상을 수상했다.

선생은 동아일보사 퇴직 후 박정희로부터 장관자리를 제의받았지만 그런 정치적인 자리는 한사코 거부했다. 전두환 시기에도 서울시장 고문 등 10여 차례의 제의가 있었지만 역시 거절했다.

"역사의 길이란 형극의 길이자 수난의 길이다. 온갖 세속적 가치로부터 소외되는 길이다. 따라서 사람들은 역사의 길을 택하지 않고, 그것이 옳다는 것을 알면서도 현실의 길을 걷는다. 현실의 길은 안락의 길이자 세속적 영화의 길이다. 현실의 길을 택한 사람들은 갖가지 명분을 내세운다. 그 길이 민족을 위하는 길이고 독립을 위하는 길이며 통일을 위하는 길이라고 강변한다."

선생은 「나의 좌우명」이란 짤막한 글에서 스스로의 글쓰는 자세를 말했다.

"나는 글을 쓸 때마다 30년 40년 후에 과연 이 글이 어떤 평가를 받을 것인가를 생각한다. 먼 훗날에도 욕먹지 않는 글을 쓰겠다고 다짐하곤 한다. 호랑이는 죽어서 가죽을 남기지만 사람은 죽어서 이름을 남긴다는 옛사람의 말대로, 크게는 이 민족을 위해서, 작게는 내 자식들을 위해서, 어찌 더러운 이름을 남길 수 있겠느냐는 생각을 하게 된다."

국민기금으로 창간되는 『한겨레신문』

1984년 12월 장충동 베네딕트 수도원에서 민주언론운동협의회가 창립되고 송건호 선생은 의장에 취임한다. 『말』지가 창립

언론인 송건호 선생은 '언론의 독립'이
가장 중요하다고 생각했다.
권력이 언론을 탄압해올 때
선생은 젊은 동지들과 손잡고 권력과 투쟁했다.

된다. 87년『동아』·『조선』 해직기자들이 중심이 되어 '새언론창설 연구위원회'가 활동을 시작하고, 9월 23일 '새신문 창간 발의자 대회'에서 선생은 새신문 창간위원회 위원장을 맡는다. 이어 10월 30일 명동 YWCA 대강당에서 '한겨레신문 창간 발기선언대회'가 열린다. 11월 2일부터 국민모금운동에 들어갔고 드디어 1988년 5월 15일『한겨레신문』이 창간된다.

불가능하다던 국민신문『한겨레신문』의 탄생에는 '독립언론인 송건호'가 결정적인 역할을 한다. 송건호에 대한 국민들의 신뢰와 신망이 그것을 가능하게 만들었다. 창간호가 발행되던 그날 발행인으로서 선생은 편집국 기자들에게 "무슨 문제든지 여러분이 쓰고 싶고 말하고 싶은 것 다 쓰십시오"라고 선언했다.

1980년대 한국인과 한국사회가 구현해낸 탁월한 걸작품『한겨레신문』! 자유언론·독립언론에의 간절한 국민적 소망이 조직화되어 창간된『한겨레신문』은 1980년대 한국 사회운동의 가장 빛나는 성과였다. 나는『한겨레신문』의 탄생을 이끈 송건호 선생의 '육성'을 기록해야 한다고 생각했다. 월간『사회와 사상』1989년 11월호에 나는 선생을 특별 인터뷰했다.

장사꾼이 된 언론사들

— 현재 우리 사회의 언론은 대단히 보수적인 보도 태도를 견지하면서 진보적인 민중운동·민족운동을 사갈시하고 있습니다. 체제언론·제도언론의 보수우익적 구조 속에서『한겨레신문』은 이 땅의 언론사에 새로운 지향과 가능성을 제시하고 있습니다.『한겨레신문』이 1988년 5월 15일에 창간된 이후 1년 반이 되었습니다. 그동안의 경험을 한마디로 표현하자면 어떻게 말씀하시겠습

니까?

"모든 것이 좋습니다. 다만 재정적인 어려움이 없지 않습니다. 신문이 현재 45만 부가 실제로 나가고 있고 독자 수도 계속 늘어나고 있기 때문에 지금의 어려운 재정상태도 개선되리라 봅니다."

─서울·지방 가릴 것 없이 최근에 신문사들이 많이 생겼습니다만,『한겨레신문』을 제외하고는 그 보도·논평의 내용과 방향이 기존 신문들과 다를 바 없습니다. 한국 언론의 성격을 어떻게 규정할 수 있을까요?

"한국의 신문사들은 자유당 때만 해도 신문 일만 했습니다. 그런데 5·16군사쿠데타 이후 각 신문사들은 언론기능만이 아니라 장사를 하기 시작했습니다. 정부도 언론기업을 육성해준다면서 이런저런 특혜를 주고 대신 언론을 장악하기 시작했습니다. 결국 언론기관들도 일반 기업과 다를 바 없게 되었습니다. 오늘의 언론기관은 언론기관이 아니라 장사꾼들입니다. 권력과 결탁한 장사꾼입니다."

─이 땅의 언론기관들은 자본가 또는 가진 자이고, 따라서 자본가나 가진 자의 편에서 정치문제·사회문제·민족문제를 바라보게 된다는 말씀이겠습니다.

"오늘의 이 나라 신문들이 민중운동·민족운동을 부정적·비판

1988년 5월 15일 국민언론『한겨레신문』이 창간됐다.
창간호를 내면서 송건호 대표는 기자들에게
"여러분이 쓰고 싶고 말하고 싶은 것
다 쓰십시오"라고 선언했다.

적으로 보도·논평하는 것은 스스로의 성격 때문에, 자신의 이익을 유지·확산시키기 위해서 그 어떤 것도 마다하지 않는 기업적 성격 때문에 불가피한 현상이지요. 문익환 목사 방북사건이나 임수경 양 방북사건 등 민족문제와 연관되는 현상을 보도하는 태도를 보아 이 나라의 신문들은 민족의 통일도 원하지 않고 진정한 의미의 민주주의도 바라지 않는다고까지 말할 수 있습니다.

분단체제 속에서 잘 먹고 잘 사는데, 왜 통일을 바라겠습니까. 통일이 되면 그들의 기득권이 침해받지 않을까 우려하기 때문입니다. 제도언론들도 물론 통일을 말합니다. 그러나 이들의 민족문제에 관한 보도는 오히려 민족문제의 해결을 방해하는 결과를 가져오게 하기도 합니다."

민족통일에 대해서 긍정적이고 민주주의를 옹호한다

　―『한겨레신문』이 지향하는 바를 요약해서 말씀해주십시오.

"첫째는 민족통일에 대해서 긍정적이고 민주주의를 옹호합니다. 우리가 추구하는 민주주의는 보수적인 것이 아니라 진보적이고 다수의 대중을 위하는 그런 것입니다. 기존 언론은 권력의 입장, 자본가의 입장, 가진 자의 입장에 섭니다. 그러나 우리는 국민 대중의 입장에서 보도·논평합니다.『한겨레신문』을 권력이나 자본가들은 용공적이다, 좌경적이다 하는 모양인데, 본질을 잘못 보고 있는 것이지요."

　―국민 다수의 참여로 창설된『한겨레신문』은 참으로 엄청난 실험을 하고 있다고 생각됩니다. 세계언론사에 유례가 없는 신문

으로서 그 창간정신에 부응해 나가기 위해서는, 신문을 만들어내는 구체적인 조직과 방식도 달라져야 하지 않을까 생각됩니다. 기존의 다른 언론기관들과는 그 조직과 기능이 어떻게 다릅니까?

"우리는 철저한 민주주의 제도를 도입해 실천해 나가고 있습니다. 『한겨레신문』의 주주가 6만 명인데, 사장인 나를 포함해서 모든 사원은 피고용자들입니다. 편집국은 편집국대로 편집위원장을 중심으로 철저하게 자주적으로 해나갑니다. 다른 부서도 마찬가집니다. 편집국 책임자를 편집위원장이라 하고 각 부의 책임자를 부장으로 하지 않고 위원이라 한 것도 편집국 기자들의 의사를 민주적으로 반영한다는 의미가 있습니다. 일사불란하지는 못하겠지만, 끊임없이 토론을 거쳐 민주적으로 결정·실행해나가기 때문에 능률적이라고까지는 못할지라도 민주적인 것은 사실입니다."

—모금에 응한 국민 주주의 의사는 어떻게 반영될 수 있을까요?

"주주들은 민주주의와 민족통일이라는 대원칙을 위해 보도·논평해달라는 기대로 주주가 된 것이지요. 구체적인 문제들에 대해서 이렇게 하라, 저렇게 하라고 하지는 않겠지요. 그러나 통일과 민주주의라는 대원칙에 어긋난다면 『한겨레신문』은 혹독한 비판을 받을 것이고 그 존재까지 위협받게 될 것입니다."

기자들의 양식에 따라 신문을 만든다

―『한겨레신문』의 구성원들이 아무리 그렇게 하려고 해도, 오늘날 매스미디어라는 거대한 메커니즘 또는 그 구조적 성격으로 독자나 수용자의 접근을 어렵게 만드는 것도 사실입니다.『한겨레신문』도 궁극적으로는 선택된 사람들에 의해 선택적인 시각과 논리를 갖게 될 수밖에 없다고 보이기도 합니다.

"『한겨레신문』이 주주나 독자의 기대를 저버릴 때는 당장 야단이 납니다. 우리가 일상으로 듣게 되는 소리는『한겨레신문』이 이럴 수 있느냐는 겁니다. 편집위원장을 1년마다 직선으로 뽑는다든가 노조를 회사에서 장려해 조직한다든가 하는 일련의 일들이 어떻게 하면 신문 제작을 포함해서 모든 일을 민주적이고 합리적으로 처리해나갈 수 있을까 하는 노력의 일환입니다. 나 자신도 신문 제작에 더러 불만이 없는 것도 아닙니다. 그래도 신문은 편집국 기자들이 민주적이고 자율적으로 해나가야 된다는 우리의 기본입장을 관철시키려 합니다.

신문의 보도태도에 대해 각계각층으로부터 온갖 주문이 옵니다. 지난번 이철규 군 시신의 컬러사진을 보도하라고 몰려와 농성까지 했습니다만 편집국이 독자적으로 판단하여 싣지 않았습니다. 부분적으로는 불만도 있고 또 문제가 없는 바도 아니겠지만, 결국 기자들 스스로의 이성적인 양식과 논리에 뒷받침되는 편집권의 독립을 통한 언론활동이 궁극적으로 소망스럽다는 사실을 우리는 고수할 겁니다."

―신문이란 사람이 만듭니다.『한겨레신문』에 주어지는 역할

아무리 험한 길도
여럿이 가면
즐겁습니다

나는 월간 『사회와 사상』 1989년 11월호에
『한겨레신문』 송건호 대표를 인터뷰했다.
국민모금으로 창간되는 『한겨레신문』에 대해
나는 선생의 생각을 기록했다.
반쪽이의 일러스트.

과 기대가 범민중적이고 범국민적이기 때문에, 『한겨레신문』에 참여하는 사람들은 책임감이 그만큼 중요하다는 사실을 원천적으로 인식할 필요가 있겠지요. 신문이란 좋은 뜻만 가지고 하루 이틀의 노력으로 잘 만들어지는 것은 아니고, 역사와 전통의 축적이 요구되겠지요. 『한겨레신문』은 역사가 짧지만 그래도 다른 신문보다 더 많은 역할을 요구받고 있기 때문에, 기자들은 당위 이상의 구체적 능력을 제고시켜야 한다는 여론도 상당히 있는 것 같습니다. 현재 『한겨레신문』에 주어지는 기대와 역할을 보다 잘 해내기 위해 조직적이고 의도적인 프로그램이라도 갖고 계시는지요?

"현재로서는 갖고 있지 못합니다. 그러나 부서별로나 내적으로는 그런 작업이 작은 차원에서 진행되지 않는 것은 아닙니다. 차츰 그런 문제에 관심을 가져야 된다고 생각합니다."

남북의 체제를 존중하는 통일
— 선생님 자신의 민족통일관을 다시 듣고 싶습니다.

"통일이 뭐 그리 꼭 필요하냐는 사람들이 있습니다. 이들은 기득권자들입니다. 우리의 통일은 전쟁을 해서 이룩할 수도 없는 것이고, 선거를 통해서는 현실적으로 더욱 불가능합니다. 선거에 진 쪽이 승복하지 않을 겁니다. 결국 양쪽의 체제를 존중하는 통일을 해야 합니다. 좀 더 구체적으로 말하면 남북의 기득권을 존중할 수밖에 없다는 겁니다. 현재 남한 정부는 유엔에 단독으로 가입하자고 합니다. 그러나 나는 남과 북이 유엔에 동시 가입해도 좋다고 봅니다. 소련과 우크라이나가 유엔에 동시 가입하고 있습니다. 그러나 그것은 조건부입니다. 동시 가입하되 대내적으로는 하나로 얽어매야 한다는 겁니다. 상호의 체제와 기득권을 존중하는 얽어맴입니다. 대내적으로나 대외적으로 모두 따로따로 하면 영구 분단입니다. 동시에 가입하되 외국군과 핵무기를 철수하고 평화 협정을 남북이 체결해야 합니다.

　냉전적 이데올로기를 강요하는 제도적 장치를 없애고, 상호 자유롭게 방문하게 해야 합니다. 국가 연합이 되든 연방제가 되든, 무엇이 되려고 하면 제1조건으로 외국군이 나가야 합니다. 그래야 민족자주적으로 민족문제를 풀어나갈 수 있습니다. 북한의 통일정책도 사실은 상호의 기득권을 존중하자는 것이지요. 북한의 연방제란 대외적으로는 하나로 하고 대내적으로는 따로따로 하자는 것이니, 이건 분명히 기득권을 존중하자는 것 아닙니까.”

　—1980년대 후반에 와서 북한 바로알기운동이 민족운동의 일환으로 왕성하게 진행되고 있습니다만, 분단 지향적인 권력자들은 우리 민족공동체의 절반인 북한을 늘 부정적으로만 선전해왔고, 또 제대로 알려고 하면 가차 없는 탄압을 해왔습니다. 북한의 연방제 통일안도 무조건 적화야욕이라는 등의 원색적이고 폭력적인 용어를 동원해 비난해왔습니다. 우선 북한을 우리 민족공동체의 일환으로 인식하는 작업이 참으로 요구되지 않나 합니다.

“권력은 북한에 대해서 연구할 자유를 늘 억압해왔지요. 젊은 이들이 북한에 대해 관심을 갖거나 주체사상에 편향되고 있다고 정부에서는 말하고 있지만, 북한을 제대로 연구하게 하지 않으니

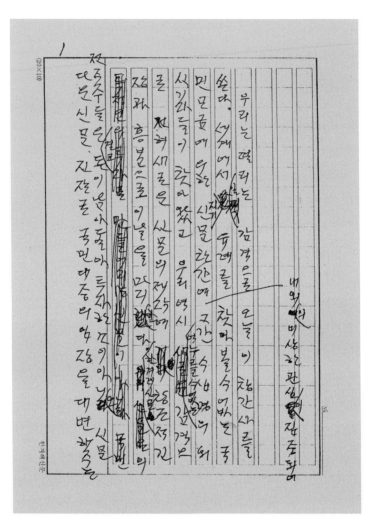

송건호 선생은 『한겨레신문』의 창간사를 직접 썼다.
'떨리는 감격'으로 창간사를 쓴다고 했다.

까 그렇게 되는 것은 당연한 귀결이지요. 북한의 정치사회도 많은 문제를 안고 있다고 생각됩니다."

― 한 지도적인 언론인으로서 선생님은 지금 우리 사회에서 가장 시급하게 해결되어야 할 과제를 무엇이라고 보십니까?

"분단 극복입니다. 우리의 모든 불행은 분단으로부터 비롯됩니다. 나는 1945년 이후 우리 민족사회가 해야 할 세 가지 과제를, 일제 식민잔재의 청산, 민족자주독립국가의 수립, 민주주의의 실현이라고 생각하고 있습니다. 민족분단은 우리 사회에 온갖 해악을 끼치고 있습니다.

남북의 군사대결로 인해서 민족사회의 엄청난 에너지가 낭비됩니다. 친일파가 득세하고 외세 추종주의자들이 활개를 치는 현상이 벌어져 민족의 양심이 파괴되고 있습니다. 분단 이데올로기로 학문의 자유가 억압됩니다. 군사대결 체제는 국민을 일사불란하게 동원함으로써 민주주의가 꽃피지 못하고 있습니다. 동족에게 총부리를 대면서 우리를 지배했던 일본과 공동 군사훈련을 생각합니다.

이 모든 반역사적이고 반민족적인 것은 분단으로 합리화됩니다. 지금 젊은이들이 힘차게 통일운동을 펼쳐내고 있는 것은 기성 정치인이나 권력자들에게 민족문제·통일문제를 더 맡겨둘 수 없다고 생각하기 때문입니다. 나는 지금 계급문제도 중요하다고 생각하지만 분단 극복문제가 더 시급하다고 확신합니다."

생의 마지막, 민족과 사회에 봉사하는 기회

　—통일문제에 있어서도 언론의 반민족적이고 반통일적인 태도가 가장 심각한 걸림돌인 듯합니다. 이 통일운동시대에 민족문제를 고뇌하고 민족통일의 지혜와 길을 여는 민족언론의 역할이 무엇보다 요구되지 않나 합니다.

　"우리 사회의 언론은 가진 집단, 배부른 집단이 되어 권력과 밀착되어 있기 때문에, 통일을 원하지 않는 권력집단의 의사에 반하여 통일을 추구할 수 없습니다. 그러나 국내외적으로 국제정세가 통일 쪽으로 기운다면 하루아침에 통일을 해야 한다고 들고 나올 것입니다. 어떤 정치인들은 유신정부에 그렇게 협조하다가, 전두환 정권에 그렇게 협조하다가, 국민적 투쟁으로 민주화가 어느 정도 진전되니까 마치 민주화운동의 기수처럼 행세합니다. 그러다가 공안정국의 바람이 조금 세게 부니까 그대로 움츠러들고 마는 기회주의적인 태도를 숨기지 못합니다."

　—1975년 동아일보사 사태로 언론계 일선에서 떠나 재야 저술가로 활동하시다가 국민의 힘으로 만들어진 신문사의 사장이 되셨는데, 그 소감이 어떻습니까?

　"나는 구호적인 말을 사실은 싫어합니다. 구호가 아니라 한 기자로서 구체적으로 설명하려고 합니다. 회사에서는 나를 사장이라고 부르는데 난 사장이란 말이 싫어요. 자유언론을 갈망하는 국민들의 힘이 『한겨레신문』을 만들어서 나를 대표로 앉혔는데, 나에게는 새로운 삶의 출발이자 한 언론인으로서 생의 마지막을 민족과 사회에 봉사할 수 있는 기회로 생각하고 있습니다."

고문한 자들이 활개치고 다니는 현실

—1980년대에 우리는 독재와 싸우면서 많은 것을 성취해냈습니다. 가파른 상황에서 그 상황을 극복해내는 사상과 운동역량을 창출해낸 것도 사실입니다만, 1980년대를 마감하는 이 시점에서 선생님은 오늘의 이 사회를 어떻게 보고 계십니까?

"이 사회는 자기의 소신과 양심에 따라 사는 사람을 소외시키고 기회를 포착해서 대세를 추종하는 사람들만이 출세하고 돈을 벌게 되어 있습니다. 근본적으로 이 사회는 비록 물질적 에너지는 넘치고 있을지 몰라도 도덕적으로 타락하고 있습니다.

민족문제에 소극적이라는 사실은 바로 민족적 도덕률을 내팽개치고 민족정기가 흐려지고 있다는 말입니다. 국력은 남쪽이 강하면서도 민족문제에 소홀한 반면, 북쪽은 여러 문제를 안고 있으면서도 민족문제 해결에 적극적이라는 사실에서 우리는 무언가를 생각하게 됩니다."

—1980년대를 살아오시면서 개인적으로 가장 기억에 남는 일이라면 물론 『한겨레신문』을 창간하는 데 참여했다는 것이겠지만, 그 이외에는 무엇을 꼽을 수 있을까요. 5·17 직후 이른바 김대중 내란음모 사건에 강제로 연루되어 고문을 당하고 감옥을 산 것일까요?

"잡아가서 무조건 고문하는 바람에 허위 자백했지요. 나는 운동권 사람도 아니고 정치는 더욱 관심이 없습니다. 나는 늘 기자라고 생각하는데, 지난번 회사일로 광주 가는 비행기 안에서 당시 나를 고문한 박 모를 만났습니다. 당신이 때린 것이 지금도 아프다니까, 김일성을 때려잡아야 하지 않습니까 하면서 딴전을 피우더군요."

—저 악명 높은 남영동에서 고문당하실 때 무엇이 머리에 떠올랐습니까?

"매일 두들겨 패는데, 이러다간 내가 여기서 죽고 말겠다는 생각이 들었습니다. 얼마나 억울한지, 어떻게 하든지 살아서 나가야 되겠다는 독한 생각을 하게 되었습니다.

우선 살기 위해서라도 저들이 하라는 대로 허위 자백했습니다. 나는 고문을 당하면서, 여자를 남자로 만드는 것은 못 할지 몰라도 무엇이든 다 할 수 있겠구나 하는 생각을 했습니다. 영양실조로 머리가 한 움큼씩 빠져나갔습니다.

저들은 권력을 유지하기 위해서 얼마나 반인간적인 짓을 자행하는지를 그 속에서 뼈저리게 경험했습니다."

—수많은 사람들이 그렇게 고문을 당해도 보도되지 않습니다. 『한겨레신문』의 창간은 해직 언론인들이 중심이 되어 구상되고 진전되었지만, 사실은 수난당하는 이 시대 민중들의 피맺힌 한이 그 원동력으로 작용했다고 생각됩니다만.

"나는 당초에 해직 언론인들 사이에서 새 일간신문을 하나 만

언론인 송건호 선생은 '민족통일'이
가장 중요한 우리의 과제라고 생각했다.
민족통일을 위해서는 외국군이 나가야 한다고 했다.
민족통일에 관한 수많은 글을 썼고 강연을 했다.

들자는 이야기가 나왔을 때 불가능하다고 생각했습니다. 일간신문은 대자본이 뒷받침되지 않으면 못 만들어요. 그러나『한겨레신문』을 위한 모금운동이 전국에서 폭발적으로 일어난 것은 바른 소리 하는 신문에 대한 국민들의 간절한 염원이 반영된 것이라고 하겠습니다. 대통령 선거를 앞두고 양 김씨가 갈라섰습니다. 믿을 건 제소리하는 신문밖에 없다는 생각을 국민들이 하게 되었고『한겨레신문』의 창간 작업도 가속화되었지요.”

『기자협회보』 선정 '20세기 최고의 언론인'

국민들의 참여에 의한 새 언론『한겨레신문』의 창간과 함께 송건호 선생은 신문사의 대표이사로서 일하게 되었지만, 선생은 대표이사를 맡아 하면서부터 고뇌도 많았다.

나는 선생이『한겨레신문』의 대표이사가 되면서 자주 뵐 수 없게 되었지만, 이따금씩 뵐 때 선생의 얼굴에는 우수가 서려 있는 듯했다. 책도 제대로 읽지 못하고 본격적인 글을 쓸 수가 없어 안타깝다는 말씀도 했다.

1980년대 한길사가 펴내던 무크지『한국사회연구』와 계간『오늘의 책』에 선생은 우리 현대사에 관한 큰 글들을 잇따라 발표했다. 나는 해방 이후의 한국현대사를 크게 한번 써보시라고 계속 말씀드린 바도 있었다. 우리가 펴내고 있던 잡지 등에 연재를 시도했지만,『한겨레신문』창간 일로 제대로 진전되지 못했다. 선생은 그 일을 늘 마음의 부채로 생각하고 있었다.

송건호 선생은 1999년『기자협회보』가 전국에 있는 신문·방송·통신사의 편집·보도국장과 언론학 교수를 상대로 설문조사한 결과 '20세기 한국의 최고 언론인'으로 위암 장지연韋庵 張志

淵, 1864-1921 선생과 함께 선정된 바 있다. 그러나 1980년 신군부에 의한 고문의 후유증으로 선생은 8년간 투병생활을 해야 했고, 2001년 12월 21일 서거했다.

송건호 선생의 정신과 실천을 기리기 위해 '청암언론문화재단'이 2002년 1월에 창립되었다. 선생의 아호 청암靑巖을 따서 그 이름을 지었다. 이어 같은 해 청암언론문화재단은 한겨레신문사와 공동으로 송건호언론상을 제정했다. 장남 송준용 씨가 이를 위해 헌신하고 있다. 선생이 서거한 12월에 시상되고 있다.

2002년 12월 선생의 서거 1주년을 맞아 나는 『송건호전집』전 20권을 펴냈다. 강만길·김언호·김태진·리영희·방정배·백낙청·성유보·이문영·이상희·이해동·정연주·한승헌이 편집위원으로 참여했다. 나는 간행사를 초했다.

"반민주적이고 반민족적인 엄혹한 상황에서, 그 상황을 극복하면서 개진해낸 선생의 치열한 정신과 사상과 논리는 오늘 새롭게 진전되고 있는 국가사회적 상황과 통일 지향적 민족공동체 운동의 역사적 전개와 더불어 한층 새롭게 우리들 가슴에 다가온다. 우리는 선생이 남긴 수다한 저술을 통해, 민족언론인·민주언론인·독립언론인 송건호의 참모습을 새롭게 인식하게 된다.

우리는 선생이 남긴 저술을 통해 언론인으로서뿐 아니라 시대정신을 구현하는 지식인으로서의 송건호를 새롭게 발견하게 된다. 선생은 현실과 결코 타협하지 않는 지식인의 진정한 정신과 행동을 몸소 보여주었다.

한 시대에 지식인이란 무엇이어야 하는가를, 특히 분단된 조국의 현실 속에서 진정한 민족지성이란 무엇인가를, 선생이 남긴 저

선생이 서거한 이듬해인 2002년 한길사는 『송건호전집』 전 20권을 출간했다.
선생은 글을 쓰는 자세를 말씀했다. "나는 글을 쓸 때마다 뒷날 이 글이

술들을 통해 우리는 가슴 벅차게 체험하게 된다."

출판인은 책 만드는 일에 매진해야

1987년 5월 16일 토요일 오후 송건호 선생은 동숭동 흥사단 강당에서 '미국을 어떻게 볼 것인가'라는 주제로 강연했다. 나는 그날 강연을 끝낸 선생을 모시고 저녁을 같이했다. 이 자리에서 선생은 나에게 진지하게 말씀했다.

"출판인은 좋은 책 만드는 일에 매진해야 합니다.

어떤 평가를 받을 것인가를 생각한다. 크게는 이 민족을 위해서, 작게는 내 자식들을 위해서 어찌 더러운 이름을 남길 수 있겠느냐는 생각을 한다."

그것이 출판인의 본분입니다.
출판인의 의무이자 권리입니다."

직선개헌 서명운동에 관한 이야기가 나오자 선생은 그렇게 강조했다. 송건호 선생은 나에게 개헌을 위한 서명 같은 데 참여할 것 없다고 단호하게 말씀했다.

2008년 12월 나는 '참언론인 송건호의 생각과 실천'을 이야기하는 책 『나는 역사의 길을 걷고 싶다』를 펴냈다. 소설가 정지아 씨가 취재해 썼는데 선생의 7주기에 맞추었다. 언론인이자 역사

저술가인 송건호의 인간적인 이야기들을 담아냈다.

선생은 책을 늘 손에 들고 있었다. 가난한 언론인이었지만 선생은 늘 책을 사모았다. 그 1970년대와 1980년대에, 책 사는 것이 사모님께 미안해서, 귀가할 때 사들고 온 책을 마당 한구석이나 나무 밑에 놓아두었다가 나중에 집 안으로 슬쩍 갖고 들어온다는 말씀을 사모님 이정순李貞順, 1931~2017 여사로부터 들었다. 그렇게 사모아 읽은 책이 1만 5,000권이나 되었다. 이 장서는 1996년『한겨레신문』에 기증되었다.『한겨레신문』은 '청암문고'로 이름지어 이용하고 있다.

추운 겨울은 봄을 오게 한다

송건호 선생의 고향 옥천은 정지용鄭芝溶, 1902~1950 시인의 고향으로도 널리 알려져 있다. 그러나 옥천에『주간 옥천신문』이 발행되고 있다는 사실에 나는 주목한다.『한겨레신문』보다 한 해 뒤인 1989년에 지역 주민들의 모금으로 창간한 '작은 신문'『주간 옥천신문』은 지역 시민들에 의한 지역을 위한 참신문이다. 중앙의 거대 신문에 대응하여 풀뿌리신문으로서 지역공동체와 지역문화운동을 펼치고 있다. 송건호 선생의 언론정신과 더불어『주간 옥천신문』을 우리는 새롭게 보게 된다.

나는 산과 들에 꽃이 피는 봄날이면 1980년 그 '서울의 봄'이 나의 머리에 선연히 떠오른다. 나라와 국민이 하나가 되어 민주주의를 향해 행진하던 그 봄날의 풍경은 아름다웠다. 꽃향기가 진동하는 화창한 5월의 그 봄날, 나는 송건호 선생과 희망을 이야기했다. 서대문 충정로의 기독교장로회 선교교육원에서 민주주의를 외치던 지식인 134인의 시국선언을 주도하던 송건호 선생을 도와 그 선언문을 등사해내던 그 봄날!

그해 서울의 봄은 새로운 역사가 꽃피던 계절이었다.

전두환 신군부에 의해 그 봄날의 꽃들은 무참하게 짓밟혔지만, 민주주의와 자유의 정신은 결코 좌절할 수 없는 우리 모두의 희망이고 정신이었다. 우리의 희망과 정신은 고난을 이기는 힘이었다. 새로운 역사를 일으켜 세우는 운동이고 사상이었다.

"나는 역사의 길을 걷겠다"던 송건호 선생의 신념에 찬 말씀이 그리워진다. 온화하고 자상하던 송건호 선생님!

"우리나라의 겨울은 춥다.
흰 눈이 하늘을 덮고 영하 10도 15도까지 내려가는 날은
정말 견디기 어렵게 춥다.
아무리 추위가 맹위를 떨쳐도
봄은 결코 멀지 않다는 것을 우리는 알고 있다.
미래를 내다볼 줄 알고
인내와 용기가 우리에게 요구된다.
겨울이 아무리 추워도
봄은 어김없이 오게 마련이다."

시대의 어둠을 밝히는 이성의 빛
우상에 도전한 리영희 선생의 언론정신

나의 글쓰는 목적은 진실을 추구하는 그것에서 시작된다

1977년 가을에 출간되는 『우상과 이성』의 「머리말」에서 저자 리영희李泳禧, 1929-2010 선생은 자신의 글쓰는 자세를 천명하고 있다.

"나의 글을 쓰는 유일한 목적은 진실을 추구하는 오직 그것에서 시작되고 그것에서 그친다. 진실은 한 사람의 소유물일 수 없고 이웃과 나뉘어야 할 생명인 까닭에 그것을 알리기 위해서는 글을 써야 했다. 그것은 우상에 도전하는 이성의 행위다. 그것은 언제나, 어디서나 고통을 무릅써야 했다. 지금까지도 그렇고 영원히 그러리라고 생각한다. 그러나 그 괴로움 없이 인간의 해방과 발전, 사회의 진보는 있을 수 없다. 책의 이름을 일컬어 『우상과 이성』이라 한 이유다."

『우상과 이성』은 나의 책 만들기 초기에 출간되는 '한 권의 책'이었다. 그러나 책 「머리말」처럼 저자와 책은 수난당한다. 『우상과 이성』의 저자 리영희 선생의 삶은 우리 시대 진보적 지식인의 고난을 상징하는 것이었지만, 책은 우상들이 횡행하는 어둠의 시대를 밝히는 이성의 빛이 되었다. 책을 써낸 저자는 수난의 길을 걷게 되지만, 그 책은 새로운 시대를 진전시키는 이론과 정신이 되었다.

『우상과 이성』이 출간되는 1970년대 후반, 박정희의 유신독재는 위기 국면으로 내닫고 있었다. 대학생들의 반정부 운동이 거세었고 재야인사들이 유신철폐를 주창하고 나섰다. 문인들이 대오를 짜고 일어섰다. 동아일보사의 언론인들이 자유언론운동을 실천하다 강제 축출당했다. 박정희 정부는 사회안전법을 만들어 비판세력을 위협했다. '긴급조치'라는 것을 선포해 저항세력을 제압하려 했다. 교수재임용 제도를 만들어 지식인들을 학원으로부터 추방했다.

언론인 리영희는 이 위기적 국면의 한가운데 버티고 서 있었다. 권위주의 체제의 치부를 예리하게 규명하는 그의 '언론정신'은, 가파른 내리막길을 내달리면서 위기의식에 휩싸여 있는 권력자들과는 결코 화해될 수 없었다.

권위주의 정치권력의 허구를 폭로해내는 리영희의 비판작업은 젊은이들에게는 현 상황과 현 체제의 본질적 성격을 인식하는 이론이 되었다. 오늘 우리는 무엇을 해야 할 것인가, 그의 현실 진단은 유신체제를 위기적 국면으로 이끌어가는 청년·학생들에겐 새로운 이론적 역량이 되었다.

리영희와 『우상과 이성』 필화는 어둠의 시대 위기적 상황에서 터질 수밖에 없는 사건이었다. 권력 지상주의자들의 본능적인 자기방어 기제에 의해 그는 투옥될 수밖에 없었다.

"나의 글을 쓰는 유일한 목적은
진실을 추구하는 오직 그것에서 시작되고 그것에서 그친다"고
저자 리영희 선생은『우상과 이성』책 머리말에서 말했다.
저자는 감옥으로 가고 책은 판금되었다.
그러나 나의 책 만들기 초기에 출간되는
『우상과 이성』은 우상들이 횡행하는 시대를 밝히는
이성의 빛이 되었다.

유신권력의 양심적인 지식인에 대한 탄압

1977년 11월 23일 아침 7시 저자 리영희는 연행되어갔다. 나흘 후 리영희 편역 『8억인과의 대화』를 펴낸 창작과비평사의 백낙청 대표와 한길사 박관순 대표가 연행되어갔다. 나는 1976년 출판사를 시작하면서 아내 박관순을 대표로 내세웠다. 저자와 두 출판사 발행인에 대한 수사는 지식인 사회에 큰 충격이 아닐 수 없었다.

동아자유언론수호투쟁위원회는 "일방적이고 왜곡된 시각"만을 강요받던 젊은 세대들에게 새로운 국제적 시야를 넓혀준 용기 있고 양식 있는 언론인 리영희 교수를 구속하는 것은 "양심적인 지식인에 대한 탄압"이라고 성명했다. 자유실천문인협의회도 "언론의 위축상태가 이제 출판계에까지 확대되었다"면서 "우리는 표현의 자유가 우리 자신의 힘에 의해서만 쟁취될 수 있는 것임을 믿고, 모든 양심적인 지식인, 고난받는 근로자, 시민, 학생들과 더불어 끝까지 분투할 것을" 선언했다. 해직교수들은 "학문연구와 저술활동의 자유가 제도적으로 보장될 것을 강력히 촉구한다"고 했다.

"학문의 연구는 오직 진리의 탐구만을 목적으로 하는 바, 이는 결코 어떤 일개 정파나 집단의 이해관계에 따라 좌우될 수 없으며, 학문적 오류는 순수한 이론적 바탕에 의해서만 수정·극복될 수 있다. 연구자의 인신 구속은 연구와 저술활동의 자유에 대한 심각한 위협이며, 나아가 학문의 존립 근거 자체를 말살하는 처사로 보지 않을 수 없다."

학계·언론계·문단의 인사 82명이 검찰총장에게 "리영희 교수의 논평·해설은 변전하는 국내외 정세를 분석하는 많은 국민들로부터 공감해왔다"면서 그의 석방을 촉구하는 진정서를 냈다. 한국기독교교회협의회와 기독자교수협의회도 리 교수의 석방을 촉구했다. 그러나 리영희는 12월 27일 구속기소되었다. 백낙청 교수는 불구속 기소되었고, 박관순 대표는 불기소 처분되었다.

어머니의 영전에 바칩니다

리영희 선생이 연행될 때 팔순의 노모가 병석에 계셨다. 그는 어머니에게 "잠깐 다녀오겠습니다" 하고 집을 나섰다. 기소되던 이튿날 그 어머니는 아들을 찾다가 세상을 떠났다. 28일 오전 면회온 부인 윤영자 여사로부터 어머니의 별세 소식을 들은 그는 망연자실했다. 아들은 그날 저녁 서울구치소 4사상(舍上) 6호 감방에서 빈소를 차리고 '감방음식'으로 예를 올렸다. 어머니의 영전에 바치는 편지를 집으로 보냈다.

"어머니 영전에 바칩니다.

평소에 불효자식이더니 끝내 세상을 떠나시는 자리에서 임종도 못 한 죄인이 되었으니 한만이 앞섭니다. 어디로 간다고 말씀도 드리지 못한 채 집을 나와 지금 이곳 몸의 자유를 잃고 있는 그동안 어머니가 아들을 찾는 소리와 그 몸짓을 듣고 보는 듯합니다. 좁은 방 속에 주어지는 음식과 과일을 고여놓고 멀리서 하루 세 번 어머니의 명복을 빕니다. 부디 극락 가셔서 먼저 가신 아버지를 만나 영원히 행복하시옵소서."

어머니가 별세하자 각계 인사들이 아들이 장례라도 치르고 다시 들어가게 해달라고 검찰과 교섭했다. 언론인 송건호 선생과 작가 이병주李炳注, 1921~1992 · 이호철李浩哲, 1932~2016 선생이 검찰총장을 방문하고 그 뜻을 전했다. 그러나 그는 감옥을 나오지 못했고, 상주 없는 장례가 친지들에 의해 치러졌다.

권위주의 정치사회에서 효란 무엇인가

『우상과 이성』을 기획하면서 나는 선생에게 이미 발표한 글들 말고 새 원고를 한두 편 만들면 어떻겠느냐고 말씀드렸다. 그렇게 새로 집필한 것이 「불효자의 변: 현대의 충효사상에 대하여」였다. 이 시대에 충과 효가 어떠한 의미를 가지며, 권위주의 정치사회에서 그것이 어떤 형식과 논리로 민중을 지배하는 이데올로기가 되는지를 논술하는 글이었다.

"나는 돌아가신 아버지에게도 효도를 하지 못했고 현재 살아 계시는 어머니에게도 효도를 하지 못하고 있는 불효자다. 선친의 마지막 병고 때에는 의사 한번 부르지 못한 채 돌아가시게 했다. 이 쓰라린 경험은 나에게 효孝도 돈이 있어야 한다는 것을 깨우쳐 주었다. 해방 후 이북에서 내려오신 아버지를 10년쯤 모시면서 그 회갑조차 못 해드리고 이렇게 세상을 뜨게 한 뒤에야 나는 비로소 철이 들어 아버지가 존경할 만한 분이었다는 것을 깨달았고, 그럴수록 조금 살게 된 후에는 만사에 선친 생각이 앞선다.

효는 아름다운 인간 감정의 행동적 표현이다. 효를 다하지 못한 필자 같은 인간은 죽는 날까지 그 못다 함을 원한으로 품고 고민할 것이다. 필자도 자식들에게는 효의 도덕을 강조하기도 한다. 그렇지만 그것을 이 사회의 사회적 신앙교육의 근본 정신, 인간관계의 범주로 강조하려 할 때에는 그것만이 아닌 더 중요한 근본적 사실을 아울러 생각해보도록 권하고 싶어진다."

경찰과 검찰은 『우상과 이성』『8억인과의 대화』가 이른바 반공법을 위반했다는 것이었다. 『우상과 이성』에 수록된 「다나카 망언에 생각한다」를 문제삼았다. 일본수상 다나카 가쿠에이田中角榮, 1918-1993가 의회에서 "일본의 한국통치 교육이 한국인에게 도움이 되었다"고 말하는 것을 보고 저자는 그것을 말한 일본 쪽이 아니라 그것에 대하는 우리의 '반응형식'과 그 '문제를 보는 시각'을, 우리의 지도적 인사들이 일본인과의 대화에서 일본어를 사용하는 '식민지적 유산'을 비판했다.

"북한 대표가 처음으로 유엔 총회에서 연설을 우리말로 했다는 것이 작년 겨울 한때 화제가 되었지만, 긴 눈으로 높은 차원의 '효능'을 생각할 때, 이데올로기의 정치를 떠나서 같은 민족으로서 좋은 일이라고 생각했다. 본인의 경험으로도 약소국, 특히 식민지였던 민족의 대표가 구식민 모국 외교관보다 더 '유창'한 외국어로 연설하는 것보다, 긍지를 지키면서 자기 나라 말로 하는 연설에 대국 외교관들이 찬사와 경의를 표하는 것을 목격한 일이 있다."

검찰은 또한 「농사꾼 임군에게 띄우는 편지」의 많은 부분을 문제삼았다. 편지 형식으로 된 이 글은, 오늘의 농촌이 당하는 고통, 그 고통의 원인을 밝혀보는 것이었다. 검찰은 이런 대목을 '반공법 위반'이라고 했다.

"오늘 우리 사회의 도시문화, 특히 농촌을 덮어버리고 있는 '서울문화'란 그 본질이 무엇인가. 그것은 한마디로 말하면 농민들 희생으로 만들어진 문화형태이고, 조금 더 크게는 미국과 일본의 경제적 지배에 대한 이 민족 대중의 저항감을 심정·심리적 측면에서 쓰다듬는 마취적·최면술적·아편적인 문화 내용이라고 생각하네."

면벽의 상황에서 쓴 장문의 상고이유서

재판정은 변호인단과 피고인의 법률적·학문적 신념과 이론들이 펼쳐지는 장이었다. 이돈명李敦明, 1922~2011·황인철黃仁喆, 1940~1993·홍성우 등 변호인단은 검찰의 반공법 적용을 체계적으로 반격하는 장문의 변론서를 법원에 제출했다. '감옥의 저자'는 200자 원고지 218매의 상고이유서를 남겼다. '예정된 코스'에 따라 기소되고 선고되는 것이었지만, '기록'이라도 남기자는 생각으로, 아무런 자료도 주어지지 않는 면벽의 한계상황에서 상고이유서를 만들었다.

"나라의 어려움이, 과연 민주주의를 추구하는 국민의 욕구 때문에 생기는 것인지, 그 욕구를 억제하는 것으로 이익을 삼는 사람들의 권력욕 때문에 생기는 것인지, 장기적 안목으로 판단할 필요가 있습니다. 오늘의 현실은, 오늘에 앞서는 30년간의 억압적인 언론·출판정책의 '역사적 결과'입니다. 반공법의 근본적 운용 개선을 요구하는 것은 결코 '이상론'이 아닙니다. 반대로, 그것은 역사·사회적 배경과 주·객관적 조건 변화에 가장 현명하게 대처하기 위한 '현실주의'적 요청입니다. 그 모든 희망을 충족할 수 있는

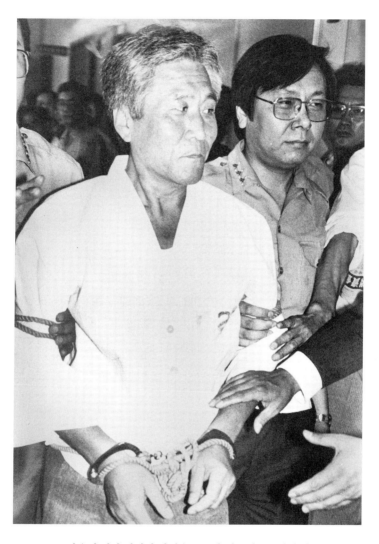

감옥의 저자 리영희 선생은 200자 원고지 218매에 달하는
'상고이유서'를 면벽의 한계상황에서 남겼다.
언론과 출판의 보장만이 이 어려운 민족적 상황을
극복해내는 방안이라고 했다.

만능약은 없겠습니다만, 적어도 많은 것을 치유할 수 있는 하나의 방법은 있습니다. 언론과 출판의 자유를 보장하는 것이라고 확신합니다."

행동하는 지식인, 베트남전쟁과 중국을 보는 전혀 다른 시각

저자 리영희는 『전환시대의 논리』 『우상과 이성』 『8억인과의 대화』 세 권의 저서로서뿐 아니라, 권력이 그를 투옥하게 할 만한 조건을 이미 그 스스로 축적하고 있었다. 1971년 4월 19일 민주수호국민협의회에 가담했고, 1971년 10월 16일에는 고려대 무장군인 난입을 항의하는 '지식인 64인 선언'에 동참했다. 1972년 3월 28일에는 김재준金在俊, 1901-1987 목사・이병린李丙璘, 1911-1986 변호사 등과 더불어 국제사면위원회 한국지부의 창설에 나선다. 1974년 10월 15일에 발족하는 민주회복국민회의에 역시 연대한다. '64인 선언'에 참여함으로써 언론계를 떠나게 되었고 국민회의 연대로는 해직교수가 되었다.

1970년대의 그의 실천적 삶은 물론 1960년대 그의 기자생활의 연장선상에 있다. 1950년 해양대학을 졸업한 후 안동중학교에서 영어교사로 재직하던 중 6・25가 발발해 입대, 1957년까지 복무했다. 제대와 함께 『합동통신』에 입사, 정치부에서 일했다. 1964년부터 1971년까지는 『조선일보』와 『합동통신』의 외신부장으로 일했다.

리영희는 기자로서뿐 아니라 한 시민으로서 4월혁명의 현장에서 뛰었다. 『워싱턴 포스트』*The Washington Post*의 통신원으로서 이승만 정권의 몰락 과정과 4월혁명, 4월혁명 후 한국사회의 새로운 모습을 보도한다. 미국의 주간지 『뉴 리퍼블릭』*New Republic* 1961년

『우상과 이성』과 저자 리영희 재판은 피고인·변호인단이
출판과 학문의 자유에 대한 담론을 펼치는 역사적 사건이었다.
그러나 재판부는 검찰의 기소장과 동일한
선고이유서로 판시했다.

3월 6일자에 그의 장문기사 「중립주의 사상의 대두에 관한 한국의 논평 : 국토분단의 비극」이 실린다. 『워싱턴 포스트』에 실리는 기사를 보고 그쪽에서 청탁했다. 진보적 논조를 자랑하던 이 잡지는 1960년대 초반의 경우 아마도 한국에서는 그가 유일한 독자가 아니었을까. 영국 노동당 노선의 주간지 『뉴 스테이츠먼』*New Stateman*과 『뉴 리퍼블릭』*The New Republic*의 구독을 통해 그는 진보적인 세계적 지성들의 시각과 문제의식을 공유하고 있었다.

언론인 리영희는 1960년대에 베트남문제와 중국문제에 깊은 관심을 가지고 그것의 전개과정을 집요하게 추적한다. 이 두 문제는 국제문제 기자로서 그의 전공이 되었다. 스페인 시민전쟁[1934-1936]과 더불어 현대사에서 인류의 양심을 시험한 베트남전쟁에 대해 그는 '미국의 입장'에서가 아니라 '식민지해방전쟁'의 시각으로 문제삼았다.

1946년부터 시작된 베트남전쟁을 리영희는 미국 정부나 군부의 발표문에 의해서만 기사를 쓸 수 없었다. 이런 문제의식과 보도행위는 냉전의식으로 굳어져 있는 한국사회에서 그는 '이상한 노선'을 걷는 사람으로 위험시되기도 했다. 중국문제 또는 중국혁명의 문제도 반공이데올로기로서가 아니라 그것의 진실을 보려 했기 때문에 중국문제에 관한 그의 기사는 전혀 다를 수밖에 없었다.

'사건의 진실'을 찾는 작업은 리영희에게는 기자로서 의무이자 본능이었다. 1964년 11월의 필화사건도 기자로서의 본능이 발동된 결과였다. 『조선일보』 정치부의 외무부 출입기자로 그는 "아시아 아프리카[Asia-Africa] 회의에서 남북한 유엔 동시 가입 제안이 준비되고 있다"고 보도해 구속되는데, 당시만 해도 언론이 살아 있나의 글을 쓰는 唯一한 目的은 眞實을 追求하는 오직 그것에서 시작되고 그것에서 끝난다. 眞實은 偶像에 挑戰하는 理性의 行爲다. 그것은 언제나 어디서나 苦痛을 무릅써야 했다. 人間의 解放과 發展, 社會의 進步는 이 理性으로만 이룩될 수 있다.

李泳禧 先生의 글에서
乙未年 光復의 달
山民居士

저자가 감옥에 있을 때 나는 『우상과 이성』의
책 머리말을 한승헌 변호사가 휘호하게 해서
액자를 만들어 내 사무실에 걸었다.
리영희 선생의 청정한 육성으로 기억하고 싶었다.

어 그의 구속을 계속 항의·보도했고 1심에서 선고유예를 받아 풀려났다. 그는 이 사건으로 정치부에서 외신부로 가게 되지만, 베트남전쟁 자체와 한국군의 월남파병에 대한 비판적 자세 견지는 그를 조선일보사에 더 머물러 있지 못하게 했고 다시 합동통신사로 돌아가게 했다.

시대상황의 근본적인 이해를 위하여

기자 리영희에게 1960년대는, 한 기자로서의 주체적인 세계관의 정립을 위해 일하면서 공부하는 시대였다. 1956년 소련공산당 제20차 대회가 열리고 이 대회에서 '비非스탈린화'가 발표되면서 이것을 계기로 중·소 이념분쟁이 시작되지만, 왜 이 같은 사태가 일어나는가에 대한 근본적인 인식을 위해서 그는 사회주의 자체 또는 사회주의의 역사를 제대로 읽지 않고는 안 된다고 생각했다.

마르크스의 『독일이데올로기』와 『1844년 경제철학 초고』 『자본론』을 읽었다. 마오쩌둥毛澤東, 1893-1976의 『모순론』과 『실천론』을 읽었으며, 님 웨일스Nym Wales, 1907-1997의 『아리랑』과 에드거 스노Edgar Snow, 1905-1972의 『중국의 붉은 별』을 읽었다. 퇴니스Ferdinand Tönnies, 1855-1936의 『게마인샤프트와 게젤샤프트』, 루카치Georg Lukács, 1885-1971의 저작을 읽었다.

1970년대에 들어와서 읽은 메자로스Istvan Meszaros, 1930- 의 『마르크스의 소외이론』은 큰 감명을 주었다. 직업적 필요로 읽은 수다한 책들과 그런 잡지들이었지만, 1960년대의 이 나라 지식인들에게, 극소수를 제외하고는 이 같은 지적 지평은 떠오르지 않았다. 『사상계』 역시 미국적인 시각에 머물러 있었다. 소설가 이병주, 같이 일하던 선배 기자 정도영鄭道永, 1926-1999 등과 가깝게 지내면서 이런 책 저런 주제를 토론했다.

비판적 시야가 아직도 열리지 못한 시기에 그는 친구가 종로 1가에서 경영하던 해외서적 무역상사의 수입도서 선정작업을 도와줌으로써 이 사회의 보수적인 시야를 깨는 데 일정한 매개역할을 하기도 했다. 1960년대 중반부터 1970년대 중반까지 존재하는 이 서점을 통해 지식인들은 사회주의 또는 중국관계 서적 등을 만날 수 있었다. 결국 서점 주인이 '반공법 위반'으로 수난을 당하고 서점도 없어지는데, S대학에 납품한 책에 북한 국기가 그려져 있었다는 것이고, 한 교수가 이걸 보고 놀라서 당국에 신고했다는 것이다.

검찰의 기소장과 꼭 같은 판결문

1971년 언론계를 떠나 한양대 신문방송학과로 옮기면서 그는 본격적인 글을 쓰는 작업에 나섰다. 「베트남전쟁 I·II」를 비롯하여 「일본 재등장의 배경과 현실」 「중국외교의 이론과 실제」 「권력의 역사와 민중의 역사」 「사상적 변천으로 본 중국근대 백년사」 「베트남 35년 전쟁의 총평가」 「베트남 종전협정의 음미」 등과 그 밖의 여러 에세이들이다. 1970년 초반부터 1977년까지 집필한 평론·논문·에세이·번역들이 『전환시대의 논리』 『우상과 이성』 『8억인과의 대화』에 모아졌다.

1974년에는 한양대의 중국문제연구소나중에는 중소문제연구소로 바뀐다 설립의 실질적 작업을 이끈다. 그의 중국에 대한 저간의 지속적 추적은 연구소가 양질의 참고자료와 도서를 비치할 수 있도록 했다. 중국문제연구소의 연구원으로서 이 방대한 도서와 자료를 가지고 본격적인 중국연구 작업에 나서려는 단계에서 그는 필화사건을 당했다.

수많은 지식인들의 방청과 관심 속에서, 변호인단의 법리가 개진되었지만, 유신시대의 이 나라 법원은 '검찰의 기소장과 꼭 같은 판결문'으로 선고하는, 참으로 황당한 일을 언론인 리영희는 경험하게 된다. 그는 2년을 꼬박 복역하고 1980년 광주교도소의 문을 나설 수 있었다.

박정희가 그 부하 김재규金載圭, 1926-1980에 의해 사살되는 1979년 10·26정변으로 유신정권은 몰락했다. '서울의 봄'이 도래했다. 1980년 2월 29일자로 선생은 "사면법 제5조 5항 제2호 단서의 규정에 의거, 형의 언도의 효력을 상실케 하는 대통령의 명령"에 따라 사면되었고 3월 1일자로 한양대로 복직되었다.

나는 『우상과 이상』 필화사건을 계기로 한길사의 발행인 명의를 내 앞으로 바꿨다. 책은 계속 출간할 것이고 그러다 보면 어떤 사달이 또 일어날지 모를 일이었다. 당초 어디 취직이라도 해서 생활비를 벌면서 책을 내겠다고 했는데 그것도 여의치 않았다.

『우상과 이성』을 살려내는 작업

1980년 3월, 그 봄날에 펼쳐진 '자유의 물결' 속에서 나는 『우상과 이성』을 비롯해 박현채朴玄埰, 1934-1995 선생의 『민족경제론』과 『해방전후사의 인식』을 살려내는 작전에 나섰다. 모든 간행물들은 계엄사령부의 '검열필'을 받아야 했다. 나는 검열 실무에 차출된 서울시청의 젊은 직원들과 사전에 토론했다. "이런 책들이 판금된다면 무슨 책을 낼 수 있는가?"라는 나의 질문에 그들도 동의했다. 그들은 '군검열필'을 위해서는 검열군인들에게 적당한 '평계'가 필요하다고 했다.

나는 『해방전후사의 인식』을 더 보완했다. 『민족경제론』의 한 문단을 잘라냈다. 리영희 선생과 의논해 『우상과 이성』의 일부분을 삭제했다. 책의 핵심 내용이 손상되지 않았다. 드디어 군검열 책임자가 꽝 하고 '계엄사검열필' 도장을 찍어주었다. 세 권의 책이 다시 살아났다. '1980년대 젊은이들의 필독도서가 되는 세 권의 책'으로 존재하게 되는 것이었다. 리영희 선생은 『우상과 이성』의 증보판을 내면서 그 감회를 적었다.

"이제, 하늘을 덮었던 짙은 먹구름의 한 모서리가 뚫리고 희미하게나마 밝은 햇빛이 내리비치기 시작했다. 여러 해 동안, 입을 다물고 누구도 말하려 하지 않았던 사회생활과 인간생활의 진실에 관해서 말이 들려오고 글도 눈에 띈다. 이런 날을 위해서, 나름대로 몸부림쳐왔던 필자로서는 너무도 벅찬 감격에 할 말을 잃을 뿐이다. 몇 해 전에 세상에 내놓은 『전환시대의 논리』도 그렇고, 이 『우상과 이성』도 그렇지만, 나의 글들이 이 사회에서 하루속히, 읽힐 필요가 없는 '구문'舊聞이거나 '넋두리'가 되어버렸으면 싶은 마음 간절하다.

이들 평론집에 수록되어 있는 글들이 아직도 적지 않은 독자들의 환영을 받고, 또 새로운 독자들에 의해서 읽히고 있다는 것은 아직도 이 사회에 가면을 벗지 않은 많은 우상이 버티고 서 있다는 증거라 하겠다. 그러한 까닭에, 진정한 인간해방과 진실이 지배하는 사회를 바라는 필자로서는, 이 책이 극복되는 날이 빠르면 빠를수록, 그리고 '그 정도의 이야기는 상식에 속한다'고 생각하는 사람이 많아지면 많아질수록 필자의 기쁨이 크다는 역리逆理를 믿는 것이다."

그러나 전두환 신군부는 리영희에게 '5·17 광주내란음모 가담'을 뒤집어씌워 다시 구속한다. 결국은 1984년까지 '해직교수'가 된다. 리 교수뿐 아니라 한길사의 많은 저자·필자들이 해직교수가 되는 수난의 시대를 살게 된다.

한 편의 소설 같은 우상과 이성 일대기

1986년 한길사 창립 10주년을 맞아 '오늘의 사상신서'가 101권을 돌파했다. 『우상과 이성』은 오늘의 사상신서 제3권이었다. 나는 『오늘의 사상신서 101권 이야기』를 기획한다. 격동하는 70년대와 80년대에 출간되는 책들의 정신을 담론해보자는 것이었다. 이 책에 리영희 선생은 한 편의 소설 같은 「우상과 이성 일대기」를 썼다.

"『우상과 이성』은 정사생丁巳生이다. 1977년의 해가 저물어가는 11월 1일을 생일로 하여 세상에 태어나, 11월 23일 사형선고를 받은 단명하고도 단명한 인생을 살았다. 그러나 그 짧은 인생에는 100년의 인생에 해당하는 많은 사연이 얽혀 있다. 적지 않은 동시대의 사람들에게 사랑도 받았고, 한편으로는 심한 미움도 받았다. 사랑하는 사람들은 한결같이 힘 없고 짓눌린 백성과 민초들이었다.

이 아이를 사갈시하는 사람들은 그 시대를 암흑으로 몰고 가는 권력에 눈이 뒤집힌 자들이었다. 진실된 것을 보면 온몸에 경련이 일어나는 정신병 환자들이었다. 그런데 그들은 하나의 위대한 우상을 믿고 있었다.

반反 무슨무슨주의, 냉전논리, 흑백이분법, 총검숭배가 그것이

리영희 선생은 1986년 한길사의 창립 10주년이자 '오늘의 사상신서'
101권 돌파를 기념해 기획되는 『오늘의 사상신서 101권 이야기』에
한 편의 중편소설 같은 「우상과 이성 일대기」를 썼다.

다. 평화는 약자의 도덕이라는 믿음에서는 니체 숭배자였고, 권력의 의지만이 최고의 철학이라는 데서는 히틀러의 아류들이었다.

이들에 의해서 짓눌린 백성들은 이성을 믿고, 그 회복을 기원하고 있었다. 모든 것이 거꾸로 보이고, 뒤집혀 있고, 일그러져 있는 세상에, 이성의 빛이 활짝 비추기를 손 모아 기도하고 있었다.

민심이 천심이라는 신앙을 믿는 이 아이는, 자기는 민심의 일부이기를 고집했다. 그 간절함이 하늘을 움직였던지, 어느 날 새벽, 하늘에 천둥이 울리고 번개가 치더니 천년 왕국을 꿈꾸던 우상 숭배자들에게 하늘의 벌이 내렸다. 그 덕택으로 이 아이는 죽음에서 다시 소생하여 백성들 속에 돌아올 수 있었다. 그러나 그 후도 그의 인생은 험난하고 그의 아버지는 고달프기만 했다."

진실과 진리를 찾는 리영희와 한나 아렌트

나는 『전환시대의 논리』에 실린 「베트남전쟁 Ⅰ·Ⅱ」와 『우상과 이성』에 실린 「베트남 35년 전쟁의 총평가」 「베트남 정전협정의 음미」 「종전 후 베트남 통합과정」을 다시 살펴본다. 1972년부터 75년에 쓴 이 글들은 '언론인 리영희'의 문제의식과 글쓰기의 역량을 잘 보여준다. 냉전의식과 반공의식에 함몰되어 있는 우리 사회의 색맹을 벗겨내는 '베트남 심층분석'이다. 선생의 이 탁월한 작업을 읽으면서 나는 정치사상가 한나 아렌트Hannah Arendt, 1906-1975를 떠올린다.

한나 아렌트는 「정치에서의 거짓말」Lying in Politics을 1971년 11월 18일자 『뉴욕 리뷰 오브 북스』The New York Review of Books에 발표한다. 미국의 베트남 침공정책을 '거짓말'이라고 비판하는 것이었다. 미국 국방장관 로버트 맥너마라의 지시로 1967년 6월에 착수해

1년 반에 걸쳐 완성되는 전 47권의 「베트남 정책에 대한 미국의 의사결정 과정의 역사」를 1971년 6월 『뉴욕 타임스』가 보도하면서 베트남전쟁에서 미국의 거짓과 위선이 폭로된다. 한나 아렌트는 '기밀'로 분류된 이 문서의 분석을 통해 미국 정부와 군부를 고발했다.

"정부의 고위직에 있는 사람들까지도 정치적으로 몹시 진실하지 않게 행동했고, 거짓말하는 행태가 정부 부처와 군·민 간 모든 계층에까지 엄청날 정도로 급속하게 만연되어 있다. 진실이 정치적 덕목으로 간주된 적이 없었으며, 거짓말은 정치적 거래에서 정당한 도구로 간주되어왔다."

미군은 1964년 8월 통킹만에서 북베트남의 초계정으로부터 미국 군함이 어뢰 공격을 받았다는 '거짓말'을 발표하여 북폭의 빌미로 삼는다. 한나 아렌트는 "제2차 세계대전 이후 강대국으로 떠오른 미국이 궁극적으로 세계지배를 목표로 하는 일관된 제국주의 정책에 착수했다"면서 "속임수가 아무리 정교하더라도 기만의 온전한 작동은 결국 좌초하거나 역효과를 낳는다. 진리는 모든 거짓에 대해 확고한 우선성을 갖는다"고 했다. 아렌트의 이 글은 한길그레이트북스 제117권으로 출간되는 『공화국의 위기』*Crises of the Republic*·김선욱 옮김에 실린다.

언론인 리영희는 『전환시대의 논리』에 실리는 「강요된 권위와 언론자유: 베트남전쟁을 중심으로」[1971]에서 이른바 국가이익과 지배자의 논리를 단호히 비판한다. '밀리터리 멘탈리티'의 문제, 정치적·국제적·도덕적 고려를 배제하고 오직 무력의 논리에 도

한국전쟁 때 7년 동안 복무했던 리영희 선생은
유엔군의 통역장교로도 일했다.
그 전쟁의 경험을 통해 한국전쟁의
진실의 실체를 인식하게 된다.

취되어 승산 없는 군사적 승리만을 추구하는 정신구조의 허구를 공박한다.

같은 시기에 리영희와 한나 아렌트는 미국의 실패한 베트남전쟁을 문제 삼았다. '진실'리영희과 '진리'한나 아렌트를 천명하는 두 지성의 통찰이 '어둠'을 밝히는 '빛'이 되고 있다.

북으로부터 의연물자가 넘어오다

한길사는 리영희 선생이 '80년대 해직교수 시절'에 집필한 글들을 중심으로 1984년 10월 제3의 평론집인 『분단을 넘어서』를 '오늘의 사상신서' 제82권으로 펴냈다.

그해 9월 서울을 중심으로 한 중부지방에 큰 홍수가 있었고, 북한으로부터 쌀·시멘트 등 '수해의연물자'가 막혔던 휴전선을 넘어서, 40년의 '분단을 넘어서' 남녘으로 운송되었다. 선생은 '독자에게 구하는 양해'라는 부제를 붙인 「머리말」을 썼다.

"마침 책의 편집 작업이 끝나 필자의 「머리말」을 쓰려는 날 아침에, 남쪽의 수재민을 위한 의연물자가 북쪽으로부터 휴전선을 넘어서 도착했다는 소식이 들린다. 이 얼마나 상서로운 일인가!

해방과 분단의 40년, 휴전선이 생긴 지 30여 년 만에, 민족을 갈라 놓은 굳은 장벽에 통로가 열린 것이다. 그것은 물리적으로는 작은 통로에 불과하지만 민족사적으로는 큰 의미를 지닌 돌파구다.

돌이켜보면 1972년, 남북의 지도자가 평화·자주·외세 불간섭의 정신으로 민족의 화합과 통일을 기약했고, 최근에는 우리 사회 안에서 40년 한 맺힌 이산가족의 대대적 재회가 이루어졌다. 그것은 모두 이 겨레의 슬기를 세계 만방에 과시한 민족적 쾌사였다. 이제부터 분단된 동포 간의 장벽을 넘으려는 의지가 더욱 굳게 합쳐져야 할 것이다.

한겨레는 갈라져 살 수 없다. 안으로는 대립의 요소들을 해소하고, 밖으로는 분단을 영구화하려는 조건들을 꾸준히 극복해나가야 한다. 우리 자신이 그 노력을 게을리한다면 다른 누가 그 무거운 짐을 대신 져줄 것이며, 그 험난한 길을 대신 걸어줄 것인가?"

정의와 진실의 의협 같은 삶

민족분단의 진실을 온몸으로 실천하는 한 지식인으로서의 리영희 선생의 삶은 참으로 고단했지만, 때로는 그 현실의 한계상황 또는 역경을 훌쩍 초월하는 정의와 진실의 협객 같은 사나이였다. 그의 이론과 사상은 비수같이 동시대인들의 가슴과 머리에 각인되었다. '스스로 공부해서' 세계에 보편적인 이론과 사상을 창출해내는 '주체적이고' '토종적인' 인문학이었다.

시대를 호흡하는 풍운아였다. 그의 이론과 사상, 열정과 문제의식은 분단 한국을 넘어 아시아와 세계의 것으로, 한 시대의 문제를 고뇌하는 양심적인 실천의 상징으로 지식인들이 주목하는 존재가 되었다.

한동안 감옥에 가 있다가, 어느 날 다시 복직되어 대학 강단에 선다. 다시 연행되고 수사받는다. 1983년 12월에 강만길 교수와 함께 연행되어가서 84년 2월에 풀려나는데, 기독교사회문제연구원이 주관하는 프로그램의 일환으로 중·고교 교과서를 연구하는 교사들에게 행한 강의가 문제되었다. 제1차 해직 시절부터 도쿄대학의 초청을 받고 있었지만 출국이 허가되지 않아 못 나가다가

연구하는 언론인 리영희는
'베트남전쟁의 진실'을 파헤쳤다.
정치사상가 한나 아렌트가
미국과 미군의 위선을 규명해내는
시기에 선생도 미국과 미군의 허상을 밝혀낸다.

1985년 도쿄대학 사회과학연구소의 초빙교수로 한 학기 가 있었다. 같은 해 하이델베르크대학과 독일연방교회 사회과학연구소 공동 초청으로 한 학기 초빙교수를 지냈다. 1987, 88년에는 버클리대학교 아시아학과 부교수로 임용돼 '한민족 현대정치운동사'를 강의했다.

1988년에는 『한겨레신문』의 창간에 참여하고 이사와 논설고문을 역임하면서, 한국 군부의 광주대학살 배후의 미국 책임 문제로 릴리James Lilley, 1928-2009 주한 미국대사와 언론지상 공개논쟁을 벌였다. 1989년엔 『한겨레신문』의 방북기획건으로 구속·기소되었다가 160일 만에 석방되었다. 1998년에는 53년 전에 헤어진 형님과 둘째 누님의 생사 확인을 위해 북한의 개별초청으로 방문했으나 두 분 모두 사망하여 조카만 만났다.

주한 외국언론인협회의 '언론자유상'1989, 단재상1995, 늦봄 통일상1997, 만해상2000, 심산상2006, '제1회 기자의 혼상'2006, 한겨레 통일문화상2007을 받았다.

1929년 12월 평북 운산雲山에서 태어났고 삭주朔州에서 자라난 행동하는 지식인 리영희의 삶은 참으로 극적이었다. 동시대인들의 생각을 온통 흔들어놓는 글을 써서 감옥을 갔다가는, 어느 날 외국 명문 대학의 강단에 선다. '의식화의 원흉'으로 권력으로부터 끊임없는 질시를 받지만, 그는 여전히 역사적 현실의 한가운데 서 있고 수많은 사람들이 그에게로 향한다.

우리 시대의 늘 푸른 소나무

나는 한 시대를 감동시키고 각성시키는 선생의 시대와 생애, 사상과 정신을 정리하는 작업에 나섰다. 2000년 선생은 집필하다가

만년의 리영희 선생. 임헌영 선생과의
대담으로 풀어낸 자서전
『대화: 한 지식인의 삶과 사상』은 뇌출혈로
몸이 불편한 가운데 펴낸 말년의 명저다.

리영희 선생은 1996년 한길사 창립 20주년에
'청년한길'을 휘호해주셨다.
한 권의 책은 청년정신이다. 나는 이 '청년정신'을
20주년 기념행사장에 걸었다.

뇌출혈로 쓰러졌고, 글을 더 쓸 수 없게 되었다. 문학평론가 임헌
영 선생과의 대담으로 만드는 선생의 '자서전'이 그것이었다. 대
담하고 풀어쓰고, 다시 선생이 불편한 몸으로 정리했다. 3년이 걸
렸다. 2005년 3월에 『대화 : 한 지식인의 삶과 사상』이 출간되었다.
선생은 자신의 삶의 자세에 대한 소회를 밝혔다.

　"인간은 누구나, 더욱이 진정한 '지식인'은 본질적으로 '자유

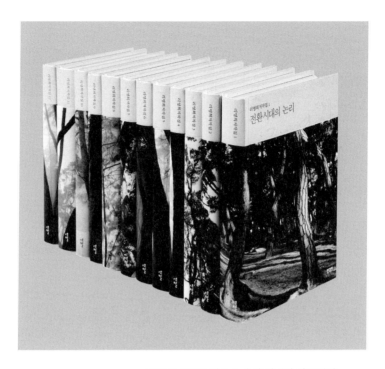

리영희 선생의 저술은 우리 시대가 창출해낸
'정신문화 유산'이다. 한길사 창립 30주년 기념기획으로
『리영희저작집』전 12권을 2006년에 펴냈다.
사진작가 배병우의 소나무 작품으로 표지를 꾸몄다.

인'인 까닭에 자기의 삶을 스스로 선택하고, 그 결정에 대해서 '책
임'이 있을 뿐만 아니라 자신이 존재하는 '사회'에 대해서 책임이
있다는 믿음이었다.

이 이념에 따라, 나는 언제나 내 앞에 던져진 현실 상황을 묵인
하거나 회피하거나 또는 상황과의 관계설정을 기권棄權으로 얼버
무리는 태도를 '지식인'의 배신으로 경멸하고 경계했다. 사회에
대한 배신일 뿐 아니라 그에 앞서 자신에 대한 배신이라고 여겨

왔다."

선생은 책머리에 『대화』를 부인 윤영자 여사에게 헌정한다는 말씀을 붙였다.

"긴 세월에 걸친 문필가로서의 나의 인생의 마지막 저술이 될 이 자서전을, 결혼 이후 50년 동안 자신을 희생하며 오로지 사랑하는 자식들과 못난 남편을 위해서 온갖 어려움을 힘겹게 극복하고, 굳건한 의지로 헤쳐온 존경하는 아내 윤영자에게 바친다."

선생은 자신의 자서전이지만 자신의 삶의 역정을 독자들이 '공유'하는 지혜를 모색해보라고 권유한다.

"이제는 거의 지나가버린 그 시대를 인간적 고통과 분노, 상처 투성이의 온몸으로 부딪쳐 살아온 기성세대나, 앞 세대들이 심고 가꾼 열매를 권리처럼 여기면서 아무런 생각 없이 맛보고 있는 지금의 행복한 세대의 독자에게 부탁하고 싶다. 이 책을 읽으면서 함께 고민하고 자신이 그 상황에 직면했거나 처했다면 '지식인' 으로서 어떻게 가치판단을 하고 어떻게 행동했을까를 생각해보기를. 그럼으로써 이 자서전의 당사자와 대담자가 책 속에서 진행한 것과 같은 자기비판적 대화의 기회로 삼기를. 그리고 기회가 있으면 나와의 비판적 대화도 가질 수 있기를."

리영희 선생이 남긴 글들이야말로 우리 현대사가 창출해낸 빛나는 '정신문화 유산'이라고 나는 생각한다. 나는 한길사 창립 30주년 기념기획으로 『리영희저작집』 전 12권을 작업하여 2006년 8월에 동시 간행했다. 강만길·고은·박석무·백낙청·이만열·이상희·이이화·임재경·최일남 선생이 간행위원이었다.

나는 선생의 저작집을 사진작가 배병우 선생의 소나무 사진으로 표지를 장식했다. 리영희 선생이야말로 우리의 삶과 정신의 기상을 표상하는 늘 푸른 소나무가 아닌가. 배병우 작가의 소나무 작품으로 꾸민 『리영희저작집』은 동시대인들의 서가를 장식하는 '아름다운 장서'가 되기에 충분할 것이다.

리영희 선생은 1996년 한길사 창립 20주년을 기념하여 '청년한길'을 휘호해주셨다. 나는 기념식장에 선생의 이 휘호를 걸었다. 한 권의 책은 청년정신일 것이다.

리영희 선생!

리영희 선생이야말로 우리 시대의 청년정신이다.

2 | 진실과 정의의 이름으로

"서양사람들은 자기의 예술작품에 자기 이름을 붙이지만,
어디 예술이 개인의 것입니까, 이 우주의 흐름이지요.
나는 우리 조상들의 이 같은 위대한 예술관에 동의합니다."

_ 윤이상

"현실은 정正과 사邪, 선과 악, 정의와 부정으로
양분할 수 없습니다. 나의 선택은 선과 악의 양자택일이 아니라
'더 큰 선' '더 작은 악'을 택하는 것이었습니다."

_ 강원용

"남이야 어떻든 내 영혼의 구원만을 위해 발버둥치는 자들이
종교인이라면 그건 종교적 이기주의자다. 이런 이기주의자들이
수용되는 곳이 천국이라면 나는 거기에 참여하는 것을 거부하겠다."

_ 안병무

"한 사람의 사상의 중심에 있는 것은 가슴이라고 했습니다.
이성보다는 감성을, 논리보다는 관계를 우위에 두고자 한다면,
우리는 이 가슴의 이야기에 귀 기울이지 않을 수 없습니다."

_ 신영복

민족문화는 저 창공처럼 엄숙하고 영원하다
하루도 조국과 고향을 잊지 못한 작곡가 윤이상 선생

DMZ에서 남북이 함께 평화음악회를 열자!

1988년 10월 6일 베를린 자택을 방문한 나에게 우리 민족이 낳은 큰 음악가 윤이상尹伊桑, 1917-1995 선생은 말했다.

"정치 이데올로기란 계절에 따라 무성하다가 낙엽이 되어 떨어지는 것이지만 민족문화는 저 창공처럼 푸르고 엄숙하고 영원합니다. 나는 하루 한 시간도 내 조국 내 고향을 잊어본 적이 없습니다. 내 민족 성원들 속에 나는 서 있습니다. 짐승도 죽을 때 제 집으로 돌아가는데, 나는 내 조상들이 살았고, 위대한 우리 조상들이 우리에게 물려준 내 땅에 묻히는 것이 나의 소망입니다. 나는 고향 땅에서 여생을 보내는 것이 나의 간절한 염원입니다."

음악가 윤이상 선생의 정정한 목소리는 나의 마음을 흔들어놓았다. 세계가 그의 음악을 연주하고 연구하는데, 막상 자기 조국에서는 제대로 연주되지도 않고 논의하고 연구하는 것이 금기시되고 있었다. 안타까운 현실이었다. 이럴 수 없다는 생각을 나는 했다.

윤이상 선생은 1987년 9월 26일 일본의 『마이니치신문』과의 인터뷰를 통해, DMZ에서 남북이 공동으로 참여하는 음악제를 열자고 제안했다. 남과 북의 음악인들이 민족과 국토의 분단과 전쟁을 상징하는 바로 그곳에서, 음악으로 평화를 노래하자는 경이로운 기획을 남과 북에 제의한 것이었다.

나는 우리 출판사가 선생의 음반을 직접 출반해보자는 생각을 하게 되었다. 음악전문 출판사나 음반회사들이 하지 않으니 우리가 해보자는 것이었다.

나는 10월 6일부터 11일까지 베를린에 머물면서 윤이상 선생을 만나 우리 출판사가 선생의 음반을 직접 만들어 한국에 소개하겠다는 의논을 드렸고, 선생은 흔쾌히 나의 제안에 동의했다. 선생은 나의 제안에 놀라워했다. 한국의 언론들이 선생의 동정에 대해 보도는 하고 있지만, 그 보도들은 선생의 생각과 행동을 늘 왜곡하는 것이었다. 선생은 한국의 미디어들을 믿지 않았다. 음악전집을 펴내겠다는 나의 제안은 여러 의미에서 윤이상 선생에게 하나의 '사건'이 아닐 수 없었다.

베를린 필하모니 홀에서 열린 윤이상 음악회

그날 윤이상 선생을 만나러 가던 나는 다소 긴장했다. 1956년 6월 유럽으로 유학간 지 _{처음에는 프랑스로 갔다} 30년 이상이 흐른 지금 작곡가 윤이상은 어떤 모습일까. 한편으로 궁금하기도 하고 다른 한편으론 약간의 걱정 같은 것도 있었다. 그러나 세계에 우뚝 서는 음악가 윤이상 선생은 편안한 한국의 할아버지였다. 베를린 숲 속에 있는 자택 문 앞에서 선생은 환한 미소를 지으면서 나를 맞아주었고, 집 안의 풍경은 한국의 여느 그것이었다. 이웃집에 들러 즐겁게 환담하는 분위기가 되었다. 세계적인 음악가는 이렇게

세계가 연주하고 연구하는 윤이상 음악이
자기 조국에서는 제대로 연주·연구되지 않는 현실이
나는 안타까웠다. 우리 출판사가
그의 음반을 출반하겠다는 구상을 갖고
1988년 10월 나는 베를린으로 윤이상 선생을 방문했다.

도 평화롭고 인자하구나! 약간의 경상도 악센트가 남아 있었다. 젊은 시절 통영의 풍경을 떠올리는 듯, 고향 이야기를 했다. 꿈꾸는 소년 같았다.

나의 베를린 방문과 윤이상 선생과의 첫 만남은 또 다른 행운을 누리게 했다. 마침 10월 8일과 9일 베를린 필하모니 홀에서는 연속으로 '윤이상 음악회'가 열렸는데 선생의 초대로 그 음악회에 갔다. 이 음악회는 베를린이 '유럽의 문화도시'로 지정되면서 열린 축제의 일환이었다.

선생의 음악회가 열릴 때는 주최 측이 선생을 출현하게 함으로써 관객들의 열띤 갈채를 받게 되는데 그날도 그러했다.

윤이상 선생은 1982년부터 1987년에 걸쳐 5개의 교향곡을 작곡했다. 선생이 70세가 되는 1987년에 「교향곡 제5번」이 베를린 필하모니 교향악단의 연주로 초연됐다. 제5번 교향곡을 베를린 도시 탄생 750주년 기념으로 위촉받아 작곡한 것인데, 일명 '평화의 교향곡'으로 알려져 있다. 윤이상 선생도 나에게 제5번 평화의 교향곡에 의미를 둔다고 했다. 「교향곡 제1번」은 베를린 필하모니 창단 100주년 기념으로 위촉되었고 1984년 5월 15일 이 악단에 의해 초연되었다.

그날 음악회가 끝난 후에 나는 연주자들과 같이 회식을 했다. 윤이상 선생은 나를 그들에게 소개했다. 한국의 출판인인데, 나의 음악전집을 출반하기 위해서 왔다고. 나는 윤이상 선생의 작품을 전문으로 연주하는 오보에 연주자 하인츠 홀리거Heinz Holliger, 1939-, 하프 연주자 우르술라 홀리거Ursula Holliger, 1937- 부부와 마주 앉아 저녁 시간을 보냈다.

윤이상 선생과의 긴 인터뷰

10월 10일 나는 하루 종일 선생과 인터뷰했다. 선생은 가슴에 묻어두고 있는 이야기들을 폭포수처럼 쏟아냈다. 세계가 연주하고 연구하는 그의 음악예술이 막상 오매불망하는 조국에서 왜곡되고 막혀 있는 상황에서, 그가 사랑하는 민족에게 그의 음악예술을 소개하고자 찾아간 한 출판인에게, 선생은 민족과 예술에의 열정과 신념을 말씀했다. 나는 선생의 뜨거운 예술정신과 민족애에 감동했다. 선생과의 긴 인터뷰는 나의 첫 베를린 방문의 절정이었다.

─선생님이 1956년 유럽에 오신 이후 30년이 더 지났습니다. 선생님이 1960년대 초반부터 작곡활동을 시작해서 오늘 세계 정상을 지키고 계신데, 선생님의 음악이 최근 들면서 구조가 단순해진다 할까 어떤 격렬함으로부터 조용해진다 할까, 더욱 동양적인 것으로 흐른다는 이야기를 들었습니다. 10월 8일과 9일 필하모니홀에서 연주된 작품들 가운데서도 1980년대로 넘어오면서 작곡하신 작품은 그런 것 같다는 느낌을 받았습니다만, 이는 선생님의 음악세계 또는 사상의 어떤 변화라고 할까요?

"동베를린 사건은 나의 삶과 예술에 결정적인 한 계기가 되었습니다. 나는 이 사건에서 엄청난 고초를 당했습니다. 나는 동베를린 사건을 소화시키는 데 10년 이상이 걸렸습니다. 1970년대 초반의 나의 작품은 인간으로서는 도저히 용납할 수 없는 분노가 서려 있습니다. 그렇기 때문에 이 시기의 내 음악은 격렬한 정신이 표출됩니다. 그러나 이 사건을 거침으로써 나는 또 하나의 세

계를 발견하게 되었고 그것이 오늘의 나의 작품에 나타나지 않는
가 합니다. 나의 삶에서 통일적인 정신과 논리가 이루어진다고나
할까요. 나이가 차차 들면서 나의 음악언어가 더욱 간소화되고 직
설적으로 되고 있습니다. 이는 1970년대 중후반부터 서서히 나타
납니다. 1980년대 중반부터는 그것이 두드러졌다고 하겠습니다."

우리 민족의 위대한 예술적 품성이 내 작품의 근원

—동베를린 사건 이전에도 선생님은 박정희 군사정권을 비판
하고 조국의 민주화를 위해 발언해오시고 있습니다만, 동베를린
사건이라는, 분단 민족만이 겪을 수 있는 아픈 체험을 통해 선생
님의 음악 또는 선생님의 삶에 어떤 변화가 일어났는지 좀 더 구
체적으로 말씀해주십시오.

"동베를린 사건 이전에는 나는 동양의 음악가로 동양적 정신,
동양적 인간이 가질 수 있는 심미적 작품을 쓴 것이 사실입니다.
지식인적인 예술행동이라고도 할 수 있을 겁니다. 나는 해방 전에
도 항일운동을 하다가 투옥된 적도 있고 해방 직후에도 조국과 민
족을 위해 나선 바 있습니다.

나는 민족과 나라를 위해 내 개인이 무엇을 해야 하는가, 무엇
을 할 수 있을까를 늘 생각해왔습니다. 동베를린 사건이라는 개인
적·집단적 체험은 민족문제·분단문제를 구조적이고도 깊이, 온
몸으로 생각하고 실천하고, 작품으로 그것을 형상화시켜야 한다
는 계기가 된 것입니다. 억압받는 민족과 민중, 폭력과 불의에 고
통당하는 인류, 분단으로 빚어지는 모순, 민족통일의 문제, 세계
평화의 문제, 제3세계 빈곤의 문제, 인간 불평등의 문제 등은 나의

"내 음악은 내 개인의 것이 아닙니다. 내 음악은 우주의 큰 힘,
눈에 보이지 않는 큰 힘에 의해서 이루어진 것입니다.
내가 오늘 국제적으로 이름난 작곡가가 되었지만,
이것은 내 스스로, 우리 민족의 뛰어난
예술적 전통을 이어받았기 때문입니다."
1988년 10월 10일 윤이상 선생은
나와의 인터뷰에서 이렇게 말씀했다.

삶 나의 예술과 결코 무관할 수 없습니다. 나의 음악예술이 도교 사상 또는 동양정신에 토대를 둔다는 것, 동양인 또는 한국인으로서 생득적으로 갖고 있는 정신적 유산 또는 토대는 오늘의 세계와 인류, 조국과 민족이 당면하는 문제와 결코 유리될 수 없다는 확신을 가지게 된 것입니다."

―선생님의 음악은 어느 날 갑자기 나타난 것이 아니라 선생님에게는 일관되게 흐르는 어떤 무엇이 있기에 그러하지 않을까를 생각해봅니다. 선생님의 음악을 창출해내는 힘이랄까, 정신적 유산이라면 어떤 것일까요?

"내 음악은 내 개인의 것이 아닙니다. 내 음악은 우주의 큰 힘, 눈에 보이지 않는 큰 힘에 의해서 이루어진 것입니다. 우주에는 음악이 흐릅니다. 이 흐르는 우주의 음악을 내 예민한 귀를 통해 내놓을 뿐입니다. 동양의 예술가들은 이름을 밝히지 않습니다. 자기가 지은 작품이라도 자기 이름을 밝히지 않습니다. 예술이란 인간의 소유가 아니라는 사상에서 비롯됩니다. 서양사람들은 자기의 예술작품에 자기 이름을 붙이지만, 어디 예술이 개인의 것입니까, 이 우주의 흐름이지요. 나는 우리 조상들의 이 같은 위대한 예술관에 전적으로 동의합니다."

―좀 더 구체적으로 말해서, 선생님의 음악은 한국의 전통과 어떤 관계가 있을까요?

"내가 오늘 국제적으로 이름난 작곡가가 되었지만, 이것은 내 스스로, 우리 민족의 뛰어난 예술적 전통을 이어받았기 때문입니다. 우리 민족은 참으로 훌륭한 예술적 품성과 요소를 갖고 있습니다. 우리 민족은 동양의 그 어느 민족보다도 통할한 도교사상을 가장 구체적으로 보존시키고 있습니다. 우리 음악은 이 전통을 그대로 갖고 있고, 바로 이 전통 속에서 내가 태어나고 자라났기 때문에 오늘의 내 음악이 존재합니다. 이 전통문화권 밖에 있었다면 어떻게 나의 음악이 나오겠습니까. 위대한 조상과 찬란한 전통을 가졌기 때문에 나의 음악은 존재할 수 있습니다. 나의 음악은 나만의 음악이 아닙니다."

감옥에서 작곡한 「나비의 꿈」과 「영상」

윤이상 선생은 1967년 6월 베를린에서 부인 이수자李水子, 1927- 여사와 함께 서울로 납치된다. 이른바 '동베를린 간첩단 사건'이다. 제1심에서 종신형, 제2심에서 15년형, 제3심에서 10년형을 선고받는다. 부인은 1심에서 집행유예로 풀려난다. 203명이나 되는 유학생·예술가·지식인들이 수사받았지만 간첩죄로 인정된 사람은 아무도 없었다. 2006년 국정원 과거사 진실규명 조사위원회는 사건 조사과정에서 불법연행과 가혹행위를 한 사실을 정부가 사과할 것을 권고했다. 동베를린 사건은 1960년대 박정희 군사정권 통치의 실상을 보여주는 한 사건이었다.

윤이상 선생은 감옥에서 장자의 꿈을 소재로 한 오페라 「나비의 꿈」과 클라리넷과 피아노를 위한 「율」律, 강서고분江西古墳의 사신도四神圖에서 영감을 얻은 「영상」이마주을 작곡했다.

동베를린 사건은 국제적으로 큰 문제가 되었다. 독일정부가 한국정부에 항의했고, 세계의 지식인·예술가들이 "윤이상 석방하라"고 요구했다. 뉘른베르크에서 「나비의 꿈」이 성황리에 공연되었다. 빈에서는 연주회가 끝나고 연주자들과 관객들이 "윤이상 석방하라"고 외치면서 횃불행진까지 했다.

남도 북도 나의 조국입니다

— 한 예술가는 그가 태어나고 자라난 문화권·정치권과는 운명적으로 연계되어 있겠습니다만, 동베를린 사건으로 투옥되어 있는 그 극악한 상황에서 선생님은 작품을 쓰시지 않으셨습니까?

"종신형 선고를 받으면서, 물사발이 얼어붙는 혹한 속에서 손을 불어가면서 음보를 적어나갔지요. 나의 생명을 유지하는 정신적 위안은 '음악'을 생각하고 탐구하는 것이었습니다. 현실로부터 해방되고, 꿈과 환상으로부터 자유를 찾아내고 위안을 얻어내는 것이었지요. 나는 그곳에서 만든 작품에서 인간정신의 숭고함과 절대적 순수, 꿈과 이상의 화합을 구현하려 했습니다. 나의 작품이 늘 추구하는 주제이기도 합니다."

— 한 음악예술가로서 선생님은 조국의 민주화 및 통일운동에 지속적으로 발언해오고 있는데, 예술가의 책임이랄까 자세에 대해서 말씀해주시지요.

"내 나이 이제 일흔하나입니다. 나는 일제를 체험하고 해방과 전쟁을 겪었습니다. 해외에서 30년 이상을 살아오고 있습니다. 민족의 근·현대사와 세계의 돌아감도 보고 있습니다. 또 남과 북도 잘 아는 편입니다. 유럽의 자유로운 분위기 속에서 살아왔기 때문에 나는 이남과 이북을 똑같이 잘 볼 수 있다고 생각합니다. 이북과 이남은 똑같은 나의 조국입니다. 내 조상들이 살던 국토입니다. 지금도 우리 민족이 살고 있습니다. 남한에서는 더러 나를 오해하는 모양인데 그건 절대로 잘못입니다. 북쪽에도 남쪽에도 똑같은 우리 민족의 피가 흐릅니다.

우리 민족사의 시각에서 보면, 지금 40년 이상 분단되고 있지만 이것은 참으로 한순간에 지나지 않습니다. 앞으로도 우리 민족의 역사는 영원히 이어질 것입니다. 남과 북에서 치열하게 일어나고 있는 통일의 의지와 운동은 민족사의 발전과정에서 당연한 귀결입니다. 이제 통일로 가는 길은 그 누구도 막을 수 없습니다. 통일에 관해서 독일과 한국은 당초부터, 역사적·문화적으로 다릅니다.

통일과업은 우리의 숙명입니다. 통일 없이 우리는 살아나갈 수 없습니다. 분단을 만든 것도 외세이고 통일을 방해하는 것도 외세지만, 이제 우리 힘으로 통일을 이룩할 수 있고 또 여건도 주어지고 있습니다."

나의 음악은 정의와 평화를 추구합니다

―세계는 지금 선생님의 예술을 평화의 예술, 정의의 예술이라고도 합니다. 그런 내용을 담아내는 작품을 계속 내놓고 있습니다. 선생님의 민족에 대한 관심, 통일운동에의 헌신도 바로 이와 같은 평화와 정의의 예술가로서의 당연한 삶이 아닐까 사료됩니다.

"나의 삶과 정신, 나의 예술은 정의에 토대를 두고 있습니다. 나

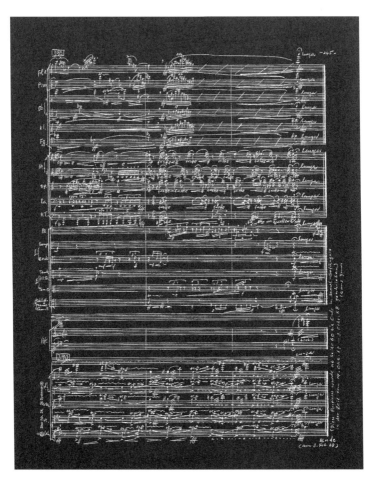

"나의 삶과 정신, 나의 예술은
정의에 토대를 두고 있습니다.
나의 정의는 우리 민족과 인류의 평화를
추구하는 인도정신입니다."

와 나의 예술은 정의의 정신으로 이날까지 버티고 있습니다. 나의 정의는 민족과 인류의 평화를 추구하는 인도정신입니다. 인간과 인류에의 신뢰가 바로 평화이고 이 평화는 동양사상의 뿌리라고 할 수 있습니다.

나는 교향곡을 다섯 개 썼는데 「교향곡 제5번」을 사람들이 '평화의 교향곡'이라고 부르고 있지요. 나의 작품들에서 시종 흐르는 것은 정의와 평화정신입니다. 가난한 조국에서 태어난 한 예술가로서 조국의 민주화와 정의로운 사회를 위해, 분단된 국토와 조국을 통일하는 운동에 나서는 것은 한 예술가로서뿐 아니라 한 인간으로서 너무나 당연한 일입니다. 더 나아가 전 세계 특히 제3세계의 수난받는 민중에 대한 관심도 역시 당연한 일입니다.

지금까지 나는 정치적 문제에 깊은 관심을 가져온 것은 사실이지만, 작품 만드는 데 더 골몰했습니다. 이제 나는 민족문제를 제일차적인 문제로 삼으려 하고 있습니다. 70년을 넘게 살아온 나로서는 이제 스스로를 정리할 때입니다. 민족을 위하여 내가 할 일이 무엇인지, 깊이 생각하고 있습니다.

우리는 죽어도 우리의 후손들은 살아가야 하고 민족은 번창해 나가야 합니다. 우리 후손들과 조국을 위해 우리 늙은 사람들은 일을 해야 하지 않겠습니까! 일을 해도 옳은 일을 해야 할 것입니다. 거짓에서는 감동이 나오지 않습니다. 순수하고 깨끗해야 합니다. 작곡을 하다가도 국내상황이 급박하게 돌아가면 하루에 열 번 이상이나 방송을 듣게 됩니다."

진실과 정의를 구현하는 예술가

— 한국에는 많은 음악가들이 있고 해외에 나가 활동하고 있는

음악인들도 많습니다만, 선생님과는 다른 세계에 서 있는 듯도 합니다만.

"예술이란 진실에서 우러나오지 않으면 안 됩니다. 진실한 자기를 실현하는 것이 예술입니다. 진실한 양심에서 우러나오는 예술만이 창조적이고 남이 모방하지 못하는 것입니다. 예술이란 시대정신을 간파하고 그것을 옹호해야 합니다. 예술은 역사발전, 역사의 정당성과 밀접히 연관되어 있습니다.

한 예술가의 앞에 부정의와 거짓이 놓여 있다면 그 예술가는 우선 그것부터 극복하는 일에 나서야 하고 그 과정에서 비로소 예술은 창조됩니다. 정치라는 이름으로 폭력이 자행되면 진실과 정의를 추구하는 예술가는 스스로의 생명력을 보존하기 위해 부정의와 싸워 그것을 물리쳐야 합니다.

예술가란 당초부터 감성적이고 정의감에 불타지 않을 수 없습니다. 40년간의 분단시대에 많은 사람들이 투쟁하고 스스로의 생명을 내던졌습니다. 민족의 양심과 정의를 위해 몸을 던지고 나서는 음악가들이 별로 없음에 음악가로서 안타깝고 섭섭합니다.

나는 민족적 정의와 진실의 편에 서는 정신적 자세가 스스로 생산하는 예술 자체를 위해서도 참으로 중요하다는 사실을 조국의 젊은 음악예술가들에게 말하고 싶습니다. 우리가 잘 아는 것처럼 유럽의 수많은 음악예술가들이 민족과 조국을 위해 자기를 던졌습니다. 쇼팽Frédéric Chopin, 1810-1849이 그러했고 바그너Richard Wagner, 1813-1883와 베르디Giuseppe Verdi, 1813-1901가 그러했습니다."

—선생님이 제안하신 남북음악제도 어느 날 갑자기 내놓은 것

이 아니라 선생님의 민족과 조국에 대한 열정, 정의와 평화를 추구하는 한 예술가로서 신념의 표출이라고 생각됩니다. 최근 통일운동이 특히 학생들에 의해 치열하게 전개되고 있는 시기에 선생님의 휴전선에서의 남북음악제 제안은 참으로 신선한 지혜를 주는 것 같습니다. 언제부터 이런 구상을 하셨는지, 하필이면 그 살벌한 휴전선에서 왜 음악제를 열자고 하셨는지요?

"한 음악예술가로서 민족의 재통일을 위해서 내가 무엇을 할수 있을까를 골똘히 생각하다 보니 바로 이 같은 구상을 하게 된겁니다. 잠재적으로는 이와 비슷한 생각이 늘 있었겠지만, 구체적으로는 3년 전부터입니다. 혹자는 느닷없이 휴전선에서 음악제를 열자는 데 의아해할지 모르겠지만, 휴전선은 민족분단의 실체일 뿐 아니라 분단의 모든 것을 상징합니다. 정치적 대결뿐 아니라 무력 대결의 첨예한 현장입니다. 바로 그 대치의 현장에서 남과 북이 만나자는 것입니다. 서울과 평양에서 남북음악회가 열리는 것도 중요하지만 우선 저 분단의 실체적 상징이자 핵심지대인휴전선부터 음악을 통해 무너뜨려야 합니다."

정치가는 음악을 할 수 없지만 음악가는 정치를 한다
—어느 시대든 정치가 다른 것을 지배합니다. 특히 현 시기는정치의 시대라고 할 수 있을 정도로 정치의 힘이 지배적입니다만,선생님의 남북음악제는 그 진전에 따라서 대단한 정치력을 발휘할 수도 있다는 생각이 듭니다. 예술, 더 구체적으로는 음악과 음악가가 어떤 정치적 역량을 발휘할지 자못 궁금하기도 합니다.

"정치가는 음악을 할 수 없지만 음악가는 정치를 할 수 있다는 것이 나의 생각입니다. 흔히 정치에 비해 예술은 아무것도 아닌 것으로 생각합니다만, 하나의 예술작품 또는 예술행위는 참으로 놀라운 위력을 발휘할 수 있습니다. 민족의 혼과 양심을 불러일으키고 민중을 깨어 일어나게 하는 것이 예술입니다.

핀란드가 러시아의 식민지가 되었을 때 작곡가 시벨리우스^{Jean Sibelius, 1865-1957}가 만든 관현악 「핀란디아」는 핀란드 국민에게 민족독립운동의 혼을 불러일으킨 작품입니다. 체코의 스메타나^{Bedrich Smetana, 1824-1884}가 지은 「나의 조국」은 체코 민중들을 순결한 애국심으로 불타게 만들지 않았습니까.

남과 북이 뭘 해보려고 합니다만 잘 안 됩니다. 철근 콘크리트로 폐쇄되어 있는 남북관계에 음악으로 돌파구를 만들자는 것이 나의 음악제 구상입니다. 휴전선에서 민족의 음악, 민족의 소리를 울리게 해서 민족화해의 광장을 만들자는 것이지요.

한반도의 휴전선이란 우리 민족을 남과 북으로 갈라 놓는 것일 뿐 아니라 평화를 위협하는 인류 공동의 문제입니다. 이 휴전선에서 남과 북이 한데 어울려 민족의 음악을 울려퍼지게 하는 일은 민족화해·민족통일로 가는 길일 뿐 아니라 인류평화를 구축하는 세계사적인 행사가 될 것입니다. 음악은 정치적 화해와 통일을 가져오는 데 결정적인 돌파구를 열 수 있습니다."

무기로 오염되어 있는 국토를 평화의 땅으로

— 휴전선은 남북 양쪽에서 물샐틈없이 막고 있습니다. 여기저기 지뢰가 깔려 있습니다.

내가 조국을 떠난지 32년, 소위 동백림사건
이 있은지 21년, 이책이 독일어로 출판된지
11년만에. 책의 전모가 조국의 동지에게 소개
되는것을, 나는 값게 높게 생각한다.
이책에 기록된 사실처럼 즉 과거 11년동안
에 생긴일들은, 인간적으로나 예술적으로 보니
대단한 변동이다. 이것을 보충하는것은 훗일로
미루고, 다만 자금 이시기에 고국의 동지에게
다름라 줄 심정에서 우러난 몇마디로서 인사
를 대신하고자 한다.
우리민족은 반드시 통일되어야 한다. 그러나
그것이 지극히 멀고 험한 길이라 할지라도, 그과정
을 성실성 있고 견결하게 맺지 않고, 지금거지
처럼 서로가 서로를 헐뜯고 군사분쟁을 일삼
는다면, 올것은 우리 민족의 멸망밖에 없을
것이다
오늘 새차게 일어나는 통일에의 열통은 역사적인
필연성이다. 누가 이사태를 역겨워하고 혼란
스럽다고 비판한다면 그것은 잘못이다. 나는
이런 사태가 반듯이 폭풍처럼 상당한 시일동안
거쳐가야하고. 그러는동안 우리민족은 더깨끗
고. 더배우고 더 지혜를 찾게 되리라고 믿는다.
호르는 현대사적 사조를 강압만으로 막아 닿으나
어찌 그 자유를 박은 둑이 터지지 않겠
는가 ! 이책속에 거듭한 부분을 차지 하는 소위

이런관점에서 우리는 남북이 서로기 너허물
너허물 뜯지않고, 이제야 닳아온 새서력을
맞아 과거를 청산하고, 우선 천재의 공도목위기
를 씻기위한 모든 조력을 남북이 취하고, 이데올
로기를 겁내지 않고, 우리 민족끼리의 애정을 찾
는것을, 나는 진심으로 호소하고싶다. 정치
이데올로기는 길게 보면 찰명수처럼 계절에
따라 무성하고, 락색되고, 낙엽이 지는것이
지만, 민족은 창공처럼 엄숙하고 영원한
것이다

'민족의 통일'은 음악가 윤이상의 비원이었다.
남북의 음악가들이 참여하는 DMZ에서의 평화음악제
구상은 한 음악예술가로서 해야 하고
할 수 있는 '예술로서의 정치행위'라고 했다.

"쥐새끼 한 마리 내왕하지 못하도록 해놓은 휴전선, 사람의 그림자조차 없는 그곳에서 바로 음악제를 하자는 것인데, 묻힌 지뢰를 제거하고 많은 사람들이 모일 수 있게, 진정한 의미의 비무장 평화지대를 만들어보자는 것이지요. 무장화되어 있는 휴전선의 한 부분이라도 평화의 땅으로 회복시키자는 데 우리 음악제의 큰 의미가 있습니다.

본래 우리의 땅은 아름다운 금수강산이었습니다. 평화를 애호하는 우리 민족이 평화롭게 살아가는 땅이 바로 한반도입니다. 이 평화롭고 아름다운 국토에 이데올로기라는 괴물이 횡행하면서 외세가 들어오고 전쟁이 일어나고 수많은 동포들이 죽어갔습니다. 살아 숨 쉬는 땅이 아니라 죽어 있습니다. 죽어 있는 이 땅을 무기로 오염되지 않은 평화의 땅으로 살아 있게 하자는 것입니다."

—남북음악제가 성사되려면 현실적으로 남북 정부에서 협조하지 않으면 안 되겠지요.

"물론입니다. 양쪽 정부가 적극적으로 밀어주지 않으면 안 됩니다. 다행히 북에서는 정부가 적극적으로 나와 모든 조처를 취하겠다고 발표했고, 인민무력부에서도 전적으로 협조하겠다고 발표했습니다. 남에서는 예총의 전봉초全鳳楚, 1919-2002 회장이 나서서 나와 연락하고 있습니다만, 정부에서는 아직 반응을 보여주지 않고 있습니다. 최근 전봉초 회장이 나를 만나기 위해 이곳으로 오겠다는 연락을 해왔습니다. 잘될 것으로 봅니다. 남북음악제는 남한만을 위해서도 북한만을 위해서도 아닙니다. 우리 민족 전체를 위해서 하는 것입니다."

남북음악제는 잠자는 민족의 영혼을 일깨운다

─요는 남과 북이 이 남북음악제를 민족통일의 한 단계로서 적극적으로 거행하겠다는 의지가 중요할 것입니다. 진정으로 통일을 바라는 정부라면 반대할 이유가 없을 것입니다. 이 음악제에서는 어떤 음악이 연주되고 어떤 노래가 불려져야 됩니까?

"베토벤 등의 서양음악 같은 것이 아니라 우리 음악이어야 합니다. 우리나라 사람이 부르고 작곡하고 연주하는 음악과 노래입니다. 그런 의미에서 남한의 작곡가가 만든 작품과 북한의 작곡가가 만든 작품, 그리고 나의 작품이 연주될 수도 있을 것입니다. 우리 민족이 즐겨 부르는 민요를 연주하고 부를 수도 있을 것입니다. 양쪽 교향악단이 번갈아가면서 연주하고 또 같이 연주하고, 합창단도 역시 번갈아 부르기도 하고 같이 부르기도 하면 됩니다.

남북 동포들이 섞여 앉아 같이 노래 부르고 또 같이 노래도 듣고, 대화도 나눌 수 있습니다. 같이 섞여 연주하면 누가 잘하고 못하고 할 것도 없습니다. 하모니가 중요하니까요. 살아가는 이야기도 주고받고 이산가족도 상봉하게 되고요.

이날은 가능하면 많은 사람들이 골고루 참석할 수 있도록 해야 합니다. 안전사고에 대비해서 최소한의 경비만을 하게 하고 젊은 학생들이 장내 질서를 지키게 하든가 안내를 맡게 하면 될 것입니다. 물론 이 음악제에서는 다른 연설은 하지 않고 음악으로만 해야 합니다."

─잠자고 있는 민족의 영혼을 깨우치려는 이 음악제에 대비해 어떤 곡을 만드셨습니까?

"나는 이 음악제를 위해 지난해에 「나의 땅 나의 조국이여」라는 작품을 완성했습니다. 45분가량 되는 이 곡은 남한의 양심적인 민족시인들의 작품이 가사로 되어 있습니다. 민족과 조국의 영원함을 노래하면서 민족통일을 염원하는 애국적인 혼이 담겨져 있습니다. 조국과 민족에 대한 나의 사랑을 형상화시킨 이 작품이 민족화해, 민족통일의 큰 잔치마당에서 연주되는 것을 진심으로 기대합니다. 맺혀 있던 민족의 한을 풀자는 나의 염원이기도 합니다."

떨리는 가슴으로 「광주여 영원히」 작곡

─선생님은 유럽에 계시지만 한국의 상황에 대해 늘 관심을 가지고 계시고, 광주항쟁을 주제로 작곡까지 하셨는데요.

"물론입니다. 한반도 주변이나 국내상황이 급박하게 돌아가면 하루에 열 번이라도 방송을 듣고 알아봅니다. 작곡도 잘 안 돼요. 나의 조국과 민족에 대한 관심은 본능적인 것 같아요. 1980년 광주민중항쟁 진압 소식을 접한 나는 잠을 자지 못했습니다. 도저히 상상도 못 할 비극이 내 조국에서 일어나고 있음에 경악하다 못해 정신을 잃을 뻔했습니다. 나는 도저히 참을 수 없었습니다. 떨리는 가슴으로 「광주여 영원히」를 작곡했습니다. 민족에게 새로운 정의와 평화가 도래할 것을 기원하는 심정으로 나는 이 곡을 만들었습니다."

윤이상과 백남준은 음악과 미술 분야에서 세계에
우뚝 서는 예술가였다. 조국과 민족에 헌신한
두 예술가의 실천이 아름답다.

―선생님은 사형폐지론자로 알고 있습니다. 선생님의 예술사 상으로 보아도 너무나 당연한 것 같기도 합니다만…

"어떻게 사람이 사람을 죽입니까? 지상의 생명을 빼앗아가는 것은 참으로 큰 죄악입니다. 폭력범·살인범이라도 활동을 못하게 하면 되지 죽이면 안 됩니다. 물고기 머리를 자르는 것이나 황소 머리에 징을 박는 것과 똑같은 짓을 어떻게 인간에게 합니까? 사형제도는 눈에는 눈 식으로 하는 야만시대의 보복행위입니다. 국가와 법은 국민들의 보호자여야 합니다. 보복자가 되어서는 안 됩니다.

나는 남북 양쪽에 말하고 싶습니다. 민족문제를 해결하기 위해서는 과거에 집착하지 말자는 것입니다. 모든 역량을 총동원해서 민족이 화해하고 전쟁 위협을 제거하는 과업이 초급선무입니다. 노태우 대통령이 임기 중에 민족문제의 해결에 돌파구를 만듦으로써 민족사에 남는 지도자가 되기를 충심으로 바랍니다. 정력적으로 추진되고 있는 북방정책이 허구가 아닌 것이 되어야 할 것입니다. 이것을 실질적으로 뒷받침하기 위해서는 국가보안법이 정리되어야 할 것입니다."

조국 위해 생명 바친 젊은이들을 위한 작품 구상 중

―선생님은 한국의 어느 예술가보다도 음악을 통해서, 실천을 통해서 민주화와 민족운동을 해오고 있기 때문에 한국의 민족주의적인 양심가들은 선생님을 존경하고 있습니다. 앞으로의 선생님의 계획을 듣도록 하겠습니다.

"나는 개인적인 야심이 없습니다. 개인적인 영예에 대한 관심은 더욱 없습니다. 나의 양심에 따라 내가 할 일을 하고 있을 따름입니다. 나는 우리의 용기 있는 학생들을 참으로 존중하고 존경합니다. 불의에 항거하고 민족적·사회적 현실을 개혁하기 위해 용감하게 나서고 있는 한국의 학생들은 참으로 귀중한 우리 민족의 자산입니다. 우리는 이들을 우리의 민족적·국가적 자산으로 안아 보듬어야 합니다.

나는 특히 1980년 이후 나라와 민족을 위해 순결한 목숨을 던진 수많은 청년·학생·노동자들에게 양심의 부채를 지고 있습니다. 우리는 이들의 죽음을 딛고 살고 있습니다. 집권자나 야당이나 우리 모두가 이들의 고결한 죽음을 딛고 서 있는 겁니다. 우리 사회가 맞고 있는 새봄은 바로 이들의 죽음으로 가능했습니다. 나는 이들의 죽음을 생각하고 말하려 합니다. 나는 이들을 위한 위령탑을 세우는 운동을 벌이자고 제의하고, 또 나 자신도 나설 것입니다. 나는 이 위령탑의 제막식에 연주될 작품을 쓰고자 합니다. 양심에 경종을 울리는 작품을 만들어 나의 작은 성의와 뜻을 이들 영령들에게 바치려 합니다. 이들의 죽음이 우리 마음에 기록되어야 합니다.

나는 또한 올데갈데없는 정치범·사상범·양심범들이 여생을 보낼 수 있는 시설을 만들고 싶습니다. 사상적 양심을 지켰지만 민족분단으로 인해 일생 동안 갇혀 있어야 하는 이들은 석방되어야 하고, 나머지의 삶을 편안히 보낼 수 있도록 해주고 싶습니다. 감옥에 들어 있는 일반 죄수들의 대우와 시설도 개선되어야 합니다. 죄가 나쁘지 사람이 나쁜 것은 아닙니다. 여건만 허락된다면 이런 일들을 하고 싶습니다."

윤이상 선생은 다섯 개의 교향곡을 작곡했다.
이 교향곡들은 인류의 평화를 주제로 삼고 있다.
특히 제5번은 '평화의 교향곡'이란 평가를 받고 있다.
1987년 베를린 필하모니에 의해 초연된 이 곡은
베를린 도시 탄생 750주년 기념작으로 위촉받았다.

―선생님은 서울올림픽이 시작되기 전 독일 텔레비전과 가진 인터뷰에서도 "나는 내 조국에 가서 묻히고 싶다"고 말씀하셨다는 이야기를 들었습니다. 선생님의 음악예술이 틀림없이 깊은 영향을 주었을 통영 땅에는 언제쯤 가시게 될까요?

"나는 하루 한 시간도 내 조국 내 고향을 잊어본 적이 없습니다. 내 민족 성원들 속에 나는 서 있습니다. 나의 땅, 나의 조국이 정의가 넘치고 민주주의가 확립되고 또 민족화해의 기운이 감돌면 으레 가게 될 것입니다."

―선생님의 예술과 활동이 한국인들에게 제대로 소개되고 인식되지 못한 여러 사정이 안타깝습니다. 선생님의 작품은 선생님 개인의 것이기도 하지만 우리 민족공동체의 것이 되게 일으켜 세워야 한다는 생각을 합니다. 선생님의 예술이 이제 본격적이고 체계적으로 평가되고 연구·연주되어야 합니다. 저의 이번 베를린 방문도 그런 작업을 위한 한 계기가 되었으면 합니다. 참으로 감동적인 말씀, 한 예술가의 전 존재에서 우러나오는 선생님의 말씀은 오늘 저의 가슴에 깊이 와닿습니다. 부디 건강하시고 계속 좋은 작품 창작하시기 바랍니다.

윤이상 오리지널 음반 김포공항에 6개월간 억류

나의 윤이상 선생 인터뷰는 막 창간된 『한겨레신문』 1988년 10월 27일자에 전면으로 게재됐다. 윤이상 선생의 예술관·민족관에 대해서 한국신문으로서는 가장 본격적으로 소개하는 기사였을 것이다. 나는 이미 우리가 펴내는 월간 『사회와 사상』

1988년 10월호에 윤이상·송두율 대담으로 「윤이상의 예술세계와 민족관」을 게재했다. 윤이상 선생의 음반을 내야 되겠다는 구상을 하면서 기획된 기사였다. 베를린으로 윤이상 선생을 방문하기 직전에 발행되었다. 이 대담은 윤이상의 예술사상을 최초이자 체계적으로 국내에 소개하는 것이었다.

나는 일단 귀국했다가 1989년 2월 설날을 할애해 다시 베를린으로 갔다. 아내 박관순도 동행했다. 우리가 베를린을 방문하는 기간에 함석헌 선생이 서거하셨다. 그래서 장례식에도 참석하지 못하고 말았다.

선생의 작품과 자료가 방대하기 때문에 본격적인 작업이 필요했다. 전문가들에 의해 진행되어야 할 작품해설도 보통 문제가 아니었다. 독일에 유학 중인 한정숙 씨^{현 서울대 서양사학과 교수}, 최성만 씨^{현 이화여대 독문학과 교수}, 홍은미 씨^{음악학} 등이 윤이상 선생 댁으로 모였다. 홍은미 씨는 나중에 윤이상 선생의 음악 연구로 박사학위를 받는데, 1주일 동안 출근하다시피 윤이상 선생 댁에 모여 구성을 짜고 어떤 해설을 어떻게 붙일까를 토론했다. 윤이상 선생이 함께했다. 기왕에 발표된 '윤이상 연구'를 조사했다.

하루를 할애해 윤이상 선생의 사진들을 정리했다. 선생은 대단한 기억력과 에너지를 갖고 계셨다. 오전 10시부터 오후 6시까지 사진을 살펴보고 사진 설명을 붙이는 작업을 진행했는데, 선생은 100여 장이 넘는 오래된 사진들에 등장하는 인사들을 구체적으로 기억하고 계셨고, 그 사진의 설명을 척척 해내는 문장가였다.

하루는 선생의 안내로 선생이 재직했던 베를린예술대학의 '윤이상아카이브'를 방문했다. 전임연구자를 두어 선생의 음악에 관한 모든 연구와 자료를 집성시키는 연구소였다. 베를린예술대학

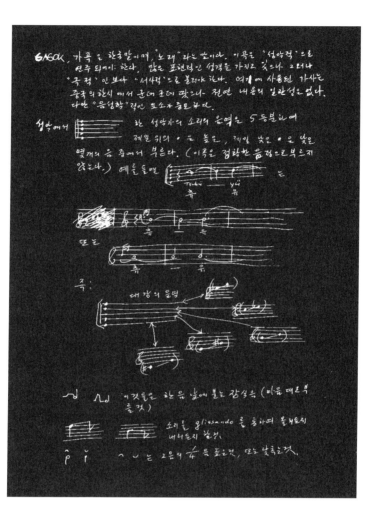

윤이상 선생은 자신의 음악세계는
우리 민족문화로부터 기원한다고 말씀했다.
윤이상 선생은 이층 서재에서 오래된 유성기로
우리 판소리를 듣곤 했다.

은 선생의 아카이브를 설립해서 학교 차원에서 운영하고 있었다.

김포공항에 유폐된 윤이상 음악자료

나는 사진을 비롯한 이런저런 자료들을 갖고 귀국길에 올랐다. 윤 선생이 윤이상아카이브에서 확보해준 CD도 함께였다. 그러나 윤이상 선생이 확보해준 오리지널 CD와 사진자료를 김포공항에서 압수당했다. 김포공항 당국은 윤이상 자료는 갖고 들어갈 수 없다는 단호한 태도였다. '허가' 없이는 그 어떤 음반도 펴낼 수 없는 시대였다. 문공부에 이야기를 해보았자 소용없었다.

결국 '윤이상음악예술'은 김포공항에 6개월 이상 유치되는 일이 벌어졌다. 그 오리지널 음원은 윤이상 선생의 운명처럼 조국에 들어오지 못하고 베를린으로 되돌아가야 했다. 최성만 씨가 일시 귀국했다가 베를린으로 돌아가는 편에 그것을 찾아서 윤이상 선생에게 돌려주어야 했다. 민족의 큰 음악예술가 윤이상의 작품은 6개월 동안 '감옥'을 살았던 셈이다.

나는 현실정치와는 당초부터 무관했다. 어떻게 보면 무관심하다고나 할까. '공안정국'을 예측할 수 있는 정보도 없었고 그러고 싶지도 않았다. 한 출판인으로서 펴내고 싶은 책, 펴내야 된다고 생각하는 책을 기획했다. 세계가 높이 평가하고 연주·연구하는 윤이상의 음악을, 다른 전문가들이 소개하지 않기 때문에 내가 나선 것뿐이었다. 나중에 들은 이야기에 따르면, 정보당국은 나에 대해 '심각한 대책'을 준비했다는 것이었다. 금기시된 윤이상을 만나러 다니고 그의 예술과 예술관을 소개하고 있었으니, 공안정국을 '제조해내는' 공안 당국자들로서는 내가 얼마나 비위에 거슬리는 존재였을까.

한길사는 1980년대에
'윤이상음악전집'을
출간하려다 당국이
허가해주지 않아 1991년
그 내용을 책으로 펴냈다.

내가 윤이상 선생을 만나 음악전집을 준비하고 있을 그때 중앙일보사는 윤이상 선생의 귀국과 윤이상음악회를 추진하고 있었다. 나는 음악회를 위한 자료들을 윤이상 선생한테 받아 중앙일보사에 전달했다. 선생 자신도 이제는 귀국할 수 있다는 희망을 갖고 있었다. 시대가 이미 '문민' 쪽으로 흐르고 있었기 때문이기도 했다.

1988년 10월에 윤이상 선생을 만나고 돌아온 나는 선생의 귀국이 실현되는 것으로 보고 '윤이상 선생 귀국준비위원회' 작업을 음악 관계자들과 의논했다. 나는 예총의 전봉초 회장과 서울대 이강숙 교수나중에 한국예술종합학교 총장 역임를 만나 귀국하는 윤이상 선생을 환영하는 위원회를 어떻게 조직할 것인지를 의논드린 바 있다.

다른 한편으로 『사회와 사상』 89년 4월호에 윤이상 선생의 「정중동靜中動 : 나의 음악예술의 바탕」을 실어 윤이상에 대한 이해를 더 도모했다. 이 글은 1985년 윤이상 선생이 튀빙겐대학에서 명예박사 학위를 받으면서 행한 강연이었다. 이 연설은 윤이상 선생의 음악관을 보여주는 중요한 내용이다.

음악전집 무위로 『윤이상의 음악세계』 출판

정치상황은 공안정국으로 치닫고 있었지만, 한길사의 '윤이상 전집' 작업은 그대로 진행되고 있었다. 이미 연주되어 녹음된 수집 가능한 곡들을 모으면 LP판 15장 정도는 된다는 계산이 나왔다. 레코드 재킷에 실릴 해설과 정보를 번역하는 작업은 최성만·홍은미 씨 등이 중심이 되어 진행했다. 레코드 재킷의 그림은 판화가 이철수 화백에 의해 시안이 제작되고 있었다. 윤이상 선생의 음악에 대한 음악적 해석과 각 곡들에 대한 전문가의 해설 그리고 윤이상 선생 자신의 해설들이 번역되거나 새로 씌어졌다. 자세한 연보작업도 진행되었다. 아직 국내에 윤이상의 음악에 대해 제대로 소개되지 못하고 있는 상황에서 우리가 준비한 내용들은 상당한 수준이었다.

그러나 윤이상 선생의 '음악전집'은 무위로 끝나고 말았다. 윤이상 선생의 귀국도 무산되고 음악회도 더 시간이 흘러야 가능했다. 선생은 그때 귀국이 성사될 것으로 본다면서 흥분해 있었다. 통영 앞바다에서 낚시를 하고 싶다고도 했다. 자신이 태어난 지리산 산청의 그 마을에 가보고 싶다고 했다. 아버지가 지리산에 와서 어머니를 만났고, 그 지리산에서 태어났다고 선생은 나에게 말했다.

윤이상
ISANG YUN
1917 ~ 1995

오매불망하던 조국 땅을 밟지 못하고,
1995년 11월 3일 이국땅 베를린에서
큰 음악가 윤이상 선생은 서거했다.
그로부터 23년 후인 2018년 3월 30일
윤이상 선생은 유골로 고향에 돌아와
고향의 드넓은 바다를 조망할 수 있는
통영음악당 앞마당에 안장됐다.

그런 연유인지 나는 1년 6개월 동안 '출국정지'를 당해야 했다. 왜 그래야 했는지 아무도 이유를 설명해주지 않았지만, 여러 정황으로 보아 그렇게 되었다고 나는 이해하고 있었다.

우리는 결국 레코드 출반을 위해 준비한 원고들을 정리해 한 권의 책으로 펴냈다. 1991년 2월 최성만·홍은미 편으로 나온 『윤이상의 음악세계』가 그것이었다. 634쪽이나 되었다. 이 책은 윤이상 선생을 한국에 본격적으로 소개하는 최초의 문헌이 되었다. 나는 선생과의 인터뷰를 200자 원고지 80여 장으로 정리해 이 책에 수록했다.

나는 소설가 윤정모 선생에게 윤이상 선생의 생을 소재로 하는 소설을 써보자고 권유했다. 1996년에 출간된 『나비의 꿈』 전 2권이 그것이다. 다시 2005년 윤신향 선생의 『윤이상, 경계선상의 음악』을 펴냈다. 윤이상 선생의 음악 연구다.

고단했지만 최고의 영예를 누린 생애

선생의 귀국은 그 후에도 여러 차례 시도되었지만 성사되지 못했다. 선생이 참석하는 음악회가 계속 시도되었지만, 한참 후인 1993년 10월 22일, 서울에서 열린 '20세기 음악축제' 기간에 한국 페스티벌 앙상블이 선생의 작품을 집중적으로 연주했다. 그렇게 고국 땅을 밟고 싶어 한 작곡가였지만, 작곡가 없는 음악회였다. 이어 1994년 9월 예음문화재단 주최로 서울·부산·광주 등지에서 윤이상음악축제가 개최되었다. 일본에서는 1992년 11월 5일부터 16일까지 '윤이상 탄생 75주년 기념 페스티벌'이 열려 연주회·강연회가 진행되었다. 물론 한국에서도 1982년부터 KBS 교향악단 등에 의해 선생의 작품이 비정기적으로 연주되기는 했다. 그러나

1999년부터는 통영에서 윤이상음악제가 시작되었으며, 2002년부터는 통영국제음악제로 발전하여 범국가적 차원에서 선생의 음악 예술 업적을 기리기 시작했다.

나는 선생과 전화를 가끔 했다. 선생은 한국에서 나온 책을 보내달라고도 했다. 우리 출판사가 펴낸 책들을 여럿 보내드렸다. 우리 책을 보면서 고향을 더 그리워했을까.

선생의 건강은 계속 악화되었다. 일본의 한 병원에 입원해 계실 때 나는 병원으로 선생을 찾아뵈었다. 선생은 건강이 조금 회복되었을 때 배를 타고 대마도 쪽까지 왔다고 했다. 일본의 한 방송국 취재진들과 동행하는 프로그램이었는데, 그 바다에서 저 멀리 고향의 하늘, 그 하늘 아래 고향의 땅을 바라보았다.

베를린에서 뵈었을 때 선생은 계속 고향 이야기를 했다. 수구초심首丘初心이라는 말씀을 여러 번 했다. 정말 고향에 가고 싶다고 했다. 선생의 그 간절한 염원은 이뤄지지 않았고 1995년 11월 3일 이국 땅 베를린에서 서거했다.

한 음악예술가로서는 최고의 영예를 누린 생애였다. 독일연방공화국 대공로훈장을 비롯해 세계로부터 권위 있는 상들이 선생에게 수여되었다. 그러나 조국과 민족을 사랑한 선생의 삶과 정신은 참으로 고단했다.

1980년대 초 나는 교향시 「광주여 영원히」를 은밀히 들었다. 베를린에 갔을 때 선생은 나에게 이 땅의 민주주의를 위해 목숨을 바친 열사들에게 바치는 음악을 만들겠다고 했다. 선생은 서거하기 한 해 전인 1994년 건강이 악화된 상태에서 그 작업을 해냈다. 「화염 속의 천사」가 그것이다. 선생이 서거하던 그해 5월 9일, 도쿄필하모니에 의해 일본에서 초연되었다.

2018년 3월 30일, 윤이상 선생은 유골로 고향에 돌아와서 그 고향 땅에 묻혔다. 서거 23년 만이다. 고향의 드넓은 바다를 조망할 수 있는 통영음악당 앞마당이다. 선생이 유골로 고향 땅에 이장되는 그날 나는 친구들과 통영을 방문했다. 한 위대한 음악가의 말 없는 귀향, 그러나 우리의 영혼을 울리는 큰 음향이었다.

이제 윤이상은 더 연주되고 더 연구되고 있다. 한국인들은 정치적 편견과 그늘로부터 벗어나 그와 그의 음악을 더 사랑할 것이다. 선생의 청정한 말씀이 나의 귓전에 쟁쟁하다.

대화는 일체의 편견에서 우리를 해방시킨다
사회운동가·문화운동가였던 목사 강원용

책의 집 책을 위한 집을 착공하던 날

2002년 봄날, 예술마을 헤이리에 건축되는 책의 집 책을 위한 집 북하우스 착공행사에 강원용姜元龍, 1917-2006 목사가 참석했다. 그날 강 목사는 착공기념 방명록에 '신실크로드의 출발지'라고 기록했다.

1995년 북녘 땅이 바로 건너다보이는 파주의 통일동산 중심 15만 평 땅에, 나는 문화·예술인들과 함께 예술마을 헤이리 만들기에 나서면서 다양한 기획을 진행하고 있었다. 북하우스는 내가 한 출판인으로서 오랫동안 꿈꾸던 프로그램이었다. 우리 출판사가 펴내는 책들뿐 아니라 동시대의 출판인들이 창출해내는 출판 문화를 한 자리에 운집시키는 공간을 만들어, 책을 사랑하고 책 읽기를 삶의 가치로 누리는 친구들과 함께 책과 독서의 축제를 펼치고 싶었다.

남과 북이 무력으로 대치하고 있는 파주, 밤이면 남에서 북에서 보내는 강력한 확성기 소음에 잠을 설치는 긴장의 유역에 대규모 문화예술마을을 건설하고 있는 나의 프로그램이, 북에 두고 온 부모형제들이 그리워 가슴 아파하는 실향의 강원용 목사에겐 신기한 이야기였을까.

"김 사장, 이 산속의 북하우스에 어떤 프로그램이 들어갑니까?"

"책방이 들어갑니다. 전시와 공연 공간도 마련됩니다. 우리 출판사에서 펴낸 책들과 그 저자들의 정신과 사상을 펼쳐 보이는 책방과, 제가 저간에 책 만들면서 컬렉션한 자료들이나 아름다운 고서들을 전시하는 책 박물관도 준비하고 있습니다."

"참 놀라운 발상입니다. 책방이 될까요?"

"책방 잘 될 겁니다. 우리 프로그램뿐 아니라 여러 회원들의 프로그램들이 함께 어우러지기에, 이곳을 찾는 사람들은 문화예술의 다양한 세계를 체험하게 될 것입니다. 혼자 하면 어렵겠지만 여럿이 손잡고 하면 뭐든 가능하다고 저는 생각하고 있습니다. 80년대 후반부터 구상되어 건축공사가 한창 진행되고 있는 파주출판도시도 여러 출판인들이 함께 손잡고 진행하기에 잘 되고 있습니다."

나는 파주출판도시의 기획과 건설에 앞장서고 있었다. 한길사는 2002년 12월 노무현 대통령이 탄생하던 그날 서울 강남 신사동에서 파주출판도시로 이사왔다. 2003년 봄날 오후, 출판사의 이전 행사에 강원용 목사도 참석해서, 파주출판도시와 한길사의 발전을 축하한다는 말씀을 해주셨다. 한길사는 파주출판도시에 첫 번째로 입주하는 출판사였다. 한강변 물구덩이 땅 45만 평에 책의 도시 책의 유토피아를 건설한다는 출판인들의 꿈같은 프로그램이 그에겐 정말 놀라운 일이었을 것이다.

평화와 통일은 우리 민족의 새로운 역사

개신교 강원용 목사는 목사임을 넘어서 새로운 시대를 구현해

강원용 목사는 파주통일동산의 예술마을 헤이리 프로그램에
비상한 관심을 보였다. 2002년 봄날 헤이리에 들어서는
책의 집 책을 위한 집 북하우스 착공행사에 참석해
'신실크로드의 출발지'라고 방명록에 적었다.
기독교 목사였지만 그는 다양한 문화예술 프로그램을
기획했다. 여기 실린 강원용 목사의 사진들은 재단법인
'여해와 함께' 아카이브가 제공한 것이다.

내는 탁월한 사회·문화 기획자이자 연출가라고 나는 생각하고 있었다. 강원용이 펼친 프로그램들은 더 아름답고 보다 인간적인 한국사회를 실천해내는 운동이었다. 1990년대에 뵙게 되는 강원용 목사는 책 만드는 나에겐 문화예술적 연출가이자 사회개혁의 전략가였다.

강원용 목사는 2004년에 준공해 문을 여는 한길북하우스를 여러 차례 방문했다. 그랜드 피아노를 닮은 건물의 미학과 서점의 오르막 내리막 복도를 가득 채우는 수많은 사람들의 존재에 놀라워했다.

"이 변방에, 책방을 찾는 사람들이 이렇게 많다니, 참 놀랍습니다."

"제가 이 변방의 산속에 책방을 짓는다고 하니깐 다들 걱정했습니다. 그러나 북하우스 잘 되고 있지 않습니까. 남북이 군사력으로 대치하는 이 긴장을 문화와 예술로 나름 해소시킬 수 있다는 생각을 하게 됩니다. 헤이리 마을의 제일 높은 언덕을 우리는 '노을동산'이라고 명명했습니다. 임진강 건너 북녘 땅이 지호지간인 이 노을동산에서 우리는 음악회도 엽니다. 아름다운 선율이 긴장의 유역에 살고 있는 남과 북의 사람들 마음을 녹일 수 있다는 믿음을 저는 갖고 있습니다. 저 확성기 소음도 언젠가는 잦아지겠지요. 문화와 예술이 이데올로기를 이길 것입니다."

나는 북하우스의 공간들에서 음악회와 미술전시를 잇따라 열었다. 강원용 목사는 "헤이리에 오면 마음이 편안해진다"고 했다. "답답한 가슴이 풀어진다"고도 했다. 나는 북하우스의 책들 속에

2003년 4월 19일, 파주출판도시에 출판사로서
처음으로 입주하는 한길사의 입주 행사에 나들이한
강원용 목사는 "파주출판도시는 참으로
경이로운 기획"이라고 했다.

서 강 목사를 모시고 차를 마시면서, 남북이 자유롭게 왕래하는 시절이 언젠가는 올 거라는 이야기를 주고받았다.

"헤이리에 살면서 실감합니다. 한강 하류와 임진강 하류가 만나 서해로 흐르는 이 광활한 국토의 엄청난 가능성이 지금 이렇게 죽어 있습니다. 평화와 통일은 우리 민족의 새로운 역사를 일으켜 세우는 절대적인 조건입니다."

강원용 목사는 1995년 6대 종단과 함께 '굶주리는 북한 동포에게 쌀 보내기' 운동에 나섰다. "굶주리는 북한 사람들이 공산주의자니 도우면 안 된다"는 보수 교단을 향해 반문했다.

"굶주리는 사람들에게 먹을 것, 헐벗은 사람들에게 입을 것을 주는 것이 곧 예수님을 대접하는 일이라고 마태복음은 말씀하고 있습니다. 굶주리고 있는 북한의 내 형제, 우리 동포들에게 쌀을 보내는 일은 예수님이 당하신 고통에 동참하는 구체적인 행위입니다. 80세가 넘은 나의 누님과 동생, 조카들이 북녘에 살고 있습니다. 비인도적인 이데올로기 때문에 그들을 매도하고 굶어죽게 내버려두라고 말할 수 있습니까?"

몽양은 우리 국가사회가 요구하는 열린 정치가
강원용 목사를 만나면서, 그의 말씀을 들으면서, 나는 그가 체험한 한국현대사를 책으로 준비하는 것이었다. 그의 삶은 곧 우리 민족 구성원들이 온몸으로 겪는 역사이고, 그의 체험적 성찰은 곧 한국현대사의 정신이고 사상일 터이기 때문이다. 나는 늘 질문했

"대화는 일체의 편견으로부터 우리를 해방시킨다."
강원용 목사는 종교 간의 대화운동을 펼쳤다.
명동성당에 가서 설교를 한 바 있다.
여러 종단들이 손잡고 북한동포들에게
식량을 보내는 운동에 나섰다.

고 강 목사는 카랑카랑한 목소리로 스스로 체험한 우리 시대사를 말씀해주는 것이었다.

나는 그가 직접 만난 인사들의 진면을 알고 싶었다. 그가 만난 사람들은 우리 현대사의 주역들이기 때문이었다. 나는 어떤 인사를 소망스런 민족적 지도자라고 평가하는지 물었다.

"몽양 여운형 선생입니다. 지금 남북한을 막론하고 몽양 같은 인물이 있다면 우리 역사는 달라질 겁니다. 그는 '열린 사람'이었습니다. 우리 국가사회가 요구하는 정치인의 모델로 나는 몽양을 꼽습니다. 몽양은 우리 역사에서, 그를 받아들일 수 없는 시기에 지도자 자리에 있다가, 정당한 평가를 못 받고 끝내 돌아가셨습니다. 일제강점기의 그에게는 민족의 자주독립이 유일한 과제였습니다. 국내·국외에서 참으로 빛나는 업적을 남겼습니다. 해방 직후에는 건국동맹을 중심으로 하는 건국준비위원회를 좌·우 지도자로 균형 있게 구성하려 했습니다."

강원용은 1936년 여름 몽양이 조선중앙일보 사장으로 축구대회 참석차 룽징龍井에 왔을 때 처음 만났고 그의 강연을 들었다. 해방 후 서울에서 다시 만나 대화하면서 그의 탁 트인 마음을 알았다. 극단적인 대결구도의 역사 속에서, 그 양극을 넘어서 문제를 풀어가려는 태도가 놀라웠다. 1977년 몽양 서거 30주기 기념식의 집행위원장을 맡았다. 1997년 몽양 서거 50주기를 맞아 전집출판위원장을 맡았고 추도사를 했다.

"선생님이 목숨 바쳐 사랑한 우리 조국은 이 밤중 같은 어둠을 헤치고 동트는 새벽에 솟아오르는 아침 태양을 반드시 맞이할 것입니다. 서로의 차이점을 대결이 아닌 화해로 승화시키려 했던 선생님의 염원처럼 남북한, 영남·호남·충청·수도권이 모두 서로를 아끼고 사랑하고 함께 사는 그 역사의 동이 터올 때가 되었다고 믿습니다."

자유언론의 정신은 승리한다

1975년 2월 9일, 한국기독교연합회는 광화문 새문안교회에서 '신앙의 자유를 위한 연합 기도회'를 열었다. 일반 신자뿐 아니라 신민당 김영삼金泳三, 1927-2015 총재 내외, 윤보선 전 대통령 내외, 정일형·이태영李兌榮, 1914-1998 내외, 함세웅 신부와 이희호李姬鎬, 1922-2019 여사 등 3,000여 명이 참석했다. 이날 강원용은 '자유케 하는 진리'를 주제로 설교했다.

"예수의 죽음이 하나님의 승리의 시작이라고 믿는 우리들은 박해를 두려워하지 않습니다. 우리를 죽이려면 죽여도 좋습니다. 감옥에 넣으려면 넣어도 좋습니다. 우리들은 영생을 믿는 사람들입니다. 우리는 우리 자신을 위하지 않고 하나님의 영원한 나라를 위해 살아갑니다. 지금 우리는 소리치고 싶습니다. 진실된 마음으로 회개하라고!"

이 기도회가 열렸을 때『동아일보』에 대한 박정희 정부의 광고탄압이 절정으로 가고 있었다. 1974년 10월 24일 동아일보사 기자들의 '자유언론실천선언' 이후『동아일보』와『동아방송』이 언론기능을 회복해가자 박정희 권력은 광고탄압을 가했고, 결국 광고면을 백지상태로 내보내는 신문이 제작되고 있었다. 강 목사는 설교에서 "『동아일보』의 빈 광고란은 하나님의 아들들이 메꾸라는, 우리에게 주어진 선물이다"라고 했다.

기도회가 끝난 뒤 즉석에서 『동아일보』 돕기 모금운동이 벌어졌다. 그러나 동아일보사 경영진은 자유언론실천운동에 나선 기자들을 해직시켰다. 전체 기자들이 해직의 철회를 요구하면서 농성에 들어갔다. 강원용 목사는 어떻게든 파국을 막자는 심정으로 이태영 변호사와 함께 동아일보사의 김상만金相万, 1910-1994 회장을 만나 "언론자유를 위해 싸우는 기자들을 해직하지 말아달라"고 호소했다.

나는 그때 동료들과 2층 공장에서 단식농성을 하고 있었다. 철문을 회사 측이 밖에서 닫아버려 우리는 공장에 갇혀버린 형국이었다. 단식을 할 수밖에 없었다. 공장의 농성자들은 교정지를 도르래로 오르내리는 그 구멍으로 3층 편집국 주 농성장과 소통하고 있었다. 그 구멍으로 마실 물을 공급받았다.

강원용 목사와 이태영 변호사가 3층 편집국을 방문했다. 누군가가 "목사님, 우리를 위해 기도해주세요"라고 소리쳤다. 공장의 농성자들이 들을 수 있게 강 목사는 그 도르래 구멍을 통해 기도했다.

"언론 자유를 위한 이들의 힘들고 험한 투쟁이 당장은 실패로 끝날지 몰라도 하나님의 역사 안에서는 결국 승리로 기록될 것입니다. 이들에게 좌절하지 않고 앞으로 나아갈 용기와 희망을 주소서!"

강원용 목사는 박정희 유신통치에 대해
매우 비판적이었다. 1975년 동아일보사 기자들의
자유언론실천운동 농성장을 방문한 강원용 목사는
"자유언론을 위한 투쟁이 결국 승리로
기록될 것"이라고 기도했다.

비장한 분위기였다. 기도하는 목사나 기도에 참여하는 기자들은 목이 메었다. 혼연일체가 되어 자유언론을 외치고 있었다. 그러나 3월 17일 새벽, 회사가 동원한 폭도들이 농성하는 자유언론 기자들을 강제로 밀어냈다. 언론 현장으로부터 축출된 기자·PD들은 '동아자유언론수호투쟁위원회'를 조직하여 길고 긴 투쟁의 길을 걷게 된다.

김재준·가가와 도요히코·라인홀드 니버·폴 틸리히

강원용은 1917년 함경남도 이원군의 가난한 화전민가에서 태어났다. 4세 때부터 증조부에게 한문을 배웠고 6세에 서당에 다녔다. 15세에 기독교에 입교하여 세례를 받았다. 농사일을 하면서 야학에서 농촌여성들을 가르쳤다. 18세에 룽징의 은진중학교에 입학해 1938년에 졸업했다. 1939년 일본의 도쿄 메이지학원 영문학부에 들어가 공부했다. 1946년 사선을 넘어 월남했다.

해방공간에서 교회활동과 정치활동에 나선다. 기독학생운동을 펼친다. 좌우를 넘어서 하나되는 기독교 민족공동체를 만들고 싶었다. 6·25를 겪는다. 캐나다의 매니토바 대학으로 유학간다. 다시 뉴욕의 사회문제연구대학원 대학교에서 공부한다.

강원용의 일생에 큰 영향을 미친 스승은 장공 김재준長空 金在俊, 1901-1987, 가가와 도요히코賀川豊彦, 1888-1960, 라인홀드 니버Reinhold Niebuhr, 1892-1971, 폴 틸리히Paul Tillich, 1886-1965였다.

은진중학교부터 스승이자 성빈聖貧을 실천한 김재준은 강원용의 인생행로, 신학과 사회참여 의식의 기초를 세워주었다. 기독교 사회주의자인 가가와는 가난하고 고통받는 인간들을 위한 실천의 정신을 심어주었다.

니버는 "종교는 개인의 인격을 고양시키는 동시에 사회문제에 대한 해답을 제시할 수 있어야 한다"고 했다. 강원용은 신앙의 영역이든 현실 정치의 장이든 극단적인 보수와 진보 어느 한쪽 편에 서는 것을 부정해왔다. 극단은 인간의 존엄성으로부터 너무나 쉽게 멀어질 가능성이 있다는 것, 실제로 그러한 행태를 보여주는 현실을 그는 체험하고 있었다. 니버는 그러한 체험 위에 서 있던 강원용에게 사유의 넓은 지평을 열어주었다. 강원용 생애의 실천 원칙인 'Between and Beyond'중간 그리고 그것을 넘어서는 니버로부터 영향받은 것이었다.

틸리히는 강원용 신앙의 터전을 흔들어놓은 스승이었다. 틸리히와의 만남은 니버에 못지않게 충격적인 사건이었다. 강원용은 틸리히를 만나기 전 미래에 대한 비관적인 의문과 함께 수많은 부조리에 대한 기억들로 짓눌리고 있었다. 하나님의 무력함에 회의하기를 거듭했다. 핍박받고 고통으로 신음하는 식민지 백성에게 나약하기만 한 하나님! 일제 때 회령경찰서에 잡혀갔을 때 보았던 사람의 얼굴을 한 악마들, 그 고통의 현장에 진정 하나님은 존재하는지를 그는 물었다. 6·25전쟁 중에 보였던 교회의 파렴치한 행태에 절망했다.

이러했던 강원용의 신앙을 뒤집어놓은 사람은 틸리히였다. 니버로부터 정의와 사랑, 단순한 중간이 아닌 초월을 통해 사회문제에 대한 참여의 방법을 배웠다면, 틸리히는 현실 속에서 인간의 구체적 문제에 대한 신앙적 해답을 찾을 수 있었다. 틸리히는 복음이 갖는 신적 계시보다는 구체적인 인간의 현실 속에서 의미를 찾았다. 니버와 마찬가지로 틸리히의 신학 역시 서로 대립하는 양극단이 아닌 그 사이에서 현실적인 대안을 찾고자 했다.

강원용은 틸리히의 해석을 빌려 한국사회의 구조를 파악했다. 강원용은 부자와 빈자, 기업가와 노동자, 도시와 농촌, 남자와 여자 등 사회의 각 부문에서 극단으로 나뉘어 진영별로 결집하는, 양극단의 분리를 어떻게 극복하느냐와 씨름했다. 두 집단이 함께 바라볼 수 있는 보다 높은 차원의 가치를 향해 두 집단의 화해를 도모하자는 것이었다.

기독교의 가장 무서운 파괴력은 나의 의를 절대화하는 것

강원용이 1959년부터 펼치는 대화운동은 자신의 신학적·철학적 인식의 연장선상에 있다. 그에게 대화운동은 인간화를 이루기 위한 대안적 방법이었다. 한국사회의 민주화를 위한 사회개혁운동이었다. 대화는 내 자신의 정당성을 인정하면서도 내 자신 속에 내가 모르는 오류가 있음을 전제로 한다. 상대방의 주장이 옳지 않더라도 내가 모르는 정당성이 숨어 있다고 보는 것이다. 강원용은 한국의 민주주의는 '대화를 상실한 민주주의'라고 파악했다.

"올바른 말은 역사를 건설적으로 창조하는 에너지입니다. 대화는 우리를 일체의 편견에서 해방하며 자기 자신과 현실을 똑바로 보게 하고 현실의 근원에까지 들어가 현실을 빠르게 파악하여 그것을 풀어가는 인간이 되게 합니다. 대화의 결과가 중요한 것이 아니라 대화 자체가 중요합니다. 인간은 대화를 나누지 않을 때 곧 고립된 인간, 독백을 하는 인간이 되든지 선입견의 노예로 비인간화된 인간이 되고 맙니다. 우리는 말을 통해 하나님과 대화하며 그의 사랑을 확인할 수 있습니다."

강원용은 자기 말에 오류가 존재한다는 그 가능성을 각성했다. 자신을 절대화하는 오류에서 벗어나려 했다.

"기독교의 가장 무서운 파괴력은 자신의 주장과 자신의 의義를 절대화하는 것입니다. 자신이 최고의 심판자로 군림하는 자는 인간이 아니라 악마입니다. 우리가 공산주의를 반대하는 이유의 하나는 그들이 자기주장을 절대화하기 때문입니다. 민주사회로 가는 길을 걷는 오늘 이 민족이 경계해야 할 것은 바로 이 절대화입니다."

강원용은 1959년 크리스찬아카데미의 전신인 '기독교사회문제연구회'를 만든다. 정치·경제·사회·문화·종교에 걸친 문제의식을 가진 사회과학자와 신학자들이 모여 기독교적 관점에서 한국사회를 분석하고 그 대책을 세우자는 모임이었다.

"나는 평소 신학은 상아탑 안에 머물러 있는 것이 아니라 우리가 살고 있는 삶의 현장 속에 들어가 성육신화해야 한다는 소신을 갖고 있었습니다. 이 같은 생각을 갖게 된 직접적인 계기는 6·25였습니다."

양극화를 어떻게 극복할 것인가

강원용은 1962년 8월 취리히의 아카데미하우스 모임에서 에베르하르트 뮐러를 소개받는다. 1945년 독일 바트 볼 지역 아카데미의 설립자였다. 아카데미하우스는 루터교와 국가기관이 협력하여, 나치로 인한 독일국가의 실패를 극복하고 기독교적이고 민

1917년 함경남도 이원군의 가난한 화전민가에서
태어난 강원용은 룽징의 은진중학교를 졸업했다.
장공 김재준 목사를 스승으로 그때 만났다.
성빈을 실천한 김재준은 강원용의 인생행로,
신학과 사회참여 의식의 기초를 세워주었다.

주적이며 평화로운 독일을 위한 대화 기구였다. 다양한 분야의 사람들이 모이는 평등한 대화의 공간으로 자리 잡았다. 독일사회의 재건과 민주문화에 독일의 아카데미 운동은 큰 기여를 한다. 강원용과 뮐러의 만남은 한국 아카데미운동의 한 전환점이 된다. 그러나 '한국의 실정에 맞는' 아카데미 프로그램으로 자리 잡게 한다는 것이 강원용의 당초부터의 문제의식이었다.

'한국크리스찬아카데미'가 1965년 10월에 정식 출범한다. 그 첫해에 15회의 대화모임을 가졌으며, 400여 명이 참여한다. 다시 1966년 11월 아카데미하우스가 북한산 자락 수유리에 준공되었다. 대화운동이 날개를 달게 되었다.

"우리의 이 아카데미하우스는 이 나라 정신풍토를 개혁하는 데 혁명적인 역할을 다할 것입니다. 우리 민족이 해결해야 할 문제들에 이성의 목소리를 들려줄 것입니다. 이 나라의 정당과 정당, 종교와 종교, 기업주와 노동자, 세대의 장벽을 허물고 대화의 광장으로 이 집이 쓰일 것입니다."

1970년 11월 수원에 아카데미 사회교육원 '내일을 위한 집'이 준공된다. 강원용의 생각과 실천을 가능하게 하는 또 하나의 인프라다. 1970년대 들어서면서 목사 강원용은 크리스찬아카데미를 통해 '인간화'On Humanization에 혼신을 다한다. 1960년대의 '근대화'에서 1970년대의 '인간화'로 그 인식이 진전된다.

"이제 우리가 주목해야 할 바는 공업화된 도시화가 아니라 현재 우리 사회에서 인간이 과연 어떻게 되어가고 있느냐 하는 것이다.”

1970년 10월 8일에서 11일까지 아카데미하우스에서 61명의 학자·전문가들이 '인간화'를 위한 대화모임을 갖는다. 토론의 보고서를 통해 '인간화'란 "자율적이고 주체적인 인간이 되는 과정"이며 "우리 사회 비인간화의 가장 근원적인 원인은 양극화에 있다"고 결론내렸다. "엄밀한 의미에서 기독교의 사명은 세상을 기독교화하는 것이 아니라 인간화하는 데 있다. 하나님은 크리스천이 된 것이 아니라 인간이 된 것이다. 모든 것은 인간을 위한 수단일 뿐 그 자체가 목적일 수 없다"는 것이었다.

"양극화란 빈과 부, 통치자와 피통치자, 노동자와 자본가, 도시와 농촌으로 확연히 벌어진 단절을 의미합니다. 인간화를 위해서는 무엇보다 건설적인 저항의식이 필요할 뿐만 아니라, 이 같은 의식을 가진 일반 대중이 정책결정에 민주적으로 참여할 수 있어야 합니다. 지식인과 대중 사이의 격차를 줄이려면 '아래에서 자발적으로 형성되는 중간집단'이 시급히 필요합니다."

1974년부터 진행된 중간집단 교육

목사 강원용은 중간집단 교육 5개년 계획을 세운다. 그 엄혹한 유신시대에 펼친 크리스찬아카데미의 중간집단 교육은 사회운동가로서의 강원용의 탁월한 문제의식이자 역량이고 실천이었다.

"1974년 1월부터 1979년 9월까지 진행된 중간집단 교육은 내 생애의 활동 중에서 매우 중요한 부분을 차지합니다. 이 일은 기

엄혹한 유신시대에 펼친 크리스찬아카데미의
중간집단 교육은 목사 강원용이
혼신을 다해 펼친 시민운동이었다.
사회운동가·교육운동가로서 강원용의
탁월한 역량이고 실천이었다.

독교 신앙을 바탕으로 온건하고 점진적인 방법으로 민주화를 추구하고, 더 나아가 인간화를 실현하려는 내 신학적·철학적 입장이 구체적으로 반영된 사업이었습니다. 나는 신들린 것처럼 혼신을 다했습니다."

　크리스찬아카데미가 교육 대상으로 삼은 중간집단은 종교단체, 노동자단체, 농민단체, 여성단체, 학생단체 등 다섯 분야였다. 교육과정은 3차 교육을 원칙으로 했다. 인원은 30여 명 정도였고, 수원의 '내일을 위한 집'에서 진행되었다. 1차 교육은 '의식화 교육'으로 강의·세미나·과제·작업·명상·생활과정 등을 통해 중간집단을 이념화시키고 사회의식·역사의식을 일깨우는 것이었다.
　이 의식화 교육이 끝나면 6개월의 실습과정을 거치게 된다. 다시 4박 5일의 2차 교육이 진행된다. '활성화 교육'이다. 휴화산을 활화산으로 만든다는 의미였다. 이어 6개월의 실습교육이 진행된다. 다시 '동력화 교육'인 3차 교육이 진행된다. 이 과정은 교육이수의 필요에 따라 융통성 있게 진행되는데, 농민지도자들은 20박이 걸리기도 했다. 그들이 속한 집단에서 앞으로 실천해나갈 장기계획을 스스로 수립하도록 했다.
　1980년대 공안당국에 의해 운동권을 탄압하는 구실이 되는 '의식화'란 말은 브라질의 사회교육자 파울로 프레이리Paulo Freire, 1921-1997가 처음 사용했다. "자기 자신을 해방함으로써 자신이 처한 생활을 스스로 인식하고 의식하는" 것이다. 나는 파울로 프레이리의 「문화적 행동으로서의 교육」, 이반 일리치Ivan Illich, 1926-2002의 「탈학교의 사회」, 에브리트 라이머Everett Reimer, 1910-1998 의 「학교는 죽었다」로 구성되는『민중교육론』을 1979년에 펴냈다.

　"'민중교육'은 민중과 더불어 배움을 나누는 구체적 실천을 바탕으로 가능할 것이다. 오늘의 교육 현실을 전체적 구조 속에서, 학습자를 배움의 주체로 보는 인간관, 민족현실을 올바르게 인식하는 역사적 통찰력, 민중과 더불어 배움을 구체적으로 실천해낼 것이다."

　나는 이어 1980년 10월 전두환 신군부의 검열 속에서 마틴 카노이Martin Carnoy, 1938- 의『교육과 문화적 식민주의』를 펴낸다. '제3세계의 주체적 시각'으로 우리 교육을 실천적으로 인식하자는 나의 문제의식이었다.

　크리스찬아카데미의 인간화 교육, 중간집단 교육은 1970년대 엄혹한 유신시대에, 그 유신시대를 대응해내는 사회운동가 강원용 목사의 역동적인 프로그램이었다. 한국의 노동운동·농민운동·여성운동 지도자들을 키워내는 산실이었다. '스스로 참여하는 교육'을 통해 삶의 현장의 이치를 스스로 인식하는 교육운동이었다. 유신권력은 이 교육운동을 '공산주의'의 올가미를 씌워 탄압한다.

의식화의 교과서가 된『내일을 위한 노래』
　탄압의 신호탄은『내일을 위한 노래』사건이었다. 1975년 대화출판사가 펴낸 이 노래책은 크리스찬아카데미가 공을 들여 외국 가요를 번역하거나 새로 곡을 만든 129곡을 수록했다. 아카데미에서 교육받은 사람들을 중심으로 노동운동·농민운동·학생운동 등 시위 현장에서 이 책에 실린 노래들이 합창되었다. 양심수들이 감방 안에서, 그 가족들 모임에서 애창되었다.

『내일을 위한 노래』는 어느새 의식화 노래의 교과서가 되었다. 세계의 여러 집회에서 불리던 마틴 루터 킹Martin Luther King, 1929-1968 목사의 「우리 승리하리라」를 비롯하여 「흔들리지 않게」「정의파」「자유로운 노동자」 등이었다. 경찰은 신석정辛夕汀, 1907-1974 시인이 작사한 「동학의 노래」를 문제삼았다.

"징을 울렸다, 죽창도 들었다, 이젠 앞으로 나아가자."

이 가사가 세상을 선동한다는 것이었다. 노래집에 들어간 삽화 불끈 쥔 주먹을 문제삼았다. 강원용은 중부경찰서에 출두하여 조사를 받았다. 강 목사는 다시 검찰의 조사를 받았다. 결국 노래책은 전부 불태워졌다. 책이 판금되거나 불태워지는 것이 유신시대였다. 「내일을 위한 노래」는 강원용이 작사하고 나인용이 작곡했다.

하나님 모습대로 창조된 우리
누구나 사람답게 살도록 하자
억압과 폭력 없는 내일을 위해
손에 손을 굳게 잡고 일터로 가자

사랑이 햇빛같이 퍼지게 하고
정의가 강물처럼 흐르게 하자
불의와 부정 없는 내일을 위해

손에 손을 굳게 잡고 일터로 가자

인간을 얽어매는 쇠사슬 끊고
자유의 종 울리자 메아리치게
속박과 체념 없는 내일을 위해
손에 손을 굳게 잡고 일터로 가자

참소망 새벽처럼 동트게 하고
평화가 대지 위에 꽃피게 하자
좌절과 전쟁 없는 내일을 위해
손에 손을 굳게 잡고 일터로 가자

질주하는 야만의 시대, 월간 『대화』 폐간

야만의 시대가 질주하고 있었다. 1977년 10월 월간 『대화』의 편집진들이 잡혀갔다. 그때 발행인·편집인인 강원용 목사는 캐나다에서 열리는 세계기독교 사회운동단체협의회에 참가하고 있었다. 한국을 정치적 지옥처럼 보던 회의 참가자들은 그에게 망명을 권하기도 했다. 그러나 강원용은 회의도 끝내지 못하고 귀국했다. 귀국 다음 날 중앙정보부로 불려갔다.

『대화』는 1965년 회원들을 위한 뉴스레터 형식으로 1976년 10월 통권 70호까지 발행되었다. 1976년 11월 혁신호통권 71호부터 대폭 증면하여 사회·문화 종합잡지로 다시 태어났다. 종래의 무가지無價紙에서 유가지로 전환했다.

이 같은 변신에는 두 가지 이유가 있었다. 하나는 크리스찬아카데미가 자기 미디어가 있어야 한다는 필요 때문이었다. 아카데미

크리스찬아카데미가 펴내던 월간 『대화』는 실록문학의
새로운 차원을 보여주었다. 발행인으로서 강원용은
중앙정보부에 두 차례 연행되어 조사받았다.

가 주최하는 대화 모임, 강연이나 토론 가운데 일반인에게 널리 알리고 읽힘 직한 주제들이 많은데 이를 위한 매체가 필요했다. 다른 하나는 한국의 에큐메니컬 운동이나 WCC 활동과 자료 등을 싣는 매체로서『대화』를 활용하겠다는 것이었다.

혁신호는 강원용 목사와 김수환金壽煥, 1922-2009 추기경의 대담을 실었다. 편집진은 유신 권력이 가장 예민하게 신경을 곤두세우는 노동자·농민·빈민 등 기층민들의 삶을 집중해서 다루기 시작했다.

정부의 경고가 날아들었다. 광고탄압이 시작되었다. 1977년 1월호부터는 광고가 전부 떨어져 나갔다. 표지 뒷면은 텅 빈 채로 발행되었다. 그 하얀 광고면의 하단에는 '이 난은 광고를 게재하는 난입니다. 그러나 광고를 게재하지 못하였습니다'라는 글귀가 한숨처럼 찍혀 있었다.

발행인·편집인으로서 강원용은 편집진을 불렀다. 당시 편집장은 임정남1944-2005 시인이었고『동아일보』해직기자 조영호도 편집진의 일원이었다.

"나는 여러분의 의견에 반대하지 않습니다. 하지만 우리 잡지 제호가 언필칭 '대화'라면 이렇게 일방적으로 과격한 목소리만을 대변하지 말고 반대편 소리도 전해야 하지 않겠습니까. 한쪽만을 대변하는 것은 우리 아카데미의 기본 입장에도 어긋납니다."

강원용 중앙정보부에 두 차례 연행되다

정부의 광고탄압과 잇단 경고에도 아랑곳하지 않고 편집진은 당초의 편집방침을 고수했다. 문공부는 드디어 1977년 9월호에

'배포중지' 명령을 내렸다. 이미 배포가 끝난 상황이었다. 서점에 나간 잡지 1만 부는 매진되어 회수할 수도 없었다. '보도되지 않은 사건들' '소외된 사람들의 호소' '노동자의 진정서' 등이 실렸다. 순치된 제도언론들에서는 찾아볼 수 없는 기사들이었다. 바로 이 때문에 『대화』는 독자들의 열화와 같은 반응을 불러일으켰다. 다시 간행된 10월호가 긴급조치 9호를 위반했다는 것이었다. 편집장과 기자들이 줄줄이 연행되어갔다.

"나는 중앙정보부로 두 차례 연행되어가서 조사를 받았는데, 정보부는 내가 편집진과 같은 생각인가 하는 것이었습니다. 나는 모든 책임이 나에게 있다고 했습니다. 나는 그렇게 함부로 일하지 않는다, 물론 모든 기사를 다 읽는 것은 아니지만 문제가 될 만한 기사들은 내가 다 읽어 보고 내보낸다, 그러니까 최종 책임은 나에게 있다고 했습니다."

그런 와중에서 폐간호가 되는 『대화』 11월호가 출간되었다. 지학순池學淳, 1921-1993 주교의 연설 「노동자의 인권을 보장하라」, 해직기자 정연주의 「언론계 선배·동료들에게」, 전서암의 「민중불교론」, 광부 이경만의 수기 「광산촌」, 임호의 「의열단」과 한길사가 펴내는 김춘복의 장편소설 『계절풍』을 집중 분재하기 시작했다.

민중의 처지에서 민중을 보는 잡지
나는 폐간되는 『대화』에 영등포의 가난한 아이들이 다니는 야간학교 한강새마을청소년학교를 취재한 「소외학교」를 실었다.

236

교사로 봉사하던 친구 K군으로부터 이 학교의 슬프고도 아름다운 이야기를 듣고 있었다. '우리는 일하면서 배우고 배우면서 일한다'는 교훈을 자랑스럽게 생각하는, 제도권 밖의 가난한 학교와 학생들의 밤과 낮의 이야기였다.

"굴러오는 볼을 발로 차버리면 담 밖 한길로, 이웃 공장으로 넘어가버리는 작은 운동장이다. 시설과 배우는 과정이 정규학교 학생들의 그것과는 다르지만 학생들은 낙담하지 않는다. 21살이 넘는 중학 1년생이 있다. 학교 다니기를 7, 8년 중단했다가 다시 다니는 학생들. 손바닥만 한 교실, 스스로 두들겨 만든 우둘두둘한 책걸상에 큰 학생 작은 학생이 나란히 앉아 가르침을 받는다. 새벽 6시부터 밤늦게까지 학교가 문을 연다. 낮에 공장으로 일하러 가는 학생들을 위해서다."

배움이 즐거운 학생들, 일하는 청소년들의 눈망울이 아름다웠다. 나는 감사하는 마음으로 그 교사들과 아이들 이야기를 썼다.
월간 『대화』는 짧은 기간 동안 간행되었으나 한국 잡지사상 나름 큰 의미를 남겼다. 유신시대 말기를 빛낸 잡지였다.

"관계자들이 별로 다치지는 않았으나 잡지는 폐간당하고 말았습니다. 아카데미의 입이 봉쇄되고 말았지요. 1년간 광고 없이 잡지를 발행하면서 적잖은 재정적 부담을 나에게 안겨주었습니다. 그러나 독재 권력의 정치적인 탄압과 불평등한 경제성장으로 시달리던 1970년대에 『대화』는 가려진 현장의 모습과 억눌린 목소리를 전달하는 매체로서 소임을 다했습니다. 나와는 방법상의 차

이를 드러내기는 했지만 편집진들은 신념으로 한국의 기층문제를 널리 알리고, 숨겨진 진실에 사람들이 눈뜨게 하는 언론 본연의 구실을 충실히 하려 했습니다.

다른 잡지들이 지식인 시각으로 민중문제를 보고 있었지만, 『대화』는 이 땅의 민중의 입장에서 민중을 보았습니다. 그런 점에서 『대화』는 이 땅의 노동문학, 현장문학의 맹아를 틔웠다고 할 것입니다. 자기가 발을 딛고 서 있는 이 땅, 이 사회에서 진실한 인간으로 성장하기 위해 몸부림치는 인간들의 고뇌가 살아 있는 실록문학이었습니다.”

고문과 조작으로 만들어낸 크리스찬아카데미 사건

1979년 3월, 박정희 유신독재는 드디어 크리스찬아카데미를 탄압하고 나선다. 중앙정보부는 아카데미 여성사회 간사 한명숙^{전 국무총리}과 농촌사회 간사 이우재^{전 민중당 당수}·황한식^{전 부산대 교수}·장상환^{전 경상대 교수}과 산업사회 간사 신인령^{전 이화여대 총장}·김세균^{전 서울대 교수}을 연행해갔다. 한양대 정창렬^{鄭昌烈, 1937-2013} 교수 등 간사들과 친하게 지내던 인사들과 아카데미에서 교육받은 노동자·농민·여성 등 50여 명도 중앙정보부에 연행되어갔다. 동일방직의 전 노조지부장 이총각, 컨트롤데이터 노조지부장 이영순, 반도통신 노조지부장 장현자, YH 노조지부장 최순영도 연행되었다.

아카데미에 대한 정부의 감시와 경계가 노골적으로 나타나기 시작한 것은 1978년부터였다. 도시산업 선교를 용공이라면서 탄압하기 시작했다. 노동조합들에 아카데미 교육 수강생을 파견하지 말 것을 요구했다. 교육 참가자들을 조사하고 감시했다.

238

1977년 10월의 동일방직사건과 1978년 4월의 함평고구마사건에 아카데미 교육 이수자들이 관련되어 있음이 드러나자 수사당국은 아카데미를 날카롭게 조여왔다.

강원용 목사의 저간의 주요 예배에서의 설교들을 문제 삼았다. 1979년 NCC 주최로 연동교회에서 열린 '3·1절 60주년 기념예배'에서 강 목사는 "해방 후 우리의 비극은 친일파·민족반역자들을 우리 역사 무대에서 추방하지 못했기 때문입니다. 지금 일제의 망령이 정치권에서 득세하고 있는 사실을 못 본 척 눈감을 수 없습니다. 3·1운동은 단순한 독립운동이 아니고 자유와 평등, 정의를 실현하려는 운동이었습니다"라고 설교했다.

3월 27일 강원용은 세 정보부원에 의해 연행되어갔다. 1970년 전태일全泰壹, 1948-1970 분신에 대한 설교로 남산의 부장실에 불려간 사실이 있었는데 처음에는 그런 정도로 이해했다. 그러나 엿새 동안 그 무시무시한 중앙정보부의 지하 2층에서 온갖 정신적·언어적 고문을 당했다.

"북괴 노선에 적극 동조했다"

4월 16일 중앙정보부는 "크리스찬아카데미 사회교육원 간사들이 불법·비밀 용공단체를 만들어 북괴 노선에 적극 동조했다"고 발표했다. 고문과 조작으로 만들어낸 사건이었다.

1980년 5월 27일, 전두환 신군부의 5·17쿠데타 열흘 후 대법원은 이우재 징역 및 자격정지 5년, 한명숙 징역 및 자격정지 2년 6월, 장상환 징역 및 자격정지 2년, 신인령 징역 및 자격정지 2년에 집행유예 3년, 김세균 선고유예로 항소심을 확정했다. 정창렬·황한식은 항소심에서 무죄로 풀려났다.

"박정희는 크리스찬아카데미 사건에 대해 직접 지시를 내리는 등 적극적으로 개입했다고 합니다. 중앙정보부장 김재규金載圭, 1926-1980를 불러 나에 대해 철저하게 조사하라고 지시를 내리자 김재규는 '그 사람 국내 위치도 그렇고 국제적으로도 세계교회협의회나 독일과 긴밀한 관계가 있어 사건이 나면 곤란할 것'이라면서 재고해달라고 했다 합디다. 박정희는 듣지 않았고 나를 반공법이 아니라 국가보안법으로 처리하라고 지시했다고 합니다. 김재규는 별로 내켜 하지 않으면서도 공작을 꾸몄다고 합니다.

내가 잘 아는 김계원金桂元, 1923-2016 청와대 비서실장이 박 대통령에게 재고를 요청했다고 합니다. '그 사람 아무리 조사해도 반공법으로 잡을 만한 증거를 찾지 못하고 있습니다. 공연히 국내외적으로 시끄러워지기만 합니다.' 그러자 대통령이 묘하게 대답했다고 합니다. '천만다행이로군. 그럼 풀어주지.' 무엇이 다행이라는 건지 나는 아직도 그 뜻을 짐작하지 못했지만 10·26정변으로 그와 나의 악연은 끝난 셈이었습니다.

돌이켜보면 박정희와 나는 같은 해에 이 땅에 태어났습니다. 이런저런 일로 만났습니다. 그는 무소불위의 권력으로, 나는 그 권력에 대항하는 처지로 같은 시대를 다르게 살았습니다. 그는 나를 감옥에 잡아넣기 위해 발버둥치다 자신이 먼저 이 세상을 하직하고 말았습니다."

크리스찬아카데미 사건으로 중간집단 교육도 중단되고 말았다. 아카데미의 교육을 받고 현장에서 활동하던 700여 명이 불려가 조사를 받고 서약서를 써야 하는 상황에서 교육 프로그램을 더 진전시킬 수 없었다.

"술자리에서의 그의 죽음을 듣고, 우선은 하나님이 우리 민족을 독재에서 해방시켜 주시는가 하는 생각에 기쁘면서도 다른 한편으로 대통령이 그 부하의 총에 맞아 죽었다는 사실에 이 나라가 앞으로 어떻게 될 것인지 걱정부터 앞섰습니다. 아카데미 사건으로 우리가 당한 것을 생각하면 속이 시원하기도 했으나, 18년간의 장기집권 후 갑자기 도래한 무질서한 정치 공백을 어떻게 헤쳐나갈 것인지가 큰 문제로 걱정되었습니다."

안개 속에 싸인 정치가 김대중의 운명

1980년 5월 광주항쟁을 무력으로 진압한 전두환 신군부의 계엄보통군법회의는 9월 17일 김대중에게 '내란음모' 했다면서 사형을 선고한다. 계엄고등군법회의에서도 역시 사형을 선고한다. 대법원에서 사형을 선고하여 사형이 집행될 것이라는 정보가 돌았다. 김수환 추기경을 비롯한 각계 인사들이 '김대중 구출'을 위해 백방으로 뛰었다. 강원용 목사도 모든 인적 채널을 동원했으나 길이 보이지 않았다. 김대중의 운명은 안개 속이었다.

강원용은 결국 전두환 신군부 정권의 '국정자문위원'으로 들어간다. 김대중 구출을 둘러싼 그 긴박한 순간 자신의 고뇌를 나는 강 목사로부터 여러 차례 이야기 들었다.

"병석에 누워 있던 정일형 박사가 문병 간 나의 손을 잡고 내 손등에 눈물을 뚝뚝 흘리면서 '대중이를 살려야 해, 대중이를 살려줘'라고 호소하는 것이었습니다. 나도 울었습니다. 나는 NCC 회장 자격으로 대통령 전두환에게 김대중을 사형시키지 말아달라는 호소문을 보냈지만 아무런 반응도 보이지 않았습니다. 국정자문위원으로 전두환 정권에 협력한다면 내가 그동안 국내외에 쌓은 평가는 여지없이 추락할 것이 뻔했습니다. 그러나 김대중만 살릴 수 있다면 뭐라도 하지 않으면 안 되겠다는 생각이 들었습니다. 이런저런 생각으로 머리가 터질 것 같았습니다. '그래, 내가 목사인데, 생명을 건지는 것이 더 소중하지, 나의 세속적 명예가 그렇게 중요하냐'는 생각을 하게 되었습니다."

김대중을 죽이면 안 된다!

1980년 11월 25일 오전, 강원용 목사는 청와대에서 전두환 대통령으로부터 국정자문위원 위촉장을 받는다. 공식적인 절차가 끝난 후 전두환은 강 목사에게 차나 한잔하자면서 자기 방으로 안내했다. 전두환은 그해 첫날 강 목사에게 세배를 왔었다. 두 번째 독대였다. 강원용 목사는 김대중 문제를 꺼냈다. 전두환은 김대중의 이름을 듣는 순간 표정이 굳어졌다.

"김대중은 물론 그의 부인과도 수십 년 알고 지냈지만, 그런 제가 이 자리에서 확실히 말씀드리는데, 그는 정치가로서 결점도 많지만 절대로 공산주의자가 아닙니다."

"내가 언제 공산주의자라고 했습니까. 그 사람은 용공주의자고 선동정치가예요."

"저 역시 선동정치가를 싫어합니다. 용공주의자도 싫습니다. 그러나 대한민국 형법 어디에 선동주의자나 용공주의자는 사형시켜야 한다는 조항이 있습니까. 국가적 차원에서나 현 정부를 위해서도 그를 죽이는 것이 전혀 도움이 되지 않습니다. 광주사태로 이미 우리나라가 전 세계로부터 비판을 받고 있는데, 김대중까지

242

죽인다면 그 들끓는 세계 여론을 어떻게 감당하시렵니까. 새 정부의 출발을 사형으로 시작하면 되겠습니까."

강원용은 명분과 실리를 다 동원하여 전두환을 설득했다. 한 시간이 흘러갔다. 전두환의 얼굴이 풀어졌다.

"목사님이 말씀하신 취지는 잘 알겠습니다. 목사님 말씀을 고려해서 내가 잘 알아서 할 테니 너무 걱정하지 마십시오."

"내가 김대중 구명에 실제로 얼마만큼 영향을 주었는지는 알 수 없지만, 전두환은 1981년 1월 23일 대법원에서 사형이 확정된 김대중을 무기징역으로 감형하는 조치를 취했습니다. 나는 그 소식을 듣고 조봉암曺奉岩, 1898-1959의 사형에 이어 우리 정치사에 큰 오점으로 남을 뻔했던 비극이 미연에 방지되었다는 생각에 한숨을 내쉬지 않을 수 없었습니다."

광주항쟁에 나선 사람들 더 이상 죽여서도 안 된다

1981년 3월 31일 대법원은 광주항쟁의 선두에 선 정동년, 배용주, 박노정에게 사형을 선고했다. 가족들이 김수환 추기경 방에서 구명을 위한 농성을 벌이고 있었다. 강원용은 농성장을 찾았다. 4월 4일 토요일에 셋 가운데 둘이 집행된다는 소문이 돌았다.

"나는 그 말을 듣고 깜짝 놀랐습니다. 어떻게든 그런 끔찍한 일만은 막아야겠다는 판단 아래 전두환 대통령과의 면담을 신청했습니다. 수요일이었습니다. 좀체 면담 허락이 떨어지지 않았습니다. 다급해진 나는 비서관을 붙들고 사정했습니다. '국가의 존망이

강원용 목사는 1980년 11월 전두환 신군부 정권의
국정자문위원으로 들어간다. 자문위원 임명장을 받는 그날
강 목사는 "김대중을 살려야 한다"고 전두환에게 직언한다.
5·18광주항쟁을 총칼로 진압한 전두환은 김대중을
사형시킬 수 있는 절박한 위기였다.
그때 강 목사는 '사회적 비판을 각오했다.
목사가 할 일이란 생명을 구하는 것이 더 중요하지
세속적 명예가 그리 중요한가'라고 생각했다.
그러나 그에겐 너무나 가슴 아픈 비난이 쏟아졌다.

걸려 있는 문제요, 대통령이 내게 단 5분 만이라도 내주도록 해주시오, 시간이 촉박하니 금요일까지는 대통령을 만나야 한다'고 했습니다. 결국 4월 3일 금요일 오후 3시에 대통령을 만났습니다.

대통령은 도대체 국가존망과 관련되는 일이 뭐냐고 물었습니다. 나는 단호하게, 광주 사람 하나라도 더 죽이면 나라가 망한다고 했습니다. 대통령은 '정동년 그놈들이 어떤 일을 했는지 아느냐'고 나에게 되물었습니다. '네, 그 사람들이 무슨 죄를 지었는지 저도 잘 알고 있습니다. 그러나 대통령께서는 제 이야기를 경청해주십시오, 저는 지금 생명의 존엄성이니 뭐니 그런 고답적인 이야기를 하러 들어온 것이 아닙니다. 이건 나라의 존폐가 걸린, 현실적으로 중대한 문제입니다. 국제 여론이 정말 좋지 않습니다, 그 사람들 몇 명을 죽여서 도대체 우리 정부가 얻을 이익이 뭡니까. 절대로 그 사람들 죽여서는 안 됩니다'라고 간청했습니다. 약속 시간이 한참 지나고 있었습니다. 이야기를 마치고 대통령의 얼굴을 보니 처음보다는 화난 기세가 수그러져 있었습니다. 나와서 시계를 보니 3시 35분이었습니다. 5분 동안이라 해놓고 35분간이나 이야기를 한 셈이었습니다."

강원용 목사는 그날 늦게 집에 들어갔다. 그를 본 식구들이 기뻐서 어쩔 줄 모르는 표정이었다. 국무회의가 사형선고를 받은 사람들을 포함한 광주항쟁 관련자 전원에게 특별감형 및 사면을 결정했다고 보도되었다는 것이었다.

모든 사회운동에서는 조직적으로 운동을 주도하고 실행하는 '선두'가 있고 그 선두를 지원하고 성원하는 '이선'이 필요할 것이다. 전쟁에서도 일선의 전투원과 더불어 그 전투와 전투원들을 뒷바라지하는 보급부대가 있어야 하는 것과 마찬가지다. 강원용은 전두환 정부의 국정자문위원이 되면서 나름 여러 일들을 하게 되지만, 개인적으로는 참담한 정신적 시련을 감내해야 했다.

강원용 목사는 국제적인 기독교 단체와 회의에 참여하면서 한국기독교의 국제적 위상을 끌어올렸다. 1983년 7월 캐나다의 밴쿠버에서 열린 WCC 제6차 총회에서 차기 회장으로 내정되어 있었다. 그러나 과격한 젊은 운동권 요원들이 대회장 안팎에서 회장 취임을 방해하는 바람에 그는 스스로 회장직을 포기해야 했다.

"양극단을 배제하고 중간 입장에서의 조정과 화해의 역할을 자임해온 나의 활동이 불러온 숱한 오해와 비난들이 어제오늘의 일은 아니고 한두 번 있어온 것도 아니지만, 이때처럼 내게 상처와 회한으로 다가온 적은 없었습니다."

최명희와 혼불을 사랑하는 사람들

목사 강원용은 예술가는 아니었지만 다양한 사회·문화·예술 프로그램을 이끄는 주역이었다. 1972년 아시아 영화제 심사위원장을 맡는다. 1988년 방송위원회 위원장을, 88서울올림픽의 문화예술 축전과 학술회의를 주관한다. 97년 세계연극제 대회장을, 98년 장애인의 날 대회장과 방송개혁위원회 위원장을, 99년 여성미술제 위원장을 맡는다. 한반도 평화를 위해 국내외 인사들을 조직하고 토론하는 프로그램을 연속해서 기획한다. 이런 프로그램들을 위한 헌신과 더불어 목사 강원용은 문화예술인들의 수난과 고뇌를 자신의 삶으로 받아들인다.

1997년 여름 소낙비가 쏟아지는 날 강원용은 신인령과 함께 경주교도소에서 무기징역을 선고받아 복역하고 있는 박노해 시인을 면회했다. 98년 1월 김대중 대통령 당선자에게 박노해와 백태웅의 가석방을 건의했다. 그렇게 해서 1998년 8월 15일, 두 사람은 경주교도소에서 출옥했다. 다시 복권운동에 나서 이들은 복권되었다.

내가 강원용 목사와 더 자주 만나게 되는 것은 작가 최명희崔明姬, 1947-1998가 대하소설『혼불』을 출간하고부터였다. 1970년대부터 구상해서 쓰기 시작한『혼불』은 1996년『혼불』전 10권의 출간을 계기로 나는 각계 인사들이 참여하는 '작가 최명희와『혼불』을 사랑하는 사람들'을 조직했다. 혼신으로 써내는 작가 최명희를 격려하고 성원하는 운동이었다.

우리는 강원용 목사를 당연히 좌장으로 모셨다. 최명희에게 강원용은 대부 같은 존재였다. '최명희와『혼불』을 사랑하는 사람들'은『혼불』의 문학적 가치를 알리는 다양한 행사를 펼치기 시작했다. 작품 평가 모임을 열었다. 독후감 대회를 잇따라 열었다. 그러나 주인공 최명희는 1998년 12월, 51세로 요절한다. 강 목사는 독후감 대회 시상식 때면 늘 참석해 수상자들을 격려했다. 영어로 번역해 세계에 알리자고 했다.

최명희의 죽음이 임박했다는 걸 예감한 강 목사는 다시 병실을 찾았다. 마지막 이야기를 나누고 싶었다. 목사로서 죽음을 어떻게 예비해야 하는지를 그에게 말해주고 싶었다. 준비해간 이야기를 꺼내려는 순간 전화벨이 울렸다. 전화를 받는 최명희의 표정이 환해졌다. 미국 일리노이주에 사는 가깝게 지내는 언니의 전화라고 했다. 남편이 암투병을 하고 있는데 1년만 더 견디면 완치가 가능한 약이 개발된다는 전화였다. 자기도 1년만 지나면 그 약으로 완치될 수 있겠다고 했다.

강 목사는 그에게 하려고 했던 이야기를 꺼낼 수가 없었다. 그의 희망대로 1년 후엔 완치되기를 희망하는 수밖에 없었다. 그러나 얼마 후 최명희는 운명했다. 애달픈 최명희의 짧은 생애, 딸처럼 아끼던 한 작가의 운명에 노목사는 가슴으로 울었다. 강 목사는 그의 5주기에 전주 덕진동 그의 무덤 앞에 선다. 노목사는 눈물을 터뜨리고 말았다.

스승 김재준, '믿음으로 사는 자유인'

강원용 목사는 어느 날 나에게 흥미로운 이야기를 했다. 대규모 교회를 '경영'하고 있는 목사가 말했다는 것이다.

"목사님, 설교를 그렇게 하면 안 됩니다. 사회구원을 이야기할 것이 아니라 개인구원을 이야기해야 헌금도 많아지고 신도들도 많아집니다. 영생과 천당을 주제로 삼아야 합니다."

나에겐 그 말이 한국기독교의 실상을 폭로하는 것으로 들렸다. 강원용 목사가 이끈 경동교회의 기독정신이 존재하기에 한국기독교는 지금도 빛나게 살아 있을 것이다.

열린 인간, 열린 종교, 열린 문화를 구현하고자 한 강원용 목사에겐 김재준이라는 큰 스승이 있었기에 경동교회를 그렇게 키워냈을 것이고 사회운동·문화예술운동을 전개할 수 있었을 것이다. 바다 같은 사람, '여해'如海라는 호를 지어준 큰 스승.

"1987년 1월 27일 저녁, 마침내 나는 51년간 몸으로 만나온 선생님과 영원한 이별을 했습니다. 식민지 시대, 먼 간도 룽징 땅에서 스승과 제자로 만나 하나이면서 둘인 듯, 둘이면서 하나인 듯 어울리며 살아온 김재준 선생님과의 영원한 이별은 내게 엄청난 상실감을 안겨주었습니다. 나로서는 부모를 잃은 것이나 다름없었습니다."

김재준 목사의 장례식은 기독교장로회 총회장으로 치르게 되었고 제자 강원용 목사가 장례위원장을 맡았다. 빈소는 경동교회에, 영결식은 1월 31일 스승 김재준 목사가 학장으로 봉사하던 수유리의 한신대학 강당에서 거행되었다. 제자 강원용은 영결식에서 '선한 싸움의 승리자'라는 제목으로 추모설교를 했다.

"보수와 자유신학, 동양과 서양을 균형 있게 조화시킨 학자, 독재와 부정의에 맞서 용감하게 싸우는 정의의 용사, 탁월한 문장가요 서예가이기도 한 선생님과 51년간 사귀면서 그분과 나 사이에는 성격·사상·생활 등에 많은 차이점도 있었으나 우리 사이의 신뢰와 사랑, 그분에 대한 나의 존경심은 한 번도 변한 적이 없었습니다. 내가 옆에서 지켜본 그분은 '믿음으로 사는 자유인' '탁 트인 인격자'였습니다."

회고록 『역사의 언덕에서』 전 5권 출간

강원용 목사에게 나는 한 시대의 역사와 그 정신을 이야기 들었다. 나는 계속 물었고 강 목사는 증언해주었다. 나는 그렇게 하여 2003년 6월에 강원용 목사의 『역사의 언덕에서』 전 5권을 펴낸다. '젊은이에게 들려주는 나의 현대사 체험'이라는 부제를 붙였다.

"나는 시련을 통해서 사랑을 확인했습니다.
사랑을 보는 것이야말로 내겐 진정한
초월이자 승리였습니다."

책 제목은 내가 낸 안을 강 목사가 동의해서 정해졌다.

역사의 언덕에서, 한 시대의 역사를 조망한다! 한 시대의 역사정신을 학습한다! 제1권 『엑소더스』, 제2권 『전쟁의 땅 혁명의 땅』, 제3권 『Between and Beyond』, 제4권 『미완성의 민주화』, 제5권 『비스가 봉우리에서』. 강원용은 마지막 권에 감회를 기록했다.

"내 연구실이 있는 크리스찬아카데미 하우스 마당에 한 그루 우람한 벚나무가 서 있다. 한 자리에 뿌리를 박고 평생 움직이지 않고 버텨왔을 저 벚나무와는 달리 내 인생은 끊임없이 출렁이며 살아왔다. 나의 꿈도 사상도 신앙도 한자리에 머물지 않고 계속 변화해왔다. 내가 살아온 시대의 격랑이, 숱한 사람들과의 만남이 나를 실어 이 자리에 오게 되었다. 그러나 돌아보면 나의 뿌리는 그대로다. 나의 뿌리는 내 나이 열다섯에 처음 만난 그리스도의 사랑이고, 살아오는 동안 그 뿌리는 더 깊어만 갔다. 결국 중요한 건 사랑이라는 걸, 사랑 말고 인간은 다른 뿌리를 가질 수 없다는 것을 발견했다."

『역사의 언덕에서』의 출간을 기뻐하던 강원용 목사는 책을 내고 3년 후인 2006년에 서거한다. 나는 목사님의 말씀을 더 듣고 싶었는데, 예고 없는 목사님의 서거 소식에 나의 가슴이 철렁했다.

2015년 강원용 목사의 10주기를 앞두고 『역사의 언덕에서』는 『강원용 나의 현대사』라는 제목으로 다시 간행된다. 한길사는 2017년 여해 강원용평전 간행위원회와 손잡고 박근원의 『여해 강원용 목사 평전』, 박명림·장훈각의 『강원용 인간화의 길 평화의 길』, 이경자·강대인·정윤식·홍기선의 『강원용과 한국방송』을 출간한다.

"나는 시련에 끄떡도 하지 않는 용감한 영웅이나 초월한 도인도 아니고 그렇다고 시련에 무릎을 꿇어버린 패배자도 아닙니다. 그저 보통사람으로서 시련의 고통에 몸부림치면서, 그 속에서 내가 깨달아야 하는 게 무언지, 무엇을 배워야 하는지, 끊임없이 자문하며 지내왔습니다. 나는 시련을 통해서 사랑을 확인했습니다. 사랑을 보는 것이야말로 내겐 진정한 초월이자 승리였습니다."

1995년 크리스찬아카데미 창립 30주년을 맞아, 일본의 이와나미岩波 출판사와 공동으로 '해방 50년, 패전 50년: 화해와 미래를 위하여'를 주제로 심포지엄을 열었다. 목사 강원용이 기획한 프로그램이었다. 강원용 목사는 그 몇 해 전 동아일보사 김상만 회장을 만나 해방 50주년을 계기로 1975년 동아일보사로부터 해직된 언론인들 문제를 대승적으로 해결할 것을 촉구했다는 말씀을 나에게 들려주었다.

일제 말 『동아일보』가 저지른 친일행위를 반성한다는 선언도 발표한다면 동아일보사는 물론이고 나라와 민족을 위해서 크고 좋은 일이 되지 않겠느냐고 했다.

"그때도 김상만 회장은 긍정적으로 하겠다고 했는데, 유감스럽게 나와의 약속은 어느 하나도 실현되지 않았습니다. 김 회장이 1994년에 작고했기에 그것이 이뤄지지 않았는지도 모르겠습니다만."

'더 큰 선'과 '더 작은 악'을 선택해야

종교 간의 대화에 앞장서고 그 대화를 지속적으로 실현한 기독교 목사 강원용은 이 물질적 탐욕의 신자유주의 같은 것으로는 인간문제를 해결할 수 없다고 했다. '환경'이라는 애매모호하기 이를 데 없는 용어보다 '생명'의 문제를 선구적으로 인식했다.

우리 민족 슬픈 현대사의 비극을 청산하려면 먼저 진실을 밝혀야 한다고 했다. 무고하게 학살당한 수많은 사람들의 진실을 밝히는 일이 선행되어야 한다!

"내가 역사의 진실을 밝혀야 한다고 주장하는 것은 정죄하고 보복하기 위해서가 아닙니다. 우리의 비극적인 과거의 상처를 쓰다듬기 위해서는 아프더라도 먼저 진상을 밝혀야 한다는 것입니다. 그래야 현재와 미래를 바로 볼 수 있기 때문입니다."

폐쇄적인 민족주의여서는 안 된다. 세계화·국제화라는 미명하에 미국식 세계주의를 일방적으로 맹종하는 생각과 행동에 그는 동의하지 않았다. "서구의 문화식민지가 아닌 당당한 국가로서 주체성을 살리고 우리의 전통문화를 세계 속에 꽃 피우면서, 종속관계가 아닌 함께 사는 협력관계"를 그는 늘 강조했다.

"내가 살아오면서 가지게 되는 생각은 현실은 정正과 사邪, 선과 악, 정의와 부정으로 양분할 수 없다는 것입니다. 선한 것 속에도 악이 있고, 악한 것으로 보이는 것 속에도 선의 요소가 있습니다.

그렇기에 나의 선택은 선과 악의 양자택일이 아니라 '더 큰 선' '더 작은 악'을 택하는 것이었습니다.

주님 안에서 그분과 함께 산다는 것은 생태계의 모든 피조물과 더불어 사는 것이라는 믿음을 나는 가지고 있습니다. 인간만이 중심이 되는 지배와 피지배의 관계가 아니라 모든 생명이 서로 돕는 공생관계라는 것, 파괴되어가는 생태계를 살려야 한다는 신념으로 일해왔습니다."

수난의 길에서 나는 민중을 만났다
민중신학자 안병무 선생

생각한다, 고로 나는 존재한다

1973년 가을, 나는 안병무安炳茂, 1922-1996 교수를 수유리의 한
신대학 연구실로 방문했다. 나는 그때 동아일보사가 펴내는 월간
『신동아』에서 일하고 있었다. 이 잡지의 권두에 실을 글을 청탁하
기 위해서였다. 폭압적인 유신시대였다. 편집회의에서 나는 행간
으로라도 뭔가 느낄 수 있는 글을 실어보자 했다. 말하는 것은 물
론 생각하는 것조차 금압하는 박정희의 유신 군사통치에 우리는
질식할 것만 같았다. 나는 안병무 교수에게 「사람으로 살기 위해」
라는 제목을 드렸다. 사람답게 사는 것이 무언가를 생각이라도 해
보자는 것이었다.

"사람은 생각하는 갈대라고 한 파스칼Blaise Pascal, 1623-1662의 말
을 사람들은 왜 오래 기억할까. 이 말에는 정직한 인간고백이 포
함돼 있기 때문이리라. 그는 갈대를 심미審美의 대상으로 말한 것
이 아니라 오늘 있다가 내일 아궁이에 던져질 무상無常의 상징으
로 본 것이다. 그러나 상황에 따라서는 존재론적인 무상성보다 그
나약성을 더 강조한 것으로 말할 수도 있다. 바람이 불면 부는 대
로 어쩔 수 없이 이리 휘고 저리 휘어야만 하는 그 나약성 말이다.

인류, 세계, 조직, 국가, 민족, 이데올로기 또는 대중이라는 이름을 가진 집단 또는 전체주의적 바람에 개인은 한낱 갈대에 불과하다. 그러나 인간은 갈대처럼 힘 앞에 무능하면서도 생각한다는 데서 자기 동일성을 찾는다. '생각한다. 고로 나는 존재한다'이다.

생각하는 것은 누가 줄 수도 뺏을 수도 없는 권리다. 옳은 말이다. 그러나 이것도 상황에 따라서는 전혀 다른 뜻으로 들린다. 그것은 두 가지 측면에서 문제된다.

첫째는, 정말 인간은 생각할 권리를 가졌느냐 하는 것이다. 이 질문은 두 가지 측면에서 하는 말이다. 하나는 오늘날과 같은 매스컴의 횡포시대에 누가 자기 생각을 주체적으로 할 수 있느냐 하는 것이고, 또 하나는 사상적 범죄라는 것이 불온사상 또는 반동사상이라는 명목으로 엄연히 재판석 공소문에서 낭독되고 있지 않느냐 하는 것이다.

둘째는, 그것은 원래 존재론적 인간정의이지만 오늘에 와서는 비겁한 은둔자의 자기 변명으로 들릴 수 있다는 것이다. 생각하는 것까지는 아무도 제재할 수 없다. 그러나 그 생각하는 바를 글로나 행동으로 표시할 자유가 없는 상황에서는 아편과 같은 역할을 할 수 있는 것일 수도 있다. 그러므로 존재론적 사유思惟는 역사과학적 사고에 의해 맹렬한 비판을 받고 있고 역사과학적 사고는 사회경제적 사고에로 구체화한 것을 강요받고 있으며 나아가서는 사고는 행동에 그 우선권의 이양 또는 폐위를 강요받고 있다."

삭발한 안병무와 그의 제자들

그때 안병무 교수는 삭발한 모습이었다. 박정희 유신독재는 민주주의를 외치는 지식인·학생·종교인·언론인·노동자들을 무

"도둑질할 수밖에 없는 세상에서 나만은
그렇지 않다는 것으로 부끄러울 것이 없다고
자부할 수 있을까. 불의·부정한 놈들이
난무하는 세상과 맞서 싸우지 못하는
자신을 부끄러워해야 한다."

자비하게 탄압하고 있었지만, 그럴수록 저항의 대오는 강고하게 형성되고 있었다. 한신대의 학생들과 교수들은 그 저항을 이끄는 한 진원지였다. 안 교수와 학생들은 저항의 몸짓으로 삭발했다. 나는 안 교수의 삭발한 모습을 보면서 내심 놀랐다. 삭발하던 심경과 분위기를 그는 「두발론」이라는 짤막한 에세이에서 기록했다.

"일제시대에 강제 삭발당한 경험이 있는 세대는 삭발에 예민하다. 나도 일제 이후 삭발한 경험이 없다. 한신대 교수 전원과 함께 삭발했다. 그것은 묘한 순간이었다. 학생들이 맹휴를 선언한 후 매일 마주 앉은 교수들은 착잡한 심정에 침울했는데, 어떤 정의도 논의도, 또 그것에 따를 어떤 설명이나 그것이 가져올 호소력 따위는 생각지도 않은 채 학장을 선두로 머리를 깎았다. 겨우 한 말이라면 '해석은 각자가 자유롭게'라는 것뿐이었다.

별 논의도 없었기에 담담한 분위기였다. 그러나 수십 년 기르던 머리가 털썩털썩 떨어질 때 본인도 보는 눈도 심각해졌다. 수시간의 침묵 속에 작업은 진행됐다. 소감을 한마디씩 했다.

염색 안 하게 돼서 좋군.

구약에 참회의 뜻으로 머리를 깎고 재를 쓰는 일이 있었지.

시원한데.

머리털이 더 날지 모르지.

모두 미소를 지었다. 그러나 눈물은 속으로 숨어들었으리라.

머리 깎은 것은 하찮은 일이다. 어린애들도 아니며 감상적인 흥분에 휘말려버릴 위치에 있는 이들도 아니다. 개화기에 상투를 자르는 것과는 달라도 그것은 자신에 대한 잔인한 행위임에는 틀림

없다. 그런 행위가 이유를 따지는 것을 직업으로 삼는 이들이 아무런 토론도 않고 정의도 내리지 않은 채 동시에 그런 행동을 한 것은 그들이 선 상황이 지시하는 그 무엇이 전류처럼 왔다는 증거다. 그 후 학생들이 모조리 머리를 깎았다는 소식을 들었을 때 흐르는 눈물을 억제할 수 없었다."

사람으로 살기 위해!

안병무 선생과의 그날의 만남 이후로 나는 선생으로부터 많은 말씀을 듣게 된다. 선생도 대학으로부터 해직되고 나도 신문사로부터 해직되었다. 출판사를 시작하면서 나는 '민중신학자'이자 '저술가'로서 선생을 만나게 되었고, 선생의 말씀과 글은 나의 가슴 저 근저를 울리는 통찰이었다.

선생의 언어와 글은 문예적이었다. 성찰적이었다. 한길사는 1978년 선생의 수상집 『시대와 증언』을 출간한다. 선생이 펴내던 작은 월간 잡지 『현존』에 실렸던 글들이 중심을 구성했다. 촌철살인의 글들이었다. 「사람으로 살기 위해」도 수록했다. 아주 짧은 글 「대리석은 말한다」를 나는 좋아한다.

"스페인은 수백 년 동안 아랍인의 점령하에 있었기에 특수문화를 형성하고 있다. 그들의 무용이나 음악을 위시해서 생활습성까지 아랍적인 것이 혼합되어 같은 기독교 나라이면서도 구라파 내에서 특이하다.

그 나라의 교회당은 회교의 신전을 그대로 사용하고 있는 곳도 많다. 내가 본 한 교회당도 본래 회교 신전이었다. 그 내부는 여러 색의 대리석 기둥들로 유명하다. 한구석 기둥에 촛불을 켜서 관광

객들의 시선을 끌게 하기에 가까이 가 보았다. 그 기둥에 희미한 십자형이 새겨져 있었을 뿐이다. 그러나 그 십자형의 사연을 들었을 때 내 가슴은 뭉클했으며 자주 그것을 기억하게 된다.

아랍인이 점령했을 때 한 스페인 사람이 그 신전에 발을 들여놓았다는 이유로 체포되어 바로 그 기둥에 결박되어 사형을 기다리고 있었다. 회교 신전은 이교도의 출입이 금지되어 있다. 그런데 죽음을 기다리는 이 청년은 거기 결박된 채 사람들의 눈을 피해서 밤낮 손톱으로 그 대리석 기둥에 그 십자가형을 조각했다는 것이다.

사람들이 발견했을 때는 열 손가락은 손톱이 붙은 데까지 다 닳아 없어졌다고 한다. 그는 마지막 순간 제한된 여건에서 그의 신념을 나타내기 위한 그 최선을 그렇게 표현했던 것이다. 그는 그 자리가 기독교 교회당이 될 것을 기원하는 마음에서 그랬는지 알 길이 없으나, 비록 작은 일이지만 마지막 정성을 기울인 흔적이 오늘날까지 사람들의 눈시울을 뜨겁게 할 줄은 기대하지도 않았을 것이다.

‘일을 하려고 해도 여건이 허락지 않아서’란 핑계다. 또 ‘때가 오면’ 하는 것도 자기 임무를 도피하는 수작이다. 그림을 못 그리도록 손을 결박당한 소년이 흘린 눈물을 발가락으로 쥐를 그렸다는 얘기도 있지만, 아무리 결박당했어도 해야 할 일의 틈은 있을 것이다. 하늘이 무너져도 솟아날 구멍이 있다는 속담은 우리의 속담치고는 낙관적이다. 그게 숙명론의 한 표현이면 몰라도 투지를 나타낸 것이라면 우리 민족도 언젠가는 정말 칠전팔기의 기상이 있었던가 보다.

예루살렘에 입성하는 예수를 찬양하는 군중의 입을 막으려는 바리새인들에게 '사람들이 잠잠하면 돌들이 소리를 지를 것이다' 라고 했다. 너무나 확신에 찬 무서운 말이다. 드러내야 할 참은 드러나고야 만다. 그 어떤 압력도 참을 막을 수 없다. 인간들이 압력 앞에 굴복해서 입을 다무는 한이 있더라도 드러내야 할 것은 드러나고야 만다는 이 확신! 이런 확신 앞에 돌인들 소리를 안 지를 수 있으랴.

할 말은 해야 한다. 그렇지 않으면 그것은 속에서 독이 된다. 아무 말이나 할 수 있을 때는 오히려 침묵해도 좋다. 모두가 입을 다물었을 때 말을 해야 한다. 그게 참말인 경우는 더욱 그렇다. 할 말을 사람이 안 하면 돌이 소리를 지르리라는 것을! 이 확신은 참말을 들을 귀를 열어줄 것이다. 말이 마음대로 허락된 세계에도, 말이 결박된 세계에도, 참은 말한다. 그것을 막을 자는 없다."

오늘 역사의 주체는 민중

1978년에 나는 『어떻게 살 것인가』를 기획했다. 김수환 추기경과 박경리朴景利, 1926-2008 선생과 송건호 선생, 법정 스님 등 열다섯 분에게 나는 '어떻게 살 것인가'를 물었다. 안병무 선생에게도 물었다.

"도둑질할 수밖에 없는 세상에서 나만은 그렇지 않다는 것으로 부끄러울 것이 없다고 자부할 수 있을까. 단순히 힘 없다는 이유로 인권이 유린되고 자본주의 횡포 앞에 제 일한 대가를 못 받고 배를 곯고 있는 현장에서 나는 그런 기업주가 아니니 양심에 부담이 없다고 할 수 있을까.

불의·부정한 놈들이 난무하는 세상과 맞서 싸우지 못하는 자신을 부끄러워해야 한다. 이 역사적 현실이 제시하는 지표는 '민족'이라는 추상적 개념이 아니라 이 민족사를 짊어지고 다음의 길을 갈 '민중'이다. 오늘 역사의 주체는 민중이다.'

1922년 평안남도 신안주에서 태어난 안병무 선생은 부모님과 함께 간도로 이주했다. 은진중학교를 다녔다. 윤동주尹東柱, 1917-1945가 다닌 학교였다. 강원용·문동환이 같이 다녔고, 뒷날 한국신학대학을 이끄는 김재준은 교사였다. 1941년 일본으로 가서 대학을 다니다가 1943년 강제징집을 피해 간도로 귀환했다. 1946년 소련군의 체포령을 피해 월남했다. 1950년 서울대 사회학과를 졸업했다. 1951년 전주로 피난하면서 잡지 『야성』野聲을 12호까지 냈다. 1956년 독일로 유학을 떠나 하이델베르크대학에서 공부했다. 1965년에 귀국했다. 1969년엔 동베를린 사건의 용의자로 중앙정보부에 끌려가 비인간적인 모욕을 당했다. 1969년에 월간 『현존』을 창간했다. 신학을 상아탑 속에 가두어둘 수 없었다. 한국교회의 개혁을 도모하는 새로운 신학운동이었다.

1970년 한신대학 김정준金正俊, 1914-1981 학장의 권유로 한신대의 신약학 교수로 부임했다. 1972년 교무과장으로 당국의 집요한 방해를 무릅쓰고 함석헌 선생의 '동양고전특강'을 개설했다. 1973년에 한국신학연구소를 설립하고 계간 『신학사상』을 창간했다.

위대한 프락시스 전태일의 죽음
1970년 11월 13일 청계천의 피복노동자 전태일이 평화시장 한가운데서 온몸에 불을 붙여 자살했다.

1922년 평안남도 신안주에서 태어난
안병무(오른쪽 끝)는 부모님과 함께 간도로 이주했다.
윤동주가 다닌 은진중학교를 다녔다.
강원용·문동환이 같이 다녔고 뒷날 한국신학대학을 이끄는
김재준 목사가 교사였다(맨 앞).
여기 실린 안병무 선생 사진들은
심원 안병무아카이브에서 제공한 것이다.

"우리는 기계가 아니다."

그가 죽으면서 외친 목소리는 광야의 불길처럼 퍼져나갔다.

사회적 파장은 엄청났다.

'대학생 친구 하나만 있다면.'

전태일은 일기에 이렇게 적었다. 대학생들이 시위하고 단식에 나섰다. 교회가 금식기도회를 열고 그를 추도했다. 도시빈민선교가 시작되었다. 한국기독교교회협의회에 인권위원회가 만들어졌다.

안병무는 충격을 받는다. 자신이 선 자리에서 뼈저리게 반성한다. 세상의 죄를 지고 가는 노동자 전태일!

"1960년대 중반 이후부터 신학하는 사람들 가운데 일부가 우리의 정치적 현실에 눈을 뜬다. 그러나 그 관심사는 '인권'이라는 차원에 머물렀다. 그들은 '인권'이라고 하는 추상적 개념을 구사하면서, 실제로 권리가 박탈되는 실체를 제대로 인식하지 못했으며, 또 그럴 생각도 하지 않고 있었다.

21살의 청년 전태일 군의 분신자살이 신학하는 사람들에게 커다란 충격을 주었다. 전태일은 국민학교밖에 나오지 못한 노동자로서, 그날의 양식을 얻는 데 급급했으므로 책을 읽을 시간이나 생각을 할 시간도 없는 처지에 있던 젊은이였다.

신학하는 사람들은 정규적인 교육을 받았으며 이른바 공부하고 연구하는 것을 사회로부터 하나의 권리로 인정받은 자들이다. 그들은 외국어를 구사할 수 있고 유학을 통해 국제적 안목도 가졌기 때문에 모든 사물을 전체적으로 올바르게 볼 수 있는 특권적 위치에 있는 사람들이다. 그러나 죽어가고 있는 사회를 인식하고

1970년 11월 13일 청계천의 노동자 전태일이
분신자살했다. 안병무는 충격을 받는다.
"나는 정치적 폭거 밑에 짓밟히는 자의 편에서
인권을 생각하고 민중을 만났습니다."

그 밑에 깔려 신음하는 민중을 볼 수 있는 눈이 없었다.

굶기를 밥먹듯 하고, 배고파 하는 신음소리와 재봉틀 돌아가는 기계 소리가 뒤섞인 소음을 몸으로 듣고 있던 전태일은 소리 없이, 보이지 않게, 노동력을 착취당하면서 영양실조로 죽어가고 있는 민중을 정확히 바라보고 각계에 호소했으나 이 사회는 카프카Franz Kafka, 1883-1924의 '성'처럼 그에게 차단되어 있었다. 그는 육탄으로 이 굳은 성을 폭파하는 방법을 선택할 수밖에 없었다.

테오리아theoria를 수립하고 전승하는 것을 자신들의 임무라고 생각하는 이른바 학자가 아니라 노동현장에 뛰어든 사람들이 그들의 프락시스praxis를 통해 전태일 사건을 재빨리, 그 사건이 뜻하는 바를 인식했다."

실존주의 철학의 세례를 짙게 받은 안병무는 세상을 새롭게 만나고 있었다. 1975년 3월 1일, 민청학련 사건으로 구속되었던 연세대 김동길 · 김찬국金燦國, 1927-2009 교수 석방 환영회가 새문안교회에서 열렸다. 안병무는 '민족, 민중, 교회'를 강연했다. 5,000여 명이 몰려들었다. 교회의 본관은 경찰에 의해 폐쇄되고 200명 정도밖에 수용할 수 없는 교육관에서 강연은 진행되었다. 교육관에 들어갈 수 없는 사람들은 마당에서 스피커로 전해지는 그의 육성을 들었다. 수많은 감시자들이 곳곳에 배치되어 있었다.

"나는 정치적 폭거 밑에 짓밟히는 자의 편에서 인권을 생각하고 민중을 만났습니다. 우리 역사와 민중운동 사이에 힘줄이 생기고 혈맥이 통하더니 마침내 시체가 거대한 실체로 살아나는 경험을 했습니다."

감옥에서 밑바닥 민중을 만나다

1976년 3월 1일, 함석헌·윤보선·김대중·문익환·문동환·서남동·김승훈·이문영·이해동·함세웅·안병무 등 민주인사들이 명동성당에서 '3·1민주구국 선언'을 감행한다. 안병무의 수유리 집에서 문익환 목사 등에 의해 선언문이 작성되었다.

"이 민족은 독재정권의 쇠사슬에 매이게 되었다. 삼권분립은 허울만 남고 말았다. 국가 안보라는 구실 아래 신앙과 양심의 자유는 날로 위축되어가고 언론의 자유와 학원의 자주성은 압살당하고 말았다. 우리의 비원인 민족통일을 향해서 국내외로 민주세력을 키우고 규합하여 착실하게 전진해야 할 이 마당에 나라는 일인 독재 아래 인권은 유린되고 자유는 박탈당하고 있다. 우리는 이를 보고만 있을 수 없어 여야의 정치적인 전략이나 이해를 넘어 이 나라의 먼 앞날을 내다보면서 '민주구국 선언'을 선포한다."

김대중·문익환 등 11명이 구속되고 9명이 불구속 입건된다. 안병무는 남산의 중앙정보부로 끌려가 열흘 동안 조사와 고문을 당한다. 이른바 대통령 긴급조치 제9호 위반으로 기소되어 감옥으로 넘어간다. 그에겐 정신을 단련하는 계기였다. '밑바닥 민중'을 만나는 기회였다.

"밤이면 귀신이 들끓는 듯한 이 흉가의 여기저기에 내 편의 사람들이 존재한다는 생각과, 간수들의 모진 매에도 마다하지 않고 심부름을 하는 저 '소지'교도소의 일을 돕는 기결수들이 내 마음에 새로운 무게로 압도해 들어왔다. 그들은 절도, 강도, 강간범이었다. 나는 이미 '민중'이 역사의 주인이라는 신념에서 새 신학의 장을 열었는데도 저들을 이 범주에 넣을 생각조차 하지 못했다. 강간범 따위는 세상에서 청소되어야 한다는 생각을 신념처럼 간직하고 있었는데, 저들에게 서구에서 그리는 천사처럼 하얀 의복이 입혀지고 하얀 깃의 날개가 돋는 환상을 했다."

안병무는 감옥에서 말해지는 온갖 쌍소리를 감당할 수 없어 손으로 귀를 막기도 했다. 그러나 언제부턴가는 그 쌍소리가 싫지 않게 되었다. 나중에는 자신과 같은 지식인들이 쓰는 말이 오히려 가증스럽게 들렸다. '쌍소리'를 제대로 배우게 되는 감옥은 그에겐 생생한 삶의 현장이었다.

1심에서 3년형을 선고받았고 항소심에서 집행유예를 선고받았다. 1976년 말에 석방되었다. 다른 사람들보다 먼저 석방되는 것이 미안했다. 그러나 박정희의 유신체제는 1979년 10월 26일 밤 김재규가 박정희를 사살함으로써 일거에 무너진다. 1980년 봄 안병무는 복권되고 한신대로 복직한다.

전두환의 신군부가 광주학살을 딛고 권력을 잡는다. 안병무는 다시 해직된다. 월간『현존』도 폐간된다. 그는 민족과 민중의 현실을 더 치열하게 천착한다. 민중신학을 더 깊이 성찰하게 된다. 한국신학연구소와『신학사상』은 그의 생각과 이론을 실천하는 기지가 된다.

이기주의자들의 천국, 나는 그 천국을 거부한다

한길사는 1982년 성북구 안암동 5가 101-21, 지금 고려대 병원이 들어서 있는 그곳으로 이사가는데, 명동의 향린교회에 있

1976년 3월 1일, 명동성당에서 '3·1민주구국선언'이
발표된다. 안병무의 수유리 집에서 문익환 목사 등에 의해
선언문이 작성된다. 이 사건으로 감옥에 간다.
그에겐 밑바닥 민중을 만나는 기회였다.
불구속되거나 먼저 석방된 사람들이 민주화 행진을 한다.
앞줄 왼쪽부터 이우정 교수, 안병무 교수, 함석헌 선생, 이해동 목사.

던 신학연구소도 안암동 로터리로 이사 온다. 나는 우리 출판사와 300미터 거리의 신학연구소로 가서 안병무 선생을 만난다. 선생의 이야기는 끝이 없었다. 나는 '안병무 민중신학'의 세계로 들어가는 것이었다.

나는 개인 주택이었던 회사 공간에 작은 교실을 만든다. 독자들과 시민들이 함께 참여하는 작은 학교가 나의 꿈이었다. 출판사는 학교라는 생각을 출판을 시작하면서부터 했다. '한길역사강좌' '한길사회과학강좌' '독자와의 대화'가 기획된다. 해직교수들이 중심이 되는 프로그램이었다. 여기에 참여하는 친구들과 역사의 현장 삶의 현장을 찾아가는 '한길역사기행'이 진행된다. 안병무 선생도 신학연구소에 강좌와 대화 프로그램을 열고 싶어 했다. 여러 시민운동 · 노동운동 관계자들이 우리 프로그램들을 견학했다.

1985년 '한길산문정신' 제9권으로 선생의 두 번째 책 『옳은 민족 옳은 역사』가 출간된다.

"하나의 큰 주제가 내 가슴에서 맥락을 형성하고 있다. 한국이라는 민족을 향한 사랑과 예수를 향한 정열이다. 이 둘은 둘이면서 내게는 둘이 아니다. 이 둘이 합치는 데서 내가 살고 내 사고가 성립된다. 누가 이 민족사를 이어왔나. 누가 우리의 얼과 말과 풍습을 지켜왔나. 그것은 어떤 바람이 불면 아무런 저항도 없는 오합지졸 같은 이 민중에 의해서였다.

내가 가르칠 것이 있다면 무엇인가. 그것은 어떻게 더불어 살 수 있느냐 하는 과제다. 더불어 살게 하는 것을 가르치는 것이 종교라면 역사현실을 떠나서 종교가 해석되거나 실천될 수 없다. 사회정의를 외면한 신의 의義란 죽은 것이다. 노동자나 농민들이 당하고 있는 현실적 고통에 참여할 수 없는 사랑의 설교는 의미 없이 울리는 꽹과리 소리와 다를 바 없다.

예수는 가난하고 눌린 자와 자기를 일치시키는 데 삶의 뜻을 제시했다. 나도 나의 생의 의미를 이런 데서 찾으려고 한다. 눈앞에 있는 형제의 수난을 외면하고 천국으로 향하는 직통로는 없다. 남이야 어떻든 내 영혼의 구원만을 위해 발버둥치는 자들이 만일 종교인이라면 그건 종교적 이기주의자다. 이런 이기적인 자들이 수용되는 곳이 천국이라면 나는 거기에 참여하는 것을 거부하겠다. 그런 곳에 예수가 있지 않을 터이니까."

역사 앞에 민중과 더불어!

1986년 한길사가 펴내는 '오늘의 사상신서'가 100권째에 이르렀다. 나는 안병무 선생의 『역사 앞에 민중과 더불어』를 100권째의 책으로 펴냈다. 1970년대와 1980년대에 '사회적 요구'에 응해 써낸 선생의 민중신학론을 구성하는 주제들이었다. 70년대, 80년대 한국의 민주화운동과 민족운동의 정신사·사상사를 증언하고 있다. 역사적 격동기에 형성되는 안병무 민중신학의 새로운 세계다.

"나는 두 마디로 나의 할 일을 묻는다. '역사 앞에 민중과 더불어'다. '역사'는 내가 믿는 '하나님'의 대명사다. 그 이름으로 나를 비추어보고 판단하는 모든 것을 포괄한다. 역사적 현실에서 나에게 명령하는 바를 회피할 도피구는 없다는 신앙을 총체적으로 나타낸다. 민중은 바로 역사의 실체다. 민심은 나를 비추는 가장 구체적인 거울이다."

안병무 선생의 앞과 뒤에는 함석헌 선생이 있었다. 1980년대에 한길사는 『함석헌전집』을 펴내는데, 안병무 선생은 주도적인 의견을 냈다. '함석헌 사상'에 대해 여러 편의 논문을 썼다.

60년대 초반 함석헌 선생이 유럽을 여행하고 있었다. 안병무 선생이 머물고 있는 하이델베르크대학에 들렀다. 박정희가 군복을 벗고 민정에 참여한다고 나올 때였다. 점심식사를 하다가 이를 보도한 신문을 보고 함석헌 선생이 갑자기 눈물을 흘리면서 들고 있던 포크와 나이프를 마룻바닥에 떨어뜨렸다. 안병무 선생은 "선생님, 지금 어느 때인데 이렇게 여행을 하고 계십니까"라고 했다. 함선생은 인도·일본에 들를 일정을 취소하고 귀국길에 올랐다. 군정반대와 굴욕적인 한일회담 반대 투쟁에 앞장서는 것이었다.

함석헌 선생과 안병무 선생은 가슴에 있는 생각을 주고받았다고 나는 생각한다. 『함석헌전집』 제18권 『진실을 찾는 벗들에게』는 함석헌 선생의 편지들로 구성되는데, 1958년부터 67년까지 함석헌 선생이 안병무 선생에게 보낸 40여 통의 편지가 들어 있다. 일상의 안부부터 동양고전 해석까지 논한다.

민중은 논하지 않고 이야기한다

1980년대 후반부터 나는 우리 시대가 탄생시키는 민중신학자 안병무의 저작전집을 궁리하고 있었다. 한국현대사가 창출해낸 선생의 '민중신학'을 집대성해보자! 1990년부터 작업이 진행되어 1993년에 '안병무전집' 전 6권이 동시에 간행되었다. '안병무 민중신학'의 전모를 보여주는 콘텐츠다. 나는 한국현대사의 두 사상적 기둥인 함석헌과 안병무의 저작들을 펴내는 출판인이 되었다. 선생은 전집을 내는 감회를 책 끝에 붙였다.

"나의 삶에, 나의 사상에 결정적인 전기는
'민중'이 내 마음의 주인으로 정좌하는 바로 그것이었다.
마침내 역사의 담지자를 만난 것이었다.
대학에서 거리로, 집 안에서 감옥으로 가지 않았던들
이런 사건이 내 안에서 일어나지 않았을 것이다."

"나의 삶에, 나의 사상에 결정적 전기는 '민중'이 내 마음의 주인으로 정좌하는 바로 그것이었다. 마침내 역사의 담지자를 만난 것이었다. 대학에서 거리로, 집 안에서 감옥으로 가게 되지 않았던들 이런 사건이 내 안에서 일어나지 않았을 것이다.

글쓰기를 시작한 지 어언 40여 년, 몇 권의 학문적인 글들을 제외하면 우리가 사는 역사와 시대가 반영되지 않는 것은 없다. 나의 글은 구둣발에 밟히는 지렁이의 꿈틀거림 이상이 못 되었더라도 계속 저항하는 몸짓이었다."

안병무의 '민중신학' 6부작인 제1권 『역사와 해석』, 제2권 『민중신학을 말한다』, 제3권 『갈릴래아의 예수』, 제4권 『예수의 이야기 : 성서의 비유풀이』, 제5권 『민중과 성서』, 제6권 『역사와 민중』은 세계에 내놓을 수 있는 우리의 빛나는 학문적·실천적 이론이고 사상일 것이다.

"민중은 논(論)하지 않고 이야기한다. 문자를 배우고 삶을 통해 높은 성숙의 단계에 이른 사람들은 '논'에서 '이야기'로 돌아간다. 석가가 그렇고 공자가 그러하다.

예수는 논하지 않았다. 그렇다고 석가, 공자들처럼 학문 세계를 거친 흔적도 없다. 그는 '배운 사람'이 아니다. 그는 민중이 아는 이야기만 했다. 일부러 수준을 낮추어 말한 것이 아니다. 그것이 그의 언어였다.

수난의 도상에서 민중과 만나면서 나는 오랫동안 거미줄같이 나를 휘감았던 서구적 사고의 틀에서 해방될 수 있었다. 지금까지 못 만난 예수를 나는 만나게 되었다."

안병무의 '민중신학' 6부작은 세계에 내놓을 수 있는
우리의 빛나는 학문적·실천적 이론이고 사상이다.

나의 주제는 오클로스!

나는 안병무 선생과 그의 전집을 총 20권으로 기획했다. 그러나
선생의 건강이 악화되면서 민중신학 6부작 이후의 작업이 진행되
지 못했다. 그래도 선생의 민중신학 6부작을 펴낸 것을 천만다행
으로 생각하고 있다.

아픈 몸으로 1996년 여름, 선생은 그의 청소년 시절의 고향 연
변의 들미동을 방문했다. 그 고향을 다녀온 두 달 후인 10월 9일
선생은 서거한다.

선생은 1972년에 발표한 짧막한 글「예수와 민중」에서 '오클로

스'ochlos를 이야기했다. 나는 안암동 로터리의 신학연구소 선생의 방에서 선생으로부터 오클로스 이야기를 여러 번 들었다.

"군사독재 밑에서 많은 사람들이 체포되고 고문당하고 투옥되지요. 그 독재에 시달리는 사람을 민중이라고 생각했어요. 사람들이 당하는 고통이 가슴에 사무쳤고, 이것이 바로 민족과 민중의 한이 아닌가 생각하면서 그 해답을 『성서』에서 찾다가 발견한 것이 '오클로스'였습니다.

『성서』에는 민중을 표시하는 두 그리스어가 있어요. 하나는 '라오스'laos이고 또 하나는 '오클로스'입니다. 라오스는 오늘의 '국민'과 통하는 말로 어떤 제도권 내에서 보호받을 권리를 가진 민중의 칭호인 데 반해서 오클로스는 제도권 밖에 있는, 권리를 향유하지 못하는 자들입니다. 천민들입니다.

예수의 주변에는 이들 오클로스들이 있었습니다. 나의 주제는 이 오클로스입니다.

나는 민중을 미화하지 않습니다. 민중은 스스로 합니다. 죄인을 죄인으로 보지 않고 사람으로 보아야 한다는 것입니다. 가난한 사람이 복이 있다는 말은 가난한 자가 부자가 된다는 말이 아니라, 가난한 자가 새 질서의 주인이라는 말입니다. 가난한 너희가 세상을 변혁하는 주체가 될 수 있다는 말입니다."

나는 나무들이 합창하는 숲에 서고 싶다
신영복 선생의 감옥으로부터의 사색

사형이 선고되는 순간은 공허였다!

"사형이 선고되었을 때 순간적으로 스치는 느낌은 한마디로 '공허'였다. 나의 존재 자체가 공동화空洞化되는 상실감이었다. 너무 짧게 끝나는 생애에 대한 아쉬움이 뒤따랐다."

신영복申榮福, 1941-2016에게 사형선고란 참으로 터무니없는 것이었다. 3심에서 파기될 것이란 기대가 없지 않았지만 사형이 집행될지 모른다는 군사정권의 비정함에 생각이 미치면서, 그는 사형집행에 대비해야 한다고 생각했다. 그는 순간 식민국가 스페인 정부로부터 총살당한 필리핀의 국민영웅 호세 리잘José Rizal, 1861-1896을 생각했다. 처형 직전에 남긴 그의 절명시 「마지막 인사」가 사람들의 가슴을 쓰리게 한다.

"내 동경하는 나라
내 무한히도 그리는 사랑하는 필리핀이여!
들어라, 아, 나의 마지막 작별인사를!
그대들 모두 두고 나는 떠나노라.

나의 부모, 내 사랑하던 이들, 나는 가련다.
거기 노예도, 독재자도, 사형집행자도 없는 곳으로
아무도 신앙을 죽일 수 없고
오로지 하느님 혼자 다스리는 곳으로.
안녕! 설움의 땅에 남은 부모님이여, 형제들이여.
내 사랑했던 연인이여, 내 어릴 적 친구들이여
이 피곤한 생에서 내가 휴식하게 됨을 기꺼워해 달라.
잘 있거라. 친절했던 나그네여, 내 길 밝혀주던 친구여
잘 있거라. 내 모든 사랑했던 이들이여.
죽음은 곧 휴식일지니.”

이른바 통일혁명당 사건으로 1968년에 구속돼 육군 군법회의 1·2심에서 사형, 대법원에서 무기징역을 선고받고 복역하던 신영복은 1988년 8월 15일, 20년 만에 감옥으로부터 해방되었다. 28살의 청년은 48살의 중년이 되어 '특사'라는 형식으로 풀려나올 수 있었다. 서울대 경제학과를 졸업한 후 숙대 강사·육사 교관을 지낸 신영복의 긴 감옥살이는 이 분단시대 진보적 지식인의 수난을 상징하는 것이었다.

선생이 감옥에서 밖의 가족들에게 보낸 편지들을 엮은 『감옥으로부터의 사색』은 여러 계층의 사람들에게 큰 감동을 주었다. 감옥 밖 지인들이 그의 출감 이전부터 준비했다가 출감 직전에 출간되었다.

비수가 되어 나의 가슴에 꽂힌 감옥으로부터의 사색
나는 『사색』을 열독했다. 절대의 한계 속에서의 깊은 사색이었

나는 1989년 10월호 『사회와 사상』에
신영복 선생을 인터뷰했다. 이른바 '통일혁명당' 사건으로
20년 동안 감옥을 살다가 풀려난 그가
세상 사람들에게 처음으로 말하는 것이었다.
한 3년 살다가 나올 거라고 생각했다.
그러나 진보적 지식인 신영복은 중년이 되어
감옥으로부터 나왔다.

다. 그의 언어들은 비수가 되어 나의 가슴에 꽂혔다. 한 송이 꽃으로 눈물이 되었다.

"수인들은 늘 벽을 만납니다. 통근길의 시민이 'stop'을 만나듯, 사슴이 엽사를 만나듯, 수인들은 징역의 도처에서 늘 벽을 만납니다. 가련한 자유의 시간, 꿈속에서마저 벽을 만나고 마는 것입니다. 무수한 벽과 벽 사이, 운신도 어려운 각진 공간에서 우리는 부단히 사고思考의 벽을 헐고자 합니다.

아버님 서한에 6년래의 혹한이라고 하였습니다만, 그런 추위를 실감치 않았음은 웬일일까요. 심동深冬의 빙한氷寒, 온기 한 점 없는 냉방에서 우리를 덮어준 것은 동료들의 체온이었습니다. 추운 사람들끼리 서로의 체온을 모으는 동안, 우리는 냉방이 가르치는 '벗'의 의미를, 겨울이 가르치는 '이웃의 체온'을 조금씩 이해해 갑니다.

벽은 그 속의 것을 한정합니다. 시야를 한정하고 수족을 한정하고 사고를 한정합니다. 한정한다는 것은 작아지게 하는 것입니다. 넓이는 좁아지고 길이는 짧아져서 공간이든 시간이든 사람이든 결국 한 개의 점으로 수렴케 하여 지극히 단편적이고 충동적이고 비논리적인 편향을 띠게 합니다.

아무리 담장을 높이더라도 사람들은 결국 서로가 서로의 일부가 되어 함께 햇빛을 나누며, 함께 비를 맞으며, '함께' 살아가고 있습니다."

우리는 4·19를 통해 위대한 각성을 한다

나는 1989년 10월 신영복 선생을 인터뷰했다. 그의 혹독하고도 긴 감옥 체험은 그의 개인사를 넘어선다. 분단시대 권위주의 권력 통치를 살고 있는 우리 모두에게 주어지는 과제이자 질문일 것이기 때문이다.

―신 선생께서는 이른바 통일혁명당 사건으로 수사를 받을 때, 스스로는 얼마쯤 옥살이를 할 것으로 예상했습니까.

"우리가 그때 갖고 있던 보안법 지식은 아주 빈약했지요. 간첩에게나 적용되는 법률이라고 알았지요. 취조받다가 훈방될 수도 있다는 생각을 했습니다. 수사기술상 그랬는지는 모르지만, 한 3년 살면 나갈 거라고 그러더군요."

―권력은 스스로를 보호하기 위해 보통 사람까지도 때로는 '죄인'으로 만들어 형벌로 옭아넣기도 하고, 그러다 '필요'하면 풀어주기도 하지요. 그때 읽어서 문제가 된 책들은 어떤 것들이었나요.

"우리가 당시 조심스럽게 읽어 문제가 되었던 책들이 지금은 합법적으로 홍수처럼 쏟아져 나와 서점에서 팔리는 것도 시대적 상황, 역사적·사회적 조건이 달라졌음을 의미하겠지요. 우리는 한 세대 이전의 의식이랄까 사상에 구금된 셈이지요. 마르크스의 『독일 이데올로기』, 고리키Maksim Gor'kii, 1868-1936의 『어머니』, 레닌Vladimir Lenin, 1870-1924의 저작들과 마오쩌둥의 『신민주주의론』들이었습니다. 이런 책들을 노트에 번역해서 후배들에게 읽게 했습니다."

─이런 책들을 읽게 되고, 역사현실에 눈뜨게 되는 어떤 계기라도 있었나요.

"우리에게 4월혁명은 엄청난 걸 심어주었습니다. 당초 우리는 4·19가 늙은 독재자의 실정이 유발된 것으로 소박하게 생각했지만, 4·19 이후 5·16까지의 시기에 일어나는 여러 사건들을 통해 우리 사회가 안고 있는 모순을 구조적으로 인식해갔습니다. 따라서 이 같은 사회는 원천적으로 변혁되어야 하고, 그걸 이론적으로 규명해보자는 생각을 하게 되었지요. 우리 사회는 4·19를 통해 위대한 각성을 하게 됩니다."

감옥은 민중의 가장 절박한 현장
─통일혁명당 사건이란 도대체 무엇이었습니까.

"나도 잘 모릅니다. 그러나 그렇게 오래 감옥을 살았던 것은 내가 했던 일보다도 남북의 정치적 상황에 근본적인 원인이 있지 않나 합니다. 좀 더 구체적으로 말한다면, 연구모임을 하면서 학생 서클들을 만들어 지도했고 일부 학생시위를 조직했는데, 요즘의 학생운동 수준이지요."

─신 선생이 당시 추구했던 이상은 어떤 것이었습니까.

"우리가 경제학을 전공했으니까 더욱 그랬겠지만, 사회와 역사를 유물변증법적인 논리와 시각으로 보아야 한다는 생각은 분명히 갖고 있었습니다. 한국사회의 반민족적이고 반민중적인 구조를 극복해야 한다는 변혁논리를 이해하고들 있었습니다."

—감옥에서 바라보는 우리 사회의 모습은 어떤 것이었습니까.

"우리 사회의 모순이랄까 역사적 전개와 그 현실에 대해 이론적으로 해석해보려던 중에 감옥에 들어갔지요. 들어가기 전에도 민중의 문제는 민중의 절박한 삶의 현장에서 그 이론과 사상의 틀이 추구되어야 한다는 생각을 하고 있었는데, 막상 내가 교도소에 들어감으로써 민중의 맨 하층 부분의 범죄자·실패자를 만나게 되었지요.

민중의 처절한 현장에 서게 되는 것이었습니다. 아, 내가 학교에서 공부하면서 만나고자 했던 민중의 실체를 여기서 직접 만나게 된다는 생각을 하게 되었습니다. 밖에 있는 사람들은 이들 하층 민중을 범죄 사건과 연관시켜 봅니다. 이들과의 공동생활을 통해, 이들도 당초에는 농촌이나 공장에서 몸부림치다가 이런저런 우연적·필연적 이유로 교도소까지 들어오게 되지만, 이들도 삶의 현장과 연결되어 있음을 알 수 있었지요."

—한 개인의 범죄행위도 사실은 대단히 사회구조적이고 역사적인 맥락을 갖고 있지 않나요. 밖의 사람들은 죄수들을 '도둑'으로 보지만, 도둑질을 할 수밖에 없는 '구조'는 외면하지요.

"교도소란 사회의 모순을 가장 집약적으로 보여줍니다. 군 교도소에 한동안 있다가 민간인 교도소로 들어가자마자 깜짝 놀랐습니다. 노인들이 많다는 사실입니다. 이들 노인은 그들이 살아온

신영복 선생이 감옥에서 밖의 가족들에게
보낸 편지를 묶은 『감옥으로부터의 사색』은
수많은 사람들의 가슴을 울렸다.
석방된 후 성공회대학교 교수로 있으면서
수많은 시민들을 감동시키는 강연을 해냈다.

인생이 그들의 사건과 연결됩니다. 그 사람의 인생이란 사회적인 것입니다. 범죄 사건이 그 사람들의 인생과 연결되면서 사회성을 우리에게 설명해줍니다. 교도소에서 만나는 사람들을 통해서 우리 사회의 모순구조를 바라다보게 됩니다.

범죄를 범인 개인의 측면에서 바라볼 수도 있지만, 나는 개인적인 책임보다는 사회적인 책임이 훨씬 크다고 봐요. 그 속에서 나는 늘 경험했습니다. 만기출소하는 사람과 악수하면서 이 사람은 다시 들어오지 않겠지, 저 사람은 재소생활을 봐서 틀림없다고 생각했는데, 늘 그 예상이 빗나가곤 했습니다. 그 사람의 인간성이 문제가 아니라 그 사람이 처한 사회적 조건이 그들을 다시 교도소로 돌아올 수밖에 없게 하기 때문에 돌아오는 것이지요. 예외가 없는 것은 아니지만요."

합법이란 가면으로 치장되는 구조적 폭력

― 형무소 또는 교도소라는 존재는 가진 자들의 질서와 가치를 유지하기 위한 것이기도 하니깐요.

"형무소라는 그 자체가 사회적 불평등 구조를 밑받침하는 순환구조의 역할을 합니다. 이름은 교도소이지만, 모순구조를 근본적으로 해결하지는 않고 그 모순구조에서 양산되는 개인들을 처벌만 하는 것은 그 모순구조를 계속 유지시킬지는 몰라도 근원적으로 개선시키지는 못할 겁니다."

― 교도소라는 것이 있음으로써 범죄가 과연 줄어드는 것인지, 교도소가 없다고 해서 범죄가 늘어날까요.

"범죄자에 대한 처벌 방식도 그 사회가 갖는 모순구조를 그대로 반영합니다. 형벌의 내용과 종류가 그 사회의 구조적 모순의 양식을 닮는 것이지요. 사회의 구조적 모순과 갈등 요인이 과감하게 변혁되면 범죄에 대한 처벌의 내용과 방식도 달라질 수 있다고 생각합니다. 진정한 의미의 교육적 차원에서 그 사람을 새롭게 태어나게 할 수 있다고 봅니다."

─죄를 지은 사람을 사회로부터 격리시키는 것이 아니라, 그 사람을 사회에 복귀시키는 것, 다시 말해 죄수의 인간성을 유폐시키고 쇠락시키는 교도敎導 정책이 아니라 다시 스스로 일어서게 하고 스스로의 의식을 키우게 하는 정책을 의미하겠지요.

"지금은 하도 많은 사람들이 교도소를 다녀와서 잘 아는 이야기겠지만, 교도소의 감방마다 어딘가에 '유전무죄 무전유죄'라고 적어놓고 있습니다. 사실 교도소에 갇혀 있는 모든 죄수들의 죄를 다 합해도 교도소 바깥에서 활개치고 다니는 몇 사람이 저지르는 범죄보다 적을 거라고 재소자들은 주장하기도 하지요. 한 젊은 친구가 나에게 심각하게 질문했습니다. 자기 누이가 창녀인데, 목에 칼을 대고 하는 짓은 강간이고, 목구멍에 돈을 대고 하는 짓은 강간이 아니냐는 것이었지요."

─구조적 폭력이 때로는 합법이란 가면으로 치장되기도 하지요.

"1년에 땅값 상승으로 42조 원을 이익 보고 있다고 하는데, 이것은 폭력이 아니고 무엇입니까. 재소자들은 명쾌한 해답을 갖고 있습니다. 이들은 사실 관념에 얽매이지 않는 적절한 사고를 하고 있습니다. 적나라한 몸으로 세상을 살아가기 때문에 사회와 삶에 대해 적나라하게 볼 수 있는 눈을 갖고 있습니다.

한 할아버지 목수가 수필집을 읽었는데 그는 수필의 아름다운 표현에 현혹되지 않아요. 뭘 읽었느냐고 물었더니 땅 좁아서 꽃 못 심는다는 이야기 하고 있더라고 했습니다. 그 목수에게서 나는 큰 감명을 받았습니다. 흔히 우리는 집을 그릴 때 지붕부터 그려 내려가지요. 그런데 그분은 주춧돌부터 그려 올라가요. 이들은 개념구조나 논리구사에 있어서는 미숙하더라도 사고 자체는 아주 논리적이고 명확한 판단을 내리고 있습니다.

논리나 사상은 추상적 관념으로 이뤄지는 것이 아니라 현장에서 몸으로 부딪치면서 발로 설 때 이루어집니다. 이런 삶의 결론이 곧 사상이자 논리라고 하겠지요."

감옥에서 저술되는 위대한 고전들

— 교도소란 본질적으로 인간을 억누르는 국가권력의 합법적 폭력기구라고도 할 수 있는데 우리의 교도정책의 가장 반인간적이고 반인권적·전근대적인 것은 재소자들이 스스로의 생각을 마음대로 적을 수 없다는, 다시 말해 집필할 수 있는 기본권이 박탈되고 있다는 데 있지 않나요? 그곳 사람들도 자기의 의사를 표현할 수 있는 기본권을 갖고 있을 것인데 말입니다. 오늘 우리 사회의 정치범·사상범들이 집필을 할 수만 있다면 참으로 위대한 작품과 사상이 창출되었을 것이고 그것은 이 시대 민족사회의 엄청난 문화재가 되고도 남을 것입니다. 인간 본성의 정상적인 발전이

"정약용의 책을 읽으면서, 유배지에서
그렇게 집필할 수 있었다는 것이
참으로 부러웠습니다. 읽고 생각하고
그것을 글로 남길 수 있었다면 하는 아쉬움이 있습니다.
로자 룩셈부르크와 그람시, 우리의 신채호 선생이
감옥에서 위대한 저술을 해냈지요."

란 자기 표현을 통해 이루어지는 것 아닙니까.

"참으로 안타까운 현실입니다. 정약용丁若鏞, 1762-1836의 책을 읽으면서, 유배지에서 그렇게 집필할 수 있었다는 것이 참으로 부러웠습니다. 읽고 생각하고 그것을 정리해 기록했으면 하는 아쉬움을 징역을 살면서 늘 느꼈습니다. 이는 저뿐만 아니라 거기 있는 모든 사람들의 너무나 당연한, 본능적인 바람이지요. 로자 룩셈부르크Rosa Luxemburg, 1871-1919와 그람시Antonio Gramsci, 1891-1937, 우리의 신채호申采浩, 1880-1936 선생이 감옥에서 위대한 저작을 저술해냈지요.

글을 제대로 읽지도 못하게 하고 쓰지도 못하게 하는 우리 사회의 형행제도는 그 기본적인 성격이 무엇이라는 걸 짐작하게 합니다. 밖에 나와서 글을 쓰려니까 잘 안 돼요. 안에서도 늘 독서를 하긴 했습니다만, 독서라는 것도 독서한 내용을 서로 토론하고 집필하는 과정으로 연결될 때 독서다운 독서가 되겠지요. 학술적·현실적 실천과 연계되는 독서가 진정한 독서입니다. 독서를 위한 독서, 실천과 유리되어 있는 인식이 무슨 의미가 있겠습니까."

—신 선생의 감옥생활의 중·후반기로 오면서 더 많은 사람들, 특히 젊은이들이 대거 감옥으로 가게 되지요. 응원군을 만난다는 기분이었을까요. 덜 외롭기도 하고.

"그동안 내가 바깥에 대해서 단편적으로 들었던 것을 이들을 통해 정리하게 되지요. 거기 있으면서 자기 생각이 녹슬지 않게 늘 노력을 하게 되는데, 운동권 출신의 신입들로부터 지금까지 갖고 있던 생각을 확인하는 것 같기도 하고, 또 고무받게 되지요."

―당초 형량을 얼마나 선고받았나요.

"나는 군법회의 1·2심에서 사형선고 받고 대법원에서 파기환송되어 고법에서 무기징역으로 확정되었습니다. 무기징역으로 있다가 가석방되어 나온 것입니다."

―왜 가석방시켜주었나요.

"특별한 이유는 없고, 오래 있으니까 내보내준 것이지요. 대개 일반수인 경우 초범이면 14, 5년 있으면 내주고 사상범인 경우는 20년이 되면 내보내주지요. 그러나 전향이란 형식을 밟아야 합니다."

―무기징역 받고도 희망이 있던가요.

"모든 사람들이 어떤 경우에도 희망을 버리지는 않아요. 바깥에 나가면 뭘 하고 어떻게 될 거라는 환상까지 포함한 희망을 여전히 갖고 살지요. 나의 경우 오랜 세월 여기 살아야 한다고 생각되었기 때문에, 나간다는 희망 그것보다 여기 있는 사람들과 더불어 살면서 배운다는 사실이 훨씬 더 자신을 지탱하는 데 큰 희망이 되어주었습니다. 공장에서 전혀 새로운 사람들과 같이 작업을 한다든가 뜨거운 인간관계를 맺는다든가, 자신의 관념적인 껍질을 하나하나 벗겨내는 체험을 하면서 그날그날 살아간다는 것은 아득한 희망에 매달리는 것보다 훨씬 더 생동감 있게 스스로를 견뎌내게 했습니다."

감옥도 현실로부터 완전히 소외된 곳이 아니었다
　—신 선생의 『감옥으로부터의 사색』을 읽으면서 저는 삶의 소중함을 느끼면서도 절망감이랄까 슬픔 같은 걸 느꼈습니다.

"저는 그것들이 책으로 엮여지리라는 걸 전혀 생각 못 했고, 또 그걸 위해 쓰지도 않았습니다. 다만, 감옥에 있는 동안 내가 어떤 생각들로 부대꼈는지를 어떤 형태로든 기록해야 되겠다고 마음먹고, 유일한 집필형식인 편지를 통해 나의 생각을 적어보았던 것입니다. 짧은 이 편지들을 읽어보면서 나는 수많은 사람들의 얼굴을 떠올릴 수 있습니다. 몇 줄 안 되는 편지 속에서 나는 같이 살았던 사람들의 삶의 역사를 이끌어낼 수 있습니다."

　—신 선생의 그 20년이란 세월은 한국현대사의 중요한 시기라고도 할 수 있습니다. 그 20년 동안 이 나라 이 사회의 민주주의 운동이 치열하게 전개됩니다.

"참으로 중요한 역사적 격동기에 나는 본의 아니게 감옥으로 들어가게 되어, 크게 보아 역사적으로 참여하게 되지만, 현실적으로 참여하지 못한 아쉬움이 있습니다. 감옥이라는 것이 현실로부터 완전히 소외된 장은 아니고, 어떻게 보면 이 시대의 한복판이라고도 느껴지기는 하지만, 현실적으로는 그 운동 속에서 실천적으로 연대하지 못했지요. 그러나 감옥으로 몰려온 수많은 사람들

"역사에서 시대구분을 하듯이,
나 개인에게 1988년 8월 15일의 출소는
내 인생의 시대구분을 하는 계기가 되었지요.
나 개인의 8·15라고 할까요.
우리 민족사회에 8·15가 불완전한 것처럼
나 개인에게도 불완전한 8·15입니다."

과 오히려 더 긴밀하게 관계를 맺었다는 것은 나에게 소중한 생의 자산입니다. 많은 사람들을 맞고 내보내고, 마치 교도소 주인처럼 있다가 나왔지요."

─감옥 밖으로의 첫발을 디디면서 어떤 감회가 오던가요.

"역사에서 시대구분을 하듯이, 나 개인에게 1988년 8월 15일의 출소는 내 인생의 시대구분을 하는 계기가 되었지요. 나 개인의 8·15라고 할까요. 우리 민족사회에 8·15가 불완전한 것처럼 나 개인에게도 불완전한 8·15입니다."

개인의 변혁도 사회적으로 이루어지는 것
─20년 만에 다시 만나게 되는 친구들로부터 뭘 느끼게 되었나요.

"나는 관념적이든 창백했든 지식인의 사고를 갖고 있다가 전혀 인연이 없던 재소자들의 사회, 우리 사회 밑바닥의 소외된 동네에서 20년이란 세월을 살았던 것인데, 이 기간 나는 의도적으로 자기개조·자기변혁을 시도했습니다. 이들과 더불어 어울리면서 나의 관념성을 척결하고 뜨거운 현실성과 구체성을 획득해보겠다는 노력을 의식적으로 했는데, 20년을 그 속에 있다가 나와서 만나본 옛날 친구들은 외형은 많이 변했지만 그 의식구조는 별로 변한 것 같지 않았습니다. 사람들이 참 달라지기 어렵다, 자기자신을 변혁시키고 개조시켜 나가는 것이 참으로 어렵다는 걸 느꼈습니다.

나의 경우를 투사해도 마찬가지입니다. 징역 들어가기 전과 징역살다 나온 이후 나는 과연 달라진 것이 무엇이냐는 의문을 갖게 됩니다. 개인적인 차원에서의 인간의 변혁은 분명히 한계가 있다는 겁니다. 자기를 어느 동네, 누구의 이웃에, 어떤 문제 속에 세우느냐에 따라 그 변혁은 비로소 새로운 가능성을 확보하게 되고 완성된다는 겁니다. 한 개인의 변혁이란 결국 사회적으로 이루어지는 것이지요."

— 오늘의 사회운동·민족운동에 대해서 느끼는 바가 있다면.

"궁극적으로 사람의 생각이 달라져야 한다는 것이지요. 운동이란 방법과 과정 그 자체가 목적과 연결되어 있는 변증법적 구조라고 할 수 있겠지요. 목적이 수단을 합리화시켜주는 것은 아닙니다. 목적과 수단은 통일되어야 합니다. 목적과 수단의 통합은 우리가 늘 당위를 강조하면서도 쉽게 이루어지지 않는 운동의 대중성을 담보해낼 수 있기 때문입니다."

신영복 선생과의 인터뷰는 월간 『사회와 사상』 1989년 11월호에 게재됐다. 그에겐 '20년 감옥살이'를 이 사회에 본격적으로 이야기하는 최초의 기회였다.

'더불어' 구성되는 '관계' 속에서

신영복의 생애는 세 단계로 나눌 수 있다. 1941년에 태어나 1968년 구속되기까지 27년이 제1기라면, 1968년부터 1988년까지의 감옥생활 20년이 제2기이고, 다시 2016년 서거하기까지

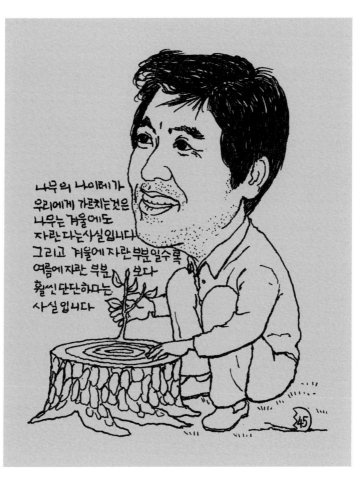

나무의 나이테가
우리에게 가르치는것은
나무는 겨울에도
자란다는사실입니다
그리고 겨울에자란부분일수록
여름에자란 부분 보다
훨씬단단하다는
사실입니다

신영복의 생애는 세 단계로 나눌 수 있다.
1941년에 태어나 1968년 구속되기까지 27년이 제1기라면,
1968년부터 1988년까지의 감옥생활이 제2기이고,
다시 2016년 서거하기까지 28년이 제3기다.
출소한 이듬해부터 성공회대학의 교육자로
저술가로 강연자로 빛나는 삶을 실천한다.
반쪽이의 일러스트

28년이 제3기다. 출소한 이듬해부터 성공회대학교에서 교육자로 저술가로 제3기의 빛나는 생을 실천하기 시작한다. 감옥에서의 사색을 현실에서 승화시키는 삶이었다. 한 시대에 살아 있는 정신과 사상을 이 땅의 젊은이들에게 심어주는 것이었다. 감옥에서의 '사색'을 대중적으로 확장하는 운동적 삶이었다. 그러다 비교적 이른 나이에 세상을 떠났다.

신영복은 『감옥으로부터의 사색』과 더불어 여러 형식의 책을 남겼다. 『강의: 나의 동양고전 독법』 『나무야 나무야』 『더불어 숲』 『담론: 신영복의 마지막 강의』 『변방을 찾아서』 『손잡고 더불어: 신영복과의 대화』 『냇물아 흘러흘러 어디로 가니: 신영복 유고』 등이다. 강의·강연·신문연재·대담 등으로 구성되고 있다. 그는 이들 책에서 '관계' '더불어' '변방' '숲'의 정신과 사상을 펼친다.

신영복은 '인생의 책'으로 『논어』와 『자본』과 『노자』를 꼽았다. 『논어』는 인간주의의 선언이고 『자본』은 자본주의 사회구조에 관한 이론이며 『노자』는 자연에 대한 최고의 담론이라고 했다. 『논어』와 『자본』은 인간과 사회의 '관계'를 그 중심주제로 삼는다.

"모든 존재는 고립된 불변의 존재가 아니라 수많은 관계 속에 놓여 있고, 그러한 관계 속에서 비로소 정체성을 갖게 됩니다. 정체성이란 내부의 어떤 것이 아니라 자기가 맺고 있는 관계를 적극적으로 조직함으로써 형성되는 것입니다. 관계의 조직은 존재를 생명으로 탄생시키는 실천입니다."

신영복은 감옥에서의 만남과 사색을 통해 인간세계란 개별적 존재들의 집합체가 아니라 더불어 연결되는 '관계'임을 각성한다. 관계는 "슬픔과 기쁨의 근원"이다. "기쁨도 관계로부터" 온다. "양심이라는 것도 타인에 대한 고려"다. 타인과의 관계에 대한 고려다.

"자본주의 사회에서의 인간관계란 일회적인 화폐관계로 획일화되어 있습니다. 인간관계가 소멸된 상태입니다. 서로 보지 못하고, 만나지 못하고, 알지 못하기 때문입니다. 모든 사람이 타자화되어 있습니다. 우리 시대의 삶은 서로 만나서 선線이 되지 못하고 있는 외딴 점點입니다. 장場을 이루지 못합니다."

신영복의 '관계'에 관한 인식은 '더불어'를 가능하게 하는 조건이고 역량이다. '더불어'가 세상을 아름답게 만들 수 있다.

"개인을 단위로 하여 자신을 개조하려는 모든 노력은 결국 실패할 수밖에 없습니다."

신영복은 '나'가 아니라 '우리'를 생각한다. 『사색』의 편지들에서 그는 늘 '우리'라고 표현하고 있다.
'숲'은 '관계'의 절정이다. '더불어'의 미학이다. 한 그루의 나무가 아니라 여러 나무들이 숲을 이루어 더 아름답다. 그 숲의 합창은 웅장하다.
우리 조상들은 숲의 합창을 '송뢰'松籟라 했다. 나는 어린 시절 고향 뒷산의 소나무 숲이 들려주는 그 음향 송뢰가 좋았다. 우리의 영혼을 맑게 한다. 그 고향 뒷산에 올라 송뢰를 들을 때 나는 행복했다.

그는 『사색』에서 함께 살아가는 '숲'을 이야기하고 있다.

"한 그루의 나무가 되라고 한다면
나는 산봉우리의 낙락장송보다
수많은 나무들이 합창하는
숲속에 서고 싶습니다."

그의 '숲'은 우리에게 노래가 되고 선언이 되었다.

"더불어 숲.
나무가 나무에게 말했습니다.
우리 더불어 숲이 되어 지키자."

한길삼천리, 더불어 한길

신영복 선생은 『사회와 사상』에 인터뷰가 실린 후 나에게 서예 작품 '한길삼천리'를 해주었다. 나는 '한길삼천리'가 나에게 주는 서예 작품이기도 하지만 이 민족의 통일을 염원하는 그의 철학적 메시지로 느껴졌다. 다시 2006년 '더불어 한길'을 해주었다. "좋은 책, 아름다운 사람, 인간적인 사회, 훌륭한 역사를 지향하며 더불어 함께 해온 한길사의 30년을 축하합니다"는 발문을 덧붙였다. '꽃이 되어 바람이 되어'를 새긴 전각은 한 편의 시가 되어 나의 가슴을 따뜻하게 한다.

책 만드는 일이란 동시대인들과 더불어 함께 펼치는 정신운동일 것이다. 신영복 선생은 한길사의 책 만드는 젊은 친구들을 격려하고 싶었을 것이다. 고향 후배이자 학교 후배인 나에게 더불어 좋은 책, 아름다운 사람, 인간적인 사회, 훌륭한 역사를 지향하며 더불어 함께 해온 한길사의 삼십년을 축하합니다. 서울 백발 신 재

1989년 『사회와 사상』에 인터뷰가 실린 후
신영복 선생은 서예작품 '한길삼천리'를 선물해주었다.
다시 1996년 한길사 창립 30주년 기념휘호
'더불어 한길'을 해주었다.

정신을 이야기해주고 싶었을 것이다. 더불어 함께 걷는 한길!

변방은 새로운 역사의 중심

대학에서 시작한 신영복의 서예는 감옥에서 더 연찬함으로써 '신영복체'를 구현해낸다. 의미 있는 공간이 그의 한글 서예로 의미가 깊어진다. 그의 편안한 서예는 한국인들에게 친구처럼 다가온다.

그에게 저술과 서예는 하나다. 그에게 서예는 자신의 삶과 인문정신을 담아내는 일용의 그릇이다. 더불어 함께하는 정신이고 실천이다.

"일껏 붓을 가누어 조신해 그은 획이 그만 비뚤어버릴 때 저는 우선 그 부근의 다른 획의 위치나 모양을 바꾸어서 그 실패를 구하려 합니다. 실상 획의 성패란 획 그 자체에 있지 않고 획과 획의

'관계' 속에 있다고 이해하기 때문입니다.

하나의 획이 다른 획을 만나지 않고 어찌 제 혼자서 '자'字가 될 수 있겠습니까. 획도 흡사 사람 같아서 독존獨存하지 못하는 '반쪽'입니다."

신영복은 '변방'의 정신과 사상이다. 변방에서 새로운 역사를 준비한다.

"인류사는 언제나 변방이 역사의 새로운 중심이 되어왔다. 역사에 남아 사표師表가 되는 사람들 역시 변방의 삶을 살았다. 우리는 왜 문명이 변방으로 이동하는지에 대해 고민해야 한다. 그것은 변방에 대한 즉물적 이해를 넘어 그것의 동학動學을 읽어내는 것이기도 하다.

동학은 운동이고 운동은 변화다. 문명도 생물이어서 부단히 변화하지 않으면 존속하지 못한다. 모든 살아 있는 생명은 부단히 변화한다. 변화하기 때문에 살아 있는 것이다.

중심부가 쇠락하는 가장 큰 이유는 변화하지 못하기 때문이다. 변방이 새로운 중심이 되는 것은 그곳이 변화의 공간이고, 창조의 공간이고, 생명의 공간이기 때문이다.

중요한 것은 변방이 공간적 개념이 아니라는 사실이다. 변방은 변방성, 변방의식의 의미로 이해되어야 한다. 비록 어떤 장세場勢의 중심부에 위치하고 있는 경우라도 모름지기 변방의식을 내면화하는 자세가 필요하다.

변방의식은 세계와 주체에 대한 통찰이며, 우리가 갇혀 있는 틀을 깨뜨리는 탈문맥이며, 새로운 영토를 찾아가는 탈주脫走 그 자체다. 변방성 없이는 성찰이 불가능하다."

'가슴의 이야기'에 귀 기울이기

감옥으로부터의 그의 '사색'은 그가 세상을 떠났지만 오늘의 우리들에게 여전히 깊은 감동으로 다가선다. 30년 전에 천명한 그 육성도 여전한 울림으로 우리를 각성시킨다.

신영복의 글과 말은 21세기를 사는 우리들에게 '더불어 정신'이고 '여럿의 숲'이다. 더불어 손잡고 걸으면 멀리 갈 수 있다. 그의 성찰, 그의 글과 말은 우리 모두의 관계 속에서 살아 있다. 편안하고 따뜻한 말과 글, 정신과 사상은 우리의 숲이다. 우리가 신영복을 그리워하는 이유다.

"한 사람의 사상의 중심에 있는 것은
가슴heart이라고 했습니다.
가슴에 두 손을 얹고
조용히 반성하자고 해왔던 것입니다.
가슴을 강조하는 것은
가슴이 바로 관계의 장場이기 때문입니다.
모든 것을 아우르는 거대한 장이
다른 곳이 아닌 바로 가슴이기 때문입니다.
이성보다는 감성을
논리보다는 관계를 우위에 두고자 한다면
우리는 이 '가슴'의 이야기에
귀 기울이지 않을 수 없습니다."

3 | 역사와 역사정신

"옛 책이라고 하여 다 고전이 아니다. 역사를 통하여 여과된
고전만이 고전이다. 읽는 사람의 눈을 통하여 가슴에 와 닿을 때
비로소 고전의 값을 한다. 독자에 의한 고전의 발견이다."
_ 이우성

"지식인이란 이성의 힘을 갖는 사람들이다. 70년대 이후
한국의 지식사회와 지식산업은 질적으로 변화한다.
지식인은 한 시대 한 공동체의 희망을 조직하는 존재다."
_ 김진균

"역사를 모르면 미래를 열어갈 수 없어요.
6·25전쟁으로 얼마나 많은 사람들이 죽고 나라와 가정이
파탄났습니까. 그래서 더 이상 전쟁을 하지 말자는 것이지요."
_ 이이화

"농토를 가꾸는 사람은 남에게 보이기 위해 땀을 흘리는 것이
아니라, 자신의 마음속에 있는 지모地母에 대한 애정과
조물주에 대한 감사의 마음 때문에 땀 흘리며 일하는 것이다."
_ 최영준

식민지사관 극복 않고는 민족사학 불가
상아탑에 갇혀 있지 않은 민족사학자 이우성 선생

심산의 조국애와 투철한 선비정신

1980년부터 1982년에 걸쳐 한길사는 '한국근대사상가선집' 전 6권을 펴낸다. 나는 일제강점기에 온몸 온 마음으로 민족독립운동에 헌신한 사상가·실천가들의 정신을 동시대인들과 함께 읽고 싶었다. 『한용운』안병직 편, 『신채호』안병직 편, 『김구』송건호 편, 『박은식』이만열 편, 『김창숙』이우성 편, 『조소앙』강만길 편이 그 책들이었다. 일제경찰의 고문으로 앉은뱅이가 된 심산 김창숙 선생은 이우성李佑成, 1925-2017 선생의 학문과 실천에 살아 있는 독립운동가이자 사상가였다.

"위대한 조국애와 투철한 선비정신으로 일생을 살다 가신 심산 김창숙 선생은 이 땅에 숭고한 인간상을 심어놓았으며, 성균관대학의 창설자 및 초대총장으로 우리나라 대학교육의 발전에 그 이념과 방향을 정립해주신 구원의 사표이기도 하다.

심산은 민족주의자로 자명自命했다. 민족의 독립을 위해 생애를 바친 일과 일제에 대해 비타협·불복종은 말할 필요도 없고, 해방 후에는 민족분열을 방지하기 위해 독자적인 노선을 천명했고, 분단에 대한 통한과 통일에의 염원을 잠시도 잊지 못했다."

심산의 민족주의는 유학의 대의명분론에 깊이 뿌리박고 있다. 일제에 타협·복종할 수 없다는 것도, 민족과 국토가 분열·대립해서는 안 된다는 것도 심산에게는 대의명분론에 속한 지상의 원칙이며 도덕률이었다. 여기에는 어떤 조그마한 양보도, 어떤 방편도 있을 수 없었다. 『김창숙』에 실린 『벽옹躄翁 73년 회상기』는 심산 선생이 73세에 집필한 회고록으로 일제강점기 국내외 독립운동의 이면사이자 8·15해방 정국의 정치적 대립과 혼란의 생생한 증언으로, 심산 선생의 선명한 의리관에 기준을 둔 인물평은 오늘 우리들에게 강렬한 메시지가 된다.

이우성은 1947년 22세 청년으로 심산 선생을 만난다. 성균관대학 총장을 맡고 있던 심산은 성균관대에서 동양철학을 담당할 적임자를 찾고 있었다. 이우성의 공부가 대단하다는 말을 전해 듣고 그를 불렀다. 심산은 "자네가 이우성인가. 교수가 되기엔 너무 어리니 우리 대학에 학생으로 입학해두게" 했다. 나이도 나이지만 대학 학력도 없었으니 심산의 반응은 당연했을 것이다. 이우성은 교수가 아닌 학생이 되라는 데 마음이 상했지만 "밟아야 할 절차라고" 생각했다. 대학에 적을 둔 이우성은 얻을 것이 없는 데다 토지개혁을 앞두고 생활도 막연해서 고향 밀양으로 내려갔다. 밀양중학교와 부산중고등학교에서 학생들을 가르쳤다.

6·25가 터졌다. 수도가 부산으로 피란왔다. 성균관대는 이우성이 교사로 재직하는 부산고 가건물에 더부살이하는 형편이었다. 낮에는 교사, 밤에는 학생 노릇하는 일이 이우성에게 벌어졌다.

단재는 또 하나의 정신의 기둥

이우성에게 또 하나의 정신의 기둥은 단재 신채호丹齋 申采浩,

민족사학자 이우성에게
단재 신채호 선생과 심산 김창숙 선생은
그의 정신적·사상적 두 기둥이었다.
단재상과 심산상을 통해
민족정신을 바로 세우고자 했다.

¹⁸⁸⁰⁻¹⁹³⁶였다. 1985년 10월, 나는 이우성 선생을 뵙고 단재의 민족독립정신과 역사정신을 오늘에 다시 세우는 무엇을 해보자는 의논을 드렸다. 선생도 이미 심산상과 함께 단재상을 구상하고 있었다. 그리하여 1986년 단재 선생 순국 50주년을 맞아 이우성·변형윤·강만길 교수가 이끄는 단재상이 시작되었다.

"역사란 무엇인가. 인류사회의 아我와 비아非我의 투쟁의 시간부터 발전하며 공간부터 확대하는 정신적 활동의 상태의 기록이니, 세계사라 하면 세계 인류의 그리 되어온 상태의 기록이며, 조선역사라면 조선민족의 그리 되어온 상태의 기록인 것이다.

무엇을 '아'라 하며, 무엇을 '비아'라 하는가. 무릇 주제적 위치에 선 것을 아라 하고 그밖에는 비아라 하는데, 이를테면 조선사람은 조선을 아라 하고, 영국·미국·프랑스·러시아 등을 비아라 하지만, 영국·미국·프랑스·러시아 등은 각기 제 나라를 아라 하고 조선을 비아라 하며…"

위대한 민족사학자 단재 신채호 선생은 그의 『조선사 총론』을 이렇게 시작한다. 단재 신채호! 일편단심으로 조국의 해방을 위해 투쟁하던 선생은 1936년 2월 21일 오후 4시 20분, 한겨울의 차디찬 뤼순旅順 감옥에서 순국했다. 향년 57세였다. 단재 선생이 순국했다는 비보를 접하고 심산 선생은 "단재의 죽음으로 나라에 정기正氣가 쓰러졌다"고 통탄해했다.

단재 선생은 이 땅의 젊은이들에게 민족정신·역사정신을 심어주는 강렬한 빛이고 에너지였다. 연구실로부터 분연히 일어나 항독 레지스탕스 운동에 가담했다가 1944년 나치에 체포되어 총살당한 역사가 마르크 블로크^{Marc Bloch, 1886-1944}로 프랑스의 역사정신이 살아 있다면 우리에겐 단재 선생이 있어 우리의 민족정신이 살아 있다. 비슷한 시기에 순국하는 신채호와 마르크 블로크는 공간을 뛰어넘어 늘 살아 있는 인류의 양심이자 역사정신일 것이다. 민족사학자 이우성은 심산 선생과 단재 선생의 정신과 사상을 기리는 일을 자신이 해내야 할 과제라고 생각했다.

시는 민족과 더불어 성장한다

1982년 4월 한길사는 임형택·최원식 편으로 『한국근대문학사』를 펴낸다. 60년대 이후 고조된 민족적 각성과 민주화 운동으로 개안된 '민족주체적인 시각'으로 우리 근대문학사를 새롭게 인식하는 것이었다. 나는 이 책에 실린 이우성 선생의 「고대시와 현대시의 교차점」을 주목해서 읽었다. 1962년에 발표된 글이었다.

"시는 민족과 더불어 성장한다. 시인은 민족의 고난을 몸으로 체험하며 시를 생산해야 한다.

국토는 자연적인 존재가 아니고 대중의 실천·노동에 의하여 변혁된 역사적 존재다.

우리 시도 이제 향토의 좁은 테두리를 벗어나, 향토조의 소극적 영탄에서 지양되어, 약동하는 맥박을 그의 리듬으로 삼아야 할 것이다."

나는 그 무렵 동시대인들과 함께 우리 민족의 빛나는 역사를 공부하면서 국토와 산하를 답사하는 역사기행을 구상하고 있었다.

"현대의 역사학이 창조적이며 능동적인 학문으로
현실 타개에 공헌하려면, 느끼고 생각하는 사람으로서
'나'의 주체가 '역사'의 주체로서의 위치에 서게 될 때
그 역사의 기술은 개인의 것이 아닌
역사 그 자체의 상으로 형성될 수 있다."

선생은 나의 역사강좌·국토기행 기획에 큰 관심을 표했다. 퇴근 길에 삼성동 자택에 들른 나에게 민족이 살아온 발자취, 민중의 삶과 정서를 다양한 시각과 방법으로 인식하는 국토운동은 중요 하고 필요하다고 했다. 1983년에 출간되는 박태순朴泰洵, 1942-2019 의『국토와 민중』을 계기로 우리 역사와 국토를 함께 답사하는 한길역사기행이 1985년부터 진행되는 것이었다. 단재 선생의 역사 정신·민족정신은 우리 국토에 굳건히 뿌리내리고 있었다.

1982년 8월 창작과비평사가 출간하는『한국의 역사상』이우성저 작집·1은 문·사·철을 아우르는 이우성의 학문과 지성의 넓이와 깊이를 보여준다. 나의 독서편력에 자리 잡고 있는 한 권의 책이 되었다.

"현대의 역사학이 창조적이며 능동적인 학문으로 현실 타개에 공헌하려면, 느끼고 생각하는 사람으로서 '나'의 주체가 역사의 주체로서의 위치에 서게 될 때 그 역사의 기술記述은 개인의 것이 아닌 역사 그 자체의 상像으로 형성될 수 있다. 이것은 고뇌에 차 있는 역사의 행정行程 속에 인간의 주체적인 참여와 그 지향指向의 일치를 의미하는 것이다."

이우성의 역사학은 '민족사학'이다. 그러나 그의 민족사학은 관념적·국수적인 사학을 경계했다. 민족사의 진취적·역동적 지향을 늘 염두에 두었지만 과학적인 사회관계의 분석을 통한 민족사의 정립을 강조했다. 학문의 주체성, 학문하는 자의 주체적인 자세는 사학자 이우성의 확고한 문제의식이었다.

"지금 이곳의 현실을 여하히 인식하느냐 하는 것은 오늘을 사는 이 땅의 역사학도에게 주어진 가장 절실한 과제다."

근대와 세계의 발견

이우성은 경남 밀양의 퇴로退老라는 마을에서 1925년에 태어났다. '문한'文翰과 '부'富를 함께 누리는 양반가문이었다. 부친은 '개명開明적 지주형' 인사였다. 일제하 한국인으로 가장 큰 규모의 누에종자 제조업을 경영했다. 그럼에도 집안에서는 "조부의 유훈을 받들어" 이우성을 끝내 학교에 보내지 않았다. 일제가 강요했던 교육과정을 이수하지 않고 가문의 각별한 관심하에 '독선생'의 가르침을 받았다.

증조부 항재공恒齋公, 李翊九: 1838-1912과 조부 성헌공省軒公, 李炳憙: 1859-1938은 유학자이자 역사가였다. 항재공은 사론적 성격의 『서고독사차기』西皋讀史箚記를 저술했고, 성헌공은 조선조의 역사를 기술한 『조선사강목』朝鮮史綱目을 저술했다. 『조선사강목』은 숙종에서 중단된 미완의 대작이었다. 『조선사강목』을 완성하는 것이 그 손자에게 주어진 임무였다.

문중이 근대적인 학교인 정진의숙正進義塾을 설립해 운영하고 있었다. 서울이나 일본에서 유학을 하는 친척들이 여럿 있었지만 유독 이 손자는 전통적인 공부를 해야 했다. 조부가 돌아가시면서 "글공부를 중단하지 말고 방향도 바꾸지 말라"고 했다. '조부의 유훈'은 '가학의 계승'이었다. 그러나 1943년 이우성은 퇴로 본댁에서 얼마 떨어지지 않은 서고정사西皋精舍의 문을 열고 집으로 거처를 옮겼다.

조부의 유훈을 지켜나가기가 불가능한 현실이 눈앞에 펼쳐졌

이우성은 경남 밀양의 퇴로 마을에서 1925년에 태어났다.
문한과 부를 함께 누리는 양반가문이었다.
선생은 진보적 민족사학을 일으켜 세웠다.
불의와 결코 타협하지 않는 사림 정신을 실천했다.

다. 일제의 식민통치가 강화되었다. 조부의 『조선사강목』 사초史草를 압수당했다. 형사들이 산장에 들이닥쳐 그의 한시문 습작물까지 탈취해갔다. 부친이 경남경찰부 고등과에 구속되었다.

이우성은 드디어 집 안에 소장된 만 권의 책에서 근대적 지식을 만나게 된다. 량치차오梁啓超, 1873-1928의 『음빙실문집』飮氷室文集을 '발견'한다. 집안 어른들이 '정통의 공부'를 하는 손자의 눈길이 닿지 않도록 치워두었던 책이다. 손자 이우성은 이 책을 "밤을 새워가며 읽었다." 근대의 발견이었다. 『음빙실문집』은 20세기 초 동아시아의 근대계몽기 지식인들에게 큰 영향을 미친 책이었다.

일본에 유학하다가 학병으로 끌려간 자형이 보던 역사·철학책들을 보내와서 "서양에 관한 지식, 현대에 관한 지식을 나름대로 섭취할 수" 있었다. 사회주의 사상과 유물론적 사관에 대한 이해도 점차 갖게 되었다. 『이우성 저작집 8』에 실린 '자찬연보'와 김시업 교수가 엮은 '벽사碧史 이우성 선생 연보', 이이화李離和, 1937-2020 선생과의 대담 「선비정신을 구현한 역사학자」에서 이우성은 그 자초지종을 밝히고 있다.

전두환 신군부 비판하는 교수 361인 선언 주도

이우성은 1960년 4월혁명에 이어지는 '학원의 민주화' 운동에 가담했다는 이유로 1961년 동아대학교에서 해직되었다. 이를 계기로 성균관대로 옮긴 선생은 60년대 중반에는 박정희 정권의 졸속한 한일회담을 비판하는 역사학회의 성명을 주도한다.

이우성은 다시 1980년 전두환 신군부를 비판하는 '교수 361인 선언'을 주도한다. 이 일로 합동수사본부에 잡혀가서 10여 일 조사받는다. 4년 동안 '해직교수'가 된다.

그러나 선생은 한국사 연구를 진전시킨다. 고려시대사 연구에 몰두하여, 신라 때부터 토지의 사적 소유가 있었다는 실증적 근거를 제시함으로써 일본 학자들이 중국과 일본에는 토지의 사적 소유가 있었지만 조선에는 없었다는 관점을 뒤집는다. 발해를 민족사 안으로 끌어들인다. 신라와 발해는 한 민족으로서 '남북국시대'를 전개했다는 연구다. 이는 분단시대를 살고 있는 오늘의 현실에서 통일을 추구하는 민족사관이었다. 실학의 연구에 몰두하여, 실학파가 추구한 개혁사상을 '내재적 발전론'으로 정립했다. 근대로의 지향을 실학의 시기로 잡아 자본주의 맹아론을 도출했다. 그의 연구실 이름을 '실사구시'實事求是에서 따와서 '실시학사'實是學舍라고 이름했다.

"나는 역사를 공부할 때부터 식민지 사관에 정면으로 도전하고 극복하지 않고서는 우리 민족의 사학이라는 것이 성립될 수 없다는 생각을 했지요. 그런데 역사를 공부하면서 실제로 느낀 것은 다른 사람들은 그렇게들 생각하지 않는다는 거였어요. 일제를 비판하면서도 일본사람들이 근대적인 실증방법을 통해서 우리나라 역사를 연구했고, 많은 성과를 이루었다면서 그대로 따르고 있어요. 우리 실학파 학자들, 추사 김정희秋史 金正喜, 1786-1856라든가 단재 신채호의 이름은 거론조차 안 되었어요. 나는 어릴 때부터 성호 이익星湖 李瀷, 1681-1763이나 다산 정약용 이야기를 들었기 때문에 깊은 지식은 없었지만, 우리나라에도 이런 전통이 있었구나 했지.『고려사』원전과 기타 자료들을 보니 토지공유·토지국유라고 단정할 수 없는 근거들이 나온단 말이야. 고려시대에도 민간에서 토지를 사고파는 경우가 있었어.

나는 처음부터 민족구성원의 대다수를 차지하는 민중이 주체가 되어야 진정한 민족사관이라고 생각해왔어요. 특히 민족서사시를 쓸 때는 어디까지나 민중의 입에서 입으로 전해 내려오는 이야기 속에서 민중의 심리가 귀일됐다는 사실을 강조했습니다. 이규보李奎報, 1168-1241가 동명왕東明王, BC 58-BC 19 이야기를 하면서, 어리석은 지아비와 지어미들이 입에서 입으로 전해 내려온 것들을 보면 이것은 몇몇 글쓰는 사람이 만들어낸 이야기가 아니라 실제로 있었던 일이 아닌가, 이것을 시로 짓는다고 했습니다.

몽골이 쳐들어왔을 때 30년 항전할 수 있었던 것은 무신정권이 잘했기 때문이 아니라, 민중이 북방 오랑캐들을 막아내고 나라와 우리 문화를 지켜내야겠다는 의지가 강렬했기 때문에 가능했다고 봐요. 나는 그래서 '위대한 민족의 수난기'라고 합니다. 그 위대함이란 당시 민중들이 과감하게 일어나서 싸운 데 있지. 위대하다는 것은 전 국토가 잿더미가 되어도 굴복하지 않고 곳곳에서 민중들이 영웅적으로 투쟁했다는 것이지."

기철학에 신기원을 이뤄낸 최한기

1985년 10~11월에 진행된 제2기 한길역사강좌 주제는 '한국의 사회사상'이었다. 이우성 선생은 '한국사상사를 어떻게 볼 것인가'를 강의했다.

"19세기 초·중엽은 근대로 이행해가는 과도기에 해당합니다. 이 시기 우리나라의 중세봉건적 사회가 급속도로 해체과정에 들어가면서, 근대를 지향하는 주체세력이 아직 역사의 담당자로서

이우성 선생은 일찍부터 우리 고전의
의미와 가치를 발견해냈다.
국내외에 흩어져 있는 책들을 모아
정리하고 소개하는 작업을 했다.

자기를 성숙시킬 준비가 안 되어 있었던 반면, 서양 자본주의의 거센 물결이 각일각 핍박해오던 때였습니다. 이 세기의 심각한 위기의 역사적 대전환 앞에 고심하는, 민족의 이성을 대변했던 개명적 지식인들이 나타나고 있었습니다. 최한기崔漢綺, 1803-1877가 그 예가 됩니다. 최한기는 종래의 실학파 학자들과 인적 맥락은 닿지 않으면서도 실학시대의 사상적 조류의 마지막 도미掉尾를 장식하는 대업적을 남겼습니다.

최한기는 '기'氣철학에 신기원을 기록했습니다. '기'는 그의 우주관·역사관 및 정치·사회적 견해 일체의 기초이자 시발점입니다. '대기운화'大氣運化와 '통민운화'統民運化의 조화 내지 양자의 완전일치를 통하여 국가·사회, 나아가 인류 전체의 이상적 생활질서와 무궁한 발전이 가능하다고 보았습니다. '대기운화'는 대자연의 운동법칙을 구현시켜 나가는 우주 그 자체며, '통민운화'는 민상民像 즉 인류생활의 통섭되어 나가는 역사·사회의 운동과정 그것을 의미한다고 했습니다. 최한기는 역사·사회의 운동과정에서 인간의 주체적 노력을 적극적으로 평가했습니다. 그의 이러한 사상은 그의 역사관을 진보주의로 방향짓게 합니다."

『한국고전의 발견』 출간

1995년 한길사는 이우성 선생이 1960년대부터 천착한 우리 고전 연구를 집성시키는 『한국고전의 발견』을 펴냈다. 나는 사진작가 황헌만의 컬러사진을 곁들여 큰 책으로 번듯하게 만들었다. 출판인에겐 우리 민족이 창출해낸 고전을 제대로 해석하고 발견해내는 일이 당연한 과제로 주어질 것이다.

1995년 한길사는 이우성 선생이 젊은 시절부터 천착한 우리 고전에 대한 글들을 집성시킨『한국고전의 발견』을 펴냈다. 젊은 세대에게 우리 고전의 가치와 사상을 알리려 했다.

　"물질만능의 풍조 속에 굳건히 자기를 지켜가며 민족과 사회의 기강을 바로잡을 지주支柱가 될 수 있는 품위 있는 학자·지식인이 지금 어느 시기보다 절실히 요망된다. 우리 조상들의 심오한 철학적 사색과 격조 높은 시문학의 정서가 담겨 있는 고전을 먼 거리에 둔 채 가까이 하려 하지 않는다."

　이규보·이승휴李承休, 1224-1300의『고려명현집』부터 이황李滉, 1501-1570의『퇴계전서』退溪全書, 김육金堉, 1580-1658의『잠곡전집』潛谷全集, 허목許穆, 1595-1682의『미수기언』眉叟記言, 이익의『성호전서』星湖全書, 안정복安鼎福, 1712-1791의『동사강목』東史綱目, 박지원朴趾源, 1737-1805의『연암집』燕巖集, 정약용의『여유당전서』與猶堂全書, 최한기의『명남루전집』明南樓全集, 이남규李南珪, 1855-1907의『수

도산서당 시절부터 퇴계 선생이 직접 제자들을
모아 가르치던 대강장 도산서원.
2001년 퇴계 선생 탄신 500주년을 맞아 이우성 선생은
한국의 퇴계 연구자, 중국·일본의 퇴계 연구자들의 글을
모은 『도산서원』을 편했다.

당집』修堂集, 이익구의 『항재집』恒齋集, 김창숙의 『심산유고』心山遺稿까지, 우리 민족이 창출해낸 고전 39종의 이론과 사상을 새롭게 해석해내는 『한국고전의 발견』을 펴내는 선생의 표정은 밝고 상기되었다. 우리 민족문화사의 찬란한 인문적 성찰을 한자리에 모아 펼치는 축제였다.

"옛 책이라고 하여 다 고전이 아니다. 역사를 통하여 여과된 고전만이 고전이다. 읽는 사람의 눈을 통하여 가슴에 와 닿을 때 비로소 고전의 값을 한다. 독자에 의한 고전의 발견이다."

선생은 1990년 퇴임 후 젊은 연구자들과 함께 우리 고전 연구에 정진했다. 한길사는 그 연구결과를 출간했다. 『다산의 정체전중변正體傳重辨』1995, 『다산과 문산文山의 인성人性 논쟁』1996, 『조희룡趙熙龍 전집』전 5권1999, 『다산과 대산臺山·연천淵泉의 경학논쟁』2000, 『다산의 경학세계』2002가 그것이다.

1996년 한길사는 창립 20주년을 맞았다. 이우성 선생은 '수사입성'修辭立誠을 휘호해주셨다. 문장을 매만지고 다듬는 일은 바로 정성 그 자체다! 책 만드는 출판인·편집자들의 자세를 말씀해주고 싶었을 것이다. 한 권의 책은 정신이고 미학이다.

퇴계 탄신 500주년 기념해 『도산서원』 출판

2001년 퇴계 선생 탄신 500주년을 맞아 이우성 선생은 『도산서원』을 편했다. 윤사순·금창태·정순우·이동환·송재소·임형택·이상해 등 한국의 퇴계 연구자, 두웨이밍杜維明·장리원張立文·도모에다 류타로友枝龍太郎 등 중국·일본의 퇴계 연구자들이 써낸

이우성 선생은 후배·제자들과 쉼 없는
학문적 연찬을 해내고 그것을 연구서로 펴냈다.
한길사는 『다산의 정체전중변』
『다산과 문산의 인성 논쟁』『조희룡전집』
『다산의 경학세계』 등을 펴냈다.

주요 논문을 수록했다. 선생의 「퇴계 선생의 이상사회와 서원창설운동」이 머리글로 실렸다. 황헌만 선생이 찍은 도산서원의 사계와 의례를 수록했다.

"도산서원은 우리나라의 대표적인 서원이다. 16세기 말 창립된 이래, 조선왕조 300여 년 동안 사림의 정신적 메카가 되어왔고 21세기인 오늘날에도 우리나라 전통문화의 귀중한 유산으로 자리하고 있다. 정신문화 유산으로 변치 않고 연면히 그 맥을 이어오고 있는 중이다. 도산서원은 도산서당 시절부터 퇴계 선생이 직접 제자들을 모아 가르치던 곳으로 선생의 학문의 체취와 정조가 그대로 스며 있는 곳에 대강장大講場인 도산서원이 들어선 것이다. 생전과 사후가 그대로 연결된 도산서원의 배경과 유서는 실로 우리나라 서원의 전형적인 것이다."

2003년 선생은 고향마을 퇴로리의 도록圖錄과 문록文錄으로 구성되는『퇴로리지』退老里誌를 간행한다. 퇴로 마을의 풍경, 퇴로의 건축물들과 퇴로의 의례, 장서와 인보印譜와 간찰簡札을 사진으로 재현했다.『항재집』『독사차기』『조선사강목』의 해제와 정진학교 연구를 실었다. 밀양 근대교육의 요람 정진학교는 1899년 항재 이익구가 세운 화산의숙을 1921년에 개편하여 개교했는데, 1939년 일제는 민족의식을 가르치는 정진학교를 기어코 폐교시킨다.

나는 황헌만 선생이 촬영작업할 때 여러 차례 퇴로리를 방문한 적이 있다. 이우성 선생으로부터 설명을 듣기도 했다. 고서들의 보존을 걱정하는 말씀도 들었다. 이우성 선생은 선대부터 내려오는 이 고전적古典籍 1만 5,000권을 부산대에 기증했다.

立 修
誠 辭

碧史 李佑成

1996년 한길사 창립 20주년을 맞아
'수사입성'을 휘호해주셨다.
문장을 매만지고 다듬는 일은 정성 그 자체다!
책 만드는 출판인·편집자들의
자세를 말씀하는 것이었다.
한 권의 책은 정신이고 미학이다.

유신정권의 정신문화연구원 영입 끝내 거부

유신체제 말기 박정희는 정신문화연구원을 만들었다. 국민들로부터 존경받는 인사들을 여기 끌어들이려 했다. 유신정부는 이우성 선생의 영입을 한사코 시도했다. 이를 완강히 거부하는 선생에게, 정부는 대통령이 결재한 사안이라 되돌릴 수 없다면서 협박과 회유를 가해왔다. 선생은 끝끝내 신념을 굽히지 않았다.

해직교수 시절, 일본의 하타다 다카시旗田巍 교수를 비롯한 양심적인 학자들이 이우성 선생의 처지를 걱정하여 일본으로 초청해서 선생 내외가 도쿄에서 1년 동안 체류하게 된다. 그때 선생을 환영하는 모임을 가지려 선생과 의논해 시일과 장소를 정하고 참석자들 모두에게 연락을 취했다.

그런 와중에 교과서 문제가 일어났다. 일본의 한국사 연구자들이 이에 항의하는 집회를 준비했으나 미처 행동으로 옮기지 못하고 있었다. 이에 선생은 환영회에 참석하지 않겠다고 연락했다. 교과서 문제를 좌시하는 사람들과는 자리를 함께할 수가 없다는 뜻이었다. 하타다 교수가 직접 찾아와서 "우리들은 교과서 문제를 묵과해버리는 것이 아니라, 지금 항의집회를 준비하는 중"이라고 간곡하게 설명했다. 그제야 참석 거부를 철회하여 환영회는 예정대로 열렸다.

선생은 불의와의 타협을 거부했고 추호도 바르지 않은 자리에는 앉지 않았다. 선비의 '직내방외'直內方外: 내면을 곧게 하여 실천을 바르게 한다의 자세 그것이었다. 하타다 교수는 "나는 이우성 선생에 대한 존경의 염念을 한층 더 깊게 했다"면서 그런 태도를 "순수한 한국인의 품격"이라고 했다. 이우성 선생의 제자 임형택 교수는 "선생은 학자로서 상아탑을 고수하는 한편 상아탑에 스스로 갇혀 있지 않았다. 지식인으로서 시대현실에 대한 소명의식을 가지고 능동적으로 사회참여를 해왔다. 선생의 사회참여는 학자로서의 입장을 지키는 선에서 이탈하지 않았다"고 했다.

가야산의 물소리, 신라 귀족의 마지막 행방

1965년 봄날, 이우성 선생은 에세이 「불국사, 해인사 기행」을 『성대신문』에 발표한다. "신라 천년의 푸른 하늘이 그리웠다"고 시작되는 이 에세이에서 고운 최치원孤雲 崔致遠, 857-?의 시를 가야산 홍류동紅流洞에서 읽는다.

"고운의 시의 세계는 물소리의 세계다. 맑은 물소리로 가득 차 있는 이 산속에 외부로부터 어떠한 세상의 소음도 침입해올 수가 없다. 그의 시의 세계는 완전히 자연에 몰입해서 자신의 존재까지 의식하지 않으려는 세계다.

신라가 낳은 천재적 문인, 세기의 고뇌를 한몸에 안고 있던 불우의 기인인 그가 현실을 포기하고 역사를 저버리고, 이 가야산의 물소리 속으로 도피해버린 곳에 신라의 비극이 있었던 것이 아닐까. 과거에 그처럼 명랑하고 진취적이었던 신라 귀족의 정신이 이제 현실적인 역사에서 빗나온 향방으로, 이 자연의 속으로 그 운명의 종착지를 삼았던 것이 아닐까. 역사의 무대는 벌써 중앙귀족으로부터 지방호족에게 주역을 넘겨주었던 것이다.

나는 최고운의 고뇌 속에서 그 시대상을, 이 가야산의 물소리 속에서 신라 귀족정신의 마지막 행방을 추적해보았다."

정의에 바탕하고 연대로 실천하는 민중운동

우리 모두의 친구이고 스승이었던 김진균 교수

서울역 광장에 운집한 7만 대학생

1980년 서울의 봄날 오후 나는 김진균金晉均, 1937-2004 교수를 서울 서대문 네거리에서 만났다. 서울대 학생들과 함께 '민주주의 행진'에 나서 신림동 학교에서부터 걸어서 거기까지 왔다고 했다. 그날 김 교수는 책을 싼 보자기를 안고 있었다. 나는 학생들의 민주주의 행진을 환영하기 위해 서대문 네거리에 나가 있었다.

1979년 10월 26일 밤. 궁정동의 정변으로 유신체제가 무너져 내리면서 이 땅엔 민주주의의 새 시대가 열릴 것으로 기대하면서 우리들은 가슴 벅차했다. 나는 박정희가 사라지면서 『동아일보』로 돌아가 우리의 소망 '자유언론실천'이 가능하겠다는 생각을 했다. 이왕 시작한 출판사는 '주경야독'을 해서라도 유지하자는 구상을 해보기도 했다.

전두환 신군부는 우리 모두의 소망을 압살하고 말았다. 1979년 12월 12일 군사반란으로 권력을 찬탈했다. '서울의 봄'은 집권을 위한 위장된 술책이었다. 1980년 4월 14일, 국군보안사령관 전두환은 중앙정보부장까지 겸직함으로써 박정희 정권을 지탱한 공포·공작정치의 두 기관을 장악했다.

학생들의 항쟁은 중단되지 않았다. 5월 1일 성균관대 1,500여

학생들은 병영집체훈련 거부와 계엄령 해제를 요구하면서 교문을 나와 경찰과 대치했다. 5월 2일에는 서울대 아크로폴리스 광장에 1만 명이 넘는 학생들이 모여 '민주화대총회'를 열고 계엄령 해제를 요구하면서 철야농성을 벌였다. 전국의 대학생들이 일어섰다. 마침내 5월 15일 35개 대학 7만 학생이 서울역에 운집했다. 전두환은 5월 17일 비상계엄령을 전국으로 확대했다. 다시 5월 18일부터 27일까지 광주민중항쟁을 총칼로 진압했다.

'교수 김진균'은 '재경교수 361명 시국선언'과 '지식인 134인 시국선언'에 참여하면서 전두환 신군부를 부정한다. 7월 16일 합동수사본부로 연행되어간다. 계엄령 포고 위반이라는 것이었다. 그해 7월에 해직된다. 그로부터 김진균은 4년 1개월 동안 '해직교수'가 된다. 전국에서 89명의 교수가 해직되었다.

신문사로 돌아갈 수도 있겠다는 나의 희망은 '광주학살'과 함께 물거품이 되었다. 나는 '해직교수 김진균'과 함께 세상과 학문을 이야기하면서 책을 만들고 만남과 토론을 기획했다.

분단시대의 지식인과 민중

한길사는 1983년부터 1987년까지 인문·학술 무크지 『한국사회연구』를 간행한다. 1년에 한 번밖에 출간하지 못하는 것이었지만, 한국적인 아카데미즘을 담아내려 했다. 김진균 교수는 1988년 한국일보 출판문화상을 수상하는 『한국사회연구』의 편집위원으로 기획을 이끌었다. 1984년과 85년에 펴내는 『제3세계연구』에도 김 교수의 생각이 일정하게 반영되었다.

김진균 교수는 『한국사회연구』 제1집의 특집 '한국사회를 어떻게 연구할 것인가'에서 '한국사회학, 그 몰역사성의 성격'을

'교수 김진균'은 '재경교수 361명 시국선언'과
'지식인 134인 시국선언'에 참여하면서
전두환 신군부를 부정한다. 1980년 7월 16일
합동수사본부로 연행되어간다. 이어 해직된다.
그는 4년 1개월 동안 해직교수가 된다.

발표한다. '사회과학자 김진균'의 문제의식을 잘 보여주는 글이었다.

"첫째, 한국에서 60, 70년대에 촉진된 근대화론=발전론은 선진국의 시각에서 후진국의 발전을 보는 것이다. 신진화론이자 문화확산론이다. 구미의 선진·산업자본주의에의 이론적·종속적 발전에 의존하는 것이다. 유신시대의 독재·지배세력이 국가건설의 담당자 또는 근대화를 담당하는 개혁적 세력으로 취급된다.

둘째, 한국 사회과학은 냉전체제에 의해 제약되고 있지만, 홍수처럼 밀려들어오는 미국의 지식과 이론이 지시해주는 사고에 의존하고 있다. 미국의 사회과학이 만들어준 동굴에 갇혀 있다. 한국사회과학의 사유세계는 1945년 해방과 분단으로 한국의 역사와 단절되고 있다.

셋째, 한국 사회과학의 몰역사성을 연유하게 하는 가장 중요한 조건은 과거의 역사, 일제강점기를 감추려고 하는 세력의 존재다. 미국에서 빌려온 이론, 맹목적 반공이데올로기, 일제강점기의 과거를 숨기는 세력의 존재에 의해서 지난 30년 동안 길들여진 것이 아닌가! 자기의 정체를 바로 보고자 하지 않는, 또 볼 수도 없는 자세에 역사성이 있을 수 없다."

김진균에게 '해직'은 고통이었지만, 지식인으로서 스스로를 단련시키고 학문하는 사람으로서 문제의식을 심화시키는 과정이었다. 『한국사회연구』는 그의 생각과 이론을 논진하는 광장이기도 했다.

1985년 3월에 출간되는 『한국사회연구』 제3집은 '해방 40년

분단 40년의 민족과 사회와 사상'을 전권으로 특집했다. 권두의 대형토론 '분단시대의 지식인과 민중'에서 김진균은 정윤형·이명현·박태순과 함께 오늘 우리는 무엇을 해야 할까를 6시간에 걸쳐 진행했다. 김진균은 작금의 민주화 운동과 함께 지식인들의 변화하는 문제의식을 분석한다.

"지식인이란 이성의 힘을 갖는 사람들이다. 70년대 이후 학원의 민주화, 사회의 민주화를 지향하는 학생운동 출신이 일정한 세력을 형성하면서, 고통의 공동체를 형성하면서, 한국의 지식사회와 지식산업은 질적으로 변화한다. 지식인과 민중이 구별될 수 없는 상황으로 발전한다. 전 시대에는 학문하는 사람들과 그렇지 않은 사람들이 별개의 세계라고 인식했지만, 이제 서로의 체험이나 지식을 나누고 공유하게 된다. 지식인의 개념을 넓혀야 한다. 지식인의 민중화라고 할까. 지식인은 한 시대 한 공동체의 희망을 조직하는 존재다."

해인사에서 독자·저자·출판인이 함께 펼친 연찬회

나는 1985년 8월 10일부터 2박 3일, 가야산과 해인사에서 '저자와 독자와 출판인이 함께하는 연찬회'를 기획한다. 나는 책을 만들면서, 한 시대의 출판문화란 저자와 출판인과 독자가 함께 창출해낸다는 확신을 가지게 된다. 책의 문화란 지식인·저자가 만드는 것도 아니고 출판인이 만드는 것도 아니다. 출판문화의 한 주체인 독자가 '독서'로 참여함으로써 이윽고 가능해진다. 나는 이를 '출판인·저자·독자의 수평적 연대'라고 규정했다. 해인사의 연찬회는 우리 시대 출판문화의 한 풍경이었다.

전국에서 40여 명의 독자들이 모였다. 저 옛날 사명대사의 정신과 사상을 기리는 해인사의 홍제함, 계곡의 물소리가 청량하고, 심산의 밤공기가 참가자들의 몸과 마음을 쇄신시켰다. 송건호·이호철·임헌영·김진균이 저자들이었다. 여기에 한길사의 편집자들이 함께했다. 심야까지 강의·토론하고 대웅전에서 거행되는 새벽 예불에 참례했다. 오전에 다시 강의·토론하고 오후에 해발 1,430미터의 가야산을 올랐다. 3일째 되는 날 아침 7시부터 9시까지 김진균 교수가 '사회발전이론의 주체적 탐구'를 강론했다.

"한국 산업사회 구성체가 서구의 자본주의 체제와는 달리 심히 왜곡된 체제이고, 오히려 서구 자본주의 체제에 종속되고 있는데, 이는 1960년대 경제개발이 시작될 때부터 배태된 것이었다. 우리는 한국 산업사회 구성체의 역사적인 특수성을 객관적으로 인식하고, 이를 바탕으로 우리 사회의 발전이론을 주체적으로 탐구하고 정립해나가야 한다."

1985년 8월에 시작되는 제1기 한길사역사강좌에서 김진균 교수는 박현채·강만길·신용하·송건호·박태순 선생과 함께 '한국 민족운동의 이념과 역사'를 강의한다.

"해방 후 한국 사회과학은 냉전체제에 편입되어 학문의 자유, 사실을 판단하고 평가하는 자유가 박탈당했다. 한국 사회과학은 냉전체제와 분단체제에서 비롯되는 한계를 주목하고 학문의 자율성을 확보해야 한다. 새로운 사회과학의 방향을 모색하기 위해서는 민족·국가·계급·민중의 문제가 규명되어야 한다."

김진균 교수는 언제나 편안한 큰형 같은 선생님이었다.
해직 시절 우리 출판사에 들러 편집회의를 하고는
직원들과 함께 종로 2가나 이태원의 고고클럽에 가곤 했다.
나는 저 80년대에 저자들과 함께 야유회 · 답사행을 기획했다.
1982년의 야유회. 뒷쪽 왼쪽부터
송건호 · 안병직 · 정창렬 · 변형윤 · 강만길 · 박현채 · 이호철 선생님.
가운데가 김진균 교수이고 앞줄 오른쪽부터
신경림 선생, 한길사 김언호 대표와 곽명호 이사.

우리 시대의 출판운동과 오늘의 사상신서 101권

김진균 교수는 언제나 편안한 큰형 같은 선생님이었다. 해직 시절 성북구 안암동의 우리 출판사에 들러 편집회의를 하고는 직원들과 함께 종로 2가나 이태원의 고고클럽에 가곤 했다. 좋은 책을 만들고 문화운동·시민운동을 잘 해내기 위해서는 몸 운동을 열심히 해야 한다고 했다. 험난한 시절이었지만, 김진균은 그 험난한 시절을 극복해내는 여유로움과 지혜로움을 늘 우리들에게 보여주었다.

한길사가 1977년 송건호 선생의 『한국민족주의의 탐구』를 제1권으로 출판하는 '오늘의 사상신서'가 1986년 안병무 선생의 『역사 앞에 민중과 더불어』와 송영배 교수의 『중국사회사상사』로 제100권, 제101권째를 맞았다. 1970년대 후반부터 1980년대 중반까지, 한국사회에서 진전되는 출판문화의 한 성과였다. 우리 국가사회가 지향하는 민주주의와 민족공동체의 정신과 이념, 이론과 실천을 성찰하는 진보적 지식인들의 작업이었다. 한 시대에 책이 무엇을 할 수 있고 무엇을 해야 하는지를 '오늘의 사상신서'는 동시대인들에게 문제를 제기하고 해답을 모색했다. 때로는 권력과 충돌하면서 수난을 당했다.

책의 시대 책 읽는 1980년대에, '오늘의 사상신서' 101권은 한국사회가 일찍이 경험하지 못한 새로운 사회과학·인문과학의 시대를 견인해내는 콘텐츠였다. 1980년대의 유신시대와 1980년대의 신군부 집권시대에 출간되는 '오늘의 사상신서' 101권은 그 폭압적인 통치에 저항하는 발언이고 증언이었다. '오늘의 사상신서' 101권의 저자·필자·역자 가운데 '해직교수'가 10명이고 '해직언론인'이 10명이었다. 투옥된 바 있는 필자가 15명이었고 일시적으로 구금되거나 수사받는 저자·필자가 15명에 이르렀다.

나는 '오늘의 사상신서' 전체를 담론해보는 한 권의 책을 만들었다.『우리 시대의 출판운동과 오늘의 사상신서 101권: 1977-1986』이 그것이다. 강만길·송건호·박현채·김진균·진덕규·임헌영·김언호가 참여하는 권두토론 '우리 시대의 민족운동과 출판운동', 리영희의 '풍운아『우상과 이성』일대기', 박태순의 '우리 시대의 문화와 출판문화사업'이 기획되었다. 나는 200자 원고지 600매가 넘는 '오늘의 사상신서 101권 이야기'를 썼다. 101권의 총 목차와 서평을 집성시켰다. 770쪽에 이르는 큰 책이 되었다. 고은 시인이 「우리는 큰길에 이르렀다」는 시로 권두에 지혜의 빛기둥을 세웠다. 나는 간행사를 통해 나의 책 만드는 문제의식을 정리했다.

"한 권의 책이란 궁극적으로 한 시대의 사회적 소산임을 다시 생각하게 된다. 한 시대 한 사회의 출판문화란 한두 권의 특정한 책의 '개별적 존재'가 아니라 여러 책들의 '집단적 존재'로 성격 지워진다. 생각과 시각이 다른 여러 출판사들의 집단적 존재는 우리 사회·문화의 다원적 발전을 가져오고 그것에 의해 우리 국가·사회가 실질적으로 민주화될 수 있다고 나는 생각한다.

단일한 이론, 한쪽만의 시각을 강요하는 출판정책은 그 어떤 이유에서건 용납될 수 없다. 이런 책 저런 책의 보편적 존재야말로 진정한 의미의 출판문화라고 말할 수 있다. 권위주의는 어느 한쪽의 책만을 요구한다. 우리가 이 권위주의 출판관과 한사코 싸우는 이유가 여기에 있는 것이다.

출판의 자유는 이런 책 저런 책의 존재를 인간 생활의 당연한

1986년 한길사 창립 10주년을 맞아
'오늘의 사상신서' 제101권을 펴냈다.
안동 병산서원에서 10주년 기념으로
그해 8월 100여 명이 참여하는 '지식인대회'를 열었다.
'학문과 사상의 민족화 문제'가 토론의 주제였다.
김진균·강만길·유초하 교수가 기조논문을 발표했다.

현상으로 받아들이는 것을 의미한다. 역사와 사상의 발전을 가능하게 하는 전제조건이다."

병산서원 지식인대회에서 기조발제

나는 '오늘의 사상신서 101권'을 계기로 우리 민족공동체가 당면하고 있는 문제를 좀 더 본격적으로 토론해보자는 생각을 했다. 1986년 8월 11일부터 2박 3일에 걸쳐 안동의 병산서원屛山書院에서 진행되는 '지식인대회'가 그것이었다. '우리 시대 학문과 사상의 민족화 문제'를 주제로 삼았다.

'오늘의 사상신서'의 저자·필자·역자를 비롯해 원로·중견 학자와 젊은 연구자들 80명이 서울과 지방에서 모였다. 1980년대 한국사회를 이끄는 지식인들의 찬란한 면면이었다. 변형윤서울대·경제학 송건호언론인 강만길고려대·한국사 리영희한양대·중국현대사 이인호서울대·서양사 이효재이화여대·사회학 이광주전주대·서양사 이상희서울대·언론학 임헌영문학평론가 이선영연세대·국문학 김인환고려대·국문학 김윤식서울대·국문학 이이화한국사 박현채경제학 김진균서울대·사회학 김낙중경제학 김대환인하대·경제학 유초하충북대·한국철학 백낙청서울대·영문학 반성완한양대·독문학 박석무다산연구가 김상기계명대·철학 이종오계명대·사회학 김성재한신대·교육학 백승균계명대·철학 김창락한신대·신학 이준모한신대·교육학 강돈구한신대·철학 양재혁성균관대·철학 임철규연세대·영문학 송재소성균관대·한국한문학 박태순소설가 조정래소설가 김시업성균관대·한국문학 송기숙전남대·소설가 김장호숙명여대·경제학 박호성서강대·정치학 이수인영남대·정치학 김홍명서강대·정치학 이광우전남대·정치학 허석렬충북대·사회학 정운영한신대·경제학 이영훈한신대·한국경제사 이근수경기대·한국사 김영하홍익대·한국사 한정숙부산여대·서양사 이명현서울대·철학서관모^{충북대·사회학} 김도형^{한국사} 김쾌상^{신학} 권인호^{한국철학} 등이 참여했다. 우리 직원들과 대학원생 30여 명이 진행을 도왔다.

여러 차례의 준비모임을 했다. 강만길 교수가 '새로운 한국학 정립을 위한 제언'을, 유초하^{柳初夏, 1948-2019} 교수가 '삶의 운동으로서의 철학적 전개를 위하여'를 발제했다. 김진균 교수가 '한국 사회과학의 현재적 과제'를 발제했다.

"사회과학 분야에서도 식민지 시대의 엘리트 구조가 그대로 답습됨으로써 사회과학적 인식방법을 민족주의와 민주주의에 준거하여 혁명적으로 전환시키지 못했고, 그 후에도 미국을 배경으로 형성된 사회과학을 자신도 모르게 신봉하는 학자들이 이 땅의 사회과학을 주도했다.

오늘날 우리 사회의 모든 부문에서 그렇듯이 이들이 공들여 구축한 학문적 권위도, 새로운 학문세계를 추구하는 사람들에게는 덧없는 것으로, 정당성을 결여한 것으로 보인다. 이러한 현상은 세대 간의 깊숙한 단절 또는 철옹성을 쌓았던 한국 보수주의의 위기의 표현이기도 하지만, 실제로 제3세계의 문화적·학문적 식민 지성을 제대로 탈피하지 못한 상황에서 제도적 전문성과 권위의 일방적 강조는 설득력을 상실했다.

새로운 학문공동체를 지향하는 사람들은 우연히 형성된 것이 아니다. 이들은 유신체제가 빚어내는 민중적 고통과 학문적 고뇌를 직접 경험했고, 바로 이 유신체제 하에서, 다시 그 몰락 이후 엄청나게 상승된 민주화 열망에 부응하는 지식인들의 비판적 시각에 크게 고무되었다. 이 과정에서 사회현실에 대한 보다 진지하고 예민한 역사적 감수성을 키웠다. 새로운 이론의 도입·소개에 그치지 않고 비판의식을 학문적 성과로 엮어내야 한다는 사실도 인식했다. 1980년대 초반 내생적 변동논리로서의 변증법이나 정치경제학, 한국현대사에 대한 관심의 급속한 고양은 이러한 분위기를 여실히 반영한다.

우리 사회과학에서의 학문적 풍토에 대한 반성은 산발적이기는 하지만 상당히 자주 있었다. 특히 1980년대 초반의 사회적 분위기 속에서 비교적 구체적인 반성이 이루어졌다. 그러나 아직 이러한 반성이 확고하게 자리 잡은 것은 아니다.

우리의 학문공동체는 대체로 제도적 분과학문에 따라 이루어지는 경향이 있다. 이는 자본주의 사회의 일반적인 전문화 경향에 따라 자폐적인 성격을 띤 것으로 한국사회의 총체적인 파악과 학문적 실천이라는 대명제에는 역행하는 것이다. 새로운 학문공동체는 그 존재의 설득력에 관한 사실인식에서 출발하여 분단의 극복과 인간해방이라는 보편적 진리의 실현에 그 공동체가 갖는 의미에 관한 물음으로까지 전개되어야 한다.”

한국사학의 새로운 문제의식

강만길 교수의 발제는 한국사 연구방법론의 반성과 한국사학에의 시대적 요청, 한국사학의 사회과학적 문제의식을 제기했다.

“국학國學에 현재성과 세계성을 불어넣고 사회과학의 토착화와 민족화를 실현하려는 새로운 학문 방향은 국학과 사회과학을 접목시켜 새로운 의미의 한국학으로 발전시킴으로써 우리 학문의 민족성과 세계성을 함께 확립시킬 수 있을 것이다.

이와 같은 새로운 한국학 정립을 위한 방법을 좀 더 구체화시

2박 3일의 병산서원 토론회를 끝내고 기념촬영을 했다.
발제·전체 토론·분과토론회로 진행된 지식인대회는
일찍이 볼 수 없었던 치열한 논쟁의 기회였다.
이 토론회에서 민주화를 위한 전국교수협의회
창립을 위한 논의가 본격화되었다.

킬 경우, 국학 측 특히 한국사학 측과 사회과학 측이 가능한 한 대학원 강의 등에서 교차설강設講하는 일이 바람직하며 학위논문의 지도와 심사는 반드시 공동으로 할 것이 요청된다.

우리 근현대사 연구에서의 한국학의 정립에는 분단체제가 주는 제약 등 학문 외적 제약을 극복하는 문제가 시급하고 중요한 문제이지만, 학문 내적인 구체적인 방법론의 모색 역시 시급한 문제가 아닐 수 없다."

앎의 세계와 삶의 세계를 통합하는 철학운동

젊은 철학자 유초하 교수는 동서양의 철학적 전통과 실천적 비판의식을 제기했다. 실천적인 인식과 이론이 요구되는 1980년대였다.

"시대운동으로서의 철학은 앎의 세계와 삶의 세계를 통합하는 일이다. 각종 이념형태에 대한 비판은 그 비판 자체에의 비판을 통해 실천으로 매개된다. 총체적 비판으로서의 철학은 현실의 철학화를 통해 철학 자신의 현실화를 체험하며 현실화된 철학 자신을 비판함으로써 삶의 운동으로 통합된다. 이러한 이념비판·자기비판을 통해 철학은 고립적 이성의 외인론적外因論的 사유 및 거기서 흘러나오는 현실에의 응석과 앙탈을 극복하고 스스로를 시대적 현실의 정당한 공동주체로 끌어올리게 된다.

철학운동의 현실비판은 국외자의 입장에 선 메타논리적 심판이 아니라 각종 모순의 실질적 의미해명이며 모순척결·갈등해소를 향한 실천적 지향이다. 그것은 기술적·형식적 합리성 속에 숨어 있는 간접지배의 간교하고 잔학한 실상을 드러내는 일이며, 그럼으로써 스스로를 시대사회의 언저리에서 한복판으로 근접시키는 일이다. 공동체의 주체적 삶을 소외시키는 억압적인 힘을 파악하는 데 실패하거나, 그 힘을 이론적으로 파악하고 실천적으로 방조하는 것은 정당한 비판이 아니다.

체계적 비판으로서의 철학은 민중적 역량에 의한 역사적 실천을 통해서만 궁극적 의의를 지닌다. 역사적 추진력에 비판적 합리성, 체계적 통합성을 불어넣는 철학적 작업은 실상 그러한 추진력으로서의 민중이 알게 모르게 직관적으로 파악하고 형성해낸 시대정신에 세련성의 옷을 입히는 일이다. 민중의 직관·이해·소망·문제의식을 체계화하는 철학운동은 그러므로 민중을 계도·주도하는 것이 아니라 민중에 의해 오히려 올바르게 계도·주도되는 편이다.

문제 및 해결방안의 인식 및 인식을 공동체의 수준에서 제시하는 철학운동은 일반인과 전문인 간의 다리로서 노릇해야 한다. 각 분야의 앎과 삶은 서로를 나누어감으로써 스스로 넓어지고 깊어지며 여물어진다. 시대의 발전과 공동체의 갈등해소는 이러한 과정을 통한 주체의 양적 증가와 질적 고양에 힘입어 이루어진다. 일꾼과 지식꾼의 공동주체적 화해와 통합에 다리로서의 철학운동은 그 몫을 일해내야 한다.

추상에 의한 내용적·방법적 울타리 속에 갇힌 분과학문·분과이념들의 자기부정·자기극복에 대해 철학운동은 그 지남등指南燈이어야 한다. 이론과 실천의 다양한 방법론을 통합하고 분과별 특성들을 총체적 공간 속에 합당하게 배열하며 영역별 경계의 획정 및 타파를 이룸으로써 철학적 비판은 각 분야의 앎과 삶이 상호관련성의 그물을 이루도록 해야 한다. 학제적學際的 연구들은 물론

해직교수였지만 그 해직시절에도
김진균 교수의 연구와 연대운동은 중단되지 않았다.
젊은 연구자들과 함께 한국산업사회연구회를 창립해 이끌었다.
한국산업사회연구회는 진보적인 젊은 연구자들의 산실이었다.

부문운동들 간의 조직적 통합 내지 효율적 상호관련적 위치배정에 철학적 실천은 기능해야 한다.”

민주화를 위한 전국교수협의회 창립의 계기

한길사의 병산서원 지식인대회는 일찍이 유례를 찾아볼 수 없는 사건이었다. 그 주제와 토론의 치열함은 물론이고 강변에서 펼쳐지는 뒤풀이는 또 다른 논쟁적 토론이었다. 격동하는 시대에, 새로운 삶과 사상을 모색하는 지식인들의 열정적 대화는 장관이었다. 비수 같은 말들이 오갔다. 변혁의 시대, 그 분위기가 담론의 언어를 고양시켰다.

1986년 병산서원 지식인대회에 이어 나는 1987년 ‘해인사 젊은 연구자 대회’를 기획했다. 8월 7일부터 2박 3일 홍제암에서 30대 초·중반의 젊은 연구자 50여 명이 ‘분단시대의 한국 사회과학과 민족운동’을 토론하는 것이었다. 송건호·박현채·김진균·임헌영·유초하 등 선배 연구자·지식인들이 울타리로 참여했다.

1987년 ‘민주화를 위한 전국교수협의회’가 결성된다. 85년부터 논의되기 시작한 이 교수운동의 조직화 문제는 86년 8월의 병산서원 토론회에서 유초하 교수를 비롯한 여러 교수들이 심도 있게 의논함으로써 구체적으로 진전되었다. 당초에는 젊은 간사들이 이끌어가는 체제로 출발했지만 88년에 공동의장제가 만들어졌고 김진균 교수가 공동의장을 맡는다.

『한국민중사』와 『자본론』을 변론하다

1988년 5월 검찰은 풀빛출판사가 펴낸 『한국민중사』를 ‘이적利敵서적’으로 몰아서 나병식羅炳湜, 1949-2013 대표를 구속한다. 김진균 교수는 증인으로 법정에 출두하여 책과 출판행위를 옹호한다.

"우리가 미래에 대한 비전을 갖지 않고 살찐 돼지로 만족하며 살겠다면 모르지만, 우리 사회가 민주적으로 발전하고 평화통일을 해서 우리 모두가 자유롭고 정의롭게 사는 그런 사회로 가려 한다면, 이런 모든 제약을 벗어나야 하고 불필요하게 힘을 소모시킬 필요가 없습니다. 우리가 미래를 긍정적으로 전망하기 위해서는 어떤 개념과 용어에 대해 정치적으로 규제하는 것을 벗어나야 합니다."

9월에는 1987년 7월에 마르크스의 『자본』을 번역출판해낸 이론과실천의 김태경1954-2014 대표가 구속된다. 김 교수는 김태경을 변호하는 의견서를 법원에 제출하고 민교협은 '학문·사상·출판의 자유에 대한 우리의 견해'를 성명한다.

김진균이 1983년에 문을 연 상도연구실은 스승 김진균과 제자 연구자들의 학문적 중심이 된다. 84년에 이를 모태로 산업사회연구회가 만들어진다. 상도연구실은 반독재·민주화 운동과 연대하면서 비판적·진보적·실천적 지향과 연구방법론으로 무장하는 새로운 학자군의 산실이 된다.

한길사는 1988년 김진균 교수의 『사회과학과 민족현실』을, 91년에 『사회과학과 민족현실 2』를 펴낸다. 1980년대 한국지성사에 우뚝 서는 사회과학자 김진균의 1980년대 작업과 문제의식을 담아내는 두 권의 책이다.

"공동체가 중요하다고 생각한다.

1980년대와 1990년대 김진균은
학술운동의 주역이었다.
1988년 6월 한양대에서 열린
제1회 학술단체연합회 심포지엄에서
'민족적·민중적 학문을 제창한다'를
기조발제했다. 반쪽이의 일러스트.

새로운 학문공동체의 힘이
우리의 과제를 해결해내리라고
나는 믿는다.”

민중에 기초하는 민족사회의 재구성

1988년 6월 한양대에서 열린 제1회 학술단체연합회 심포지엄에서 김진균은 '민족적·민중적 학문을 제창한다'를 기조발제한다. 이 발제는 사회과학자 김진균의 심화된 문제의식이 동학同學들에게 천명되는 문건이었다.

“우리는 우리 모두가 지금 '민족적·민중적 학문의 진입을 위한 여정의 출발점'에 서 있음을, 나아가 '한국사회의 민족적·민중적 변혁을 위한 긴 여정의 출발점'에 서 있음을 환기하고자 한다. '지식인은 희망을 만들어내는 존재'다. 우리는 한국의 지식인들이 '자주·민주·통일'을 소망하는 이 땅의 민중에게 희망을 만들어내는 존재이기를 촉구한다. 우리 모두가 다시 한번 '민족적·민중적 학문'을 제창하면서, 이 땅의 모든 지식인들이 이 자랑스런 대열에 동참할 것을 오늘 우리 모두의 이름으로 촉구한다.”

김진균 교수는 『사회과학과 민족현실』로 1989년 제4회 단재상을 수상한다. 학생 때부터 연암 박지원과 다산 정약용, 단재 신채호 등 우리의 근대사상가들을 공부해왔다. 수상 연설에서 단재 선생의 현재적 의미를 다시 천명했다.

“단재 신채호 선생의 문헌을 보면, 단재 선생의 시대가 마감하지 않고 있음을 절실히 느끼게 됩니다. 단재 선생이 설정한 이 민족의 역사적 과제는 지금도 계속되고 있습니다.

역사적 주체로서의 민중, 그 민중을 곧 민족이라 하고 우리 민족 변혁의 힘을 거기서 찾고자 한 문제설정은 지금도 우리의 민족·민주운동에 중요한 틀을 제공하고 있습니다. 저 자신도 민중의 민주적 민족역량을 신뢰합니다.

우리는 지금 분단을 극복하고 통일을 향해 가는 기나긴 도정에서, 노동자 계급의 성숙이 발현되는 민주화의 발전적 전망에서, 중대한 국면을 넘어가고 있습니다. 진보적 학술운동 쪽에서는, 일찍이 우리 자신에 대한 객관적이고 역사적인 인식을 위해서는 학문이 민족·민중적이어야 함을 밝혔습니다.

또한 세계적 규모의 자본축적 차원에서 접근되어야 한다는 점을 천명한 바 있습니다. 저는 궁극적으로 '민중에 기초하는 민족사회의 재구성'을 위한 이론화 전략을 개척해야 한다는 점을 명확하게 인식하고 있습니다."

애송하던 다산의 시 「애절양」!

김진균은 1988년 4월, 4월혁명 동지들과 손잡고 4월혁명연구소의 설립에 나서고 초대소장을 맡는다. 4월혁명 30주년을 맞으면서 4월혁명의 정신을 바로 세우고 계승하는 작업이다. 한길사는 1990년 4월, 4월혁명연구소와 손잡고 『한국사회 변혁운동과 4월혁명』 전 2권을 펴낸다.

"4월혁명을 이승만 독재를 무너뜨린 순수한 학생의거로 치부하거나, 또는 서구 자유주의를 모방하는 데서 생기는 근대화 과정

1989년 제4회 단재상을 수상하는 김진균 교수.
"단재 신채호 선생의 시대가 마감하지 않고
있음을 절실히 느낍니다. 단재 선생이 설정한
이 민족의 역사적 과제는 지금도 계속되고 있습니다."

의 한 갈등적 현상으로 보는 견해를 우리가 단호히 거부하는 것은, 이 민족사회의 현대사가 장기적인 민족·민주변혁의 전망에서 전개되고 있음을 인지해야 하기 때문이다. 4월혁명은 역사적으로는 민중이 주체가 되는 민족·민주운동이어야 했으며, 그런 의미에서 민중·민주혁명으로 규정되어야 한다."

일찍부터 다산에 대한 공부를 해오던 김진균에게 해직은, 다산이 19년 유배를 통해 『목민심서』를 비롯한 수다한 작업을 해냈듯이, 그 스스로 민중의 현실로 한층 더 다가가는 계기가 되었을 것이다. 그에게 다산은 삶의 스승이고 학문의 스승이었다.

김진균은 다산의 「애절양」哀絶陽을 '내가 자주 읽는 시'라고 했다. "현실에 대해 인식하는 힘이 모자라거나 무디어진다고 여겨질 때마다 이 시를 읽는다"고 했다. 다산이 강진 유배시절 군정의 문란으로 고통받는 백성이 스스로의 생식기를 잘라버리는 현실을 탄식하면서 지은 「애절양」!

자식 낳고 사는 건 하늘이 내린 이치
하늘땅 어울려서 아들 되고 딸 되는 것
말 돼지 거세함도 가엾다 이르는데
하물며 뒤를 잇는 사람에 있어서랴
부자들은 한평생 풍악이나 즐기면서
한 알 쌀, 한 치 베도 바치는 일 없으니
다 같은 백성인데 이다지 불공한고.

김진균 교수는 1988년 4월, 4월혁명 동지들과 손잡고
4월혁명연구소를 설립하고 초대소장을 맡는다.
"4월혁명은 역사적으로는 민중이 주체가 되는
민주 · 민족운동이고, 그런 의미에서
'민중 · 민주혁명'으로 규정해야 한다."

우리 모두의 친구이자 스승이었다

1984년 2학기에 서울대 사회학과로 복직했지만 김진균 교수는 민중·민주운동에의 헌신으로 더 바빠진다. 민교협 의장을 맡는다. 전노협건설지원 특별위원회 위원장, 국민연합 공동의장, 참교육시민운동 공동대표, 민주와 진보를 위한 지식인연대 대표, 민주와 진보를 위한 국민승리 21 공동대표, 평화주의자 김낙중金洛中, 1931-2020 석방대책위 공동대표, 진보네트워크 대표, 사회진보연대 대표, 강정구 교수 석방대책위원회 공동대표를 맡는다.

이 바쁜 와중에도 『한국의 사회현실과 학문의 과제』1997, 『21세기 진보운동의 기획』2003, 『진보에서 희망을 꿈꾼다』2003를 저술해낸다. 젊은 연구자들과 함께 『저항, 연대, 기억의 정치』1·2 2003를 공동저술한다.

생애에 걸쳐 연구와 실천을 중단하지 않은 김진균 선생은 2003년 1월에 '마지막 강의'를 하고 정년퇴임한다. 그러나 2004년 2월 14일 홀연 서거한다. 2월 17일 '민중의 스승' 장례로 마석 모란공원 민주화 묘역에 안장된다. 수많은 학문의 동지·후배·제자들뿐 아니라 수많은 민주·민중운동 동지들은 선생이 참으로 엄청난 일을 해냈음을 새삼 각성하게 된다. 선생은 1980년대를 '위대한 각성의 시대'라고 말한 바 있다. 그의 연찬과 실천이 우리를 각성하게 한다.

선생은 홀로 하는 작업도 더불어 완성했다.

어울림과 나눔이 그의 도덕적 품성이었다.

선생은 시대의 대인이었다.

영원한 청년이었다. 우리 모두의 친구이고 스승이었다.

생애에 걸쳐 연구와 실천을 중단하지 않은 김진균 선생은
2003년 1월에 '마지막 강의'를 하고 정년퇴임한다.
그러나 2004년 2월 홀연 서거한다.
수많은 민주·민중운동 동지들은
선생이 참으로 엄청난 일을 해냈음을
새삼 각성하게 된다.

선생은 이런 칭호들을 명예롭게 생각했으나 자임하지는 않았다. 1980년대 이후 한국사회의 민주화 운동에서 그의 발길이 닿지 않은 영역이 없었다. 선생의 생각과 삶의 폭은 그만큼 깊고 넓었다.

화이부동의 대동사회

2005년 서거 1주기를 맞아 김진균기념사업회가 발족되었고 각계 인사들이 선생을 기리는 문집 『벗으로 스승으로』가 출간되었다. 그를 기리는 비석이 묘지에 세워졌다.

선생이 70년대부터 참여해 공부하던 다산연구회가 비문을 지었다. "개개인의 자유로운 발전이 만인의 자유로운 발전의 조건이 되는 협동사회, 민중이 상자相資해서 살아가는 화이부동和而不同의 대동사회"를 꿈꾼 선생은 "정의에 바탕하여 저항하고, 연대를 원리로 실천하는 민중운동"에 생애를 바쳤다.

선생은 박종철·이한열·김세진·이재호 열사 등 이 땅의 민주주의를 위해 산화해간 젊은이들 생각으로 늘 가슴 아파했다. 그들의 기념비 앞에 서면 가슴이 더 무거워진다고 했다.

선생은 오늘도 따뜻한 미소로
우리에게 지혜로운 말씀을 건넨다.
그리운 김진균 선생님
선생님은 우리의 영원한 친구이고 희망입니다.

민족사 바로 세우기에 앞장서다
역사와 역사정신을 이야기해준 역사가 이이화 선생

세계화 시대의 민족사 읽기

출판인에겐 자기 민족의 역사를 담아 내는 책을 펴내야 한다는 신념 같은 것이 나에게 있다. 오늘 우리의 삶의 의미와 정체는 역사라는 스펙트럼으로 해명·해석해낼 수 있을 것이다. 나는 1976년 출판사를 시작하면서부터 나름 우리 국가사회가 당면하는 문제를 '역사'라는 문제의식으로 풀어내는 책을 만들어왔다.

1979년에 시작해 1989년 전 6권으로 끝나는 『해방전후사의 인식』은 역사, 특히 현대사에 대한 나의 문제의식의 일단이었다. 1986년에 시작해서 8년의 작업 끝에 1994년 한꺼번에 펴내는 전 27권의 『한국사』는 한 출판인의 민족사에 대한 헌정이었다. 국사편찬위원회가 펴내던 『한국사』는 일제강점기 시기의 중간쯤에 오면서 단절되는 현대사 부재의 한국사였다.

170여 명의 연구자가 참여하는 한길사의 『한국사』는 근·현대사를 대폭 강화하는 것이었다. 나는 우리가 펴내는 『한국사』를 '관찬'官撰이 아닌 '민찬民撰한국사'라는 별칭을 붙이기도 했다. 그러나 『한국사』는 학술적인 형식과 내용으로 서술됨으로써 일반 독자들이 읽기에는 적당하지 않았다. 나는 '국민독본' 같은 한국사를 만들겠다는 생각을 『한국사』를 진행하면서 하게 되었다.

1990년대부터 진전되는 '세계화 시대'에 부응하는 한국사 기획이 우리에게 주어지고 있다!

1980년대의 치열한 민족·민주운동기가 새로운 시대의 전환을 맞으면서 '한국사'가 더 필요할 터였다. '세계화 시대'엔 우리 역사 제대로 읽기'가 더 요구될 것이었다.

나는 그 무렵 대형기획 '한길그레이트북스'를 진행하고 있었다. 동서고금, 인류의 위대한 지적·정신적 유산을 집대성하는 프로그램이었다. 지금도 지속되는 한길그레이트북스를 통해 인류 보편의 지혜와 사상을 우리 사회가 새롭게 만나자는 것이었다. 고전에서 다시 시작하자는 것이었다. 나는 동시에 일본 저술가 시오노 나나미塩野七生, 1937- 의 『로마인 이야기』를 진행하고 있었다. 그러나 나는 독자들의 대단한 호응을 불러일으킨 '로마인 이야기 현상'에 대응하는 '한국인 이야기' '한국사 이야기'가 필요하다고 생각했다. 전 15권의 『로마인 이야기』에 맞먹는 분량으로 저술되어야 한다고 생각했다.

대중이 감동하면서 읽는 한국사!

나는 단재 신채호 선생의 「서적자에게 주는 글」을 늘 염두에 두고 있다. '서적자' 곧 출판인에겐 '구서'舊書와 '신서'新書를 펴내는 일이 주어진다고 했다. 구서는 우리의 역사와 전통, 정신과 사상을 새롭게 해석하는 책을 의미할 것이고, 신서는 변전하는 세계의 현상과 문명, 그 이론과 사상을 담아내는 책일 것이다. 단재 선생의 출판관은 이 험난한 글로벌 시대에 빛나는 통찰이다. 나는 책을 만들면서, 균형 잡힌 책 만들기와 책 읽기라는 문제의식을 더욱 갖게 된다.

이이화! 1994년 가을, 나는 아차산의 아치울 마을로
이이화 선생을 방문하고 '대중이 감동하면서 읽는 한국통사'를
써보자고 제의했다. 10년 정도 걸리지 않겠느냐는
이야기도 주고받았다. 『로마인 이야기』를 뛰어넘는
장대하고 아름다운 한국사를 만들자고 했다.

나는 모든 국민이 읽을 수 있는 한국사를 기획하면서, 누가 해낼 수 있을까를 궁리했다. 대학에 적을 두고 있는 교수나 연구자는 안 된다고 생각했다. '논문'이 되어서는 안 된다! 오늘의 '역사 현장'에서 치열하게 진행되는 역사를 만나고 살아 있는 역사의 육성을 들려주는 한국사를 써낼 수 있는 저술가라야 한다. 어디에 귀속되지 않은 '자유로운 역사가'라야 해낼 수 있다고 생각했다.

이이화李離和, 1937-2020! 1994년 가을, 나는 아차산峨嵯山의 아치울 마을로 이이화 선생을 방문해 '대중이 감동하면서 읽는 한국통사'를 써보자고 제의했다. 10년 정도 걸리지 않겠느냐는 이야기도 주고받았다. 정치사 중심이 아니라 사회사·생활사·문화사를 총합해야 한다. 『로마인 이야기』를 뛰어넘는 장대하고 아름다운 한국사! 나와 이이화 선생은 두 손을 잡고 '아치울의 결의'를 하는 것이었다.

이이화 선생과 나는 이미 1980년대부터 호흡을 맞추어왔다. 1987년에는 한길역사강좌의 일환으로 '한국근대사상사'를 7회에 걸쳐 강의했다. 단군과 민족사상, 불교신앙과 겸수론, 유학사상과 이단론, 한국의 노장사상과 자연관, 변혁사상과 사회사상이 그 강의 내용이었다. 1988년에는 '근대민중운동사'를 역시 8회에 걸쳐 강의했다. 18세기 이후의 사회경제적 변동, 19세기 초 하층민의 동향, 관서농민봉기와 삼남농민봉기의 배경과 과정, 동학운동과 민중의 동향, 동학농민전쟁의 과정, 의병항쟁의 단계적 전개, 민중의 반외세운동의 양상, 만민공동회와 남학당·영학당·활빈당의 투쟁 등 그 내용은 대학원 강의 수준이었다.

이이화 선생은 '재야연구자'로 1970년대부터 주목할 논문을 발표해왔다. 「북벌론의 사상사적 검토」1975, 「척사위정론의 비판

이이화 선생과는 이미 80년대부터 호흡을 맞추어 왔다.
87 · 88년엔 한길역사강좌에 참석해 한국근대사상사와
한국근대민중운동사를 강의했다.
한길사는 1988년에는 『한국인물사』전 5권을,
1994년에는 『조선후기의 정치사상과 사회변동』을 펴냈다.

적 검토」1977, 「조선조 당론의 전개과정과 그 계보」1986, 「정인홍鄭仁弘의 정치사상과 현실인식」1992, 「19세기 전기의 민란 연구」1984, 「동학농민전쟁의 전개과정에 나타난 몇 단계」1992, 「동학농민전쟁에 나타난 유림의 대응」1990, 「동학농민혁명에 나타난 남·북접의 갈등」1983 등이 그것인데, 한길사는 선생의 논문들을 모은『조선후기의 정치사상과 사회변동』을 1994년에 펴냈다. 이보다 앞서 1988년에는 전 5권의『인물한국사』를 펴냈다.

역사는 역사의 현장에서 살아 숨 쉰다

역사가 이이화는 늘 역사의 현장에 서 있었다. 1980년대에 나는 이이화 선생과 함께 역사의 현장을 답사했다. 선생은 1985년부터 진행되는 한길역사기행에 가장 많이 참여하는 역사현장의 강사이자 역사가이드였다.

"역사는 역사의 현장에서 살아 숨 쉽니다.
역사의 현장을 소홀히 하면
역사의 숨소리를 놓칩니다."

1986년 5월 그 찬란한 계절에, 2박 3일의 지리산 역사기행을 통해 우리는 우리 국토와 우리 역사의 장엄을 확인했다. 나는 '지리산과 민족사'라는 주제를 내걸었다. 구례 화엄사에서 피아골 계곡을 타고 노고단을 오르는 여정이었다.

이이화 선생은 「지리산의 정신사와 저항사」를 발제했다. 지리산의 정신사·사상사를 새롭게 인식시키는 긴 글이었다. 광해군 때 남원부사를 지낸 유몽인柳夢寅, 1559-1623이 그의 책『어우집』於

역사학자 이이화는 늘 역사의 현장에 서 있었다.
선생은 1985년부터 진행되는 한길역사기행에
가장 많이 참여하는 현장강사였다.
1986년 5월 지리산 답사 때의 이이화 선생.
"역사는 역사의 현장에서 살아 숨 쉽니다.
역사의 숨소리를 잡아내야 합니다."

于集에서, 금강산은 뼈다귀가 많으면서 고기가 적고, 지리산은 고기가 많으면서 뼈다귀가 적다고 한 기행문을 소개하면서 "금강산이 지자知者와 이지理智의 산이라면, 지리산은 인자仁者와 덕성德性의 산"이라고 했다.

"이번에 긴 화엄사 골짜기와 노고단, 피아골의 깊은 계곡을 오르내리면서 나는 어머니를 연상했습니다. 나를 포근히 감싸주고 나에게 자양분을 날라다주시던 우리 어머니. 다육소골多肉少骨, 이렇게 먹을 것이 많고, 몸을 감싸주기에 지리산은 인간과 너무나 친밀한 산이었습니다.

이런 덕성 속에 비극이 흐르고 있었습니다. 천년만년 우리 겨레와 함께 숨 쉬면서 안식처가 되기는 했지만, 피가 튀고 살점이 찢기는 비극의 역사를 이 지리산은 알고 있을 것입니다.

지리산은 참으로 많은 이야기를 담고 있지요. 세상을 피해 들어온 화전민 같은 사람들, 세상에 맞서 약탈을 일삼는 산적들, 봉건체제와 일제 침략에 저항하는 변혁세력과 민족투쟁 세력들, 민족해방을 내걸고 인공人共세상을 만들겠다는 빨치산들, 지리산은 이들의 생활터전이었고 거점이었고 안식처였습니다."

낮에는 지리산을 오르고 밤에는 함께 강의하고 토론했다. 이이화 선생의 첫날 강의에 이어 이튿날엔 박현채 선생이 「지리산과 민족운동사」를 강의했다.

"젊은 생명을 자기 조국을 위해 바친 누대에 걸친 죽음이 층층이 쌓여 있는 산, 그것은 민족의 역사이기도 하고, 더욱 깊은 것으

362

1987년 지리산 역사기행 때는 구례의 매천사당을 참례했다.
황현의 역사정신·선비정신을 매천사당에서 강의하고 있다.
"지리산은 우리 겨레의 안식처가 되기도 했지만,
피가 튀고 살점이 찢기는 비극의 역사를 안고 있습니다."

로 되어가고 있는 풀 길 없는 민족적 한의 크기이기도 하다. 그런 의미에서 산으로서의 지리산은 우리 밖에 있지 않고, 우리 속에, 우리들 그 자체에 있다."

'동학농민군 김개남 장군 집터' 표지말목 세우다

1987년 5월, 나는 다시 3박 4일의 지리산 역사기행을 기획했다. 산청에서 천왕봉을 올랐다. 다시 백무동으로 갔다. 나는 과일과 술, 마른 생선으로 제수를 준비했다. 이 깊고 높고 큰 산에서 이름 없이 사라져간 수많은 혼령들에게, 일행이 함께 참례하는 제사를 지내자는 것이었다. 나는 이이화 선생에게 제문祭文을 부탁했다.

"오늘 이 백면서생은 목소리를 낮추어 여러 혼령께 작은 위안을 드립니다. 옷깃을 여미고 경근한 마음으로 소소감응昭昭感應을 비옵나이다. 우리 이웃과 이웃, 친구가 오순도순 흉금을 헤치고 사는 사회를 만들어주옵소서. 저 압제를 일삼는 자들을 황급히 잡아가 염라대왕 앞에 무릎을 꿇리소서. 지금 우리는 분단이라는 엄청난 민족적 비극을 겪고 있습니다. 하루빨리 통일을 이루게 하소서."

일행은 깊은 산속에서 구슬프게 읽어내리는 이이화 선생의 제문에 눈물을 글썽였다.

1986년 9월 이이화 선생과 함께 우리는 '동해안 의병의 근거지'를 찾았다. 임진왜란 때부터 구한말까지 의병봉기의 고장이었던 영덕과 영해, 한말 의병장 신돌석申乭石, 1878-1908 장군의 생가를 답사했다. 이날 역사기행 일행은 농가의 이곳저곳에서 민박을

1987년 3월, 갑오농민전쟁의 현장 호남평야를 갔다.
정읍시 산외면 동곡리, 동학농민군 총관령
김개남 장군의 집터를 찾았다.
나는 역사기행 참여자들과
함께 이이화 선생의 글씨로 만든
동학농민군 '김개남 장군 집터' 표지목을 세웠다.

했는데, 강사 이이화 선생과 일행은 마을회관에서 함께 강의하고 토론하면서 밤을 지샜다.

'이 시대의 의병은 누구인가?'

1980년대를 산 사람들의 주제였다.

1987년 3월, 갑오농민전쟁의 현장 호남평야를 다시 갔다. 정읍시 산외면 동곡리, 동학농민군 총관령 김개남金開男, 1853~1895 장군의 집터를 찾았다. 나는 가로세로 10cm, 길이 2m의 말목 두 개를 준비했다. 흰 페인트를 칠하고 이이화 선생이 붓으로 '동학농민군 김개남 장군 집터 입구'와 '동학농민군 김개남 장군 집터'를 쓰게 했다. 역사기행 일행은 이제는 밭이 되어 있는 그곳에 두 말목을 세웠다. 나는 사람들에게 동학농민전쟁과 김개남 장군을 환기하고 싶었다.

『한국사 이야기』는 뉴밀레니엄에 읽는 국민역사독본

이이화 선생은 『한국사 이야기』의 집필을 지금은 폐교된 전북 장수군 천천면 연화분교에서 시작했다. 해발 500미터가 되는 학교, 학교 옆으로 금강 상류가 흘렀다. 한길사는 한때 그 폐교를 빌려서 역사기행·국토순례의 거점으로 삼았다. 선생은 이곳에 칩거하면서 2년 반 동안 고대사 집필을 끝냈다. 다시 김제 월명암으로 옮겨 고려사를 끝냈다. 조선시대로 내려오면서 살펴보아야 할 자료가 방대해서, 아치울 자택으로 돌아와야 했다.

드디어 고대편인 제1권부터 제4권이 1998년에, 고려편인 제5권부터 제8권이 1999년에, 조선전기편인 제9권부터 제12권이 2000년에, 조선후기편인 제13권부터 제15권이 2001년에, 근대편인 제16권부터 제19권이 2003년에, 일제강점기편인 제20권부

지리산 역사기행 참가자들은
경남 산청 지리산 입구에 있는 남명 조식의 묘소를 찾았다.
비석들이 6·25전쟁 때 총상을 입었다.

터 제22권이 2004년 봄에 간행되었다. 참으로 놀랍고도 힘찬 작업이었다.

우리의 응원과 편집작업도 집요하게 진행되었다. 세기말에 시작되어 새 세기 벽두에 간행되는『이이화·한국사 이야기』를 나는 '21세기 국민독본'이라고 이름 붙였다. 개인의 통사 작업으로는 가장 방대한 것이었다. 지금까지의 한국사 연구를 총체적으로 수렴하는 획기적인 성과라고 할 것이었다. 정치사·사상사·문화사·사회사·생활사를 두루 다루고 있다. 전 22권에 붙여진 제목들이『이이화·한국사 이야기』의 성격과 내용을 말해준다. 기존의 한국사들과는 전혀 달랐다.

제1권 우리 민족은 어떻게 형성되었나
제2권 고구려·백제·신라와 가야를 찾아서
제3권 삼국의 세력다툼과 중국과의 전쟁
제4권 남국 신라와 북국 발해
제5권 최초의 민족통일국가 고려
제6권 무신의 칼 청자의 예술혼
제7권 몽골의 침략과 30년 항쟁
제8권 개혁의 실패와 역성혁명
제9권 조선의 건국
제10권 왕의 길 신하의 길
제11권 조선과 일본의 7년전쟁
제12권 국가 재건과 청의 침입
제13권 당쟁과 정변의 소용돌이
제14권 놀이와 풍속의 사회사

1995년 7월, 나는 편집자들과 함께
이이화 선생이 『한국사 이야기』를 집필하던
장수군 천천면 연화분교를 찾아 성원했다.
한길사는 이 분교를 빌려 역사기행 등의 아지트로 사용했다.
이 선생은 이곳에서 『한국사 이야기』 제1부 고대사편을 집필했다.

역사는 특정한 계층의 독점물이 아니다

이 장대한 한국사 작업을 해낸 이이화는 분명 '거인'이다. 오척이 될까 말까 한 그 단구가 뿜어내는 정신의 힘. 흔히 노작들에 대해 '주례사' 같은 평을 하곤 하지만, 이이화의 『한국사 이야기』에 대해서는 한 시대의 지식인들이 경외와 찬사를 보냈다.

1986년 이이화 선생과 손잡고 역사문제연구소를 창립하는 박원순 변호사는 "오직 개인의 투혼으로 한국역사를 끈질기고 집요하게 저술해냈다는 것은 믿기 어려울 만큼 대단한 일이다. 사마천과 같은 철저한 역사인식과 치열한 열정이 아니면 불가능했을 것"이라고 했다. 이이화 선생에게 한때 한문을 배운 바 있는 박완서朴婉緒, 1931-2011 선생은 "그는 목에 칼이 들어와도 안 쓰고 싶은 글은 안 쓴다. 실로 보배로운 이 시대의 기인이 아니겠는가"라고 했다.

이이화 선생은 1991년 박완서 선생 등과 중국을 여행했다. 유람선이 신의주에 최대한 가까이 가서 강변의 북한 사람들과 지호지간이 됐을 때 그는 뱃전에 엎드려 흐느끼기 시작했다. 고향이

북한도 아닌 그의 깡마른 어깨가 북받치는 오열로 걷잡을 수 없이 요동치는 것이었다. 이름 없는 백성들이 산지사방으로 찢기는 분단의 고통을 온몸으로 체험하는 역사가 이이화는 견딜 수 없어 했다. 그의 역사하는 자세였을 것이다.

"역사란 특정인이나 특정한 계층의 독점물이 아닙니다. 오늘의 현실과 동떨어져 존재한다면 그것 또한 바람직한 역사의 모습이 아닐 것입니다. 역사를 재미로만 읽을 수 없습니다. 역사적 사실을 객관적으로 서술하되 오늘 우리의 현실과 더불어 생각하는 사관이 중요합니다."

이이화는 『한국사 이야기』의 각 편을 내면서 그의 역사하는 자세를 「머리말」에 기록했다.

"21세기로 가고 있는 이 세계화 시대에도 민족주의는 우리에게 여전히 유효합니다. 그러나 우리의 민족주의는 우리 민족만이 우수하고, 우리만이 역사의 주역이 되어야 한다는 국수적 민족주의 또는 배타적 민족주의가 될 수도 없고 되어서도 안 됩니다.
우리는 전 지구적 환경과 연대하여 세계인과 더불어 살아가고 있습니다. 이러한 국제화 시대에 보편타당한 역사관으로 우리 역사를 보아야 하고, 보편타당한 가치관으로 세계인과 더불어 새로운 인류문명을 발전시켜 나가야 합니다."

선생은 각 편의 집필이 끝나면 젊은 연구자들에게 읽게 하고 비평과 의견을 들었다. 재야학자이지만 수많은 연구자들이 그의 작업을 응원하고 돕는 아름다운 풍경이었다.

『이이화와 함께 한국사를 횡단하다』기획

1998년 여름 고대사편 출간기념으로 나는 '고구려 역사기행'을 기획했다. 『이이화·한국사 이야기』의 출간을 고구려의 고토에서 함께 축하하는 출판기념회였다. 그때 중국사회과학원은 '동북공정' 전초작업을 벌이고 있었다. 고구려 역사가 중국 소수민족 역사의 한 부분이라는 주장과 논증을 하는 국책 프로그램이었다. 선생은 단둥으로 가는 여객선상 강의에서, 고구려가 수·당과의 전쟁을 펼친 랴오닝성遼寧省 일대를 중시해야 한다고 강조했다.

『이이화·한국사 이야기』 작업은 출판사로서는 하나의 사건이자 축제였다. 독자들의 역사 읽기에 편의를 도모하고자 용어·인명을 뽑아 풀이했고 그림과 사진과 연표를 곁들었다.

한길사는 '완간기념'으로 『이이화와 함께 한국사를 횡단하다』를 기획했다. 나는 「머리말」을 썼다.

"저술작업을 통해 시대정신을 구현해내는 저자, 그런 저자를 성원하는 깨어 있는 수많은 독자들과 함께, 이 나라 출판문화사에 우뚝 서게 될 이이화 선생의 한국사 작업을 즐거운 마음으로 일단락짓게 되는 오늘 같은 날을 위해 우리 출판인들은 존재한다. 한 시대가 소망하는 저술이란 어느 날 하루아침에 가능하지 않다는 출판문화의 논리와 당위를 우리는 다시 확인한다.

이이화 선생의 『한국사 이야기』는 그의 라이프워크인 동시에 우리의 역사정신과 시대정신을 모색하는 작업이다. 이 시대를 함께 살아가는 사람들은 선생의 라이프워크로 책 읽기의 축제를 펼칠 수 있을 것이다. 10년에 걸치는 장구하고도 장대한 이 작업을 해낸 저자 이이화 선생의 그 정신과 헌신이 참으로 아름답지 않은가.”

젊은 연구자들의 견해 존중하는 열린 문제의식

『이이화와 함께 한국사를 횡단하다』에서 그는 집필과정을 자세히 밝히고 있다. 젊은 연구자들의 견해를 수용하는 열린 학문의 자세를 보여주고 있다.

“1994년 11월 : 한길사 김언호 사장으로부터 10년 계획의 한국통사 집필을 의뢰받음. 이를 수락하여 전체 계획을 수립하고 기술 범위와 내용, 서술 방식과 문장, 사료 이용의 기준 등을 구상. 여러 통사를 비교 검토, 시대별 특징을 감안하여 정치·경제·사회 등 분야를 가르지 않고 여러 분야를 한 시대에 아우르는 교직交織의 방식을 택하기로 함.

1995년 2월 : 역사문제연구소 연구원인 윤해동·한상구·임대식·우윤·이신철 등 소장학자들과 기술시기와 분량 등을 협의해 24권으로 정하고, 내용은 고대에서 1945년까지로 한정하되 민족사·민중사·생활사 중심으로 기술하기로 결정. 원고지 집필방식을 벗어나 컴퓨터를 배워 집필하기로 마음먹고 대학생 아들웅일에게 워드를 배움.

1995년 7월 : 전라북도 장수군 천천면의 폐교된 연화분교의 관사를 집필장소로 결정. 폐교 관리인인 이장 우기언 씨 집에서 기식하기로 함. 방 안에는 냉장고와 선풍기를 두지 않고 시원한 샘물로 더위를 식힘. 1차분 고대사 관련자료를 옮겨놓고 집필 시작.

야간에 집필하는 습성에 따라 밤에 전기가 자주 나가 애로를 겪은 끝에, 1997년 2년에 걸쳐 고대사 네 권 분량 집필을 완료.

집필 기간 동안 나의 회갑을 축하한다고 역사문제연구소 식구들 100여 명, 참여연대에서 여름 연수를 한다고 150여 명이 몰려와 동네가 생긴 이래 가장 많은 외지인이 모여들었다고 동네 사람들이 수근거림. 또 한길사에서 김언호 사장 이하 관계자들이 역사기행이나 세미나를 벌이느라 자주 드나듦.

1998년 6월 : 1차분 네 권 간행. 한민족의 기원과 단군에서 후기 신라와 발해사까지 포함. 내용 검토와 조언은 전덕재_{서울대 강사}가 맡아줌.

일간 신문과 주간지 등 언론들이 한국 근대사학 최초로 가장 방대한 통사를 집필한다는 대대적 보도로 심한 부담감을 가짐. 이해 여름 고대사 부분 간행기념으로 독자 25명과 함께 배로 압록강 입구 단둥을 거쳐 랴오닝성, 랴오둥반도_{요동반도} 일대의 고구려 유적 답사.

1997년 가을 : 연화분교에 친지들이 자주 찾아와 집필에 방해를 받아 집필장소를 김제 월명암_{금산사 입구}으로 옮겨 1년 동안 고려사 부분 집필을 완료. 1999년 1월 2차분 간행. 내용 검토와 조언은 최연식_{서울대 강사}이 맡아줌.

고려사 집필을 완료한 뒤 조선시대 집필에 필요한 방대한 자료를 시골로 옮길 수 없어 다시 집필장소를 구리시 아차산 아래 자택 지하실로 옮김. 집필실에는 전화와 휴대폰을 두지 않고 외부와의 연락을 단절한 채 꼭 필요한 연락은 아내와 아이들에게서 간접 방식으로 전달받음. 이해 여름 2차분 간행기념으로 독자 50여 명과 북한산의 승가사, 진흥왕순수비 등 답사.

2000년 2월: 3차분 조선전기의 역사 간행. 내용 검토와 조언은 염정섭서울대 박사과정이 맡아줌.

틈틈이 조선후기 연구자들과 조·일전쟁 전적지, 남한산성과 강화도, 실학의 요람인 경기도 일대 등 답사."

10년 만에 『한국사 이야기』전 22권 완간

역사가 이이화는 친구들이 많았다. 역사를 직업으로 연구하는 친구들뿐 아니라 그의 역사 이야기를 듣고 싶어 하는 독자친구들이 있었다. 『한국사 이야기』의 저술 과정에서 이들 친구들이 늘 함께했다. 같은 시대를 살아가는 '동지'들이었다. 이들 동지들의 존재가 『한국사 이야기』를 가능하게 하는 힘이었다.

"2001년 3월: 조선후기의 역사를 다룬 4차분 간행. 큰 사건이 없는 시기여서 계획보다 한 권 분량을 줄임. 내용 검토와 조언은 염정섭이 맡아줌.

틈틈이 우윤전주역사박물관장 등 역사문제연구소 연구자들과 농민 전쟁 관련 유적과 강화도 등지 답사. 많은 사료와 연구업적에 치여 가장 힘든 집필시기를 보냄. 4차분의 집필을 완료했을 때 묵은 386컴퓨터의 가동이 중지되어 며칠 동안 앓음. 거의 한 권 분량을 인쇄해두지 않았던 것인데, 아내와 아들이 용산 전자상가에 싣고 가 다행히 복원해 위기를 면함. 이후 부랴부랴 새 컴퓨터를 사 들임.

2003년 12월: 19세기부터 대한제국 멸망시기의 역사를 다룬 5차분 간행. 출판사의 사정으로 해를 건너뛰어 출간. 내용 검토와 조언은 우윤과 윤해동서울대 강사이 맡아줌.

10년 걸려 완성된『이이화 · 한국사 이야기』전 22권.
한길사는 1999년 주역의 대가인 이이화 선생의 아버지
야산 이달 선생의 수제자 대산 김석진 선생의
『대산 주역강의』전 3권을 펴낸 바 있다.
책을 낸 후 대산 선생은 나에게 경암(京巖)이란 호를 지어주면서
"좋은 책으로 아름다운 산맥을 만들라"는 시문을 휘호해주셨다.
이이화 선생의『한국사 이야기』는
'책으로 만든 장엄한 산맥'이 아닌가.

2003년 봄 : 식민지 시기 전공자인 김백일역사비평 대표 · 윤해동 · 한상구서울대 박사과정 등과 백령도에서 2박 3일 토론회를 열고 마지막 책에 식민지 생활사를 담을 것을 합의. 정동 등 서울 주변지역을 은정태 등 연구자들과 답사.

2004년 5월 : 식민지 시기 35년사를 다룬 6차분 간행. 내용 검토와 자료 수집은 윤해동, 장신역사문제연구소 사무국장, 장용경서울대 박사과정이 맡아줌.

집필대상 시기가 짧아 계획보다 한 권 분량을 줄여 집필을 완료. 특히 마지막 책으로 근대 생활사를 담은 22권의 집필에 당시 간행된 신문이나 잡지의 열람, 자료수집에 큰 애로를 겪음. 하지만 장용경에게 복사하게 하여 입수하고 나는 시간을 절약하려 도서관 출입을 삼감. 생활사 부분은 소설가 박완서 선생이 검토해 주심. 박 선생은 일제시기 도시에 살면서 학교에 다녔고 기억력이 뛰어나 많은 도움을 주심.

집필 끝 무렵에는 컴퓨터 병인 팔과 손가락, 허리의 통증으로 고생을 심하게 했다. 병원에 다니면서 물리치료와 약물복용을 해도 낫지 않더니 집필이 완료된 뒤 두어 달 원고를 쓰지 않으니 씻은 듯이 나았다.

여러 가지 애로를 겪는 가운데서도 『한국사 이야기』 전 22권이 완간되었다. 한길사 김언호 사장의 불같은 추진력이 없었더라면 좋은 결실을 보지 못했을 것이다. 또 10년 동안 독일에서 공부하고 있는 남편과 자식 걱정에 시달리면서도 꼼꼼하게 문장을 다듬고 오류를 바로잡고 사진을 챙기느라 누구보다 힘을 쏟은 강옥순 주간이 아니었더라면 이렇게 알차고 예쁜 책이 나오지 못했을 것이다."

역사가이자 역사운동가

이이화! 그는 역사를 연구하고 역사를 저술하는 역사학자였다. 그러나 그는 역사운동가였다. 나는 선생을 역사학자가 아니라 역사가라고 부른다. 왜곡된 역사를 바로잡는 역사운동의 최일선에서 헌신하는 역사가였다. 신군부의 독재에 맞서는 새로운 역사운동으로서 역사문제연구소 창립에 앞장섰다. 젊은 역사연구자들과 함께 미답의 역사연구에 나서는 새로운 학술운동을 펼쳤다. 동학농민전쟁을 제대로 평가하는 연구·저술작업뿐 아니라 동학농민전쟁 100주년 기념사업의 선봉장을 맡아 구체적인 역사정립사업을 펼쳤다.

2004년 3월 '동학농민혁명 참여자들의 명예회복에 관한 특별법'이 공포됐다. 같은 해 11월에는 동학농민혁명 기념재단이 출범했고 그 이사장에 취임했다.

2000년 9월 '한국전쟁 전후 민간인학살 진상규명과 명예회복을 위한 범국민위원회' 공동대표를 맡았다. 2004년 1월에는 중국의 동북공정에 대응해 고구려역사문화재단을 발족시키고 공동대표를 맡았다.

1991년 임종국林鍾國, 1929-1989 선생의 유지를 받들어 발족한 민족문제연구소 활동에 함께했다. 2004년 1월에 전개된 『친일인명사전』 편찬을 위한 국민모금운동은 민중들의 역사의식과 주체의식을 보여준 상징적인 사건이었다. 모금 시작 열하루 만에 목표액 5억 원을 넘어섰다. "나는 장엄한 역사드라마를 보았다"고 뒷날 회고록 『역사를 쓰다』2011에서 이이화 선생은 썼다. 『친일인명사전』 편찬위원회 지도위원으로 나섰고, 2009년 8월 사전은 온갖 방해를 이겨내고 발간됐다. 11월 8일 백범 선생의 묘역에서 '친일

『한국사 이야기』로 이이화 선생은 2001년 제15회
단재상을 수상했다. 이이화 선생은 단재 선생의
민족정신·역사정신을 높이 생각하고 실천했다.

인명사전 발간 국민보고대회'가 열렸다.

역사는 세상과 소통하는 실천학문

2009년에 발족하는 '진실과 미래, 국치 100년 사업 공동추진위원회'의 공동대표를 맡았다. 2010년엔 '강제병합 100년 공동행동 한국실행위원회'가 결성되고 상임공동대표를 맡았고 '강제병합 100년 한일시민대회' 사업을 전개했다. 같은 해 민족문제연구소 부설기구인 '일제강점기 역사박물관' 추진위원장을 맡았다.

"역사는 세상과 소통하는 실천 학문이에요. 머리가 아니라 가슴으로 느껴야 해요. 역사를 모르면 미래를 열어갈 수 없어요. 과거를 잊고 미래로 나아가자는 것은 헛소리요. 인류는 과거를 기억하면서 미래를 만들었어요. 6·25전쟁으로 얼마나 많은 사람들이 죽고 나라와 가정이 파탄났습니까. 그래서 전쟁을 더 이상 하지 말자는 거지요."

이이화는 1937년 주역의 대가인 야산 이달也山 李達 선생의 넷째아들로 태어났다. 아버지는 주역의 팔괘八卦에 따라 아들의 이름을 붙여주었는데 그에게는 이괘離卦의 이離자로 지어주었고, 화和는 돌림자다.

대구에서 태어나 해방되기 3년 전에 익산으로 이사와 살다가 1945년부터 아버지를 따라 대둔산에 들어가 한문공부를 했으며, 열여섯 살 되던 해에 학교를 다니려고 가출하여 부산·여수·광주 등지에서 고학했다. 서울에 올라와 대학에 다니며 문학에 열중하기도 했으나 한국학에 더 매력을 느껴 중퇴하고 역사 분야로 방향을 돌렸다.

나는 인문예술마을 헤이리를 건설하면서 이이화 선생께 말씀
드렸다. 여기 와서 '역사사랑방' 같은 걸 해보시자고. 마을엔 역사
를 이야기해주는 할아버지가 있어야 한다. 선생은 2007년 아치울
에서 헤이리로 입주했다. 그러나 선생을 필요로 하는 역사적 과제
가 끊임없다보니 역사사랑방 개설은 계속 늦추어졌다.

선생은 우리 곁을 너무 일찍 떠나갔다. 그러나 선생이 남긴 역
사정신은 우리의 머리와 가슴에 살아 있다. 저 민족사의 현장을
씩씩하게 걷던 청년 이이화 선생. 오척 단구였지만 역사를 이야기
할 때는 우렁찬 목소리였다. 역사의 진실과 역사정신을 이야기하
던 역사가 이이화 선생.

길의 역사 길의 사상
주경야독한 역사지리학자 최영준 교수

나는 오늘도 걷는다, 우리의 국토를

1980년대에 나는 동시대인들과 함께 우리 국토를 걸었다. 우리 선조들이 만들고 걸었던 그 국토의 길을 걸었다. 우리 국토와 산하의 아름다운 길을 걸으면서, 우리 역사를 온몸으로 체험했다. 역사지리학자 최영준崔永俊, 1941-2019 교수는 우리가 걷는 국토탐험·역사탐험의 탁월한 길잡이였다.

그가 들려주는 국토 이야기, 길 이야기는 아름다웠다. 역사와 문명이 어떻게 구현되는지를 통찰하는 지혜였다. 그의 현장 강의와 현장 안내를 통해 우리는 역사를 새롭게 발견했다. 최영준 교수는 1985년부터 한길역사강좌와 더불어 기획되는 한길역사기행에 동행하면서, 다른 인문·역사학자들이 미처 이야기해주지 못하는 또 다른 역사의 내면을 그림처럼 보여주었다.

1985년 11월 나는 '남한강 유역 민족사의 전개와 민중의 삶'을 주제로 삼고, 문경새재에서 1박 하면서 한반도의 고대국가들이 쟁패를 펼친 남한강 유역을 살펴보는 한편 단재 신채호 선생의 고향과 묘소를 참배하는 한길역사기행을 기획했다. 『농무』의 신경림 시인이 '남한강 유역의 민중의 삶과 민요'를 이야기하고, 김현길 교수가 '중원문화권의 역사와 정신'을 안내했다. 여기 최영준 교수가 '길의 역사, 길의 사상'을 강의했는데, 참가자들에게 우리 역사의 숨겨진 풍경을 보여주었다. 미국 루이지애나대학에서, 서울에서 부산까지의 길 '영남대로'로 박사학위를 받은 최영준은 그날, 우리 길이 서양의 길, 중국의 길과 어떻게 다른지를 따뜻한 문제의식으로 들려주었다.

"길은 인간이 이룩해놓은 문명 가운데 가장 위대한 업적이다. 인간이 닦은 길은 역사발전에 지대한 영향을 주었다."

우리의 '길'은 이성 · 도덕을 의미

신라가 한강 유역을 장악하고 삼국통일을 할 수 있었던 것은 정복지와 서라벌을 신속하게 연결시킬 수 있는 길이 있었기 때문이라는 것이 최 교수의 분석이었다. 일제 식민통치자들의 길에 관한 왜곡된 관점을 최 교수는 비판했다.

"개항기를 전후하여 한국을 방문했던 외국인들은 한반도가 세계에서 도로 사정이 가장 나쁘다면서, 그것이 후진성의 직접적인 원인이라고 보고했습니다. 일본 식민주의자들은 서양인들이 남긴 이 기록들을 이용하여, 야만국인 한국을 자기네들이 문명국으로 만든 것처럼 주장했습니다. 우리 철도가 일제 36년 동안에 놓였고 신작로도 그들에 의해 건설되었지만, 철도와 도로의 기본 골격은 그들의 침략 이전에 이미 완성되어 있었습니다. 그들이 만든 철도와 도로는 우리 조상들이 만들어놓은 길을 그대로 이용하거나 확장한 것에 불과했습니다.

이런 역사적 사실을 모르는 우리 학자들 중에도 서양인들과 일

역사지리학자 최영준 교수는 늘 역사의 현장을 걷는다.
"나는 오늘도 걷습니다. 걸으면서 실감합니다.
우리 국토의 넓음을. 우리는 길에서 우리 역사의
파노라마를 볼 수 있습니다."

본인들의 주장을 그대로 받아들이고 있음에 우리는 당혹하지 않을 수 없습니다. 조선 후기 실학자들도 물자 운반을 수운에 의존함으로써 도로 건설을 소홀히 하고 있다고 지적하고 있었습니다.

나는 근대화 이전의 우리나라의 길이 그처럼 조악하다고 생각하지 않습니다. 고려와 조선은 훌륭한 우역郵驛 제도를 운용하고 있었습니다. 훌륭한 제도란 훌륭한 시설 없이 불가능합니다.

동양사회와 서양사회의 길에 대한 개념이나 의미는 큰 차이를 보입니다. 동양의 '길', 우리말의 '길'과 한자의 '도로'道路는 서양의 '로드'road와는 다른 의미입니다. 우리의 '길'道은 통로·방향·순환을 의미하고 동시에 형이상학적 개념인 이성·도덕을 의미합니다. 그러나 서양의 길에 대한 개념 속에는 물질을 획득하기 위하여 남보다 빠르게 움직인다는 경쟁심리가 내재되어 있습니다. 서양사회에서의 길의 의미는 스피드와 밀접한 관계가 있습니다."

나는 저 80년대에 역사기행을 기획하면서, 우리 역사의 깊고 찬란함과 우리 국토의 장대함을 실감했다. 늘 역사의 현장을 답사하는 역사지리학자 최영준은 우리 국토가 결코 작지 않다고 강조했다. 수많은 지역과 길을 답사했지만 아직도 답사하지 못한 드넓은 국토가 존재하고 있다고 했다.

"나는 오늘도 걷습니다. 걸으면서 실감합니다. 우리 국토의 넓음을. 우리는 길에서 우리 역사의 파노라마를 볼 수 있습니다. 이 파노라마에는 어느 한 경관만 보이는 것이 아니라 길이 생긴 이후에 일어났던 모든 사실이 나타납니다. 길은 규모가 크고 시설이 사치스러운 것보다는 쓰임새가 더 중요합니다. 따라서 길은 서

한길역사기행에 참여하면서 최영준 교수는
우리가 보지 못하던 역사의 내면을
전혀 새로운 차원에서 일깨워주었다.
길의 문명사·사회사는 지금까지
우리가 만나지 못한 역사의 진면이었다.
"길은 인간이 이룩해놓은 문명 가운데
가장 위대한 업적이다."

둘러서 만드는 것이 아니라 필요할 때에 충분한 시간과 공을 들여 만드는 것이 좋습니다. 우리는 서둘러 착수하고 성급하게 마무리 짓는 습성을 버리고 한번 만들어 자손 대대에 물려줄 수 있는 길을 만드는 전통을 수립할 때가 되었습니다."

세계에 앞선 강화도 간척의 역사

1987년 2월 강화도 역사기행에서 최영준 교수는 우리 역사를 또 다른 차원에서 바라보게 했다. 강화도는 우리 민족사의 어려운 고비마다 고난의 역사 그 현장이었다. 최영준 교수는 고려의 항몽 전쟁과 개항기의 병인양요를 저 뒤로 미루고, '강화도 간척의 역사'를 통해 세계 간척사에서 우리 민족이 보여준 선구적인 작업에 대해 강의했다. 고려 시대부터 진행된 간척사업은 네덜란드의 간척보다 사실은 우리가 더 앞선다는 것이었다. 지금 강화도의 큰 길들이 사실은 간척둑이라는 것이었다. 한 농가의 소 마구간에 나뒹그러져 있는 간척비! 강화도의 역사가 새롭게 보였다. 간척에 나선 우리 조상들의 지혜로운 삶이 참가자들을 감동시켰다.

1987년 7월에는 '낙동강 유역의 민족사와 강의 의미'를 역사 기행했는데, 최영준 교수가 다시 현장 강의와 현장 안내를 맡았다. 소설가 김정한金廷漢, 1908-1996 선생의 '특강'을 들었다. 나는 1978년 김정한 선생의 자전에세이『낙동강의 파수꾼』을 펴냈는데, 선생의 작품 무대는 낙동강 유역이었고, 그 유역에 사는 가난하고 소외받는 사람들이 소설의 주인공들이었다.

역사기행 일행 45명은 구포의 작은 호텔에서 1박 하고 세 척의 배를 빌려 짙은 운무 때문에 바로 앞을 볼 수 없는 낙동강 하류를 체험했다. 김해의 가락 유적을 답사하고 밀양의 나의 고향 집으

1987년 2월 강화도 역사기행에서
최영준 교수는 세계에서 가장 빠른 고려시대의
간척의 역사를 보여주었다.
세계 간척사에서 우리 민족이 보여준
선구적인 작업, 지금의 강화도에 뻗어 있는 길은
간척의 둑이었다는 것이다.

로 가서 점심을 먹었다. 12시에 도착해 어머니와 이웃들이 준비해 준 점심을 먹고 1시에 다시 밀양 표충사로 떠나는 일정이었다. 어머니는 아들과 함께 찾아온 손님들이 떠날 때 삶은 감자와 수박을 준비해주셨다. 사진작가 황헌만 선생이 동행해 촬영했다. 길 떠나는 일행에게 어머니는 "우리 아들 잘 부탁합니데이!"라고 말씀했다.

최영준 교수는 그가 연구한 '영남대로'의 현장을 답사하고 있는 우리들에게 지난번보다 더 구체적으로 우리의 옛길을 설명했다. 최 교수는 영남대로를 '왕의 길'이라고 했다. 왕의 통치 명령이 지방으로 하달되고, 행정문서가 오갔으며, 각종 민원이 도성으로 향하는 행정통신로였다.

다시 2011년 5월, 나는 최영준 교수와 삼랑진을 갔다. 새로 발굴된 '처자다리'를 보기 위해서였다. 4대강을 정비공사하면서 발굴된 폭 4.5미터, 길이 25미터의 처자다리는 바로 조선의 간선대로, 한양과 동래를 잇는 380킬로미터의 영남대로 위에 존재했다. 최 교수는 "지방에 이런 웅장하고 아름다운 다리가 건설되었다니 놀랍다"고 했다.

북으로 가는 길이 확 뚫리면

나는 저간의 역사기행에서 강의된 내용을 종합하여 1986년 12월에 무크지 『한길역사기행』을 발행한다. 최영준의 문경새재에서의 강의를 정리·보완한 「길의 역사 길의 사상」을 책머리에 실었다.

"나는 길 걷기를 좋아한다. 산길도 좋아하지만 십 리 밖까지 보

서울에서 부산까지의 길 '영남대로'가
최영준 교수의 연구주제의 하나다.
1987년 8월 낙동강을 중심으로 하는 영남대로를 답사했다.
영남대로는 '왕의 길'이었다. 왕의 통치 명령이 지방으로
전달되는 길이었다. 지방의 민원이 도성으로 오르는 길이었다.

이는 들판길을 더 좋아한다. 흙먼지를 일으키며 달리는 자동차가 방해만 하지 않는다면 아스팔트 포장도로보다 나는 흙길을 택한다. 이런 길을 걸으면서 나의 머릿속에는 포플러가 늘어선 고흐의 풍경화보다 더 멋있는 그림을 그릴 수 있다.

수천 년 내 선조들이 남쪽에서 옮겨다 놓은 흙과 북쪽에서 옮겨다 놓은 흙을 가려내는 일에 몰두할 수 있어 즐겁다. 한반도의 흙이 사람들의 발에 묻어 남에서 북으로 북에서 남으로 옮겨지고 골고루 섞일 수 있었던 그 옛날은 지금보다 행복했었을지도 모른다. 길 걷기 좋아하는 나그네들은 옛날처럼 북으로 가는 길이 시원하게 확 뚫리는 그날을 기다릴 것이다.

흙길을 걷는 즐거움은 또 있다. 길을 오가다가 죽은 사람들의 영혼을 위로하는 돌무더기, 성황당, 미륵불, 장승, 정자목을 만난다. 이미 없어진 것들조차 완전히 사라지지 않고 이름으로라도 남아 있다. 오고가는 사람끼리 길에서 만나 이야기를 나누게 되니, 의견과 정보가 교환되었을 터이고, 여기에서 전설과 야화가 만들어졌을 것이다. 길은 우리의 생활사를 종횡으로 살펴볼 수 있게 한다.”

최 교수의 이 글은 나중에 대학 교과서에 수록되기도 했다. 나는 『한길역사기행』의 책머리에 그 엄혹하던 시절 동시대인들과 함께 펼치는 역사기행에 대해 썼다.

“한길역사기행은 역사의 현장 삶의 현장에 가서, 가슴으로 우리의 역사와 삶을 총체적으로 인식하는 우리 모두의 열린 마당입니다. 역사의 현장 삶의 현장에는 우리의 정서와 문화와 사상이

영남대로와 낙동강 역사기행 일행 45명이
밀양 나의 고향 집으로 가서 점심을 먹었다.
어머니는 아들과 함께 온 일행이 점심을 먹고 떠날 때
삶은 감자와 수박을 푸짐하게 내놓았다. 맨 왼쪽이 최영준 교수.
아버지와 어머니가 가운데에 서 계신다.

힘차게 살아 숨 쉽니다. 우리는 한길역사기행을 통해 우리 국토 우리 역사가 크고 아름다우며 넓고 깊음을 알게 됩니다.

우리는 한길역사기행을 통해 이 국토에서 살아가는 민중의 세계를 새롭게 만납니다. 우리는 우리 역사의 기반으로서의 국토, 우리의 삶의 터전인 국토를 밟으면서 우리 모두가 하나가 됩니다."

국토에 남아 있는 조상들의 삶의 흔적

1997년에 한길사가 펴내는 최영준 교수의 『국토와 민족생활사』는 책으로 읽는 역사기행·국토탐험이다. 2005년 한국이 주빈국으로 참여하는 프랑크푸르트도서전을 위해 준비되는 '한국의 책 100'에 선정되어 한국관 특별전시를 위해 영어로 번역되기도 했는데, 한길사가 펴낸 수많은 책들 가운데 기억에 남는 한 권의 '나의 책'이기도 하다. 우리 국토와 역사를 구체적이고 심층으로 유람할 수 있게 한다. 국토의 구석구석에 새겨져 있는 삶의 무늬를 읽게 한다. 우리 국토연구의 수준을 한 단계 끌어올리는 문제작이다.

한국적 인문지리서인 이중환李重煥, 1690-1752의 『택리지』擇里志 분석을 통해 최영준은 우리 역사를 연구하는 데 구태여 서양의 이론을 무리하게 차용할 필요가 없다는 확신을 갖는다. 나는 그의 대형논문 「남한강의 수로와 수운」을 읽는다. 이 연구논문은 발로 써낸 것이기도 하지만, 그 어떤 역사소설보다 흥미로운 다큐멘터리다. 참으로 끈기 있게 역사의 현장을 걸으면서 탐구하고 이론을 만드는 연구자 최영준을 다시 보게 된다. 우리 국토의 중앙부를 관통하는 남한강과 한강이 역사·문화적으로 한반도의 통합에 어떻게 기여하는지를 밝힌다. 고대 이래 한반도 역사의 중심으로 대륙적 요소와 반도적 요소가 만나고 융합되어 독특한 문화를 창조해내는 남한강과 한강의 정체를 풀어내고 있는 것이다.

「강화지역의 해안저습지 간척과 경관의 변화」는 강화도 역사기행 이후 그의 심화된 강화도 간척 연구를 보여준다. 수세기에 걸친 간척의 결과 몽골의 침입, 병자호란 등 전란 시에 요새지와 병참기지의 기능을 할 수 있게 되었다. 역사의 뒷전에 가려진 강화도 주민의 개척정신을 간척지 경관에서 확인해내고 있다.

"인간은 자연의 은혜를 망각하면서 살고 있다. 향토연구를 수행할 때 연구의 기초를 자연 또는 땅에 두지 않고 역사·정치·경제 등 비가시적인 속성에 초점을 맞추는 것을 당연시한다. 지역연구가 특정사건과 그 시절의 주역이었던 인물을 중심으로 전개될 뿐 대다수 백성들의 생활은 소홀히 취급된다. 우리 선조들이 어떤 방법으로 농토를 넓혀 농사를 지었으며, 어떤 집을 짓고 마을을 이루어 살아왔는지는 관심의 대상이 되지 못했다.

지배층의 입장에서 볼 때 이와 같은 일상적인 일은 기록할 만한 가치가 별로 없었고, 백성들 자신은 기록하고 보존할 여력이 없었기 때문이다. 비록 문자에 의한 기록은 부족할지라도 선조들의 삶의 자취는 현대의 문화경관 속에, 현지 주민들의 의식과 생활관행 속에 남아 있다."

20년도 더 걸린 작은 책『한국의 짚가리』

최영준 교수의 '국토사랑'은『한국의 짚가리』라는 아주 독특한 책에 녹아 있다. '사라져가는 민속경관의 문화지리적 해석'이라는 부제를 붙인 이 자그마한 책은 2002년에 출간되었다. 최 교수가 직접 그린 그림과 직접 찍은 사진이 곁들여졌다. 지방에 따라 개성 있게 짚가리를 만드는 농민들의 노동정신과 미학정신을 정리해놓았다. 그림에 일가견이 있는 최 교수는 전국의 다양한 짚가리를 드로잉해냈다.

"우리가 벼의 중요성에 대한 올바른 인식을 가지려면 벼의 재배와 탈곡에 대한 이해는 물론 벼농사의 마무리 과정인 짚가리 쌓기에 이르기까지 벼농사의 전 과정에 대한 종합적 이해가 필요하다."

최 교수는 이 작은 책을 쓰는 데 20년 이상이 걸렸다고 했다. 1982년부터 2001년까지 200여 지역의 500여 마을에서 조사를 시행했으며, 일본의 간사이關西 지방, 중국의 화베이華北평야와 황토고원, 프랑스의 중·남부지방, 이탈리아의 중·북부지역을 여행하고 답사했다. 1970년대 후반 미국 애팔래치아 산록의 시골마을을 여행하면서 관찰했다.

"가을걷이가 끝난 초겨울, 우리의 시골 농가 타작마당과 들판에는 노란 햇볏짚으로 쌓은 조형물이 등장하는데, 이는 1970년대까지 우리 농촌의 대표적인 민속경관이었다. '짚가리'라 일컫는 이 조형물은 초겨울부터 이듬해 봄까지 존재하는 계절성을 띠는 경관에 불과하지만 탈곡을 끝낸 농민들이 정성껏 재능을 발휘하여 쌓는다는 점에서 일종의 유형적 문화속성으로 보아도 무방할 것이다.

『한국의 짚가리 : 사라져가는 민속경관의 문화지리적 해석』은
20년의 세월을 투입한 연구작업이다.
지방에 따라 다른 형태의 짚가리 모습을
직접 그렸다.
주경야독하는 최영준 교수의
정신이 잘 표현되고 있다.

짚가리는 우리 선조들이 벼농사를 시작한 이래 오늘날까지 수천 년간 지켜온 문화유산임에도 불구하고 전국 어디에서나 흔히 볼 수 있는 세속적인 것으로 여겨서 우리의 관심을 끌지 못하고 있는 실정이다. 최근에는 농촌가옥의 구조개선과 생활양식의 변화로 인하여 짚의 용도가 축소되고 경제적 가치마저 떨어지고 있는 실정이며, 추수 작업도 기계로 이루어지고 있어 볏짚은 추수 과정에서부터 논바닥에 성의 없이 흩뿌려지고 있다.

필자는 짚가리 쌓기를 한 해의 농사를 마무리짓는 농경행사로 보고 짚가리의 상징성, 기능, 구조, 지역별 형태와 분포 패턴, 그리고 신형 짚가리의 확산을 고찰함으로써 소멸되고 있는 전통문화의 일면을 복원하고 이를 토대로 우리나라 농업문화권 분류의 기초를 설정하는 데 기여하고자 한다."

나는 저 낙동강변 들녘의 농촌에서 농사일을 하면서 유소년 시절을 보냈다. 아버지가 쌓는 짚가리가 참으로 정갈하고 아름다웠다. 나는 늦가을 그 짚가리 앞에서 햇빛을 받으면서 고구마와 홍시를 먹었다.

"인간이 과거를 되돌아볼 줄 모르면 자신의 미래를 내다볼 지적 능력도 상실한다."

최영준 교수의 또 하나의 역작은 2013년에 출간된 『개화기의 주거생활사』다. '경상남도 가옥과 취락의 역사지리학'이라는 부제를 붙였다. 온몸으로 써낸 국토연구·역사연구다.

"일제의 식민통치가 비록 한 세대 남짓 짧은 기간으로 막을 내렸으나 그간 우리 국토는 일본인들의 지역개발 실험장으로 이용되었다. 세계 어느 지역에서나 볼 수 있듯이 종주국의 식민지 개발은 자원수탈에 목적을 두고 있으며, 자신들의 선진기술과 자본에 의해 야만스러운 식민지가 근대화되었다는 정치적 선전의 대상으로 이용되었다. 나는 왜식으로 개조되기 이전까지의 수천 년간 우리 선조들이 보존하고 가꾸어온 전통적인 주거경관의 특성과 지역구조의 원형을 찾는 동시에 일제에 의해 맥이 끊겼던 취락 발달사의 멸실 고리를 복원하고자 한다."

홍천강변에서 주경야독 20년

역사지리학자 최영준은 '주경야독'晝耕夜讀 하는 농사꾼이었다. 학문하면서 농사짓는 농부로서의 삶을 스스로 실천했다.

1990년 최영준은 홍천강 중류의 협곡에 집과 밭을 마련하고 주경야독을 시작한다. 포장되지 않은 길을 가야 그 집에 이를 수 있었다.

최영준은 1990년 4월 21일부터 농사일기를 쓴다. 월요일부터 목요일까지 서울의 대학에서 연구·강의하고 금·토·일 주말은 홍천강변으로 가서 낮엔 농사일 하고 밤에 책을 읽고 글을 썼다.

"밭 아래 넓게 펼쳐진 모래밭, 넓고 잔잔한 강, 집 앞에 병풍처럼 우뚝 서 있는 짙은 녹색의 산은 안동 풍산의 병산서원 주변과 흡사하다. 내가 감히 서애 유성룡西厓 柳成龍, 1542-1607 흉내를 내볼 엄두가 나지 않으나 주위 풍광에 어울릴 만한 글방 하나를 짓고 들어앉아 낮에는 논밭을 다듬고 밤에는 글을 읽으며 살고 싶다."

최영준 교수는 학문하면서 농사짓는 농부의 삶을 실천했다.
『홍천강변에서 주경야독 20년』은 그의 농사일기다.
이 책에도 직접 그린 그림을 여러 장 넣었다.
예술가의 심성과 기량을
발휘한 한 권의 책이다.

나는 2009년까지의 주경야독하는 그의 일기를 정리해서 2010년 7월에 출간했다. 『홍천강변에서 주경야독 20년: 역사지리학자 최영준의 농사일기』가 그것이다.

"농사는 결코 선비가 해서는 안 될 일이 아니다. 전에 어떤 사람에게서 학자가 연구하지 않고 어찌 땅이나 파는 일을 하느냐는 핀잔을 들은 적이 있다. 그러나 농사일이야말로 가장 좋은 수신修身의 길이라고 생각한다. 나는 매주 이틀 이상 농사일을 하면서 잡념 없는 시간을 가지기 때문에 나이에 비해 체력이 강하고 밤에는 글쓰기에 몰두할 수 있다.

파종작업을 완료하고 나니 아내가 잘 정리된 이랑과 고랑이 하나의 예술작품처럼 아름답다고 칭찬한다. 그렇다. 농사도 하나의 창작이고 땅 위에서 만나는 하나의 예술이다."

예술가의 심성과 기량

최영준의 『홍천강변에서 주경야독 20년』은 아름다운 기록문학이다. 한 역사지리학자의 깊은 성찰을 담고 있는 철학이다. 책을 펴낸 후 나는 몇몇 독자들과 최 교수의 홍천 그 집을 찾았다. 그의 주경야독 이야기를 듣는 작은 출판기념회가 되었다. 그의 일기를 읽는 낭독회가 되었다. 깊은 산촌의 작은 집 마당에 울려퍼지는 책 읽는 소리!

"농토를 가꾸는 사람은 남에게 보이기 위해 땀을 흘리는 것이 아니라, 자신의 마음속에 있는 지모地母에 대한 애정과 조물주에 대한 감사의 마음 때문에 땀 흘리며 일하는 것이다. 농부들에게는

"농사는 결코 선비가 해서는 안 될 일이 아니다.
농사일이야말로 가장 좋은 수신의 길이다.
농사도 하나의 창작이고 땅 위에서
만나는 하나의 예술이다."

땀에 전 옷 냄새도 건강한 식물들이 발산하는 싱그러운 냄새와 다르지 않다."

"토지를 생산 활동의 기반으로 여기지 않는 사람들은 지형과 토성土性에 관심이 없다. 거친 흙과 돌을 상관하지 않고 메워 평탄하게 다듬고 있다. 기하학적으로 정리된 토지는 그들에게 부를 가져다줄 단순한 공간에 불과하기 때문이다."

"나의 산골생활 흔적은 그 모습과 말투 속에 배어 있다. 손바닥에는 두툼한 굳은살이 박였고, 손등에는 주름이 진데다가 손톱에는 짙은 얼룩이 남아 있다. 때때로 학문하는 사람들을 만나 악수를 하다보면 거친 내 손에 놀라는 표정을 읽을 수 있다."

나는 『홍천강변에서 주경야독 20년』 표지를 최 교수가 드로잉한 그림으로 구성했다. 두 마리의 소가 끄는 쟁기질하는 자신의 모습을 그렸다. 최영준 교수는 농사짓고 공부하는 예술가의 심성과 기량을 가졌었다. 그렇기에 따뜻한 향기가 나는 명저들을 써냈을 것이다. 『홍천강변에서 주경야독 20년』은 귀농·귀촌하는 사람들이 필독하는 교과서가 되었다.

오늘 다시 그리워지는 역사지리학자 최영준!
최영준 선생은 2019년 11월 20일 새벽에 세상을 하직했다. 백혈병으로 진단받고 고려대병원의 격리병동에서 장기간 치료받았다. 병원에 계실 때 나는 여러 차례 선생과 통화했다. 회복되어 퇴원하면 그동안 끝내지 못한 '실크로드' '길의 문명사'를 본격적으

"나의 산골생활 흔적은 그 모습과 말투 속에 배어 있다.
손바닥에는 두툼한 굳은살이 박였고,
손등에는 주름이 진데다가 손톱에는 짙은 얼룩이 남아 있다.
나와 악수하다가 거친 내 손에 놀란 표정을 짓는다."

로 진행하겠다고 했다. 나는 1980년 역사기행 때부터 최 선생에게 '길의 문명사'를 집필하자고 했다. 최 선생은 생의 마지막까지, 길의 고전들과 큰 사상가·문학가들의 여행기를 읽었다.

최영준 선생은 농사일을 하면서도 연구논문을 잇따라 발표했다. '남한강 수운'에 이어 '낙동강 수운'을 완성했다. 나는 그동안 역사지리학자 최영준의 국토연구를 집성시키는 출판작업을 진행시키고 있었다. '최영준, 나의 국토탐험'이라는 제목을 붙이자는 나의 제안에 최 선생도 동의했다. 나는 책 내고 그 역사와 삶의 현장을 다시 가자고 했다. 최 선생도 그러자고 했다. 그러나 그 책의 출간을 보지 못하고 별세하고 말았다.

나의 서재에는 최영준 선생의 사진이 걸려 있다. 1985년 11월 단풍이 국토의 산하를 붉게 물들이는 그날, '길의 역사 길의 사상'을 열강하는 모습이다. 또 하나의 사진은 1987년 여름날 낙동강을 답사한 역사기행 일행이 밀양 나의 고향 집에 들러서 함께 점심하고 출발하면서 찍은 기념사진이다. 지금은 세상을 떠난 어머니와 아버지가 역사기행 일행과 함께 찍은 것이다. 젊은 연구자 최영준이 웃고 있다.

최영준 선생과 동행한 역사기행 참가자들은 그의 길 강의에 넋을 잃었다. 민족사의 발전과정에 대한 새로운 시각을 우리들에게 이야기해준 역사지리학자 최영준!

"어린이의 말과 행동, 느낌과 생각은 그대로 시가 될 수
있다는 것을, 어린이는 시인임을 나는 믿는다. 글을 쓰게
하는 것보다 더 좋은 인간 교육이 있는지를 나는 모른다."

_ 이오덕

"교양은 어떠한 교회나 국가도,
어떠한 도그마나 권위도 부정한다. 그들이 깔아놓은
이데올로기로부터의 자유야말로 교양의 징표다."

_ 이광주

"전쟁이 일어나면 사람만이 전쟁을 하는 것이 아니라
땅이 동원되어 전쟁을 하고 상처를 입고 초토가 된다.
절실함이 없으면 이 세상 사물은 보이지 않는다."

_ 박태순

"나는 인간과 자연과 우주와 사물의 본질에 숨어 있는
넋의 비밀들이 늘 그리웠다. 이 비밀들이 필연적인 관계로
작용하며 어우러지는 현상을 섬세하게 복원해보고 싶었다."

_ 최명희

어머니와 조국이 가르쳐준 말
이오덕 선생의 삶을 가꾸는 글쓰기 교육

글쓰기보다 더 좋은 교육이 어디 있을까

"아이들의 글을 읽으면 아이들을 믿게 된다.
아이들의 글을 읽으면 아이들을 배우게 된다."

생애에 걸쳐 삶의 교육을 실천한 이오덕李五德, 1925-2003 선생
은 아이들 글과 글쓰기 교육의 가치를 새롭게 발견했다. 선생이
1977년에 엮어낸 『일하는 아이들』에 수록된 아이들 글이 우리를
감동시켰다. 아이들의 삶이 시가 된다는 사실을 일깨워주었다.

"어린이의 말과 행동, 느낌과 생각은 그대로 시가 될 수 있다는
것을, 어린이는 시인임을 나는 믿는다. 글을 쓰게 하는 것보다 더
좋은 인간 교육이 있는지를 나는 모른다. 글쓰기보다 더 좋은, 아
이들을 지키고 가꾸는 교육이 있는지를 나는 모른다."

내가 이오덕 선생을 처음 만난 것은 1978년 봄이었다. 나는 창
작과비평사에서 펴낸 선생의 『시정신과 유희정신』을 읽었다. 어
린이 교육과 어린이 문학의 '신천지'에 들어서는 것 같았다.

1979년에 한길사는 『삶과 믿음의 교실: 이오덕 교육 수상집』을 펴냈다. '오늘의 사상신서' 제7권으로 기획했다. 선생의 체험적 교육정신은 이 시대 우리 사회가 요구하는 사상이라고 나는 생각했다.

"교육이 사랑으로 이뤄진다는 것은 누구나 다 알고 있다. 사랑 없이 생명을 피어나게 할 수 없는 것은 태양 없이 풀싹을 돋아나게 할 수 없는 이치다. 물질만을 추구하기에 미쳐 있는 세상에서 사랑을 찾아 가지는 일이야말로 우리가 해결해야 할 근원적인 문제다.

그러면 사랑을 어떻게 하여 찾아 가질 수 있는가? 사랑은 오직 믿음에서만 생겨난다고 나는 생각한다. 아이들의 착함과 참됨과 무한한 가능성을 믿는 데서 비로소 교육이 시작되는 것이다. 아이들을 믿지 못하여 그들을 감시 감독하고 지시 명령만 하는 곳에서는 결코 교육이 이뤄질 수 없다. 그런 곳에서는 불신을 조장하고 미움의 감정을 심어주는 교육의 역기능이 있을 뿐이다. 거기서는 아이들을 들볶고 억누르는 일이 교육의 알맹이처럼 되고, 경쟁을 시키고 등급을 매기는 상벌을 주는 것이 교육의 기술로 애용된다. 사랑의 세계에서 무한히 뻗어날 수 있는 아이들의 창조적 재능이 거기서는 무참히도 짓밟혀 다시는 싹트지 못하게 된다. 아이들이 시키는 대로만 움직이는 기계가 되고, 약삭빠르게 살아가는 꾀를 익혀 남을 해치기를 예사로 아는 교활한 어른이 된다는 것은 얼마나 무서운 일인가.

아이들의 비뚤어진 삶을 애통하게 여기는 것은 그 아이들의 본성을 믿기 때문이지만, 아이들의 현실에 관심을 보이지 않는 사람

이오덕 선생은 "글쓰기보다 더 좋은
교육이 어디 있을까?"라고 묻는다.
"어린이의 말과 행동, 느낌과 생각은
그대로 시가 될 수 있다는 것을,
어린이는 시인임을 나는 믿는다."

은 아이들을 믿지 않기 때문이다. 이런 사람들은 아이들을 멸시하면서 아이들이 병든 까닭을 아이들 자신에게 돌린다. 벌을 주고 채찍을 쳐야 된다는 구실이 이렇게 해서 생긴다. 이런 사람일수록 현실에 대한 거짓 증언을 하고, 아이들 세계를 부질없이 미화한다.

그러나 믿음만이 모든 것을 해결한다. 믿음만이 사랑을 낳고 진실을 창조한다. 이 믿음은 아이들에 대한 어른들의 그것뿐 아니라, 아이들 자신에게 그들의 삶을 믿게 하는 것이 되지 않으면 안 된다."

학교란 지식만 가르치는 곳일까요

나는 우리가 펴낸 일선 교육자들의 편지 모음『우리 언제쯤 참선생 노릇 한 번 해볼까』[1986]와『아이들을 하늘처럼 섬기는 교실』[1988] 두 권의 책을 늘 기억하고 있다. 아이들을 사랑하면서 참교육을 실천하고 있는 일선 교육자들의 삶과 정신을 담고 있다. 이오덕 선생은 일선 교육자들과 편지로 참교육의 뜻과 방법을 주고받는데, 편지들은 아이들의 눈망울처럼 맑았다. "아이들의 올바른 마음을 올바르게 키워가려고 하는 선생님들이 그 바쁜 나날의 시간을 틈내어 써보낸 편지들"은 "다른 어떤 교육 보고서나 이론서보다도 우리 교육의 상황을 잘 살필 수" 있다.

"학교란 지식만 가르치는 곳일까요. 담을 쌓고, 집을 짓고, 채소를 가꾸고, 아이들과 함께 놀고 작업하면서 정도 들고 인격도 쌓아야 되는 게 아니겠습니까. 소유욕과 생명 경시로 치닫고 있는 문명 속에서 교육이 해야 할 일은 먼저 참교육자가 되어야 한다는 생각뿐입니다. 먼저 내가 소유욕을 버리고 생명을 소중하게 여기는 참사람이 되지 못하고 어찌 교육을 할 수 있겠습니까."

이오덕 선생은 우리 아동문학사의 또 하나의 봉우리를 이루는 권정생權正生, 1937-2007 선생과 젊은 시절 주고받은 편지를 잘 보존하고 있었다. 그 편지들이 너무 아름다워 나는 한 권의 책으로 펴냈다.『살구꽃 봉오리를 보니 눈물이 납니다』2003가 그것이다. 세상에 이런 우정의 편지가 또 어디에 있을까.

"이오덕→권정생: 어느 골짜기 양지바른 산허리에, 살구꽃 봉오리가 발갛게 부풀어 올라 아침 햇빛에 눈부시게 빛나고 있는 것을 보고 눈물이 날 뻔했습니다.
권정생→이오덕: 하늘을 쳐다볼 수 있는 떳떳함만 지녔다면, 병신이라도 좋겠습니다. 양복을 입지 못해도, 친구가 없어도, 세끼 보리밥을 먹고살아도, 나는 종달새처럼 노래하겠습니다."

거창 샛별초등학교 주중식 교장 선생은 책 끝에 두 분의 편지를 해설해주는 글을 붙였다.

"이 책에서 어떤 분은 영혼의 깊은 사귐을 맛보실 수도 있을 것입니다. 몸과 마음에 큰 아픔을 지니고 외롭게 살아가는 분은 큰 위로를 받으실 터이고, 남을 위해 살아가려는 분은 참된 용기를 얻을 수 있으리라 믿습니다."

나는 이오덕 선생과 만나면서 우리 삶에서 편지와 일기의 중요

이오덕 선생은 우리 아동문학사의 또 하나의
봉우리를 이루는 권정생 선생과 젊은 시절
주고받은 편지를 잘 보존하고 있었다.
나는 편지들이 너무 아름다워 한 권의 책으로 펴냈다.
『살구꽃 봉오리를 보니 눈물이 납니다』가 그것이다.

성을 토론했다. 편지와 일기로 구성되는 무크지 같은 것을 구상해 보기도 했다.

『이오덕 교육일기』를 내면서

1989년에 출간된 『이오덕 교육일기』 전 2권는 교육자 이오덕, 어린이 문학가 이오덕의 참모습을 보여준다. 1962년 9월부터 1972년 7월까지의 '교사일기장'을 정리한 것인데, 교육 현장에서 아이들과 함께 삶의 교육을 해내는 교육자의 모습, 자연 속에서 노래하면서 뛰노는 아이들 모습을 담아내고 있다.

"와하! 하고 아이들은 산으로 달려간다. 아이들도 즐겁고 나도 즐겁다.

'이거 무슨 풀이라요?'

'선생님 숟가락 만들어줄까요?'

댓잎을 따서 무엇을 만들고 있는 아이가 말한다. 숲이 꽉 우거져 있는 산에 들어가서, 아이들과 나는 턱도 없이 좋아서 노래부르고 지껄여댔다.

'선생님 윤원이가 코피 나와요. 줄줄 나와요.'

놀라서 달려가 보니 소나무에 머리를 부딪쳤다고 한다. 바위틈 샘물에 씻으니 피는 곧 멎었다."

가난한 시절, 저 산골학교와 아이들의 풍경이 아름답다. 교사 이오덕은 어느 날 아이들과 함께 학교 마당에 심은 나무의 둘레를 줄자로 재고 있었다.

"내년에도 재보고, 내후년에도 재보자.
10년 후에 와서도 재보면 좋겠다."

한길사는 1987년 『현복이의 일기』를 펴낸다. 서울 개화초등학교 5학년 신현복 군이 1985년과 6학년인 1986년에 쓴 103일 동안의 일기인데, 이오덕 선생이 주선해주었다. 책은 나오자마자 큰 반응을 일으켰다. 이오덕 선생은 『현복이의 일기』 책머리에 현복이의 글쓰기에 대해 썼다.

"나는 현복이한테 물어보았다. 지금까지 어떤 책을 읽었느냐고. 그런데 현복이는 내가 읽었을 것이라고 믿었던 책, 내가 읽기를 바랐던 책들을 한 권도 읽지 못했다. 대체 이 아이가 일기에 적어놓은 이 착한 마음, 사물을 보고 판단하는 태도, 소박하면서도 비뚤어지지 않은 생각, 풍부한 감정과 섬세한 느낌을 적은 말들, 이런 것을 어디서 어떻게 배웠을까.
모든 아이들이 흉내만을 내도록 강요받고 획일적인 느낌과 생각을 갖게 되어 있는 오늘날의 교육환경에서 현복이 같은 아이가 남아 있다는 것은 기적 같기도 하다. 참으로 고맙고 다행한 일이다. 아이들의 그 무한히 뻗어나갈 수 있는 재능이, 현복이의 경우 천만다행히도 짓밟히지 않고 꺾이지도 않고 그대로 살아 있다. 담임 주순중 선생님의 도움이 컸으리라."

"수많은 아이들이 닭장에 갇혀 있는 동물의 신세가 되어 병들어가고 있는 상황에서" 무엇을 할 것인가를 교육자 이오덕은 묻는다.

한길사가 1990년에 펴낸 이오덕 선생의
『삶을 가꾸는 글쓰기 교육』의 표지 그림.
이철수 화백의 초기 작품이다.
참으로 그리운 시대의 모습이다.

"30년 전이나 50년 전이나 다름없이, 우리 아이들과 우리 겨레를 살리는 길은, 일과 놀이와 공부가 하나가 되는 삶을 어릴 때부터 즐기도록 하는 데 있다고 나는 믿고 있다."

우리글 우리 문장 바로 쓰기

저 1980년대에 이오덕 선생은 안암동 우리 출판사를 자주 방문했다. 나는 선생과 우리말 우리글을 이야기했다. 선생은 우리말 우리글을 잘 구사하는 분이 함석헌 선생이라고 했다. 함석헌 선생의 글과 말에 대해 한 권의 책을 쓰겠다고도 했다.

이오덕 선생은 우리말 우리글을 연구하고 쓰는 일이 당신에게 가장 중요하고도 큰일이라고 했다. 부모한테서 배운 말을 하찮게 여기고, 조국이 가르쳐준 말을 왜곡시키는 현실을 고쳐나가고 바로 쓰게 하는 '운동'에 나섰다. 나는 선생을 뵐 때마다 우리말 우리글을 바로 쓰게 하는 책을 써야 한다고 말씀드렸다. 그렇게 하여 1989년에 『우리글 바로 쓰기』 제1권이 간행되었다.

"오늘날 우리가 그 어떤 일보다도 먼저 해야 할 일은 외국말과 외국말법에서 벗어나 우리말을 살리는 일이다. 한번 병들어 굳어진 말은 정치로도 바로잡지 못하고 혁명으로도 할 수 없다. 이 땅의 민주주의는 남의 말, 남의 글로 창조할 수 있는 것이 아니라 우리말로 창조하고 우리말로써 살아가는 것이다."

이오덕 선생은 1992년에 『우리말 바로 쓰기』 제2권을, 95년에 제3권을 펴냈다. 제2권을 내면서 선생은 우리말의 안타까운 현실을 적었다.

"우리 지식인들은 분단 반세기 동안 '입장'이란 일본말 하나도 바로잡아 쓰지 못했고, 아직도 바로잡을 생각조차 안 하면서 끊임 없이 병든 말을 퍼뜨리고 우리말을 죽이고 있다. 그러나 나는 절망하지 않는다. 나와 같이 생각하는 사람들이 방방곡곡에 있다는 것을 알기 때문이다. 병든 글에서 벗어나 말로써 살아가는 모든 사람들은 우리들 편임을 산같이 믿고 있기 때문이다."

'입장'과 나란히 '달인'이라는 일본말을 마치 우리말인 것처럼 버젓이 쓰고 있는 것이 오늘 우리 언어의 현실이다. 이오덕 선생에게 우리말 우리글 바로 쓰기 운동은 곧 올바른 교육운동이자 이 국제화 시대에 더욱 요구되는 민족운동·민족문화운동이었다. 『우리글 바로 쓰기』제3권에서 선생은 다시 우리말 우리글의 정신과 사상을 강조한다.

"나는 우리 사회와 국가의 모든 실상과 거기 얽힌 문제를 푸는 열쇠를 '말'에서 찾아내었다. 위대한 우리 조국의 말, 배달말은 위대한 글자 한글을 낳았고, 이 말과 글은 내게 모든 것을 환히 비춰 보여주는 햇빛이었다."

내가 존경하는 조용환 변호사는 언젠가 나에게 말한 바 있다. "이오덕 선생의 『우리글 바로 쓰기』는 『해방전후사의 인식』 못지 않게 중요한 책"이라고. 『우리말 바로 쓰기』제4권·제5권은 선생이 서거한 이후에 출간되었다.

나는 다시 『우리말 바로 쓰기』와 나란히 『우리 문장 쓰기』[1992] 를 기획했다.

겨레의 혼을 지키는 말과 글!
1988년 제3회 단재상을 받은
이오덕 선생의 수상연설은 녹음되어
전국의 참교육자들에게 배포되었다.

"이 책의 처음부터 끝까지를 한 결로 이어 놓은 뜻은 우리말로 쓰는 정직한 글, 아이들도 읽을 수 있는 쉬운 말로 쓴 글이 가장 귀한 글이고 가치가 있는 글이란 믿음이다."

모든 글은 글쓰는 자신의 삶을 바탕으로 해야 한다. "우리 문학은 겨레의 삶과 말에서 멀리 떠나 있다." 방 안에 앉아 글을 쓰는 데서 오는 필연의 결과다. 우리가 쓰는 글이 '글의 공해'가 되어서는 안 된다. "일하면서 살아가는 사람들이 즐길 수 있는 삶의 문학"이 되어야 한다.

글쓰기가 "특수한 사람만이 즐기는 기술"이 되어서는 안 된다. "문학이란 이름으로 씌어진 글이 문학이 아닌 삶의 글보다 더 가치 있는 것이 결코 아니다." 말을 누구나 하듯이, 모든 사람이 쓰고 싶은 글을 마음대로 쓸 수 있어야 "말이 살아나고 글이 살아난다." "사람이 살아나고 문학이 살아난다."

겨레의 혼을 지키는 말과 글

1988년 제3회 단재상이 이오덕 선생에게 주어졌다. 종로구 사간동 출판협회 강당에서 열린 시상식에서 선생은 자신의 교육철학과 문학사상, 글쓰기의 정신과 방법을 다시 천명하는 수상연설을 했다. 문익환 목사 등 200여 명의 하객들은 선생의 신념에 찬연설을 숙연하게 경청했다. 선생의 수상연설은 녹음되어 전국의 참교육자들에게 배포되었다.

"우리가 하고 있는 글쓰기 교육은 아이들에게 자기의 삶을 바로 보고 정직하게 쓰는 가운데서 사람다운 마음을 가지게 하고,

생각을 깊게 하고, 바르게 살아가도록 하는 교육입니다. 이것을 우리는 '삶을 가꾸는 교육'이라고 말합니다.

우리가 하는 교육의 목표는 아이들을 바르게, 건강하게 키워가는 데 있습니다. 아이들을 참된 인간으로 길러가는 데에 글쓰기가 가장 훌륭한 방법이 된다고 믿는 것입니다.

우리는 어떤 모범적인 글, 완전한 글을 얻으려고 아이들을 지도하지 않습니다. 글을 쓰기 이전에 살아가는 길부터 찾게 합니다. 그래서 쓸거리를 찾고, 구상을 하고, 글을 다듬고 고치고, 감상 비평하는 가운데 세상 보는 눈을 넓히고, 남을 이해하고, 참과 거짓을 구별하고, 진실이 무엇인지를 깨닫고, 무엇이 가치가 있는지를 알고, 살아 있는 말을 쓰는 태도를 익히게 합니다. 이것이 삶을 가꾸는 글쓰기입니다.

삶을 가꾸는 방법의 기본을 말하면, 우리는 무엇보다도 먼저 본 대로, 들은 대로, 한 대로 쓰도록 합니다. 이렇게 해서 사실을 바로 보아야 삶을 가꾸어갈 수 있기 때문입니다. 사실을 있는 그대로 보고 붙잡는 것, 모든 교육이 여기서 시작됩니다. 따라서 우리는 이미 만들어놓은 어떠한 어른들의 생각의 체계도 아이들이 덮어놓고 따르지 않도록 합니다.

어른들의 관념·주의·사상·종교, 끊임없이 아이들에게 덮어씌우려고 하는 어른들의 이 모든 눈에 보이지 않는 그물 속에 아이들이 걸려들지 않도록 애씁니다. 이것이 글쓰기로 하는 생명 지키는 교육, 자유의 교육, 해방의 교육입니다."

말과 글의 관계, 말이 근본이다

이오덕 선생의 생각과 실천은 탁월한 이론이었다. 관념을 넘어

문익환 목사가 이오덕 선생에게 단재상을 시상하고 있다.
문익환 목사는 이오덕 선생의 우리글 우리말
바로 쓰기에 대해 깊은 관심을 보였다.
이오덕 선생은 "우리가 하고 있는 글쓰기 교육은
아이들에게 자기의 삶을 바로 보고 정직하게 쓰는 데서
사람다운 마음을 가지게 하고, 생각을 깊게 하고
바르게 살아가도록 하는 교육입니다"라고 말씀했다.

서는 삶의 현장에서 구현되는 이론은 감동이었다. 선생의 연설은 쉬운 말이었지만, 우리의 가슴을 깊게 울리는 이론이었다.

"나는 오랫동안 아이들의 글을 어른들의 글보다 더 많이 읽어 오는 가운데 많은 것을 깨치고 배웠습니다. 역시 교육이란 이렇게 아이들과 어른이 서로 주고받는 것이구나 하고 생각합니다.

최근에는 아주 중대한 문제를 한 가지 발견했습니다. 그것은, 우리 어른들이 쓰고 있는 글이 전반적으로 크게 병들어가고 있다 는 것입니다. 우리는 아이들에게 남의 글, 어른들의 글을 흉내 내 지 말고 자기의 이야기를 자기의 말로, 쉬운 말로 쓰라고 가르칩 니다. 그런데 어른들의 글이 왜 그렇게 어렵고 재미가 없을까요?

말과 글의 관계는 말이 근본입니다. 글은 말에서 생겨난 것입니 다. 그런데 지식인들의 글은 말에서 너무 멀리 떠나 있습니다. 글 이, 살아 있는 말이 아니고, 삶에서 우러난 겨레의 말법으로 쓰는 글이 아니고, 글에서만 쓰는 말, 밖에서 들어온 말, 남들이 쓰는 말 을 따라서 쓰는 글이 되었습니다. 될 수 있는 대로 살아 있는 말을 피해서 안 쓰려고 합니다. 우리가 본래 가지고 있던 것은 무식하 고, 생각이 얕고, 시골스런 느낌을 주는 말이라 여기고 있는 것이 분명합니다. 이렇게 말을 떠난 글이 이제는 어마어마한 힘으로 횡 포를 부려 순수한 우리말을 쫓아내고 주인 노릇을 하면서 겨레의 마음을, 생각을 지배하려 하고 있습니다. 말이 으뜸이던 역사가 글이 으뜸이 되어 말이 글의 지배를 받는 잘못된 역사가 되어버렸 습니다.

이렇게 된 데는 지식인뿐 아니라 백성들을 언제나 지배하고 명 령하기만 해온 정치와 행정 관리들도 큰 노릇을 해온 것이 사실입니다.

교육도 마찬가지입니다. 아이들의 말이었던 '동무'를 안 쓰고 어른들이나 쓰는 '친구'를 쓰게 된 것은 교과서가 그렇게 되어 있기 때문입니다. 체신부에서도 '××친구에게'란 제목으로 편지글을 쓰도록 전국의 학교에 공문을 보낸 일이 있습니다. 공문 한 장이면 전국의 아이들이 쓰는 말을 하루아침에 바꿔놓을 수 있는 것이 행정이요, 정치의 폭력입니다.

나는 우리말을 가장 순수한 상태로 배워서 쓰고 있는 사람이, 학교의 교육을 전혀 받지 않은 사람, 그래서 책을 별로 읽지 않은 사람이라고 봅니다. 글을 쓰는 사람은 이런 사람들의 말을 배우고, 이런 사람들의 말을 글에서 살려 쓰도록 힘써야 할 것입니다. 말을 지키는 것은 마음을 지키는 것이요, 혼을 지키는 것입니다. 겨레의 혼을 지키고 이어가는 데 글쓰기만큼 중요한 수단이 없는 까닭이 이러합니다. 민주사회를 이룩하는 데 언론이 맡고 있는 일의 무거움도 이와 같습니다.

여러분의 체험적인 느낌은 어떤지 모르지만, 나 자신의 과거를 돌아보면 어렸을 때 부모한테서 배운 말을 학교에서 철저하게 짓밟아 없애는 것을 공부라고 하였다는 생각을 합니다. 내가 수십 년 동안 교단에서 아이들을 가르친 노릇을 돌이켜봐도 그런 교육이었다고 반성합니다.

어른이 된 다음에 내가 자유로 선택해서 읽은 책의 대부분이 남의 나라 말글이요, 그 남의 말글을 흉내 내어 쓴 글이었음을 이제 와서 뼈저리게 깨달았습니다. 이제라도 죽을 때까지 어머니가 가르쳐준, 조국이 가르쳐준 말, 내 말을 도로 찾아 배워야겠다고 잔뜩 벼르고 있습니다."

"나는 우리말을 가장 순수한 상태로 배워서
쓰고 있는 사람이, 학교의 교육을 전혀 받지 않은 사람,
그래서 책을 별로 읽지 않은 사람이라고 봅니다.
글을 쓰는 사람은 이런 사람들의 말을 글에서
살려 쓰도록 힘써야 할 것입니다."

『농사꾼 아이들의 노래: 권태응 동요 이야기』

이오덕 선생은 2000년에 들어서면서 건강이 급속도로 악화되었다. 한동안 건강이 회복되는 듯할 때 선생은 여러 구상을 나에게 말씀하기도 했다.

나는 선생에게 회고록 집필을 권유했다. 선생도 '삶의 문학'으로서 자신의 이야기를 써보겠다고 했다. 나는 70년대 80년대의 일기도 정리하자고 했다. '함석헌의 말과 글'도 다시 말씀드렸다.

선생은 2001년『농사꾼 아이들의 노래: 권태응 동요 이야기』를 펴냈다. 1918년 충주에서 태어나 1951년 33세로 요절한 권태응, 1945년부터 1950년까지 여섯 해 동안, 온 마음과 힘을 다해, 목숨을 앗아가려는 병마와 싸우면서 동요만을 써낸 권태응의 문학세계를 432쪽이나 되는 큰 책으로 써냈다.

"반세기 전 이 땅에 한 시인이 있어 겨우 6년 동안 병상에서 동요를 쓰다가 33세로 이승을 떠났습니다. 권태응입니다. 동요란 아이들이 부르는 노래요, 아이들이 읽는 시지요. 그런 글을 죽음을 앞둔 병상에서 마치 자기가 동요를 쓰기 위해 세상에 잠깐 왔다는 듯이, 밤중에도 쓰고 새벽에도 썼습니다. 그 작품들이, 오늘날 우리 아동문학을 하는 사람들의 눈에는 아마도 별것 아닌 것으로 비칠 것입니다. 무슨 별난 내용도 없고 말재주도 없기 때문입니다. 그러나 내가 보기에는 우리 농사꾼들의 삶과 마음, 농사꾼 아이들의 세계를 이런 정도라도 보여주고 노래해 보인 사람이 지금까지 우리 문학사에서 아무도 없습니다.

권태응 시인의 동요를 살피면서 새삼 애달프게 생각한 것이, 왜 문학에는 자연과 농사꾼 아이들을 노래한 이런 동요시인이 겨우

한 사람밖에 없나 하는 것이고, 또 이런 동요나마 어째서 반백 년이 지나도록 묻혀 있기만 했나 하는 것입니다.

너무 늦었습니다만, 이제라도 이 시인의 동요를 좀 알려서 우리 역사와 문학을 살피고 교육과 그밖에 모든 문화를 그 뿌리부터 반성하는 기회를 만들고 싶었습니다. 우리 아이들에게 우리 것을 심어주고 싶었습니다."

2002년 7월에는 『문학의 길 교육의 길』과 『어린이책 이야기』를 동시에 소년한길에서 펴냈다. 정신력으로 써낸 선생의 마지막 작업이었다. 선생의 변함없는 강건한 정신을 우리는 읽을 수 있다. 나는 우리 출판사가 선생의 마지막 문제작들을 펴내게 된 것을 보람으로 삼고 있다. 그러나 선생과 의논한 여러 기획들이 이뤄지지 못한 것이 참으로 안타깝다. 선생의 여러 구상들을 생각하면 슬픔을 억누를 수가 없다.

이 땅의 풀·꽃·나무·흙·바람, 어린이를 사랑했다

1925년 경북 청송에서 농사짓는 집안에서 태어난 이오덕 선생은 2003년 8월 25일 새벽, 향년 78세로 충주시 신내면 무너미마을 고든박골에서 돌아가셨다. 선생은 돌아가시기 전에 마을 뒷산을 오르곤 했다. 양지 바른 잔디밭에서 설핏 잠이 들었는데, 그때 선생은 손수건에 토끼똥 몇 알을 소담스럽게 싸서 손에 쥐고 있었다. 선생은 "토끼똥이 요렇게 아름답지" 했다.

이오덕 선생은 풀·꽃·나무·흙·바람, 무엇보다 어린이를 사랑했다. 그런 문학과 교육을 위해, 그런 문학과 교육을 하는 참문학인·참교육자들과 함께 생각하고 연구하고 글을 쓰고 교육으로

이오덕 선생은 풀·꽃·나무·흙·바람,
무엇보다 어린이를 사랑했다.
그런 문학과 교육을 위해, 그런 문학과 교육을 하는
참문학인·참교육자들과 함께 생각하고
연구하고 글을 쓰고 교육으로 실천했다.

실천했다.

선생은 형식을 꾸미고, 일부러 하는 것을 한사코 마다했다. 장례를 조촐하게 치르라는 유언을 남겼다. 번다하고 화려하게 칭송할까봐 비명碑銘까지 미리 정해준 선생이야말로 자연스러움과 소박함의 철학을 몸으로 구현한 우리 시대의 참스승이었다.

돌아가시기 직전에 아들 이정우 씨에게 유언처럼 한 말씀을 남겼다고 한다. 젊은 시절 한 권의 책을 빌렸는데, 나중에 그 책을 사기로 하고 책값의 절반을 치렀지만, 나머지는 주지 못한 것이 마음에 걸린다는 것이었다.

2005년 선생의 서거 2주기를 맞아 나는 선생의 시집 『무너미마을 느티나무 아래서』를 펴냈다.

"나는 올해가 일흔이 꽉 찬 나이인데도
아직도 어린애 같은 꿈을 꾸며 살아간다.
산속에 가서 한 포기 풀같이 살아가는 꿈,
산속에 가서 한 마리 새같이 살아가는 꿈.
간밤에도 자리에 누워
가슴 두근거리며 잠을 못 잤다.
아침 햇빛을 받아 온몸을 떠는 풀이 되어
저녁 노을을 바라보며
나뭇가지에 눈 감고 앉아 있는
한 마리 새가 되어.

내가 바라는 것은 그저 하늘과 구름

해와 달

별과 바람

이른 봄 담 밑에 돋아나는 조그만 풀싹

초가을 도랑가에 핀 하늘빛 달개비꽃

풀숲에 울어대는 벌레 소리.

지금도 나를 기다리고 있을

그 많은 형제들을 생각하면

잠이 오지 않는다.

나는 뜬눈으로

이 밤에도 꿈을 꾼다.”

선생이 1995년 4월 30일 밤에 쓴 「나의 꿈」 전문이다. 선생의 사상과 정신을 헤아리게 한다. 슬픔 또는 해방 같은 것이다.

선생이 돌아가시기 전에 나는 KBS의 유동종 PD와 의논했다. 선생의 말씀을 담는 프로그램을 만들어야 하지 않겠느냐고. 이오덕 선생을 존경하는 유 PD가 그 작업을 시작했는데, 결국 선생을 추모하는 특별 프로그램이 되었다.

돌이켜보면 한 출판인으로서 나는 이오덕 선생과 30년을 만났다. 여러 주제의 이야기를 했다. 수많은 책을 기획하고 만들었다. 아니 지금도 만나 이야기하고 있다. 한 권의 책을 만들어 세상에 존재시키는 일이란 아름답고도 존엄하다는 체험을 늘 하게 되지만, 선생과 더불어 교육과 어린이, 책에 대해 이야기하는 그날은 늘 밤이 깊었다.

인간은 교양으로 자유에 눈뜨고 사회를 의식한다
이데올로기로부터 자유로웠던 인문주의자 이광주 교수

산마르코 광장의 카페 플로리안에서

바다의 도시 베네치아. 아드리아해 점토층에 수백만 개의 떡갈나무 말뚝을 박아 기층을 만들고, 118개의 섬과 크고 작은 운하 150개, 400개의 다리로 연결된 수상도시 베네치아를 떠올리면서 나는 다시 여행을 마음먹는다. 신이 인간을 만들고 인간이 도시를 만들었다고 하지만, 바다에 도시를 만들겠다는 경이로운 발상은 과연 어디에서 나왔을까.

피라미드나 만리장성처럼 오만한 권력의지가 아닌 유배된 자들이 생사를 걸고, 참으로 기상천외한 방법으로 구현해낸 대역사大役事 베네치아는 그 어떤 인간사보다 위대하지 않은가. 모험을 마다 않는 항해자들과 상인들의 도시 베네치아, 그 예술적 성과의 찬란함을 어떻게 말할 수 있을까.

새 천년이 시작되던 그해 나는 친구들을 부추겨 베네치아로 다시 떠났다. 새 천년을 베네치아에서 맞자는 것이 우리들의 이심전심이었다. 그날 저녁 나절, 이광주李光周, 1927-2020 교수와 나는 산마르코 광장에 들어섰다. 비잔틴 로마네스크 양식의 산마르코 대성당과 고딕양식의 두칼레 궁전이 주연으로 연출해내는 오리엔트풍의 장려하고도 환상적인 산마르코 광장의 빛과 색은 여인旅人

들을 매혹하기에 언제나 충분하다. 미의 여신 아프로디테처럼 바다에서 태어난 베네치아, 지중해의 투명하게 푸른 하늘과 넘실대는 바다의 난무亂舞! 70대의 선생은 청년이 되었고 50대의 나는 소년이 되었다.

그 산마르코 광장엔 유럽에서 가장 오래된 카페 플로리안Caffe Florian이 있다. 1720년에 문을 연 꽃의 여신 플로리안. 뉴밀레니엄을 맞는 우리의 여행은 수많은 인문·예술가들을 유혹한 플로리안에 가는 것이기도 했다. 인문·예술가들뿐 아니라 온갖 상인들의 익숙한 행선지가 되기도 한 플로리안은 사실은 겨울에 더 붐볐다. 날로 번성하여 '카페 플로리안에서 만나자'라는 말이 베네치아 사람들의 일상이 되었다.

자유로운 담론의 공간. 플로리안은 괴테Johann Wolfgang von Goethe, 1749-1832와 모네Claude Oscar Monet, 1840-1926와 카사노바Giovanni Giacomo Casanova, 1725-1798, 프랑스혁명을 지지하는 지식인들의 아지트가 된 카페의 벽을 장식하는 수많은 메시지가 여행자들의 심사를 흔들어놓는다. 노을에 물드는 그 바닷물처럼. 우리는 뮤지션들의 능숙한 연주를 들으면서 커피를 마셨다. 이탈리아 여행의 절정이었다.

서양사학자 이광주는 일상으로부터의 일탈을 꿈꾸었다. 선생과 나는 만나면 여행을 이야기했다. 선생과 나의 만남은 40여 년 이어지면서 책과 여행이 늘 우리의 주제가 되었다.

지성의 몰락!

이광주 교수를 처음 만난 것은 1978년 한겨울이었다. 유럽지성사를 주제로 하는 책 이야기를 주고받았다. 출판을 막 시작한 그

서양사학자 이광주 교수는
1981년 2월 전두환 신군부에 의해 충남대에서 쫓겨났다.
인문정신을 한사코 옹호한 그에게 해직의 경험은
그의 책쓰기에 새로운 에너지가 되었다.

때 우리가 펴낸 책들이 잇따라 판금당하고 있었다. 나는 판금된 리영희 선생의 『우상과 이성』, 박현채 선생의 『민족경제론』을 드렸다.

그날 오후 늦게 선생은 나의 안내로 서대문구 충정로 2가 기독교장로회 선교교육원 창고 공간에 세들어 있는 우리 출판사를 방문했다. 우리는 양철로 만든 난로로 겨우내 추위를 이겨내고 있었다. 뒷날 선생은 그날의 우리 출판사 풍경을 글로 남겼다.

"난로에서 활활 타오르는 불길이 아주 인상적이었다. 붉은 벽돌의 건물이 심상치 않다는 느낌도 주었다. 그 벽돌색은 일종의 순교자적 이미지를 갖고 있다고 생각되었다. 역사에 앞장선다는 의지 같은 것, 한길사 김 사장의 열정 같은 것으로 읽었다."

치열하게 격동하는 그 시대의 분위기가 한 역사학자에게 그런 이미지를 주었는지도 모르겠다. 이광주 교수는 그 70년대에 게오르크 루카치와 야코프 부르크하르트Jacob Burckhardt, 1818-1897와 요한 하위징아Johan Huizinga, 1872-1945의 생각과 실천, 대학의 자유를 둘러싼 유럽의 대학사, 유럽 지성사에 관련되는 글들을 발표하고 있었다.

1980년 3월에 우리는 선생이 번역한 H.P. 블로이엘의 『지성의 몰락: 독일대학의 정치사회사』를 펴냈다. 역사학자 이광주의 문제의식을 보여주는 책이기도 했지만, 한 출판인의 지향과 취향이 표현되는 것이기도 했다. 본디 책 제목은 『독일의 신봉자: 제국과 독재 사이』였지만 나는 『지성의 몰락』이라고 하자 했다. 교수·학자·지식인들이란 그 화려한 지위와는 달리 권력에 비굴하고, 스스로 권력을 추구하는 현실을 그 유신시대에 관찰할 수 있었기에 그런 책 제목이 발상되었을 것이다. "정치 현실에 대해 인식할 능력도 도덕적인 힘도 상실한 채 비스마르크Otto Eduard Leopold von Bismarck, 1815-1898는 권력국가에 안주하고 빌헬름 2세Wilhelm II, 1859-1941에게 동조하여 민족을 전쟁으로 동원하는 데 이념적인 역할을 했으며, 마침내는 히틀러Adolf Hitler, 1889-1945 제3제국에의 길을 만든" 독일의 대학교수들이 범한 역사적 과오는 바로 우리의 현실을 논의하는 데 하나의 역사적·이론적 근거로 적용할 수 있을 것이었다.

충남대에서 해직되고

전두환 신군부가 광주의 학살을 딛고 권력을 찬탈하는 1980년 5월에 나는 이 교수가 중심이 되는 충남대 교수 7인의 논문집 『상황과 인식』을 펴냈다. 스스로의 학문적 자리에서 시대정신을 말하고 있었다. 나는 이 책을 출간하기 전 그 봄날에 충남대로 가서, 집필자들과 저녁을 같이하면서, 나라와 사회가 어떻게 진전될 것인지를 우려하고 토론했다. 민주주의를 외치는 제자들이 수난을 당하는 상황에서 교육자들은 고뇌하지 않을 수 없었을 것이다. 선생은 책의 「머리말」에서 교수와 연구자들이 이 시대를 어떻게 대처해야 할 것인지를 언명했다.

"지난 몇 해 동안 우리들은 짙은 먹구름이 드리운 세월을 살아왔다. 그 회색의 세월 속에서, 진실은 가려지고 사람들은 말을 잃었다. 대학사회에서는 갖가지 슬로건 아래 희한한 논리가 난무하고 지적 도착이 공공연히 행해졌다.

2000년 이광주 교수와 나는
바다의 도시 베네치아를 여행했다.
세계 최초의 카페 플로리안이 거기 있다.
애서가 이 교수는 담론과 지성의 공간 카페를
순례하는 여행을 했다.

참으로 부끄러운 그 허구의 나날 속에서, 문자와 지식의 참된 뜻을 밝힘은 돈키호테의 행위와도 같은 것이었던가. 적지 않은 교수들이 강단에서 물러나게 되고, 많은 학생들이 학원에서 추방되었다.

진정한 인식은 단순한 이론적 이성의 영역을 넘어서서 역사적 상황과 관련되는 실천적 의미를 획득해야 한다. 그러나 오늘의 현실은 어떠한가. 이 책은 우리들의 당초의 뜻대로, 봄과 함께 학원에 다시 돌아온 학생들과, 이 땅의 모든 학생들에게 바쳐짐을 분명히 한다. 그들이 지향하는 곳에 우리들 모두의 진실이 있음을 굳게 믿기 때문이다."

전두환 신군부는 이광주 교수에게 감시망을 좁히고 있었다. 폭력으로 전국에서 교수들을 캠퍼스로부터 추방했다. 충남대 안팎에서는 이 교수가 용케도 살아남았다는 이야기가 돌아다녔다. 국군보안사령부에서 조사를 받은 문학과지성사 김병익 대표가 이 교수에게 "별일 없습니까"라는 전화를 걸어왔다. 그를 조사하는 소령의 책상에 '이광주 교수: 마르크스주의를 무비판적으로 수용하고 있음'이라고 필기되어 있는 노트를 넘겨다보았던 것이다.

같은 시기 은평구 갈현동 자택에 이 교수가 없는 사이 형사가 다녀갔다. 형사는 부인에게 "이북 출신이 무슨 돈이 있어서 외국에 자주 나가느냐"고 했다. 서재를 살펴보고는 "무슨 돈으로 저렇게 많은 책을 샀느냐"고도 했다. 이 교수는 함흥이 고향이다.

이광주 교수는 결국 1981년 2월 말 충남대에서 쫓겨났다. 이 와중에 한길사는 이광주·이민호 교수가 편한 『역사와 사회과학』을 펴냈다. 1981년 4월이었다. 편자를 비롯해 민석홍·길현모 교수

등 서양사학자들의 역사과학 방법론이었다.

이 교수는 그러나 1년 후에 전주대로 가게 된다. 문교부는 전주 대학에 발령을 취소하라고 압력을 넣었지만 총장은 이미 발령을 냈다면서 문교부의 압력을 견뎌냈다.

전주대 교수들은 이 교수를 교수협의회 의장으로 추대했고, 이어 그를 총장으로 선출했다. 그러나 재단이 이를 승인하지 않았다. 이 교수는 재단과 맞서면서 총장을 하지 않겠다고 사양했다. 이 교수는 이 대학에서 정년퇴임했고, 정년 후에 인제대학으로 초빙되어갔다.

선생은 1997년에 대우학술총서의 한 권으로『대학사』를 써냈다. 이 땅의 서양사 연구의 한 업적으로 평가받았다. '대학사'는 선생의 오랜 주제였다. 1971년 독일에 유학갈 때도 이 주제를 들고 갔다. 이 책의 발간이 계기가 되어 한국대학사학회가 결성되었고, 선생은 초대 회장으로서 한국대학의 여러 문제에 대해 깊은 관심을 보인다. 2000년 한길사는 대학사학회와 손잡고『전환의 시대, 대학은 무엇인가』를 펴냈다.

책방은 감성과 지성의 연금장

2000년대에 들어서면서 한길사는 선생과의 작업을 집중적으로 진행한다. 선생은 1997년에 인제대에서 퇴임하고는 자유분방한 글쓰기를 진전시킨다. 교양과 지성을 담론하는 에세이풍 글쓰기의 한 전범을 우리 사회에 보여준다. 2001년에 출간한『아름다운 지상의 책 한권』은 책과 지성과 교양의 세계를 품격 있게 풀어냄으로써 이 땅의 독서인들을 아름다운 인문의 세계로 안내했다.

선생의 책과 책 읽기의 체험은 유쾌하고 즐겁다. 6·25가 터지고 북한군이 서울로 진격해올 때, 고려대 교정에서 평평하는 풋소리를 뒤로하고 독서삼매경에 빠져 있었다. 독서인이자 애서가인 이광주의 서치書癡의 경지는 늘 즐거운 이야기다.

"백추白秋의 여인이 옷장을 뒤지며 그녀 앞에 다가선 새 계절을 단장하듯, 나는 책장을 뒤지면서 봄을 맞을 채비를 한다."

애서가에게 책방을 찾아가는 즐거움이란 늘 가슴 설레는 일이다.

"책방을 찾아가는 길은 여행길과도 같이 일상적인 것에서부터 해방되는, 참으로 자유로운 자유인의 길이다. 책방에 들어서기에 앞서서 청한淸閑한 여유가 나의 마음에 자리한다. 고대 이집트인들이 '책의 집'을 '영혼의 치유장'으로 표현했듯이, 현실보다도 공상의 세계에 기대어 하루하루 나 자신을 길들인 유년 시절부터 책은 나에게 무엇보다도 일상적인 것으로부터 나를 정화하는 마력을 지닌 감성과 지성의 연금장이었다. 우리는 극장이나 화랑에 가서 간혹 실망하는 일은 있어도 책방에서 실망하는 일은 없다."

『에세』를 쓴 몽테뉴Michel Eyquem de Montaigne, 1533-1592의 책의 예찬을 독서인들은 늘 떠올린다. 몽테뉴의 책의 찬미는 당연히 서재의 찬미로 이어진다.

"도처에서 나는 평안을 찾았으나 어디에서도 그것을 발견하지 못했다. 책이 있는 한쪽 구석을 제외하고는."

20대부터 몽테뉴를 애독하는 이광주는 한유閑遊 시간이면『에세』를 펼쳐든다. 독서의 참맛을 한껏 누린다. 서중선書中仙의 세계를 체험하는 것이다. "나는 가르치지 않는다. 단지 이야기할 뿐이다"라고 한 몽테뉴를 그래서 더 좋아한다. 늘 '내면'에 눈돌린 몽테뉴는 교양인 이광주의 한 캐논이다.

"책방을 찾아갈 때 나는 대체로 혼자다. 술은 대작이 좋고 극장에서는 동반자의 존재가 흥을 돋우지만, 책방은 혼자서 들어가는 것이 가장 좋다. 우연히 책방에서 아는 사람을 만나더라도 외면하는 것이 예의일 성싶다. 책과 만나는 그의 즐거운 '놀이'를 방해해서는 안 되기 때문이다. 군서群書 속에서 오랫동안 갈망하던 책을 찾아냈을 때, 온몸을 휩쓰는 짜릿한 엑스터시!

많은 애서가들과 마찬가지로 나에게도 책은 읽는 것이기에 앞서 보는 것이요 여기저기 어루만지는 것이다. 나는 도서관을 자주 이용하는 편이지만 도서관의 장서들을 별로 좋아하지 않는다. 철저하게 효용성을 위해 분류된 그 '책의 집'에는 책을 둘러싼 놀이의 즐거움이 결여되어 있기 때문이다."

책방거리 진보초를 함께 탐서하면서

나는 선생과 함께 일본의 책방들, 특히 170여 고서점들이 문을 열고 있는 도쿄의 진보초神保町를 수도 없이 여행했다. 15년 전, 진보초에서 유럽의 고서를 전시하는 책의 축제가 열렸다. 그때 나는 애덤 스미스Adam Smith, 1729-1790의『국부론』1776이 출품된다는 소식을 접하고 선생께 말씀드리려 같이 갔다.『국부론』을 한국의 대학 도서관이 소장하도록 주선해보고 싶기도 했다.

442

도쿄 진보초 책방거리에 있는 기타자와 서점은
이광주 교수와 함께 늘 출입하던 명문 고서점이다.
1902년에 문을 연 기타자와에서
이 교수와 나는 고서에 흠뻑 취할 수 있었다.

선생과 함께 진보초에 갈 때면 나는 한국 YMCA 호텔에 머문다. 1919년 2월 8일 도쿄의 조선유학생들이 조선독립을 선언한 그 현장에 세워진 작고 소박한 호텔이다. JR 스이도바시水道橋 역에서 YMCA 호텔로 가는 길목에 니혼대학日本大學 경제학부가 있고 그 건물 가장자리에 『국부론』과 케네François Quesnay, 1694-1774의 『경제표』1758 초판본을 소장하고 있다는 표지판이 있다. 길손들에게 역사를 만든 고전, 그 존재와 의미를 말하는 것이다. 서점거리 진보초와 잘 어울리는 기념 표지다. 그러나 그때 『국부론』은 출품되지 않았다. 이미 다른 애서가의 손에 들어갔다는 것이었다.

나는 대신 19세기 중반부터 20세기 초반까지의 프랑스 풍자화가들의 작품을 컬렉션할 수 있었다. 앙드레 질André Gill, 1840-1885, 장 루이 포랭Jean-Louis Forain, 1852-1931, 아돌프 윌레트Adolphe Willette, 1857-1926, 카랑 다슈Caran d'Ache, 1858-1909, 테오필 알렉상드르 스탱랑Théophile-Alexandre Steinlen, 1859-1923이 그들이다.

이광주 선생과 일본에 갈 때는 영어고서점 기타자와北澤에 들른다. 1902년에 문을 열었고, 제2차 세계대전 중에도 문을 닫지 않았다. 나는 이곳에서 귀스타브 도레Gustave Doré, 1832-1883의 『단테 신곡』『돈키호테』 등 수많은 고서를 구했다. 우리는 기타자와의 3대 경영자 기타자와 이치로北澤一郎와 친구가 되었다.

윌리엄 모리스의 발견

이광주 선생과 책방을 순례하면서 나는 19세기 영국의 토털 아티스트이자 위대한 책의 장인 윌리엄 모리스William Morris, 1834-1896를 만나게 된다. 1891년에 창설한 그의 공방 켈름스코트Kelmscott가 펴낸 책들을 보면서 나는 경악했다. 이렇게 아름다운 책을 디자인해내는 그 예술혼! 윌리엄 모리스는 나의 책 만들기에 굳건히 자리를 잡았고, 켈름스코트가 펴낸 53종 68권을 전부 컬렉션하게 되었다. 이광주 선생과의 여행과 주고받은 책 이야기의 귀결이었다.

이 물질만능·기계만능 시대에 새롭게 인식되는 윌리엄 모리스를 만난 것은 출판인으로서의 나에겐 행운이었다. 윌리엄 모리스는 나의 영원한 책 스승이 되었다.

나는 아울러 윌리엄 모리스에게 영향을 준 영국의 예술사가이자 사회사상가인 존 러스킨John Ruskin, 1819-1900을 만나게 된다. 다시 찾아간 베네치아에서 러스킨의 명저『베니스의 돌』*The Stone of Venice,*1886 전 3권을 구하고는 모든 것을 다 이룬 듯 신나 했다.

나의 여행은 책을 찾아가는 여행이고, 여행은 언제나 나에게 새로운 아이디어를 안겨준다. 여행을 통해 나는 오래된 책을 발견할 뿐만 아니라 새 책과 새 책의 기운을 호흡하게 된다. 2002년 스페인의 빌바오를 여행하면서 도레의『런던순례』1872를 구했는데, 프랭크 게리Frank Gehry, 1929- 가 설계해 1997년에 개관하는 구겐하임 미술관을 보는 것 이상으로 나에겐 행복한 일이었다.

이광주 선생은 2007년에『아름다운 책 이야기 : 중세사본에서 윌리엄 모리스까지』를 저술해낸다. 윌리엄 모리스에 의기투합하는 선생과 나의 '합작품' 같은 것이다. 나는 윌리엄 모리스를 제대로 인식하는 책이 우리 사회에 필요하다는 말씀을 드렸고, 결국 서양의 출판역사와 윌리엄 모리스를 소개하는 '아름다운 한 권의 책'이 존재하게 되는 것이었다.

"윌리엄 모리스의 켈름스코트 프레스 책을 마주한 것은 20년

이광주 교수와 책방을 순례하면서
나는 위대한 책의 예술가 윌리엄 모리스를 발견했다.
"가장 위대한 예술적 소산이 무엇이냐고 묻는다면
나는 첫째로 건축물이라고 말하겠다.
그다음의 위대한 예술적 소산이 무엇이냐고 묻는다면
책이라고 말하겠다."
책의 지성이고 예술이다.

전 런던의 빅토리아 앤 알버트 미술관에서였습니다. 그의 『초서 작품집』은 그 몇 해 전 마인츠의 요하네스 구텐베르크Johannes Gutenberg, 1397-1468 박물관에서 한참 발길을 멈추게 한 『42행 성서』와 빈틈없이 겹쳐져 참으로 장엄한 아름다움으로 저를 매료시켰습니다.

아름다운 책, 아름다운 책보다 더 아름다운 것은 없는 듯싶습니다. 책은 성속聖俗의 세계를 자유로이 넘나든다고 합니다만, 참으로 아름다운 책은 우리를 탐미의 세계로 끌어들입니다. 모리스와 모든 책의 마에스트로들, 그들의 책을 탐내는 애서가·장서가들, 그들 모두가 탐미주의자로 비칩니다. 그들이 떠받들던 중세 고딕 성당을 유럽 탐미주의의 최고의 걸작으로 생각해봅니다. 아름다운 책은 성서로운 책이고, 아름다운 책을 만든 시대는 좋은 시대입니다."

어떤 이념으로부터도 자유로운 정신

예술마을 헤이리를 기획·건설하면서 나는 책을 위해 존재하는 집, 북하우스를 지었다. 나는 당초부터 설계를 맡은 미국의 젊은 건축가 그룹 SHob과 한국의 건축가 김준성에게 책을 위한 집을 설계해달라고 주문했다. 북하우스는 그렇게 하여 2003년에 문을 열었다. 북하우스 뒤편에는 윌리엄 모리스를 위한 책 박물관을 김준성의 설계로 건축했다. 나는 2008년 다시 한 권의 책을 만들었다. 『북하우스: 아름다운 지상의 책 한 권을 우리 삶의 한가운데 놓는다』가 그것이다. 이광주 선생은 「북하우스에서의 나의 책 놀이」를 기고했다.

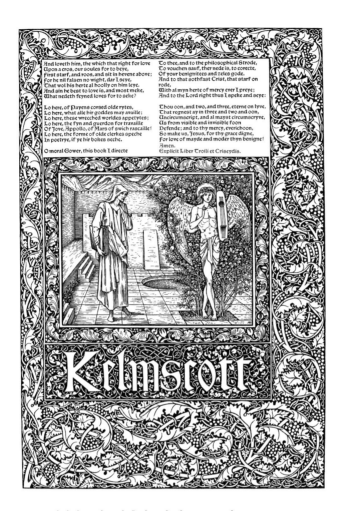

윌리엄 모리스의 출판공방 켈름스코트가
펴낸 책들은 나를 경악하게 만들었다.
책의 아름다움이 이런 경지까지 진전될 수 있구나 했다.
『아름다운 책 이야기』는 이광주 교수의
'책 사랑'의 한 경지를 보여주는 한 권의 책이다.

"헤이리 북하우스는 나에게 가장 매혹적인 건물이다. 아름답고 아취雅趣에 넘실대면서도 웅장함을 은근히 뽐내기도 하는, 여성적인 화려함과 남성적인 단정함을 함께 보여준다. 음악적인 흐름으로 반주하는 듯한 멋스러운 건물, 하늘이 그리운 듯 위로 뻗은 상반신은 한 권의 책으로 우리의 상상력을 약간은 에로스적인 숲으로 끌어들인다. 더욱이 밤의 장막이 수줍게 건물 전체를 감쌀 때면 참으로 환상적이다. 모리스의 런던보다 훨씬 가까운 헤이리에는 북하우스가 있다. 나에게는 언제나 가고 싶은 지호지간의 거리다. 책의 집, 책을 위해 존재하는 집이니 얼마나 좋은가."

서양사학자 이광주의 근본은 자유정신이다. 그의 주제는 어떤 이념이나 시대의 흐름에 앞서서 인간을, 인간다움을 무엇보다 귀하게 여긴다. 그 자유로운 정신과 인간다움이 그의 학문과 삶의 지향이다.

선생은 역사학자이지만 특정의 역사이론에 규정되지 않는다. 정년 이후 그가 써내는 일련의 책들의 주제는 우리 사회가 진정으로 필요로 하는 열린 사유였다. 2005년에 펴내는『나의 유럽 나의 편력 : 젊은 날 내 영혼의 거장들』에서 다루는 인문예술가와 사상가들은 바로 그의 인식과 성찰이다. 「아벨라르Pierre Abélard, 1079-1142, 유럽 최초의 지식인」「에라스뮈스Desiderius Erasmus, 1466-1536, 방관자의 빛」「몽테뉴, 나는 무엇을 알고 있는가」「괴테, 문화냐 야만이냐」「부르크하르트, 역사 속에 선 인간」「하위징아, 중세의 가을」「마이네케Friedrich Meinecke, 1862-1954, 독일의 과거와의 결별」「츠바이크Stefan Zweig, 1881-1942, 빈의 어제의 세계」「스펜더Stephen Spender, 1909-1995, 교양 있는 좌파」「발레리Paul Valéry, 1871-1945, 우상

이광주 교수는 헤이리 북하우스의 건축적 성과를 예찬했다.
"여성적인 화려함과 남성적인 단정함을 함께 보여준다.
음악적인 흐름으로 반주하는 듯한 멋스러운 건물,
하늘이 그리운 듯 위로 뻗은 상반신은 한 권의 책으로
우리의 상상력을 약간은 에로스적인 숲으로 끌어들인다."

으로서의 지성」「모리스, 그의 성스로운 '집'」「클림트Gustav Klimt, 1862-1918, 세기말의 미학」「디트리히Marlene Dietrich, 1901-1992, 히틀러 독일과의 싸움」「베토벤Ludwig van Beethoven, 1770-1827, 하일리겐슈타트의 유서」에서 인문주의자 이광주의 진면이 생동한다. 종교적이고 정치적인 격동의 시대를 살면서, 그 시대를 휩쓴 교리나 이념에서 해방된 자유로운 정신, 전인적 인간들을 선생은 성찰하고 있다.

"나는 20-30대에 들어서면서 이들을 만나는 축복을 누렸다. 나의 고전이 되었다. 나의 마에스트로, 스승이자 때로는 벗으로 우러러 섬겨왔다. 『파우스트』나 『우신예찬』은 『수상록』과 마찬가지로 나에게는 예나 지금이나 독서삼매의 기쁨을 안겨주는 놀이의 세계다. 21세기는 창조적 개인의 시대라고 한다. 일찍이 없었던 패러다임의 전환이 요구된다.

우리는 낡은 도그마나 이데올로기로부터 과연 얼마나 자유로운가. 갖가지 명분을 내세워 편가르는 우상을 지금도 받들고, 담론을 외면하는 인간이 우리 주변에 적지 않다. 참으로 유연하고 자유로운 정신이 그 어느 때보다도 흠모된다. 겉으로는 세계니 지구촌이니 들먹이면서도 말끝마다 전가의 보도처럼 국가를 들이대는 시대착오적인 국가주의자들이 설치고, 어린아이들까지도 줄을 세우는 시장원리가 모든 것을 관리하다시피 하는 잔인한 사회가 아닌가!

따뜻한 인간성, 자유로운 정신이 그립다. 좋은 사회 바람직한 사회란 우리 서로가 담론을 즐기는 다원적 열린 사회, 인간과 인간다움, 자유를 귀하게 여기는 공동체다."

좋은 사회란 이야기할 수 있는 사회

자유정신·인문정신의 공동체를 구현하는 가장 중요한 것은 이야기다. 인간을 인간답게 만드는 고전은 동서고금을 가리지 않고 이야기로 구성되었다. 『일리아드』와 『오디세이』, 『성서』와 『논어』가 그렇다. 하위징아는 인류의 역사와 문화를 면면히 이어오는 이야기를 강조했다.

"만남이란 이야기를 나누는 것, 담론의 자리다. 우리는 저마다 '나의 말'을 간직하고 있다. 그러나 좋은 만남이란 내 말에 앞서 마주한 사람, 그의 말에 귀 기울임이다. 공자孔子, BC 551-BC 479는 셋이 모이면 한 스승이 있다고 했다. 사르트르Jean Paul Sartre, 1905-1980는 말을 나눔으로써 우리 모두는 세계를 발견하고 창조한다고 했다. 그리스에서는 사람됨, 인간 교양의 최고 덕목은 세련되고 아름다운 언동言動이었다. 수사학이 철학보다 더 귀하게 여겨진 이유다. 기쁨으로서의 이야기 문화, 담론을 꽃피운 심포지엄, 그리스에서는 일찍부터 살롱과 클럽 문화를 탄생시켰다. 사회 속에 활짝 열려 있는 살롱과 카페, 미슐레Jules Michelet, 1798-1874는 새 풍속을 낳아 사람들의 기풍을 바꾼 공간으로서의 카페를 말했다."

이광주 선생은 유럽의 열려 있는 담론의 공간 살롱과 카페를 썼다. 『담론의 탄생 : 유럽의 살롱과 클럽과 카페, 그 자유로운 풍경』을 우리에게 보여주었다.

"반듯한 사회, 좋은 사회란 자유로이 이야기할 수 있는 사회다.

그러나 정치적 언어와 대기업의 시장원리, 그에 더해 이데올로기적 신념이 폭력이 되다시피 하고 막말이 범람하는 오늘날 참으로 절실한 바람은 하이데거Martin Heidegger, 1889-1976가 강조한 것처럼 자신의 입장을 방하放下함으로써 사물의 진실에 눈을 뜨는 데 있다고 할 것이다. 나무 한 그루는 숲을 이루지 못한다獨木不林고 했던가. 자기 중심의 교리나 도그마, 계산하는 사유에서 벗어나 너와 나 그리고 우리 모두의 바람직한 공동체, 진정한 이야기문화, 담론문화의 형성을 주제로 감히 한 권의 책을 엮은 이유다."

이광주 선생은 2002년에 써낸 『동과 서의 차 이야기 : 놀이와 사교가 있는 풍경』에서도 '이야기'와 '담론'을 썼다. 또 다른 여행론이기도 하다. 동과 서의 차문화를 자유로운 담론과 사교의 연금장으로 들여다보고 있다. "차놀이야말로 놀이 중의 놀이, 문화文化 중의 문화文華로 이해하고 싶다"고 했다.

"찻잔이 놓인 자리, 차기행에서 우리는 많은 시인과 문인들을 만난다. 때로는 청아하고 심미적인 환상세계로 우리를 끌어들이니 이 또한 책에 비길 만한 차의 향연이다."

나는 어떤 도그마나 권위도 부정한다

이광주 교수는 2009년 대저 『교양의 탄생 : 유럽을 만든 인문정신』을 저술해 써낸다. 인문주의자 이광주의 지향과 콘텐츠를 유감없이 보여주는 한 권의 책이다. 지知를 사랑하는 그리스인들의 철학과 수사학으로부터 1968년 5월의 혁명과 열정을 해석해낸다. 유럽의 정신과 미학, 학문과 사상을 담론한다.

2003년 한길사가 파주출판도시로 이전을 축하하는 모임에서
이광주 교수는 책과 인문의 가치를 말씀했다.
"반듯한 사회, 좋은 사회란 자유로이
이야기할 수 있는 사회다."

"그리스·로마 사람들은 마음과 몸, 삶 전체의 반듯하고 조화로운 구현을 이상적인 인간상으로 여겼다. 그 실현을 파이데이아와 후마니타스의 지知를 뜻하는 인문학에서 찾았다. 그만큼 그들이 자각한 교양의 핵심은 인간과 인간을 둘러싼 문제였다."

교양은 시공과 역사적 상황에 따라 조각탁마彫刻琢磨되고 자기 변모를 거듭한다. 교양인이란 파우스트처럼 끊임없이 묻고 탐색하는 인간이다. 그 배움은 광장이나 살롱에서 나누는 담론을 통해 배양된다. 교양인은 서재의 인간이 아니다.

"인간은 교양으로 자유에 눈뜨고 자유로 인해 이웃과 사회를 의식한다. 그리스의 애지자愛知者는 폴리스 공동체를 사랑하는 자유인이었다. 그런 까닭에 플라톤Platon, BC 427–BC 347을 비롯한 많은 교양인들이 망명과 유배의 나날을 보냈으며, 그들의 멘토였던 소크라테스Socrates, BC 469–BC 399는 독배를 들어야 했다.

교양이라는 텍스트는 역사의 진운에 슬기롭게 대응함으로써 새로 쓰이고 그 콘텐츠와 이념의 지평을 확대하고 심화한다. 교양은 어떠한 교회나 국가도, 어떠한 도그마나 권위도 부정한다. 그들이 깔아놓은 이데올로기로부터의 자유야말로 교양의 징표다."

인문주의자 이광주에게 '교양이란 무엇이며 교양인이란 누구인가'라는 질문은 그의 생애에 걸친 화두였다. 이 기술·정보 시대에 더욱 절박한 문제의식이었다. 역사학자이면서 늘 시문학을 독서한 선생은 "동서고금을 통해 교양인의 가장 향기롭고 훌륭한 요람은 아무래도 시문학에서 찾아야 하고, 인문학적 교양이라고 하지만 그 핵심은 시문학이다"라고 했다. 부르크하르트와 하위징 아에 이끌려 서양사학에 눈을 뜨고 독서했지만, 선생은 늘 우리 전통의 아름다움에 천착했다. 우리 청자·백자의 아름다움을 탐미했다. 선생은 봄가을엔 늘 경주를 찾곤 했다.

헤이리 회원들과 교토와 나라와 오사카를 건축투어할 때였다. 일행은 일본작가 시바 료타로司馬遼太郎, 1923-1996의 기념관을 보기로 했다. 그가 살던 마당에 안도 다다오安藤忠雄, 1941- 의 설계로 지어진 그 기념관의 서가를 나는 보자고 했다. 함께 여행한 선생은 그 기념관에 들어가지 않았다. 시바의 소설을 재미있게 읽기는 했지만, 일부러 그 기념관에는 들어가지 않겠다는 선생이었다. 작가 시바의 문학적 이데올로기에 동의하지 못한다는 것이었을까. 그러나 선생은 책 읽기엔 경계를 두지 않는다고 말씀한 바 있다.

고전을 공유하는 사람들의 공동체

고전을 읽고 고전을 천착한 선생은 우리가 펴내는 한길그레이트북스를 늘 치하하는 말씀을 했다. 1996년 한길사 창립 20주년을 맞아 시작된 한길그레이트북스는 지금도 계속되고 있지만, 2002년 한길그레이트북스 120권 돌파를 기념해 기획한『가자, 고전의 숲으로』에 선생은 '우리 시대의 고전'의 의미를 썼다.

"르네상스 시대 이탈리아의 고전학자이자 뛰어난 출판인이었던 마누티우스Aldus Manutius, 1452-1515의 출판 모토 '천천히 빨리'의 명구가 생각난다. 한길그레이트북스의 기획이 변함없이 진행되기를 기대한다. 책은 성聖과 속俗을 넘나드는 광대무변의 세계, 고전은 책 중의 책이다. 한 시대와 한 국민의 감성과 취향, 바람과 고뇌, 정념과 욕망, 미의식과 사상의 표현인 거대한 두루마리와도 같은 고전은 그것이 씌어진 시대나 지역을 넘어서는, 한결같이 인류의 영원불변한 문화유산이다. 현실의 표상인 동시에 미래를 고지告知한다.

문학의 고전이 심오하면서도 흥미진진한 시적 상상력을 불러일으킨다면, 인문사회 고전은 공공선公共善의 증진과 반듯한 역사, 올바른 사회를 꿈꾸게 한다. 모든 고전은 무릇 우리를 반듯하고 풍요로운 삶, 웰빙으로 인도한다. 한 국민, 한 국가의 위상과 품격은 그 교양계층에 달려 있다고 할 것이다. 교양계층이란 고전을 공유하는 사람들의 공동체라 할 것이다."

선생은 프리드리히 마이네케의 『국가권력의 이념사』를 번역했다. 한길그레이트북스 제107권이다. 근대 이후 유럽에서 전개된 정치권력과 역학관계에 관한 이념사적 저술이다. 권력과 윤리의 문제는 역사가 마이네케에게 가장 중요한 주제였다.

2010년 나는 무크지 『담론과 성찰』 제2집의 주제를 '국가의 품격: 우리는 품격 있는 국가에서 살고 싶다'로 삼았다. 김우창·송재소·곽노현·조광호·김민웅 선생 등이 필자로 참여하는데, 이광주 선생은 「품격 있는 사회, 욕망으로부터 자유롭고 싶다」는 글에서 우리 현실을 비판했다.

"개인이나 사회의 품격은 언어생활에서 드러난다. 우리 학생들은 글을 쓸 줄 모른다. 말도 제대로 할 줄 모른다. 이 땅의 어머니와 아버지와 학교가 말하는 방법과 글쓰는 방법을 언제 가르쳐주었던가. 말과 문자는 단순한 기호가 아니다.

오늘날 우리 주변에서의 말의 모습은 어떠한가. 과장된 표현과 비속어의 난무, 말이 아닌 소리의 고함들, 장유長幼의 구별 없는 기괴한 화법, 거리 도처에 범람하는 난잡한 외래어 간판들, 대중매체가 부추기는 잡스러운 언어풍속도, 그것은 바로 우리 사회의 무질서와 가치의 무정부 상태, 우리 사회의 삶의 질을 반영한다. 반듯한 말은 좋은 생각을 낳고 품위 있는 사람됨, 품격 있는 사회를 만든다. 말을 반듯하게 하는 사회는 예절을 귀하게 여기는 사회다."

왜 이렇게 되었을까. 선생은 '물질제일주의'에서 답을 찾는다.

"오늘날 우리 사회는 경제 제일주의라는 욕망의 체계를 이루고 있다. 그 중심에 아파트가 자리 잡고 있다. 정부의 무위무책의 주택정책, 투기를 부추기는 대기업의 탐욕과 횡포와 간계는 주택을 살림집이 아니라 재테크의 수단으로 여기게 한다. 거리에서 주택가가 없어지고 뒷골목과 산책길을 사라지게 했다. 물신숭배에 사로잡힌 천민자본주의의 추한 욕망은 사람들을 전전긍긍 거처를 옮기게 한다. 정주定住의 땅이 없이 어찌 항심恒心이 있고 이웃이 있을까."

여행은 또 다른 자기를 만나는 길
선생은 우리 사회의 이른바 천박한 보수를 질책한다.

"평등·인권·복지가 좌파 진보의 키워드라면 우파 보수의 키워드는 민족·전통·자유여야 할 것이다. 구태의연한 반공이데올로기에 매여 있다. 『친일인명사전』은 민족정기를 받드는 보수주의자들에 의해 진작부터 발간되어야 했다. 대한민국의 정통성을 파괴한다면서 떠들어댔다. 민족주의적인 보수는 그 본질에 있어 겨레의 역사와 전통문화의 옹호자여야 한다.

교육의 복권, 그 복권을 통한 반듯한 공동체의 실현. 오늘날 우리 모두가 당면한 최대의 과제다. 신자유주의의 악령과 함께 물신숭배라는 우리 내부의 치우신癡愚神을 함께 몰아내야 하는 삶을 위한 싸움, 휴머니즘의 싸움이다.”

선생은 2009년 「여행, 편력하는 삶의 토포스」를 『담론과 성찰』 제1집에 쓴다. '성지순례에서부터 지드André Gide, 1869-1951와 레비스트로스Claude Levi Strauss, 1908-2009까지' 여행하는 자들의 '저편을 향한 편력의 충동'을 이야기한다. 여행을 통한 '나 자신의 발견'이다.

“우리는 왜 여정에 오를까. 일상으로부터의 일탈, 들뜬 호기심, '저편'을 향한 방랑과 포악의 충동? 막연히 마음먹고 집을 나서는 길은 또 다른 자기를 만나는 길, 자기로의 귀환이다.”

선생과 나는 좀 긴 유럽여행을 하자 했다. 파리·빈·베를린·런던·로마·베네치아를 천천히 걸으면서, 그 문화와 예술을 한껏 누려보자는 것이었다. 그 서점들과 그 카페들을 여유롭게 탐방하자고 했다. 런던에 가서는 윌리엄 모리스를 다시 보자 했다. 켈름스코트 그 출판공방을 가보자 했다. 그러나 우리의 약속은 나의 이런저런 일정으로 이뤄지지 못했다. 선생의 별세 소식을 접한 나는 유럽여행 약속을 함께하지 못한 게 가슴을 쳤다.

책을 만들면서 만난 이광주 선생은 세상의 아름다운 이치를 나에게 이야기해주었다. 책과 예술을 찾아 나서는 여정旅情의 동행이었다. 젊은이들과 차 마시면서 이야기하기를 좋아한 로맨티스트였다. "결국 세계는 한 권의 아름다운 책에 이르기 위하여 만들어졌다"는 말라르메Stéphane Mallarméé, 1842-1898의 시를 좋아한 독서인이자 애서가인 이광주 선생은 책 속에서 책을 가슴에 안고 산, 책 읽는 책의 '여정'을 누린 독서인이었다.

오늘도 나는 나의 산하 나의 국토를 걷는다
작가 박태순의 국토인문학

국토의 편력과 민중세계의 답사는 같은 것

1983년의 이른 봄날 오후, 나는 작가 박태순朴泰洵, 1942-2019 선생과 함께 북한산을 오르고 있었다. 그와 나는 막 출간된 『박태순 기행 : 국토와 민중』을 손에 들고 있었다. 그 험난한 세월, 1980년대에 펴낸 수많은 책들 가운데, 언제나 나의 가슴을 따뜻하게 하는 한 권의 책 『국토와 민중』. 대지의 삼라만상이 일어서는 봄날의 북한산 산록에서 나와 박태순은 새 책의 의미 새 책의 향기를 향유하는 것이었다.

"박 선생님, 이 『국토와 민중』을 들고
우리 국토 우리 산하를 함께 걸읍시다."

『국토와 민중』은 출간되자마자 이 땅의 독자들에게 깊은 울림을 주면서, 국토가 무엇인지를 새롭게 인식하는 '한 권의 책'이 되었다. 작가 박태순이 발로 써낸 국토인문학은 국토에 대한 문제의식을 불러일으키는 한 이정표가 되었다.

"나는 국토의 편력과 민중세계의 답사는 둘이 아니라 하나라는 사실을 거듭 확인했다. 이 민중의 국토, 이 국토의 민중을 올바르게 관계 맺게 하는 일, 우리의 국토는 민중의 차지며, 민중은 우리 국토의 주인이라는 것을 확고하게 인식하는 일은 몹시 중요함에도 불구하고, 어찌 된 일인지 그동안 소홀히 여겨왔다는 사실을 깨닫는다.

국토를 찾는 작업은 가슴 뿌듯한 영광스러운 일이면서도 고단하고 숨찬 것이기도 했다. 차를 타기보다는 걸으면서, 우리 국토가 들려주는 음악에 넋을 잃고, 민박을 하는 사랑방에서 국토와 민중의 역사를 들으면서 감동한 것이 한두 번이 아니었다. 국토는 자연으로서 금수강산이었고 인문지리로서는 민중의 역사였다."

작가가 찾아나선 한반도는 유신시대가 무너진 지 얼마 안 되던 무렵이었다. 그는 우리 국토가 유신시대를 어떻게 견디어왔고, 어떻게 유신시대로부터 풀려나야 하고 해방되어가고 있는지를 국토의 현장에서 기록했다.

"우리 국토는 심각한 사정을 알리는 상황판이다. 제대로 똑똑히 바라보자고 광인처럼 외치고 외쳐, 모든 이가 자기의 처한 그 자리에서 이 국토의 참주인 노릇하지 않는다면 분단된 국토의 또 다른 분열, 민중의 분단으로 어찌 될까 싶다. 국토의 통일작업은 우리의 삶의 현재에서 그 가장 근본적인 대목으로서 민족통일에로 행진해 나아가야 하는 일이 된다."

1980년대는 혁명적인 열정으로 탐구하고 실천하는 시대였다. 우리는 함께 어깨동무하면서 우리 시대가 당면한 문제들을, 우리

462

『국토와 민중』의 작가 박태순은 온몸으로
국토와 산하를 걸으면서 국토인문학을 써냈다.
"국토는 자연으로서 금수강산이고
인문지리로서는 민중의 역사였다."

국가와 사회와 민족공동체가 궁극으로 구현해야 할 민주적 정신과 가치를 찾아 열정적으로 학습하고 토론했다. 역사를 탐험하고 민족과 민중의 의미와 실체를 발견하려 했다. 그 실천적 삶의 한 가운데에 '책'이 존재했다.

대통령 박정희가 그의 부하 김재규에 의해 피살되는 10·26정변으로 유신독재는 몰락했지만, 1980년 전두환 군부에 의한 그 봄날의 광주학살은 우리에게 또 하나의 좌절과 절망, 슬픔과 시련이었다. 그러나 우리는 일어섰다. 그 80년대에 우리는 국토를 걸으면서 책을 만들고 읽었다. 고단한 시대를 이겨내는 희망이었다.

한길역사강좌와 한길역사기행

한길사는 마포경찰서 뒤쪽의 한 인쇄소 공간을 빌려 사무실로 쓰다가 성북구 안암동, 고려대 정경대 맞은편으로 이사를 간 것이 1982년 가을이었다. 나는 1층을 개조해서 작은 교실 하나를 만들었다. 한 출판인으로서 나의 꿈은 '학교'였다. 한 권의 책과 한 출판사는 열려 있는 학교일 것이다. 나는 그 교실에서 독자와 저자의 대화, 책을 토론하는 마당을 열었다. 역사강좌·사회과학강좌를 개설했다. 우리 시대를 이끄는 지식인·학자·사상가들이 자신들의 학문과 이론을 이야기했다. 큰 사상가 함석헌 선생도 독자와 씨올들을 만났다.

한길역사기행! 1985년 한길역사강좌와 나란히 기획되는 한길역사기행은 역사의 현장 삶의 현장, 민족사가 구현되는 국토와 산하를 탐험하는 집단문화운동이었다. 나는 역사와 역사정신은 책으로 책상머리에서 제대로 공부할 수 없다는 생각을 하고 있었다. 역사의 현장에 섬으로써, 삶의 현장에서 살아 있는 역사, 약동하는 역사정신을 만날 수 있다!『국토와 민중』의 문제의식과 주제는 한길역사기행의 이론과 방법이 되었다. 작가 박태순은 한길역사기행에 늘 동행하는 동반자였다.

"우리는 책의 지식 속에서 우리의 근대정신사를 살펴보고 우리의 문제를 학자의 이론 속에서 그 틀을 논의하고 있는데, 이보다 먼저 해야 할 일은 바로 이 국토 속에서, 이 국토를 통하여, 근대정신사와 민족문제를 살펴보는 작업이다."

작가 박태순은 1971년과 1972년에 걸쳐 한반도 순례기『한국탐험』을 썼다.『국토와 민중』은 그로부터 10년이 지난 시기에 "사람과 땅이 몸부림치는" 우리 국토를 다시 탐험하는 작업이었다.

"전쟁이 일어나면 사람만이 전쟁을 하는 것이 아니라 땅이 동원되어 전쟁을 하고 상처를 입고 초토가 된다. 절실함이 없으면 이 세상 사물은 보이지 않는다. 뜬구름만 보이고 자연경치의 찬미에 그친다."

동학농민군의 함성이 들려온다

1985년 8월 23일과 24일, 동학농민전쟁의 현장을 찾아가는 제1회 한길역사기행이 시작된다. 23일 오후 버스로 일행 45명이 서울을 떠났다. 나는 역사기행의 기획자로서 마이크를 잡았다.

"한길역사기행은 역사의 현장 삶의 현장에 가서, 가슴으로 우리의 역사와 오늘의 현실을 총체적으로 인식하는 우리 모두의 열

1980년대 국토와 산하에서 전개되는
한길역사기행에 작가 박태순은
늘 동행하는 역사현장 안내자였다.
"고부들판에 나는 서 있다.
당신들도 이 들판에 서 보아라.
자주·민주·평등, 사랑과 평화의 씨앗을 품은
농민들의 들판, 들판의 농민들을 보리라."

린 마당입니다. 한길역사기행을 통해 우리의 역사와 깊고 크고 넓고 아름다움을 알게 되리라 생각합니다. 우리는 지금 1894년 동학농민군들이 제폭구민을 외치면서 일어선 호남평야를 갑니다."

동학농민전쟁을 연구하는 향토사학자 최현식[1923-2011] 선생과 대하소설『녹두장군』을 쓰고 있는 송기숙 교수가 현장에서 우리 일행을 맞았다. 고부들판, 삼례, 만석보, 전봉준[全琫準, 1855-1895] 장군 생가, 익산 미륵사지, 금산사, 선운사를 돌면서 갑오농민군의 함성을 듣고 그 역사정신을 체험하는 것이었다.

우리 일행은 동학농민군의 집결지 백산에 올랐다. 여름날 태양이 호남평야 지평선에 내려앉고 있었다. 해발 56미터밖에 안 되는 야트막한 언덕이었지만, 광활한 호남평야를 지키는 백산은 멀리서 보면 우뚝했다. 이 백산에서 우리는 1894년 봄날의 흰옷 입은 농민혁명군을 만나는 것이었다.

"나무들에 흰 걸레를 걸어놓아
농민군의 힘찬 위용을
연출해 보여주었습니다."

최현식 선생과 송기숙 교수가 그날 농민군의 지혜와 기세를 설명했다. 작가 박태순은 우리의 역사기행을 기록한「호남평야 동학농민의 함성」을 1986년에 간행되는 무크지『한길역사기행』에 실었다.

"80년대를 살아가는 이 평범한 사람들은 과연 무엇을 찾고자 갑오농민, 동학농민의 현장을 찾아가는 것일까. 왜 우리는 현실로부터 몸을 빼내어 역사의 현장으로 나서고 있는가. 고부의 들판, 황토현의 옛 싸움터에서 우리가 진실로 바라보고자 하는 것은 무엇인가. 우리는 '막힌 갱도'라도 뚫어나가는 마음일까.

갑오농민군의 전적지는 역사의 기록 속에 새겨져 있지만, 그 무엇보다도 우리의 국토에 그 현장을 살아 남겨놓고 있다. 우리는 다시, 또다시 갑오농민군을 찾아가지 않을 수 없다. 우리 시대의 어둠을 몰아내기 위한 빛의 줄기를 찾아나서는 일이다. 그 길의 저쪽에 갑오농민들이 행군해오는 모습이 보인다. 고부들판의 농민들 큰 뜻으로 일어섰다는 소식에 접해, 그 농민들의 대열에 함께하기 위해 길 떠났던 사람처럼 우리는 그곳으로 찾아가야 할 것이다."

다시 고부들판에서

저 19세기 말 갑오농민군의 민중전선·민족전선은 우리 역사기행에서 당연히 첫 주제가 되는 것이었다. 국토기행·역사기행의 작가 박태순은 이미 『국토와 민중』에서 동학농민군의 봉기를 시적 언어로 기록했다.

"고부들판에 나는 서 있다
당신들도 이 들판에 서 보아라
땅이 살아 제 가슴 풀어헤쳐 사람들 보듬어 안고
구불거리며 흐르는 동진강 물이
젖과 꿀처럼 대지를 적시는
반도를 대륙으로 만드는 평야

1985년 8월 동학농민전쟁의 현장을 찾아가는
제1회 한길역사기행 참가자들이 황토현에 올랐다.
향토사학자 최현식 선생이 설명하고 있다.
대하소설 『녹두장군』의 작가 송기숙 교수,
경제학자 박현채 선생이 함께했다.
왼쪽 끝에 박태순 선생이 서 있다.

동학농민의 불꽃이 처음 번져가기 시작한 곳이
고부들판에서부터 이루어진 까닭을 알 것이다
농민의 들판이, 들판의 농민이 만든
갑오년의 역사가
여전히 오늘의 우리를 만들고 있음을 알 것이다
억압받아 억눌림받아 갇혀 있던 동학의 대지가
들고일어나 해방시키고자 하였던
우리의 산하
식민지 사슬과 분단의 고리에 찢긴 이 반도에
어떠한 들판으로 새 세상 열어놓으려 하는지 볼 것이다
고부들판이 삼남 땅으로 행진해간다
서울 향해 우금치로 행진해간다
다시 이 고부들판으로 돌아와서
동학농민들의 쟁기질 받으며
자주·민주·평등, 사랑과 평화의 씨앗을 품은
농민들의 들판, 들판의 농민들을 보리라."

국토 전역을 가는 역사기행

역사기행의 주제는 우리 역사, 우리 국토의 전역에 걸쳤다. 동학농민군의 역사공간 말고도 의병이 일어선 정신의 현장을 찾는다. 강진에 가서 정약용의 유배지 사상을 만난다. 해남에서 보길도에서 윤선도^{尹善道, 1587-1671}를 만난다. 진도에 가서 진도민들과 진도아리랑을 같이 노래부른다. 지리산에 가서 그 정신사·저항사를 학습한다. 다도해의 사회사를 답사한다. 제주도에 가서 4·3의 비극을 가슴으로 인식한다. 울릉도를 걷는다. 남원에서 판

해남·강진 역사기행에서 앞장선 박태순 선생.
바로 뒤에 다산 연구가 박석무 선생이 함께했다.
유배 17년 동안 『목민심서』 등 위대한
저술들을 써낸 다산 정약용을 찾아갔다.

소리를, 익산에서 농악을 듣고 그 농민들과 함께 춤춘다. 거제도 포로수용소에서 또 다른 한국전쟁을 만난다. 강화도에서 국토간 척사를 학습한다. 경주 남산에서 불교예술을 만난다. 신비의 절 운주사에 간다. 부여의 백마강에서 백제를 역사여행한다. 가야산에 오르고 해인사 새벽 예불에 참례한다. 안동에 가서 탈춤을 함께 추고 도산서원에서 이황李滉, 1501-1570의 사상을 만난다. 정선에 가서 정선아라리를 부른다. 덕천서원에서 조식曺植, 1501-1572의 재야사상을 발견한다. 문경새재를 넘으면서 우리의 길을 알게 된다. 군인들이 지키는 금강산 건봉사 터를 답사한다. 『반계수록』의 저자 유형원柳馨遠, 1622-1673을 만난다.

한길역사기행은 총 42회가 기획되고 연 3,000여 명의 다양한 시민들이 동행했다. 1박 2일, 2박 3일, 4박 5일, 6박 7일의 일정이었다. 박태순 선생을 비롯해 박석무·이이화·송기숙·최영준·박현채·강만길·리영희 선생, 시인 고은·신경림 선생, 유초하·전경수·김흥식·이상해 교수, 한옥 전문가 신영훈 선생, 향토사학자 최현식·윤경렬·이석호 선생, 소설가 이문구·현기영·한림화·현길언·이호철 선생, 민속학자 주강현 선생이 동행했다.

일반 참가자들과 연구자·지식인들이 하나가 되어 밤을 지새우면서 강의하고 질문하고 토론한다. 답사를 끝내고 돌아오는 버스에서 강의와 토론이 이어진다. 모든 참가자들이 자신의 의견을 말한다. 아름다운 우리 국토 우리 산하, 그 장대한 역사의 현장 삶의 현장이 우리 모두를 순수하고 아름다운 존재로 승화시켰을 것이다.

한길역사기행은 역사와 국토라는 무대에서 함께 이야기하고 춤추고 노래하는 인문예술의 축제였다. 그러나 우리의 역사강좌·사회과학강좌·역사기행은 정보 당국의 감시 대상이었다. 나에게 왜 그런 행사를 하느냐면서 압력을 해오기도 했지만, 나는 괘념치 않았다. 금기시되던 주제를 나는 역사적·문화적 방법으로 풀어냈다.

역사·사상·문학은 분립된 작업이 아니다

전두환 군부는 잡지들을 강제로 폐간시켰다. 그러나 이 땅의 지식인·문화인·출판인들은 새로운 형식의 매체를 창안해냈다. 잡지와 책의 형식을 통합하는 '무크지'가 그것이었다. 나는 80년대 초반『한국사회연구』와『제3세계연구』를 펴냈다. 한길역사강좌와 이어 기획된 한길사회과학강좌의 강의내용을 책으로 만들었다. 작가 박태순은 이들 프로그램에 기획자·강연자·집필자로 참여한다.

1980년대 중반 민음사·문학과지성사·창작과비평사·열화당·지식산업사·현암사·까치·한길사·전예원·한울의 출판사 대표들이 교수·연구자들과 손잡고 양서추천운동의 일환으로 '오늘의 책 선정' 작업을 펼치는데, 나는 그 일환으로 허가받은 계간『오늘의 책』발간을 맡았다. 이 잡지에 박태순은 '역사와 인간'을 연재한다. 원효元曉, 617-686로 시작해서 최치원·이규보·정도전·이이李珥, 1536-1584·박지원·최제우崔濟愚, 1824-1864를 기행하는데, 각 원고가 200매, 300매나 되는 큰 글들이었다.『국토와 민중』에서 천착하는 그의 역사에의 정진과 현실에의 문제의식이 다시 빛을 뿜는 것이었다. 작가 박태순의 역량을 보여주는 글쓰기였다. 1987년에 한길사가 펴낸 무크지『문학과 역사』의 창간사는 문학가 박태순의 지향을 보여준다.

지리산 역사기행에서 다랑이논을
설명하는 박태순 선생.
1983년『국토와 민중』을 펴내면서
나는 박 선생과 의논하여 민족사의 현장,
국토와 산하를 동시대인들과 함께
걷는 역사기행을 시작했다.

"문학은 곧 역사탐구다. 문학으로 오늘의 역사를 감당하며, 역사에 우리 문학을 올바른 이정표로서 세우지 않으면 안 된다. 문학과 역사를 서로 이질화시키고 분리시키려 하는 참으로 '왜소한' 조건과 제약들을 불식하기 위한 노력이 문학의 내부와 외부를 통해 동시적으로 치열하게 전개되어야 한다. 갇힌 문학, 막힌 시대를 열어서 해방시키는 것이야말로 문학과 역사의 작업이다. 우리는 역사·사상·문학이 서로 다른 것을 추구하는 분립된 작업이 아니라 하나의 문화운동으로 되어왔던 민족문화의 전통을 계승해야 한다. 문학인은 곧 역사가이며 사상가였다. 학제學際의 경계선을 허물어야 한다."

위기의 역사를 어떻게 대처했나

작가 박태순의 1985, 86년의 작업 '역사와 인간'은 역사학자들도 주목한, 역사와 문학을 통합하는 문예였다. 「원효: 해방을 향한 국토 편력」에서 그의 '역사문학관'이 다시 확인된다.

"7세기의 인간 원효의 발자취를 찾아나서면서 필자는 20세기 말 현재의 우리 시대의 모습이 어떠한가를 헤아려 보게 된다. 민족의 분단, 민중에 대한 억압구조, 끊임없이 계속되는 전쟁의 공포 속에서 살아가고 있는 것이 오늘의 우리 상황이라 한다면, 바로 이러한 위기의 시대에 원효와 같은 인물이 재세在世하고 있다면 그는 어떠한 것을 말하게 될 것인가를 생각해본다.

문학인이 찾아나서는 역사인물의 기행은 시간과 공간의 장벽을 뛰어넘어 '진실의 공동체성'을 확인하는 작업이다. 역사인물이란 자기가 사는 시대를 '위기와 절망의 시대'로서 파악하는 것

작가 박태순은 빈민과 역사적 현실을 다룬 작품들을 써냈다.
「정든 땅 언덕 위」는 '외촌동 사람들' 연작인데,
서울의 무허가 판자촌 사람들, 뿌리 뽑힌 기층의 사람들을 다뤘다.
「어느 사학도의 젊은 시절」「무너진 극장」
「밤길의 사람들」은 한국전쟁과 4월혁명과 6월항쟁이 주제였다.

으로부터 출발하여 이를 극복하기 위한 '진실의 체계'를 후세에게 남겨주는 인물을 가리킨다.

'역사와 인간'이라는 제목을 붙인 작가기행의 첫 번째로 원효의 뜻을 찾으려는 뜻은 그의 인물됨을 가리자는 것이 아니라, 오늘 우리 역사 현실의 위기에 대처하는 우리 자신이 해야 할 바가 어찌 되는지, 그를 통해 깨우치자는 것에 틀림없다. 올바른 역사를 위한 역사인물의 오늘에의 활현活現작업이 중요하다.”

작가 박태순은 빈민과 역사적 현실을 다룬 작품을 썼다.「정든 땅 언덕 위」는 '외촌동 사람들' 연작으로 발표한 소설인데, 서울의 무허가 판자촌 주민들의 삶을, 변두리의 소외되고 뿌리 뽑힌 사람들의 삶과 함께 기층 민중의 건강한 생명력을 다룬다. 다른 한편으로「어느 사학도의 젊은 시절」「무너진 극장」「밤길의 사람들」은 한국전쟁과 4월혁명과 6월항쟁을 주제로 삼는다. 우리 현대사에 대한 치열한 성찰이다.

박태순은 1980년대 초 한길사가 펴내는 '한길세계문학'의 기획에 참여하면서 제3세계 문학을 선도해서 소개한다. 인도작가 쿠쉬완트 싱Khushwant Singh, 1915-2014의『파키스탄행 열차』와 치누아 아체베Chinua Achebe, 1930-2013의『민중의 지도자』를 번역해 '한길세계문학'에 당당히 내놓는다. 랭스턴 휴즈Langston Hughes, 1902-1967의『팔레스티나 민족시집』과 하워드 패스트Howard Fast, 1914-2003의『자유의 길』을 번역한다.

작품이 그러할 뿐 아니라 박태순은 행동으로 문학의 길, 문학가의 광장을 구현한다. 1974년 '문학인 61인 시국 선언'에 주도적으로 참여하며, 같은 해 자유실천문인협의회 창립과 운영에 앞장선다.

1970년대 초반부터 진행된 박태순의 실록문학

박태순의 실록문학은 1970년대 초반부터 진행되었다. 1970년에 『분신-전태일』을, 71년에 『광주단지 3박 4일』을, 73년엔 『작가기행』을 씀으로써 이 땅에 실록문학·기행문학의 영역을 선구적으로 열었다. 다시 1988, 89년엔 『월간중앙』에 『사상의 고향』 『기층문화를 찾아서』를 연재했고 1991년엔 『신열하일기』를 서울신문에 연재했다.

1989년 9월에 창간되는 『사회와 사상』을 통해 그의 실록문학은 역사성·현실성이 치열하게 발휘된다. '민족사의 현장'을 잇따라 발표한다. 1989년 3월 초에 「남도의 죽음과 부활: 마산의 3·15항쟁과 4월혁명을 찾아」를 실록한다. "저마다 뜨거운 가슴으로 민주의 깃발을 올리던 그날 1960년 3월 15일!"로 시작되는 3·15의거 기념탑문은 지난날 독재 시대에 온갖 수모를 받아왔다. 매년 3·15, 4·19날이 되면 기동경찰이 탑 주위를 삼엄하게 지키고 있었다. 그 마산의거 전개의 자초지종과 역사적 의미를 작가 박태순은 그 의거의 현장에서 다시 묻는 것이다.

"마산항쟁, 4월혁명은 지난 30년 독재에 묶이면서도, 그 사슬을 끊어 이제 혁명의 계승이 이루어져오고 있는 것일까. 마산의 이름으로, 민족과 민중과 통일의 역사 앞에서 우리는 무엇을 이 혁명으로부터 찾아낼 수 있을 것인가!"

1989년 5월호에는 「광산노동운동과 사북사태」를 쓴다. 1980년

5월 전두환 신군부는 사북의 노동자들에 대한 만행을 저지른다. 80년 4월과 5월에 일어난 사북사태는 5월의 "광주민중항쟁과 함께 1980년대 정치적·사회적 상황을 규정짓는 사건"이었지만 "사태발생의 근본적인 원인 분석은 젖혀둔 채" 사건 과정에서 일어난 폭력성 등 비합법성만을 강조한다. 노조의 파벌싸움에 기인한 것으로 몰아감으로써 "광산노동자들의 절망적인 노동현실을 외면한 채 이를 은폐하기에 급급한" 사북노동자들의 처참했던 현실을 다시 짚으면서, 광산노동자들의 오늘의 현실과 그 운동을 실록하고 있다.

거제도 포로수용소는 분단역사의 어두운 치부

1989년 6월호에 「거제도의 6·25 그 전쟁범죄」를 실록한다.

"거제도 전쟁수 수용소에서 6·25를 바라보노라면 무엇보다도 그 전쟁범죄, 그 비인간적 폭력성과 반역사적 신식민지 분단구조의 모순이 여전히 이 시대를 암울하게 짓누르고 있음을 실감한다."

나는 1987년 10월 연휴를 맞아 '거제도 포로수용소'를 답사하는 역사기행을 기획했다. 막사가 무너지고 그 무너져내리다 남은 막사의 벽에는 포로들이 그린 벽화들이 그대로 남아 있었다. 그 막사의 마룻바닥에는 감나무가 자라서 붉게 익은 감들이 주렁주렁 달려 있었다. 아름다운 우리 강산에 이렇게 상존하는 처연한 역사! 그 한국전쟁 포로수용소의 의미를 작가는 무심한 우리들에게 묻고 있다.

1987년 10월 한길역사기행은
거제도 포로수용소를 가는 프로그램이었다.
작가 박태순은 『사회와 사상』 1989년 6월호에
「거제도의 6·25 그 전쟁범죄」를 실록했다.
"거제수용소는 한국전쟁의
또 다른 야누스의 얼굴이다."

"인류 역사의 그 가장 비참한 환경, 다름 아니라 인간 존엄성의 말살과 억압과 폭력이 생활화되어 있는 '수용소'라는 이름의 인간단지다. 그런데 우리는 인문주의 정신에 서서 이런 거제수용소를 바라보아야 하는 일마저 게을리해왔던 것이 아니었던가. 민족주의적 시각이 제대로 갖추어지지 않았으며 이데올로기 갈등과 동족상쟁의 아픔에 대한 원인 분석보다는 그 현상적인, 따라서 시류적인 천착들이 있었을 것이다. 그 직접적인 참혹한 실상은 겪어보지 않은 사람으로서는 구체적으로 알 길이 없는 것이지만, 이미 엄청난 시간이 지나 사회인으로 살아가는 일에 곤궁스러워하는 그들은 이제 와서 입을 열려고 하지 않는다. 역사의 수치, 민족의 수치이기 이전의 개인적인 회한을 배제하여 그 실상을 차마 환기하고 싶은 것이 아니다. 수용소는 분단역사의 가장 어두운 치부로서 매몰되어버릴지도 모른다. 그러나 '분단시대의 증언'을 이로부터 확인해야 하는 일이 과연 필요하지 않은 것일까."

거제수용소는 곧 한국전쟁의 또 다른 야누스 얼굴이다. 그 전쟁의 복합적인 성격을 비극적으로 살피게 한다.

"거제수용소가 우리에게 자각시켜주는 역사의 교훈을 우리는 망각하고 있다. 수용소 안에서의 반공포로의 용감한 투쟁과 수용소 소장 도드 준장이 '포로들의 포로'로 되는 사건 따위를 통해 드러나는 '공산포로들의 만행'이라는 관점으로만 그 수용소의 역사를 파악하는 차원에 머무를 때, 우리는 17만여 명의 민족구성원들이 놓여 있던 현대사를 제대로 정립시키지 못한다.
자주·자유·민주 이념과 함께 민족이념에 의한 한국전쟁사 이해의 기본틀이 마련되어야 할 것임을 거제수용소가 우리에게 가르친다. 남쪽의 '반공포로'와 북쪽의 '송환포로' 및 제3국을 택한 '중립지대 포로'의 그 전쟁 이후의 삶은 어찌 영위되었던 것이며 그 사회적 복권작업은 과연 이루어져왔던가를 그 전쟁 체험자들은 묻고 있다."

1989년 7월호에는 「분당·일산의 저항과 분노: 무엇을 위한 신도시 건설인가」를 실록한다.

"한국 사회구성체의 모순을 그대로 반영하는 분당·일산의 신도시 건설계획의 강행은 광주단지 시민봉기 사건의 값진 교훈을 다시 떠올리게 한다."

1971년 7월에서 8월에 걸쳐 경기도 광주대단지^{현 성남시} 시민들은 일종의 민란적인 성격을 갖는 '소요사건'을 일으켜 도시빈민 문제의 심각성을 일깨워준 바 있고 박태순은 그 현장을 실록으로 남긴 바 있다.

1989년 9월호에는 「민족문제와 천주교사제단운동」을 실록한다. 임수경 학생과 문규현 신부의 방북을 계기로 천주교정의구현 사제단의 민주·민족운동을 새롭게 조명하는 것이었다. 70년대 이후 거듭 역사의 현장이 되고 있는 명동성당과 사제단의 역사적 의미를 그 현장에서 성찰하고 있다.

진화하는 박태순 국토인문학

2008년 박태순은 드디어 대작『나의 국토 나의 산하』전 3권을

2008년에 박태순은 대작
『나의 국토 나의 산하』전 3권을 펴낸다.
박태순 국토기행의 21세기 버전이자
박태순 국토인문학의 절정이다.

박태순 선생은 2000년대에 『프레시안』 이근성 대표가 이끄는
'박태순국토학교'를 통해 동시대인들과
국토와 산하를 걸었다. 매창의 고장 부안을 답사했다.

펴낸다. 제1권『나의 국토인문지리지』, 제2권『시인의 마음으로』, 제3권『인간의 길 시대의 풍경』은 박태순 국토기행의 21세기 버전이자 박태순의 국토인문학의 절정이다. 움직이는 국토, 살아 있는 국토, 끊임없이 변모하는 국토를 탐구하는 박태순 국토인문학의 진화하는 인식과 이론이다. 우리 국토 우리 산하의 오늘의 역사와 그 전통을 촬영하는 황헌만의 사진동행이 우리 국토의 생동하는 내면을 조명한다.

위대한 문학가와 사상가는 예외없이 위대한 여행가였다. 동서양을 막론하고 위대한 저술들은 위대한 각성자의 진리탐구와 그 전파를 위한 담론들이다. 박태순의 국토탐험·여행담론은 우리 현대문학의 한 고전이라고 나는 생각한다. 국토인문주의자 박태순의 국토탐험·여행담론은 사회학·지리학·지질학·기상학·생물학·지역학·문예학 등등의 사회과학·인문과학·자연과학·예술과학의 지식과 지혜와 정보가 통합되어 구성된다.

"어둠이 채 가시지 않은 신새벽에 길을 나선 나는 하늘의 대기와 인간의 대지가 온 세상을 또다시 새롭게 펼쳐 보이고 있음을 온몸으로 받아들인다. 우주와 삼라만상의 큰 숨결이 나의 몸속으로 들어온다. 국토언어는 기본적으로 희망의 언어다."

『나의 국토 나의 산하』제1권은 국토를 넓고 깊게 들여다본다. 국토가 들려주는 거대서사·거대담론이다. 「청계천의 고독한 군중」「임진강 들녘에서 북한산과 송악산을 바라보다」「거대한 뿌리 백두산」「어머니의 산 지리산에서」「청춘산맥 설악산 가는 길」「천상의 화원 소백산」「대가야의 달빛여행」「서라벌 두 성인의 사

『국토와 민중』은 박태순 국토인문학의 기념비적인 작품이다.
1980년대 '국토의 발견'에 결정적인 영향을 주었다.
『나의 국토 나의 산하』는 후기 박태순 국토인문학의
절정이라고 할 수 있다.

랑 이야기」「고려황도 개경 찬가」「남한강의 고구려를 찾아서」가
그것이다.

　제2권은 미시담론이다. 국토의 동남해안-중남해안-서남해안
순례기행으로 국토 상상력을 분출시킨다. 「거제도의 동백꽃 소
식」「남해 금산 큰바위 얼굴」「순천만의 바람과 안개」「광한루의
못다 한 사랑」「상당산성의 전쟁과 사랑」「영산강 들녘의 육자배
기」「국토회랑 문경새재와 영남대로」「계립령에서 부르는 하늘재
아리랑」「강물은 흘러가도 노래는 그치지 않는다」를 통해 대지의
노래와 대하의 로망을 간직해오는 국토의 서경敍景을 그려낸다.

제3권은 인간과 시대와 길의 풍경이다. 「금강산 풍류, 화랑의 길노래」「유토피아를 꿈꾸는 이단의 사상가들」「낙산사의 불교풍수」「이사부가 펼치는 독도의 꿈」「수로부인 사랑의 여로」「외암마을의 유교산수」「바다의 흉년, 풍어제의 깃발」「대청호에 남몰래 흐르는 눈물」「천안삼거리의 역사 풍경」을 통해 '부드러운 국토'를 발견한다. 프랑스의 인류학자 레비 스트로스가 남아메리카의 오지 탐험에서 '슬픈 열대'를 보았다면, 박태순은 우리 국토가 '슬픈 근대화'를 거쳐 '부드러운 국토'로 옮겨가고 있음을 해독해내고 있다.

"국토는 내 발로 찾아다니고 내 눈으로 알아내야만 내 국토가 된다. 국토와 인간이라는 거대담론은 그리하여 국토와 나의 사랑담론이 된다."

『나의 국토 나의 산하』는 그해의 단재상과 한국일보출판문화상을 받는다. '신동국여지승람' '신열하일기'라는 평가를 받았다.

우리의 국토는 언제나 새롭다, 오늘도 내일도

박태순은 『나의 국토 나의 산하』를 내고는 다시 동시대인들과 함께 국토순례에 나선다. 2009년 『프레시안』의 이근성 대표가 주관하는 박태순의 국토학교를 개설한다. '국토학교'의 교장으로 30회에 걸쳐 달라지고 있는, 그러나 변함없는 국토를 탐사하는 여정에 앞장선다. 그의 몸과 마음은 언제나 우리 역사, 우리 삶의 현장 국토에 서 있다.

『작가기행』에서 작가 박태순은 "찾지 않는 한 국토는 없으며 깨닫지 않는 한 현실은 보이지 않는다"고 했다. 그는 서울 한복판에서 맨입으로 '인문학 위기'를 내세우는 담론들을 믿지 않는다. "국토의 구체성과 생활의 직접성에 닿지 않는 인문학은 필요하지도 않고 충분하지도 않다"고 말한다.

"나는 오늘도 걷는다. 어제도 걸었고 내일도 걸으리라. 온 더 로드 vs 오프 더 로드… 길 위의 인생과 집 안의 삶은 더 이상 둘이 아니라 하나로 통한다. 내가 길을 새롭게 하는가 길이 나를 새롭게 하는가. 양자택일이 아니라 양자양택兩者兩擇이리라. 우리의 국토는 언제나 새로운 국토, 오늘도 내일도."

언어는 정신의 지문, 모국어는 모국의 혼
어둠은 결코 빛보다 어둡지 않다는 작가 최명희

다 못한 이야기를 쫓느라 밤이면 잠 못 이루고

200자 원고지 1만 2,000장의 대하소설 『혼불』은 저 어두운 시절, 외형적으로는 국권을 잃고 일제의 탄압을 극심하게 받았지만, 내부적으로는 여전히 조선 말의 정신구조와 문화를 지탱하고 있던 시대상황 속에서, 처참하게 부서지고 상처받고 고뇌하며 한없이 몸부림치지만 여전히 아름다운 우리 민족공동체의 삶을 그려낸다.

남원의 한 유서 깊은 문중 매안 이씨 가문에서 종가를 지키는 종부 3대, 일제의 식민지 통치가 민족을 짓누르는 그 세월의 격랑 속에서도 우리의 전통적인 삶의 방식을 당당하게 지켜나갔던 양반사회의 기품이 장려하다. 평민과 천민의 자식으로 태어나 서러운 세상을 사는 거멍굴 사람들의 질긴 삶이 매안 이씨 문중의 삶과 씨줄 날줄로 얽힌다. 소설의 무대는 만주로 확장된다. 강탈당한 민족혼의 회복을 위한 몸부림이 처연하다.

『혼불』의 작가 최명희崔明姬, 1947-1998를 내가 처음 만난 것은 1983년 5월이었다. 1981년 5월, 『동아일보』 창간 60주년 기념 2,000만 원 고료 장편소설 공모에 당선된 소설 『혼불』이 연재를 끝내고 1983년 책으로 나왔는데, 작가는 단정하게 서명하여 나에게 선물했다. 봄날의 오후였다. 그는 후기에서 다하지 못한『혼불』
에 대해 썼다.

"지금 이토록, 한 시대와 한 가문과 거기 거멍굴 사람들의 쓰라
린 혼불들은 저희끼리 스스로 간절하게 타오르고 있으니, 나는 아
마도 그 불길이 소진하여 사월 때까지, 충실하게 쓰는 심부름을
해야 할 것만 같다.

지금도 나는 다 못한 이야기를 뒤쫓느라고 밤이면 잠을 이루지
못한다. 이 일을 위하여 천군만마가 아니어도 좋은, 단 한 사람이
라도 오래오래 나의 하는 일을 지켜보아 주셨으면 좋겠다. 그 눈
길이 바로 나의 울타리인 것을 나도 잊지 않을 것이다."

나는 최명희의『혼불』을 가슴으로 읽었다. 그 어떤 작품과도 비
견될 수 없었다. 나는 아, 이것이 문학이구나 했다.

나는 그를 다시 만났다. 다하지 못한 작업을 계속하자고 했다.
그로부터 51세로 요절하는 1998년 12월까지 작가 최명희와『혼
불』은 한 출판인의 운명이 되었다. 수없는 만남과 대화가 이어졌
다. 어떻게 하면『혼불』의 후속 작업을 진행할 수 있을까가 그와
나의 주제였다.

나는 월간『신동아』와『혼불』을 이야기했다. 드디어『신동아』
연재가 기획되었다. 1988년 9월호부터 제2부가 연재되기 시작했
다. 1995년 10월호까지 7년 2개월 동안 85회가 연재되는 것이었
다. 월간지 장기 연재의 기록이었다.

"나의 꿈은 모국어의 바다에 있다."
작가 최명희의 『혼불』 집필은 피를 말리는 작업이었다.
원고지 한 칸 한 칸에 글씨를 써넣는 것이 아니라
정교하게 만든 정신의 끌로
한 문장 한 문장 새겨넣는 작업이었다.

나의 꿈은 모국어의 바다에 있다

그의 집필과 연재는 피를 말리는 작업이었다. 작가 최명희는 원고지 한 칸 한 칸에 글씨를 써넣는 것이 아니라 정교하게 만든 정신의 끌로 한 문장 한 문장 새겨넣는 작업을 하는 것이었다. 한밤을 꼬박 새우면서 한 줄도 못 쓸 때가 비일비재했다. 찬란하도록 아름다운 소설『혼불』, 여성적인 넋의 고혹스런 아름다움, 시대와 역사의 어둠과 빛을 풀어내는 소설은 작가의 깊은 성찰과 고통으로 탄생되는 것이었다.『혼불』은 시의 언어로 조탁彫琢해낸 대하소설이었다.

작가 최명희는 사람이든 사물이든 자연이든 영매靈媒의 전율적인 힘으로 그들의 존재를 복원하고 탄생시킨다. 1996년 12월에 전 10권으로『혼불』은 출간되는데, 최명희 문체의 한 절정이라고 할 수 있는 제4권의「박모」薄暮를 쓸 때였다.

"저무는 동짓달 눈 내릴 듯 흐린 날씨의 적막함, 스산하면서도 그립고, 회색의 하늘이 뭔지 사람을 불러들이는 것 같은, 침묵의 습자지 같은, 그걸 어떻게 써볼까.

『신동아』의 마감 독촉은 빗발치는데, 나는 창문을 열고 사흘 동안 어둠을 노려보았습니다. 꼼짝도 안 하고 첫날은 공기가 버석거리더니, 둘째 날은 농밀해졌고, 사흘째 되던 날, 비가 오려고 먹구름이 몰려오면서 한기가 쫙 끼치는데 그대로 동지섣달 추위가 느껴졌어요. 그 탁한 여름 공기가 어느 저녁에 회색과 보라로 뒤섞이면서 푸른 비늘이 이는 걸 봤지요.

그 공기의 혼은 나의 정수리로 밀밀하게 흘러 들어와 감기었습니다. 그길로 '날이 저문다' 하고 쓰기 시작했지요."

작가 최명희는 '일필휘지'를 믿지 않는다.

"남들은 한 번 쓰고 나면 다시는 돌아보지 않는다고 한다. 나는 절대 그렇게 하지 못한다. 일필휘지가 갖고 있는 한순간에 우주를 꿰뚫는, 정곡을 찌르는 강력한 힘도 있지만, 천필만필이 주는, 다 듣어진 힘이 나는 좋다."

손가락으로 바위를 뚫어 새겨내는 문장

『혼불』을 읽을 때 나는 밑줄을 긋는다. 그 서사와 풍경이 나에겐 신비다.『혼불』은 우리 문장의 높은 차원을 함축하는 미학이다. 『혼불』은 한국인의 상상력을 극한으로 이끈다.

『혼불』은 조탁된 문장의 힘이다. 고요한 적막에서 성찰하게 한다. "무릇 언어는 정신의 지문이다. 우리는 과연 이 시대에 어떤 정신의 지문을 찍는 것일까" 하는 작가의 말이 나의 가슴에 검푸른 칼이 된다.

"웬일인지 나는 원고를 쓸 때면, 손가락으로 바위를 뚫어 글씨를 새기는 것만 같은 생각이 든다. 그것은 얼마나 어리석고 간절한 일이랴. 날렵한 끝이나 기능 좋은 쇠붙이를 가지지 못한 나는, 그저 온 마음을 사무치게 갈아서 손끝에 모으고, 생애를 기울여 한마디 한마디 파나가는 것이다.

그리하여 세월이 가고 시대가 바뀌어도 풍화 마모되지 않는 모국어 몇 모금을 그 자리에 고이게 할 수만 있다면, 만일 그것이 어느 날인가 새암을 이룰 수만 있다면, 새암이 흘러서 냇물이 되고, 냇물이 강물을 이루며, 강물은 또 넘쳐서 바다에 이르기도 하련

『혼불』은 조탁된 문장의 힘이다. "웬일인지 나는 원고를 쓸 때면,
손가락으로 바위를 뚫어 글씨를 새기는 것만 같은 생각이 든다.
날렵한 끌이나 기능 좋은 쇠붙이를 가지지 못한 나는,
그저 온 마음을 사무치게 갈아서 손끝에 모으고,
생애를 기울여 한마디 한마디 파나가는 것이다."

만, 그 물길이 도는 굽이마다 고을마다 깊이 쓸어담고 함께 울어 흐르는 목숨의 혼불들이, 그 바다에서는 드디어 위로와 해원의 눈물나는 꽃빛으로 피어나기도 하련마는. 나의 꿈은 그 모국어의 바다에 있다.”

근원에 대한 그리움

최명희의 『혼불』이 탄생하는 1980년대와 1990년대에 이 나라이 사회는 사람답게 사는 민주주의와 민족공동체의 실현을 위해 우리는 하나가 되어 일어선다. 최루탄이 난무하는 거리에서 권력과 싸운다. 몸과 마음으로 권위주의자들과 격돌한다. 『혼불』은 시대의 고단한 삶을 사는 우리들을 위무하는 글의 힘 정신의 힘이었다. 노동시인 박노해는 그때 경주 남산자락 독방에 갇혀 있었다. 그는 『혼불』의 최명희에게 옥중 편지를 띄운다.

“매달 『혼불』 연재 기다리는 재미에 감옥 한 달이 어찌 가는지도 모른답니다. 피로 찍어 쓴 듯한 문장 문장에서 뽑아 나오는 기氣가 제 몸속 옛 기억을 짚어내는 순간, 불덩이처럼 솟는 시의 영감에 한동안 눈을 감고 얼어붙곤 합니다. 한 예술가가 다른 예술가에게 절로 경배하고픈 순간입니다. 그러나 선생님 제가 낯 뜨거운 부탁 하나 드립니다. 건강하셔야 합니다. 기한 없는 제 감옥살이에 『혼불』 연재 거르지 않게끔 밥 꼭꼭 드시고 잠 편히 드시고 정말 건강하셔야 합니다. 이 땅의 한 많은 인생들 위해 저 푸른 목숨의 불, 혼불이 훨훨.”

무엇이 그에게 『혼불』을 쓰게 했을까. 끌로 새겨내는 문장으로 그 긴 소설을 써내게 했을까.

"나의 '근원에 대한 그리움'일 것이다. '나 자신에 대한 그리움'이라고도 할 수 있으리라. 이 광활한 우주 공간에 생물학적 생명체인 '나'를 있게 하신 어머니와 아버지를 비롯하여, 그 어머니의 어머니와 아버지의 아버지, 그 형제들과 그보다 더 윗대로 거슬러 올라가는 세보世譜의 사다리는 항상 나에게 설레는 상상력을 불러일으켰다. 그 상상력의 꼭짓점에는 내가 이 생명을 받고 성씨를 받은 최초의 조상이 계셨다.

그분들은 어디서, 어떤 모습으로, 무엇을 생각하며, 어떤 옷을 입고, 어떤 집에서, 어떤 음식을 먹으며, 누구와 어떤 목소리로, 무슨 이야기를 하고 살았는지, 나는 궁금했다. 이 지극하고 소박한 질문으로부터 저 불가사의한 조상의 몸과 정신에 이르는 징검다리며 모태로서, 나는 외갓집과 고향을 찾곤 했다. 그곳에 가서 아버지가 바라보던 하늘, 아버지의 아버지가, 그 아버지의 아버지가 최초로 이 마을에 입향하셨던 순간의 하늘을 만난다.

하늘은 무심한 허공이 아니다. 그곳에는 수십 년 수백 년 수천 년을 두고 그 하늘을 바라보았던 사람들의 마음과 눈빛이 우주처럼 어리어 있다. 정말 그래서 나는 어느 해 여름 석양의 고향 정거장에서, 백일홍 꽃밭에 앉아 하염없이 불타는 저녁 노을을 바라보며 울었다.

나의 눈에 고향 마을의 어깨 뒤편 서산 너머로, 장엄하게 지는 해와 황홀하게 물드는 주홍의 구름이 들어온 것이다."

아주 어려서부터 오직지 소설을 쓰고 싶은 꿈을 가지고 있었던 제가 더
문단에 공식적으로 등단한 것은 1980년 1월 1일, 중앙일보 신춘문예에 단
편「쓰러지는 빛」이 당선되면서였습니다. 그러나 막상 저의 생애
를 저의 달머리를 잡은 소설에 붙들린 것은 그 이듬 해 1981년 5월 2
동아일보 창간 60주년 기념 2000만원 고료 장편소설 모집에 「혼
불 제1부가 당선된 순간이었습니다. 이 소설은 당선 이후 오늘에 이르기
까지도 계속 쓰여지고 있는데, 많은 상금을 받고 당선한 작품을
그건 비싼 이어지는 형태의 이상한 작품은 아마 쓸리 없었던 것 같은
제가 이 「혼불」의 자료를 수집하고, 구성, 구성, 준비하는 시간을
원고지의 첫 줄을 쓰기 시작한 것은 1980년 봄, 4월이었으나 - 중기
15년 6개월이 흘러 분량도 186개월이 지났습니다. 그리고 월간지사
「신동아」에 제2부를 연재하기 시작한 것은 1988년 9월부터 5
만 2년 2개월간 집필하고, 마침 이번 10월호를 끝으로 마쳤습니
러면 소설이 끝났는가, 생각하시겠지만 '끝'이 아니라, 먼 것을
신호들 바치는 내 걸거리에 잠시 멈축의 선 것과 같은 상황입니다.
이제 앞으로 또 얼마나 더 멀리 가야하는 것인지 저로서는 안수
이지만, 엄청난 자석의 강물 같은 이 흐름은 길고 긴 힘으로 저를 관
흐르고 있습니다. 저는 이 흐름 위에 저의 사랑과 흐름과 그리움, 절망,
그런 부르고 싶은 것들을 떠습니다. 그리고 여기 만난 모든 이야기를 떠
실습니다. 사람들만이 아니라 기후와 풍토, 세시풍속, 사회제도, 혼락구조,
역사, 관혼상제, 통과의례, 국가 형태, 가구, 그릇, 소리, 빛과 향기, 빛깔,
바람소들 흐르는 강물이 되기를 저는 감히 이 소설이 원하였습니다
저의 고향은 전라북도 전주인데, 가까운 곳에 그 유명한 선운사가 있
그 선운사에는 백제 때부터 내려온 꽃이라 하는 동백이 아주 유명
꽃이란 생명이 있으며 그렇게 오래 살 수 있을 테인데, 저 아득한 삼
백제의 누군가가 심어 놓은 동백이 50년생이 되고 500년생이 되고,
그 앞의 새끼 씨들이 떨어져서 또 나고, 죽고, 또 나고, 죽으면서 이
세월이 지난 지금까지도 여전히 울창하게 되어나는 것이지요. 그리고
꽃이 얼마나 아름다운지, 꽃잎이 아주 붉고, 두텁고, 종이로 크고, 모양
잎아 단정하면서도 요염한 절명에 울타 황홀합니다. 한 번 보면
훌거워 사랑잡히고 마는 이 꽃은. 피어 있는 모습은 풀지만, 질 때
사람을 깜짝 놀라게 합니다. 툭, 떨어지지로, 눈이 부시게 하얀 봄
산길에 새빨간 동백꽃 툭, 툭, 떨어져 눈은 모습은 하도 선명하여
충격지는 것 같습니다. 그러니 선운사 동백은 작공들 많이 해야
있습니다. 핏것은도 공력이 들어 가겠지요? 공을 많이 쌓아야 본수
그 선운사 동백을 저는 어느 해 봄날, 제 친구와 함께 가 보았습니다.
저는 너무나 너무나 그 꽃들이 아름다워 울었습니다. 온 산에 만발한

'근원에 대한 그리움'을 천착해서 써낸『혼불』.
만년필로 작품을 써내는 작가 최명희의 글씨.
그 문장이 아름답듯이 그 글씨가 아름답다.

어둠이 아니면 생명으로 태어나지 못하니

최명희는 빛보다 어둠을 탐구한다. 1996년 시카고 강연에서 "어둠은 결코 빛보다 어둡지 않다"고 했다. 그의 문학정신의 진면이다.

"나는 어려서 집안 어른한테 들었다. 저 나무는 땅 위의 둥치와 가지 모양과 길이 그대로 반대편 땅속에 똑같은 모양과 길이로 뿌리를 내린단다. 땅속의 뿌리가 한 치 자랄 때 땅 위의 가지도 한 치 뻗어 오른다는 것이다. 뿌리는 제 힘을 다하여 자랄수록 눈부시고 아름다운 지상의 햇볕 속으로 나가는 것이 아니라 더욱더 깊고 어두운 밑바닥으로 내려간다. 이 말은 지금 이 순간까지도 나의 삶에 큰 힘을 주고 있다.

아, 사람의 생애도 그러하리라. 절망이 어떻게 삶의 위로가 되고, 상처가 어찌하여 생의 텃밭이 되는지를 깨닫게 하는 삶의 역설. 내가 어둠 속에서 눈물로 눈물을 덮으며 캄캄하게 울고 있을 때, 나도 모르는 사이 내 영혼의 가지는 그 깊이만큼 더 높은 곳으로 자라고 있을 것인가. 나의 눈물의 뿌리가 어둠의 핵에 가 닿으면, 내 정신의 가지는 저 찬연한 빛의 핵에 이를 것인가. 지상의 아름드리 거목 둥치와 용틀임하는 지하의 거대한 뿌리가 서로 위와 아래, 안과 밖으로 나뉘지 않고 대칭으로 한 덩어리를 이룬 입체적인 그림은 나에게 항상 풍요로운 상징을 안겨준다. 어둠이 빛이고 빛이 어둠인 세계.

어둠이 아니면 우리는 생명으로 태어나지 못한다. 어둠은 삼라만상의 지신地神이자 모성이다. 단군 왕검의 어머니 웅녀가 장하신 것은 자신의 어둠을 끝까지 믿고, 그 어둠을 참으면 사람될

날이 반드시 있을 것을 믿었다는 점이다. 어둠은 빛보다 밝은 우주다."

『혼불』은 여성의 아름다움이다. 여성의 지혜와 힘이다.

"꽃피고 새 울어 온갖 나비 날아들고 열매 무성한 가지들이 지금까지 살아온 남성의 제도적 특권이었다면, 묵묵히 그 모든 것을 견디고 당하면서 땅처럼 받아들여 어두운 눈물로 제 뿌리를 적시는 것이 여성이었다. 나는 여성이 연약하다는 생각이 들지 않는다. 여성은 근원적인 생명력을 가지고 어둠을 발효시킨다."

『혼불』 속의 여인들은 남편 없는 집안을 서릿발처럼 남성적인 틀로 세우고, 그 틀 안의 세계는 다사로운 모성적인 정감으로 채운다. 남성을 해라고 한다면 여성은 달이다. 어둠에 뜨는 광명으로 달만 한 것이 있을까.

최명희는 경이로운 이야기꾼

작가 최명희는 『혼불』을 연재하면서 미국에 가서 여러 차례 강연한다. 글쓰기 못지않게 그의 강연은 심금을 울린다. 해외동포들에겐 더 그러할 것이다. 1994년에서 95년까지 뉴욕·시카고 등의 미국 독자들과의 조우는 감동적이었다. 모국어에 목말라 있던 동포들에게 모국어의 아름다운 정신을 심어준다.

1993년 여름에는 베이징에서 선양瀋陽 옌지延吉를 거쳐 무단강牧丹江에 이르는 64일간의 취재여행을 한다. 소설의 무대이기도 한 펑톈奉天의 이곳저곳을 취재하면서 그곳의 많은 조선인들을 만난다. 제5권 「서탑거리」와 「조그만 둥지」에 묘사되어 있는 그곳의 풍경은 시간여행을 하듯 강렬하고 처연하다. 작가는 바로 그 서탑거리에서 한 조선인 노인을 만나, 1940년대 서탑거리의 모습을 전해듣는다. 변하지 않는 조선과 조선인 이야기를 만나는 것이었다. 취재여행을 계획한다는 소식을 들은 나는 혼자 여행하는 것이 작품을 위해서 더 좋겠다고 했다.

"그다지 쾌청한 날씨는 아니었다"고 시작하는 『혼불』은 "온몸에 눈물이 차오른다"로 끝나는 제10권으로 일단락된다. 『혼불』이 출간되면서 작가에겐 한꺼번에 엄청난 상찬의 일들이 쏟아진다. 1997년과 1998년에 세상은 한꺼번에 그를 초대한다. 『혼불』의 세상이었다.

1997년 6월에 호암상을 받았다. 7월에는 단재상을, 10월에는 세종문화상을 받았다. 9월에는 전북대로부터 명예문학박사를, 12월에는 전북애향대상을, 1998년 1월에는 여성동아대상을 받았다.

작가 최명희는 놀라운 이야기꾼이었다. 나는 이들 상들의 시상식에 참석하는데, 그 모든 시상식들이, 그의 인사와 답사로 순간, 그 공간과 그 공간에 존재하는 사람들이 빛났다. 그의 인사와 답사는 아름답고 강렬한 메시지가 되어 참석자들을 감동시키면서 시상식장의 분위기를 아름답게 고조시키는 것이었다. 상을 받는 사람이 상을 주는 사람들의 품격을 높여주고 그 상의 의미를 승화시켰다. 큰 회사 삼성이 주는 호암상에서도 최명희는 주최 측은 물론 만장한 참석자들에게 행복한 기氣를 심어주는 답사를 했다.

"말에는 정령이 붙어 있다고 합니다. 그래서 말이 씨가 된다고 하지요. 저는 소설이라는 속에 말의 씨를 뿌리는 사람인 것 같습니다. 어떤 씨를 뿌려야 할까. 이것은 항상 매혹과 고통으로 저를 사로잡고 있었습니다. 언어는 정신의 지문이고 모국어는 모국의 혼이기 때문에 저는 제가 오랜 세월 써오고 있는 소설『혼불』에다가, 시대의 물살에 떠내려가는 쭉정이가 아니라 진정한 불빛 같은 알맹이를 담고 있는 말의 씨를 심고 싶었습니다."

　전북애향운동본부가 주관하는 전북애향대상의 시상식은 참 인상적이었다. 큰 강당에 여자 중고생들 300여 명이 참석하고 있었다. 역시 작가의 수상 답사가 분위기를 고조시켰다. 무표정하던 학생들의 눈망울을 반짝거리게 만들었다. 고향의 하늘이, 산과 들의 나무와 꽃들이, 그 이웃들이, 어떤 것인가를 이야기하는 20여 분간의 연설에 학생들은 우렁찬 박수로 답례했다. 학생들과 작가는 이심전심이었다. 나는 그 시상식장에서 생각했다. 그의 말이 문학예술이다!
　단재상 시상식에서의 그의 답사는 또 하나의 문예작품이었다.

"그믐은 지하에 뜬 만월滿月입니다.
어둠은 결코 빛보다 어둡지 않습니다.
제가 정말 쓰고 싶었던 것을
딱 한 가지만 말하라고 한다면,
그것은 어둠이 결코 빛보다 어둡지 않다는 것입니다.
저에게 아주 강렬한 의욕을 불러일으킨 것은
우리 역사 가운데서 제일 어둡고 암울했던 시절인 일제강점

작가 최명희는 아름다운 연설로 분위기를 사로잡았다.
1996년 12월에 전 10권으로 출간되는
『혼불』로 그는 수많은 상들을 받는데,
그 수상연설이 상을 주는 사람들의 품격을 높여주었다.
"그믐은 지하에 뜬 만월입니다.
어둠은 결코 빛보다 어둡지 않습니다."

기에,

　　외부적으로는 국권을 잃었지만 내부적으로는 아직도
　　우리의 전통문화를 그대로 지키며 살고 있는
　　한 가문을 중심으로,
　　모든 것을 잃어버렸지만 그 잃어버린 상태에서
　　진정한 자기 삶을 일궈내는
　　사람들의 이야기를 쓰고 싶었습니다.”

작가 최명희와 혼불을 사랑하는 사람들

　나는 작가 최명희를 만나면서, 나이와 성별과 직업을 초월해, 그에겐 그를 사랑하는 많은 동무들과 친구들이 있다는 사실을 알게 되었다. 그의 아름답고 진실한 영혼이 그렇게 했을 것이다.

　나는 그의 문학을 성원하는 친구들 모임을 만들자는 생각을 하게 되었고 그날 단재상 시상식에 참석한 그의 친구들과 함께 ‘작가 최명희와 혼불을 사랑하는 사람들’을 발족시켰다. 역사와 인간의 저 깊은 내면을 형상화하고 있는 그의 고독한 작업을 응원하는 일을 그의 친구들이 함께 감당해보자는 것이었다.

　모국어의 아름다움을 그 극한까지 보여주는 작업, 한국인의 정체성을 이토록 절절하게 탐구해내는 작가가 일찍이 없었지만, 이른바 주류 문단은 그를 주목하지 않았다. 나는 어쩌면 주류 문단 밖의 그의 친구들이 그를 성원하는 일이 더 즐겁고도 의미있겠다 싶었다. 그는 “죄송하고 쑥스럽다”고 했지만 나는 “이제 『혼불』은 작가 개인의 것이 아니라 동시대인들의 문화적 자산”이라면서 그를 설득했다. 그렇게 하여 100여 명의 친구들이 모였던 것이다. ‘작가 최명희와 혼불을 사랑하는 사람들’을 출범하는 날 나는 다

1997년 7월 제11회 단재상을 받는 자리에서
'작가 최명희와 혼불을 사랑하는 사람들'이 출범했다.
이른바 제도권 문단에서는 무심했다.
그러나 각계 인사들이 『혼불』과
작가 최명희를 사랑한다는 사실을 나는 주목했다.
오른쪽부터 전북대 김명수 총장, 서울대 김진균 교수,
서울대 이상희 교수, 한양대 리영희 교수,
강원용 목사, 작가 최명희, 일조각 한만년 회장,
아동문학가 이오덕 선생, 한길사 김언호 대표.

음과 같이 인사했다.

"한 시대 한 사회의 총체적 역량으로 하나의 문학작품은 잉태되고 탄생합니다. 그 시대 그 사회의 정신적·사상적 전통과 문화적·예술적 넓이와 깊이가 하나의 빼어난 문학작품을 키워내는 무대와 동력이 될 것입니다. 시공을 넘어 평가되고 사랑받는 작품은 어느 날 하루아침에 존재하고 발전하지 않을 것입니다. 그것의 의미를 인식하는 독자들의 성원이 필요합니다."

우면산 국립국악원 별맞이터에서 열린 '혼불의 밤'

'작가 최명희와 혼불을 사랑하는 사람들'은 1997년 9월, 가을이 깊어가는 저녁, 서초동 우면산 자락에 자리 잡은 국립국악원 뒤뜰 야외무대 '별맞이터'에서 '혼불의 밤'을 열었다. 별빛이 쏟아지는 혼불의 밤에서 '친구들'의 좌장인 강원용 목사는 "최명희는『혼불』을 쓰기 위해 이 세상에 태어났다"면서 "이 작품을 번역해 세계에 알리자"고 했다. 명창 안숙선은『혼불』제1권의 「백초를 다 심어도 대는 아니 심으리라」를 작창해서 노래불렀다.『혼불』의 주인공 강모라는 소년 신랑이 혼인한 첫날밤에 신부를 홀로 둔 채 잠들어 꿈속에서 마음에 둔 사촌 누이 강실이의 아름답고 애달픈 모습을 간절히 부르며 그리워하는 장면이다. 이룰 수 없는 사랑의 비극, 그것은 원죄와도 같은 사랑의 꿈이었다.

작가는 온몸에 감동과 회한의 눈물이 차올랐다. 그는 친구들에게 다짐했다.

"이 별맞이터의 여러분들은

대하소설 『혼불』 전 10권을 끝낸 큰 작가 최명희는
1998년 12월 11일 '사랑하던 사람들'을 뒤로하고 운명했다.
"아름다운 세상, 잘 살고 간다"는 유언을 남겼다.
그와 그의 『혼불』을 사랑하는 사람들은
그를 보낸 뒤에도 '혼불 읽기 대회'를 열었다.
최명희에게는 대부 같은 강원용 목사가
시상식에 나와서 젊은이들을 격려했다.

한 분 한 분이 저 별 같은 존재입니다.

그런 분들이 남루한 실 한 가닥인 저를

구슬 목걸이같이 알알이 꿰어주셔서 고맙습니다.

실은 구슬 속에 숨어 있어야지

밖으로 나오면 구슬 목걸이는

빛을 바랠 것입니다.

저는 실로서의 소명을 다하겠습니다.

앞으로『혼불』6부·7부 집필에 전력해

격려와 후원에 부족하지 않도록 하겠습니다."

11월엔 국립국어연구원이 작가를 초청해 '『혼불』과 국어사전'
이란 주제로 강연을 들었다.『혼불』은 아름다운 우리말의 숲이고
국어사전의 바다이기 때문이었다. 여성소설연구회가 '문학사의
새로운 지평:『혼불』바로 읽기' 세미나를 열었다.

『혼불』은 우리 겨레 정서의 불씨

작가 최명희는『혼불』이 출간된 1996년 12월 5일부터 2년여의
고통스런 투병의 시간을 보내다 1998년 12월 11일 오후 운명한
다. "쓰지 않고 사는 사람은 얼마나 좋을까. 때로 나는 엎드려 울
었다"고 하던 큰 작가 최명희는 그 혼불이 되어 훨훨 날아올랐다.
"아름다운 세상, 잘 살고 간다"는 유언을 남겼다.

"『혼불』은 내가 쓴 것이 아닙니다.

몇천 년 전 저 아득한 개국의 시원에,

사람이 되고픈 곰 한 마리에서부터 선조들이,

우리의 조상들이, 현재의 우리들이 살면서 보고 느낀
삼라만상과의 교감, 어느 누구가 겪었던,
앞으로 내가 겪게 될지도 모르는
아픔과 고통의 정령이 『혼불』에 칸칸이 스며들어,
이 글을 쓰게 한 것이지요.
앞으로 6부에서 7부까지 적어도
다섯 권은 더 쓸 계획이고, 이미 구상은 끝냈습니다."

작가 최명희는 자신의 50세 생일날, 자기가 사랑하고 아끼는 사람들을 초대해서 음식을 대접하는 시중을 들겠다고 말하곤 했다. 아름다운 조각품을 보면서, 그 아름다운 조각품이 태어나기 위해 떨어져나간 돌이나 쇠의 아름답고 숭고한 희생을 우러르며 가슴 아파했다. 흐드러지게 피어 아름다운 동백꽃만큼 그 둥치에 낀 이끼의 생명력을 소중히 여겼다.

'작가 최명희와 혼불을 사랑하는 사람들'은 그를 추도하는 모임에 다시 모였다. 일찍부터 『혼불』의 문학적 성취와 가치를 발견한 김열규金烈圭, 1932-2013 교수가, 우리의 영원한 고향 아름다운 정신 『혼불』을, 추도가 아니라 칭송하는 노래를 불렀다.

"아! 크나큰 혼불이 떠나갔습니다. 아! 정말 치열했던 혼불 하나. 우리를 여의고 갔습니다. 그러나 떠난 것은 육신의 혼불일 뿐입니다. 그의 문학정신이던 혼불, 작가정신이던 혼불은 우리들 읽기의 혼불에 바야흐로 더 뜨거운 불길을 지필 것입니다.

그것은 오래 이어질 우리들 문학사의 혼불로 타오를 것입니다. 더불어서 그 작품 『혼불』은 이 시대가 낳은 민족의 대표적이고도 전형적인 이야기의 불씨로, 또 전통성 강한 거레의 정서의 불씨로 여물어 갈 것입니다.

그를 여읜 슬픔을 잠시 억누르고 지금 이 자리에서 그의 작품을 되돌아보는 것은 그러기에 추억이 아닙니다. 회상에 머물 것도 아닙니다. 우리 다 함께 그 불씨에다 대고는 그를 사랑했던 우리들 모두의 다사로운 입김을 모으고자 여기에 모여 있습니다. 우리들 다 같이 두 손 모두어서 불씨 지켜가자고 모여 있습니다.

우리들은 누구나 어머니를 떠나서는 그리움과 동정을 느끼지도 이야기하지도 못할 것입니다. 고향, 집, 우리들 대지의 안방에 어머니가 자리하고 있습니다. 저 하늘, 저 우주에서도 어머니는 안채, 안방에 계실 것입니다. 작품『혼불』은 무엇보다도 이 점을 우리에게 일깨워주었습니다.”

작가 최명희는 우리 곁을 떠나갔지만 작가 최명희와 혼불을 사랑하는 친구들은 그가 그리워, 그가 남긴 문학정신을 잊지 못해, 『혼불』읽기 대회를 여러 차례 열었다. 아름다운 독후감을 써낸 독자들을 치하하는 자리도 마련했다. 전주에서는 혼불상도 만들어졌다. 남원과 전주엔 기념관도 세워졌다.

『혼불』연구자 장일구 교수가『혼불 읽기 문화 읽기』[1999]와『혼불의 언어 : 살아 숨 쉬는 모국어의 바다『혼불』읽기 사전』[2003]을 썼다. 나는 일찍부터『혼불』의 언어를 쓰라고 장 교수에게 부탁했다. 장 교수는『혼불』연구 논문을 잇따라 발표하고 있다. 전남대학교의 젊은 연구자들이『혼불』을 계속 연구하고 있다.『혼불』은 살아 있다.

한밤중에도 새파란 불을 밝히는 만년필의 촉 끝

『혼불』이 출간된 직후 나는 작가에게 만년필을 선물했다. 이탈리아 여행길에서 구입한 리미티드 에디션이었다. 그의 만년필 글씨는 그 문장처럼 그 이야기처럼 아름답다. 그는 내가 선물한 만년필로 글씨를 써보이면서 "참 부드러워요. 6부와 7부는 이 만년필로 써야지" 했다.

작가 최명희는 만년필주의자였다. 이 기계와 속도의 디지털 시대에 그는 아날로그를 고수했다. 사람들이 그에게, 많이 쓰고 빨리 쓸 수 있고 얼마든지 수정이 가능하다면서 컴퓨터 쓰기를 권했지만, "많이 쓰고 빨리 써서 무엇을 남길 것인지 의아해진다"고 했다.

"무엇보다 나를 황홀하게 사로잡는 것은 만년필의 촉 끝이다. 글씨를 쓰면서 그 파랗게 번뜩이는 인광에 한숨을 죽이게 하는 촉 끝은, 한밤중에도 눈뜨고 새파란 불을 밝힌다.

나는 때때로 내가 본 이 세상의 모든 것 가운데 가장 아름다운 것이 이 만년필이 아닌가, 찬탄을 금치 못한다."

그 만년필은 지금 어디에서 무엇을 하고 있을까. 『혼불』의 제6부와 7부를 쓰겠다면서 취재노트를 보여주던 그를 기다리고 있겠지. 언젠가 그의 집필실을 방문했을 때 그 만년필은 작가 최명희가 『혼불』을 쓰던 앉은뱅이책상 위에 원고지와 함께 다소곳이 놓여 있었다.

"나는 인간과 자연과 우주와 사물의 본질에 숨어 있는

넋의 비밀들이 늘 그리웠다.

이 비밀들이 필연적인 관계로 작용하며

어우러지는 현상을 섬세하게 복원해보고 싶었다.

이 중에서도 나는 '느낌'을 복원해보고 싶었다.

느낌이란 추상적이고 소모적이어서

불필요하다고 생각하기 쉬우나,

느낌이야말로 우리 혼의 가장 미묘한 부분을

아름답고 그윽하게, 절실하고 강렬하게

수놓는 무늬라고 생각한다."

작가 최명희가 그립다. 그의 문학은 그리움이다. 사람뿐 아니라 사물까지, 그리움으로 새로운 생명을 구현해낸 작가 최명희. 오늘 나는 다시 『혼불』을 읽는다. 『혼불』은 늘 새롭다. 『혼불』은 우리 문학사의 고전이다.

이 시대를 어떻게 살아갈 것인가

김언호의 『그해 봄날』과 시대정신 체험하기

_김민웅
경희대학교 미래문명원 교수·문명사

1. 어둠의 시대와 마주한 현인들, 그 지성의 혈관

지금 우리는 어떤 책을 손에 들고 읽게 되는 것일까? 누구와 만나게 되는 걸까? 마침내 어떤 풍경을 바라보게 되는 걸까? 그 풍경에서 나는 어떤 자리에 서 있게 될까?

지나간 시대는 역사가 된다. 그러나 모든 것이 역사가 되는 건 아니다. 의미와 가치를 지닐 때 비로소 '역사'라는 명예를 얻게 된다. 오늘과 내일을 조명照明하는 힘을 갖는다.

역사를 아는 것은 미래를 내다보는 안목이다. 어둠의 시대와 마주하여 뜨겁게 싸웠던 이들의 삶과 그 족적을 돌아보는 시간은 지금의 곤경과 위기를 돌파하는 지혜가 된다. 역사와 단절된 삶은 그래서 '미래의 지도'를 잃어버리는 존재일 뿐이다.

인간이 한 시대를 제대로 살아가는 과정은 육체의 욕망을 넘어 가치의 세계를 지향한다. 이걸 가로막는 폭력과의 싸움은 필연적이다. 그 싸움은 한 개인의 것으로 그치지 않고 모두를 위한 싸움이 된다. 그렇게 돌파해서 만들어진 길은 시대를 관통하는 '지성의 혈관'이 된다.

21세기 신자유주의 체제는 역사에 대한 사유를 사소한 것으로 만들고 말았다. 시장에서의 가격이 가치의 차원을 밟고 올라서 버렸기 때문이다. 교육은 사유의 깊이 대신 눈치 빠른 계산능력을 중시하게 되었고, 인간의 정신적 주체성보다는 물질의 위력을 신념화하는 물신주의로 변모하고 말았다.

모든 사유가 근엄할 이유는 없다. 유쾌한 상상력과 도발적인 발상은 언제나 소중하다. 뿌리가 없는 생각은 그 사회를 부유浮遊하게 만든다. 인간과 역사의 존엄성은 하찮은 것으로 간주된다. 그런 현실에서는 누군가의 희생은 별것 아니며 정의로움에 대한 헌신은 어리석은 짓이 된다.

이와 같은 사회는 자신의 미래를 암울하게 만든다. 과거는 너무나도 쉽사리 망각되고 현재는 뒤죽박죽이며 내일은 아무 대비 없이 그냥 닥쳐오는 날이기 때문이다. 이런 삶은 경각심을 가지도록 촉구되어야 한다. 그냥 이렇게 살아가는 건 비극이라는 깨우침이 절실해진다.

선각先覺을 만나야 한다. 먼저 깨우침에 도달한 이들과 교유해야 한다. 이건 어느 세대를 막론하고 진리다. 교유하는 이들로 자신의 존재가치가 결정되는 법이다. 독자 여러분들이 들고 있는 출판인 김언호의 『그해 봄날』은 그 교유의 감격과 열정의 세계로 초대한다. 경이로운 체험이 될 것이다.

『그해 봄날』에는 열여섯 분의 이야기가 실려 있다. 오늘의 젊은 세대들에게는 낯선 분들도 있고 바람결에 들어본 분들도 있을 것이다. 이분들과 함께 동시대를 살아왔던 기억이 있는 세대에게는 젊은 시절로 시간을 되돌리는 기회가 될 것이다.

일제강점기를 거쳐온 세대는 한국 근현대사의 고비를 넘어 살아온 이들이다. 폭력이 거대한 체제가 되어 인간을 질식시키고 그 존엄을 짓밟는 시대를 겪은 이들은 몸과 마음이 고단했다. 그러나 도리어 굳세어졌다. 고난이 낳은 축복이다.

해방과 분단, 전쟁과 독재로 이어지는 현대사의 굴곡에서 민족사의 본질을 지켜내고 인간의 가치를 탐색하는 것은 위험하고 험난한 세월이었다. 그것은 식민지 시대 이래 이 나라의 기득권을 쥐고 있는 세력의 정체를 드러내는 모험이며 사상의 자유와 진실의 힘을 믿는 이들의 도전이었기 때문이다. 분단체제는 이러한 모험적 도전을 용납하지 않았다.

정치는 억압이었고 교육은 이미 확정된 결론의 주입이었으며 사회는 타락한 욕망으로 치달았다. 생각하는 인간을 부정하는 권력정치가 되어갔고, 군사주의적 병영체제가 모든 것을 장악했다. 지식과 사유에는 금기선이 그어졌고 그 선을 넘는 월경越境은 범죄로 낙인 찍혔다. 중세적 암담함이었다.

이 강고한 폭력의 시대를 뚫고 인간의 존엄성, 그 주체적 사유의 권리, 역사적 진실에 대한 용기, 가장 낮은 자리에 처한 이들과 함께하는 의지는 고난의 행군 그것이었다. 시대의 예언자들이 치르는 질고疾苦였다. 그걸 마다하지 않고 일어선 현인들의 이야기가 여기에 있다.

한 시대의 사표師表는 그렇게 역사의 무대에 등장했다. 현인들의 사유와 실천은 '책'으로 남겨진다. 그 책들은 개인의 성취이자 한 시대의 집단적인 운동의 소산이었다. '사회적 전기傳記'로서의 '책'이다. 우리 모두의 이야기다.

『그해 봄날』은 시대와 더불어, 역사와 더불어 살아 있는 현인들의 육성肉聲, 그 체온과 질감을 그대로 전해주고 있다. 한 시대를 먼저 살다간 현인들의 깊고 넉넉하며 따뜻한 마음을 만나는 기쁨을 누릴 수 있다. 우리도 어느새 이들을 닮아가고 있는 것을 자기도 모르게 알게 된다. 참된 스승을 만나는 감동은 그런 것이다.

2. 16인의 현인(賢人)들

함석헌으로 시작해서 김대중, 송건호, 리영희, 윤이상 등을 거쳐 최명희로 마무리되는 이 사회적 전기의 서사는 이들과 뜨겁게 밀착한 김언호의 증언이다. 그러나 그것은 단지 제3자의 증언으로 그치지 않는다. 이들의 육성 자체를 들려주면서 펼쳐지는 이야기는 마치 그 현장에서 당사자의 목소리를 직접 듣고 있다는 느낌을 갖게 해준다. 해석을 앞세우지 않고 실체를 전해주는 생생하면서도 겸허한 방식이다.

이들 열여섯 현인들은 시대의 흐름을 도도히 거스르며 자신의 진실을 밝혀나간 이들이다. 스승을 만나기 어려운 오늘의 시대에 우리는 배움의 숲길을 걷게 될 것이다. 고전의 무게를 지닌 이들의 삶과 정신을 만나는 것은 그야말로 가슴 벅찬 기회다. 우리는 이런 분들을 역사로 가진 시민들이다. 자신이 무슨 귀한 자산을 가지고 있는지조차 모르고 살 수는 없는 노릇 아닌가.

1 함석헌

함석헌의 풍모는 야인野人의 것이다. 신선神仙의 아름다움을 지녔다. 그러면서도 그의 입에서 나오는 말은 격렬하기조차 하다. 폭력의 시대와 마주한 예언자의 육성이다.

"혁명은 민중의 것이다. 민중만이 혁명을 할 수 있다. 군인은 혁명 못 한다"라고 일갈하며 서슬 퍼런 5·16군사쿠데타를 대놓고 질타한 함석헌은 '민중들의 생각하는 힘'을 끊임없이 일깨웠다. '씨올'의 주체성을 전면에 내세운 그의 글과 말은 정신이 가지고 있는 힘을 깊고 우렁차게 보여준다.

썩어가는 시대에 일격을 가한 그는 "모든 이름은 깃발"이라고 외치면서 인간 하나 하나가 지니고 있는 독자성과 그 가치를 강력하게 옹호했다. 함석헌의 이런 사상은 단지 정치적 구호가 아니라 동서양에 걸친 종교적·철학적 사유의 원류에 닿아 있는 깊이를 지니고 있다.

일제강점기로부터 군사독재에 이르기까지 그의 존재는 시대의 깃발 그 자체였다. 함석헌은 한국 현대사가 낳은 가장 놀라운 정신사의 중심이다. 고등학교 시절부터 『사상계』를 끼고 함석헌을 읽고 사모하던 김언호가 그와 만나 하나의 장중한 출판의 역사를 만들어내는 것은 필연이었다.

『함석헌전집』 20권, 『함석헌저작집』 30권, 『함석헌 사상 깊이 읽기』 3권은 그런 노력의 소산이다. 이 책들에서 우리는 '씨을의 아들'이 광야에서 외치는 소리를 듣게 된다.

2 김대중

마침내 대통령이 된 김대중의 고난은 그에게는 혹독한 고통이었지만 민족에게는 은총이 되었다. 그 고난의 열매가 바로 그였기 때문이다. 위대한 독서가이자 위대한 경세가로서의 김대중은 그의 『옥중서신』을 통해 입증된다. 엽서에 깨알같이 쓴 그의 글은 김대중 정신의 치밀함과 깊이를 드러낸다. 그의 생명철학은 그다지 잘 알려져 있지 않으나 경이로운 수준에 이르렀다.

"우리의 민주주의는 한계에 왔습니다. 철학이 달라져야 합니다. 지구상의 모든 자연의 존재들, 동식물과 흙과 땅과 물과 공기의 생존과 번영도 보장해야 합니다. 우리는 지구를 수탈하고 학대하고 파괴하고 있습니다."

이런 세계관을 지닌 그였기에 노벨평화상을 받은 것은 하등 이상하지 않다. 김대중의 철학과 사상의 깊이에 비해 그는 과소평가되어 있다. 아쉽기 그지없다. 『그해 봄날』은 그걸 보완해주고 있다. 우리는 지금 정치가이면서 사상가인 그의 존재를 그리워하고 있다.

옥중에서 읽은 그의 도서목록에 적힌 이름들은 놀랍다. 막스 베버, 애덤 스미스, 몰트만, 레이몽 아롱, 야스퍼스, 한스 켈젠, 한스 큉, 파농 등이 세계사·한국사와 세계문학의 독서목록에 함께하고 있다. 우리는 아직도 김대중에 대해 잘 알지 못하고 있다.

3 송건호

한국 현대 언론사에서 큰 획을 그은 송건호. 그가 있었기에 한국 언론은 중심을 잡고 민족과 세계를 고민할 수 있었고 진실을 향한 언론운동이 가능했다. 『동아일보』 기자들의 해직사태를 마주하면서 그는 편집국장 자리를 박차고 들판에 나왔으며, 고되고 가난한 시절을 마다하지 않았다. 그렇게 자기희생적 삶을 산 그였기에 『한겨레신문』의 창간은 송건호를 떠나서 생각하기 어려운 일이었다.

그는 낡은 식민주의 유산을 청산하기 위해 혼신의 힘을 쏟았다. 『한국민족주의의 탐구』는 그런 기조로 쓰인다.

"민족의 참된 자주성은 광범한 민중이 주체로서 역사에 참여할 때에만 실현되며, 바로 이러한 여건 하에서 민주주의는 꽃핀다."

송건호는 모든 이들이 다 자기 식으로 현실을 바꾸는 일에 뛰어들라고 하지 않았다. 각자의 역할을 존중했다. 그는 출판인 김언호에게 민주화 운동보다는 좋은 책 출판에 힘을 기울이라고 역설한다.

"출판인은 좋은 책 만드는 일에 매진해야 합니다. 그것이 출판인의 본분이자 의무이며 권리입니다."

송건호는 빈궁한 처지에도 모은 장서가 무려 1만 5,000권이나 되었다.

4 리영희

"나의 글을 쓰는 유일한 목적은 진실을 추구하는 오직 그것에서 시작되고 그것에서 그친다. 진실은 한 사람의 소유물일 수 없고 이웃과 나뉘어야 할 생명인 까닭에 그것을 알리기 위해서는 글을 써야 했다. 그것은 우상에 도전하는 이성의 행위다."

진실을 향한 글쓰기의 고난에 대해 리영희는 말한다. 그 고난을 짊어지고 가는 당사자가 된다. 되풀이되었던 투옥과 해직은 날로 더욱 강해진 한 지식인을 우리에게 선사했다. '리영희'라는 이름 석 자는 그렇게 한 시대의 진실과 양심, 이성의 위력을 의미했다. 지식인이라면 한 시대를 어떻게 살아가야 하는지에 대해, 그의 삶과 글은 당대의 젊은이들 모두를 일깨웠다. 하여 그는 '사상의 은사'라는 명예를 얻는다.

리영희를 통해 우리는 금단의 영역을 어떻게 깨나가고 해체해야 하는지를 배웠다. 권력의 거짓과 언론의 기만을 허무는 지성의 빛나는 힘을 학습할 수 있었다. 그의 자전적 기록인 『대화: 한 지식인의 삶과 사상』은 너무나도 소중한 우리 시대의 정신유산이다. 한길사는 『리영희 전집』 전 12권을 2006년에 출간했다.

5 윤이상

오래된 일이다. '동백림 사건'! 동독이 있을 때 통일에 대한 관심으로 동베를린에 있는 북한대사관과 접촉했다는 죄목으로 유럽에서 활동하던 유학생, 교민, 지식인들이 간첩으로 몰려 치도곤을 당한다. 윤이상은 바로 간첩의 일원으로 둔갑되어 독재권력의 소비재가 될 뻔했다. 하지만 그는 이미 명성이 높고 탁월한 역량을 평가받은 세계적인 음악가였다.

"동베를린 사건은 나의 삶과 예술에 결정적인 한 계기가 되었습니다. 나는 이 사건에서 엄청난 고초를 당했습니다. 나는 동베를린 사건을 소화시키는 데 10년 이상이 걸렸습니다."

윤이상도 옥중 작품을 남겼다. 장자의 꿈을 소재로 한 오페라 「나비의 꿈」, 클라리넷과 피아노를 위한 「율」律 등이 감옥에서 태어났다. 1980년 광주항쟁을 다룬 「광주여 영원히」 또한 윤이상의 혼이 담긴 교향시다.

민족의 뜨거운 심장으로 세계를 향해 걸어간 위대한 음악가를 기억하고 추모하는 것은 우리 자신의 정신사를 더욱 깊게 하는 즐거움이다. 600쪽이 넘는 『윤이상의 음악세계』는 그런 기쁨으로 읽을 수 있는 책이다.

6 강원용

'강원용'이라는 이름은 한국기독교 사회운동의 대부로 기록된다. 그는 빈 들에서의 외침을 넘어 일찍이 현실을 움직이는 힘을 기르는 쪽으로 자신의 삶을 선택했다. 그는 목회자였으면서도 동시에 전략가의 면모를 지니고 있었기 때문이다.

이제는 사람들의 뇌리에서 사라졌으나 한때 우리 사회에 중요한 화두를 던진 '크리스찬아카데미'는 바로 그러한 발상의 결과물이었다. 강원용은 주장만 하는 이가 아니라 기획가였으며 조직가였다.

그가 신학을 하지 않았으면 정치가로서의 위용을 보였으리라는 것은 그를 아는 이들은 수긍한다. 그런 그가 꼽는 민족 지도자는 단연 몽양 여운형이었다. 이 대답은 아직 몽양에 대한 역사적 평가가 조심스러운 때였다는 점을 기억할 필요가 있다.

"지금 남북한을 막론하고 몽양 같은 인물이 있다면 우리 역사는 달라질 겁니다. 그는 '열린 사람'이었습니다."

한국기독교가 다시 그 진보성을 회복하려면 강원용을 호출해야 할 것이다. 거칠 것 없는 웅대한 인물을 가질 수 있던 것은 한 시대의 행운이었다. 한길사가 펴낸 『역사의 언덕에서』 전 5권은 강원용의 현대사 체험기다. 오늘의 젊은 세대가 만나면 귀한 깨우침을 얻을 길이 여기에 있다.

7 안병무

역사의 현장, 그 현실에서 살고 말하며 행동했던 예수는 누구일까? 그런 예수를 탐구하면서 '민중신학'의 성서적 근거를 밝혀나간 안병무는 짓밟힌 삶을 살아가는 이들과 함께 해나간다. 라틴 아메리카에서 해방신학이 태어났다면 한국의 현실에서 민중을 역사의 주인으로 조명한 민중신학이 등장하게 되는 것이었다. 노동자 전태일의 죽음에 충격을 받고 군사독재와 맞서 싸운 신학자들은 이 대열에 함께한다.

"『성서』에는 민중을 표시하는 두 그리스어가 있어요. 하나는 '라오스'이고 또 하나는 '오클로스'입니다. 라오스가 어떤 제도권 내에서 보호받을 권리를 가진 민중이라면 오클로스는 제도권 밖에 있는, 권리를 향유하지 못하는 자들입니다. 천민들입니다. 예수의 주변에는 이들 오클로스들이 있었습니다. 나의 주제는 이 오클로스입니다."

안병무의 '민중신학' 6부작은 오클로스의 기록이다. 가난하고 소외된 이들이 새 질서의 주인이 되는 꿈, 변혁의 주체가 되는 소망을 품은 안병무는 '감옥'에 갇혀 지냈던 시간이 그의 민중신학의 모태라고 토로한다. 어둠의 공간은 빛을 태어나게 한다. 어둠은 빛을 이길 수 없다.

8 신영복

'감옥'은 갇혀 있기만 하는 곳이 아니었다. 20년의 세월을 그렇게 수인囚人으로 지내야 했던 신영복을 통해 우리는 사색의 깊이가 어디에 이르는지를 배우게 된다. 28세의 청년이 통일혁명당 사건으로 1심, 2심에서 사형을 선고받고 대법원에서는 무기징역을 받은 뒤 갇혀 지내다가 48세의 장년이 되어 풀려난다. 서울대 경제학과를 나와 육사교관으로 지냈던 그가 겪은 고초다.

그 역시 감옥에서 민중의 처절한 현장을 만나게 된다. 그가 훗날 '변방의식'이라고 부른 생각의 단초가 이렇게 만들어진다. 밀리고 밀린 자리, 그곳에서 신영복은 고전의 정신과 마주하면서 더불어 함께 세상을 바꾸는 길을 탐색한다. '나'에서 '우리'로, 그래서 관계의 철학은 그의 사유에서 핵심이다. 월간『사회와 사상』에 실린 김언호의 인터뷰는 그의 육성을 들려준다.

"모든 존재는 고립된 불변의 존재가 아니라 수많은 관계 속에 놓여 있고, 그러한 관계 속에서 비로소 정체성을 갖게 됩니다. 정체성이란 내부의 어떤 것이 아니라 자기가 맺고 있는 관계를 적극적으로 조직함으로써 형성되는 것입니다. 관계의 조직은 존재를 생명으로 탄생시키는 실천입니다."

'더불어 숲'과 '더불어 한길'은 자기만 아는 세상을 뛰어넘어 새로운 미래를 기획하는 역량이 된다.

9 이우성

고전하면 서양을 떠올리는 현실에서 한국의 고전을 발견하고 그 정신의 뼈대를 일깨운 이우성. 그를 통해 우리의 시대는 박지원과 정약용은 물론이고 이규보, 이승휴, 이황, 김육, 이익에서 김창숙에 이르는 민족 문화사의 거대한 줄기를 정리해낼 수 있게 되었다.『한국고전의 발견』은 그렇게 태어난다.

이우성의 지성사적 성취는 단지 옛 서책에 대한 관심으로만 설명되지 않는다. 이승만 정권 당시 학원의 민주화 운동을 비롯해 박정희 정권의 졸속 한일협정에 대한 비판, 전두환 신군부에 대한 질타로 해직당하기를 거듭한 고단한 삶이었다. 그러는 과정에서 그는 한국사 연구를 진행했고 정신의 맥을 짚어내는 노력을 중단하지 않았다.

칼칼한 성품으로 자신을 곧추세워나간 이우성은 역사 앞에서 언제나 엄격했다. 뼈대가 굳건한 정신의 실체였다.

식민지 사관을 극복하면서 우리 민족의 정신적 뿌리를 캐내는 작업을 한 이우성은 고전에 대해 천명한다.

"옛 책이라고 하여 다 고전이 아니다. 역사를 통하여 여과된 고전만이 고전이다. 읽는 사람의 눈을 통하여 가슴에 와 닿을 때 비로소 고전의 값을 한다. 독자에 의한 고전의 발견이다."

결국 주체적인 정신을 세우는 것이 모든 의식의 기둥이다.

10 김진균

전두환 신군부는 무수한 지식인들을 탄압했다. 김진균도 그 핍박의 대상이 되었고 해직교수의 시간을 거쳤으나 그는 이 과정에서 민중의 현실과 합류한다. 그람시^{Antonio Gramsci, 1891-1937}가 말했던 이른바 '유기적 지식인'organic intellectual의 전형이 되었다.

"지식인과 민중이 구별될 수 없는 상황으로 발전한다. 전 시대에는 학문하는 사람들과 그렇지 않은 사람들이 별개의 세계라고 인식했지만, 이제 서로의 체험이나 지식을 나누고 공유하게 된다. 지식인의 개념을 넓혀야 한다. 지식인의 민중화라고 할까. 지식인은 한 시대 한 공동체의 희망을 조직하는 존재다."

사회과학자 김진균은 한국의 근대적 발전에 담긴 모순과 억압의 정체를 밝혀낸다. 외세의 거대한 자본에 종속된 현실을 폭로한다. 일본과 미국에 의해 식민지 상태로 머물고 있는 엘리트 지배 체제를 뒤집고 역사를 바로잡을 민중의 역할을 그는 지속적으로 일깨워나갔다. "정의를 위해 저항하고 연대를 통해 함께하는" 길에 매진한 김진균은 한국 사회과학의 진로에 희망의 길을 열어나 갔다.

김진균이 한몫을 담당한 장편 좌담 「우리 시대의 출판운동과 오늘의 사상신서 101권」은 이러한 지식인들이 어떤 집단적 존재 로서의 사회적·역사적 가치를 발휘할 수 있는지 보여주는 소중 한 기록이다.

11 이이화

재야 사학자 이이화. 역사의 생생한 육성을 들려주는 그의 『한 국사 이야기』는 1998년에서 2004년에 걸쳐 22권이 세상에 나온 다. '국민 역사독본'이 태어난 것이다. 출판인 김언호가 이 책을 탄생시키는 계기를 마련한다. 한국사가 거쳐온 장강長江의 흐름 이 이로써 그 실상을 섬세하게 드러냈다.

"21세기로 가고 있는 이 세계화 시대에도 민족주의는 우리에게 여전히 유효합니다. 그러나 우리의 민족주의는 우리 민족만이 우 수하고, 우리만이 역사의 주역이 되어야 한다는 국수적 민족주의 또는 배타적 민족주의가 될 수 없고 되어서도 안 됩니다. 우리는 전 지구적 환경과 연대하여 세계인과 더불어 살아가고 있습니다. 보편타당한 가치관으로 세계인과 더불어 새로운 인류문명을 발 전시켜 나가야 합니다."

그에게 역사는 지식의 산물로 그치는 것이 아니었다. "역사는 세상과 소통하는 실천 학문"임을 확신한 이이화가 평생에 진력한 것이 동학농민혁명이었다는 사실을 기억해야 한다.

12 최영준

길의 역사, 그것을 통해 삶과 역사가 하나로 어우러지는 것을 보여준 최영준은 문학적 필체로도 이름이 높다. 길을 그저 오가는 교통로로만 인식했던 시절에 그는 그 길에 담긴 사연을 읽어냈고 문명의 깊이를 드러내주었다.

서양의 길이 속도와 물질의 획득이 주가 되었다면 우리의 길은 "통로, 방향, 순환을 의미하고 동시에 형이상학적인 개념인 이성과 도덕을 의미"한다고 했던 그는 길의 내면을 성찰한 역사지리학자였다.

그가 남긴 『홍천강변에서 주경야독 20년』은 '역사지리학'의 미학을 고스란히 표현해내고 있다.

"밭 아래 넓게 펼쳐진 모래밭, 넓고 잔잔한 강, 집 앞에 병풍처럼 우뚝 서 있는 짙은 녹색의 산은 안동 풍산의 병산서원 주변과 흡사하다. 내가 감히 서애 유성룡 흉내를 내볼 엄두가 나지 않으나 주위 풍광에 어울릴 만한 글방 하나를 짓고 들어앉아 낮에는 논밭을 다듬고 밤에는 글을 읽으며 살고 싶다."

우리 국토의 아름다운 역사를 탐험하고 발견해낸 한 역사지리학자의 소박한 소망이었다.

13 이오덕

참으로 맹렬하고 집요하게 우리말과 글쓰기 교육에 헌신한 이오덕. 그의 제자들은 오늘날에도 한국사회 곳곳에 포진하고 있다. 입말이 글이 되어야 한다며 무엇보다도 사라지거나 비틀려버린 우리말의 본디 모습을 돌이켜 바로 세우고자 했다. 식민지 시대의 유산은 청산되어가기 시작했다. 우리말의 아름다움이 새롭게 새겨지게 된 것이었다.

"오늘날 우리가 그 어떤 일보다도 먼저 해야 할 일은 외국말과 외국말법에서 벗어나 우리말을 살리는 일이다. 한번 병들어 굳어진 말은 정치로도 바로잡지 못하고 혁명으로도 할 수 없다. 이 땅의 민주주의는 남의 말, 남의 글로 창조할 수 있는 것이 아니라 우리말로 창조하고 우리말로써 살아가는 것이다."

『이오덕의 교육일기』『우리글 바로 쓰기』『우리 문장 바로 쓰기』 등은 언어 교육에 금자탑이 되었다. 그의 이러한 생각은 다만 말과 글에서 시작된 것이 아니라 자연과 생명에 대한 존중에서 비롯되었다. 그의 교육관은 언제나 아이들에 대한 존중이 그 기본철학이었다. 이오덕은 우리 모두에게 스승이다.

14 이광주

우리 사학계에서 서양사 연구는 두텁지 못하다. 그런 현실에서 서양사와 서양지성사, 서양문화사의 깊이를 뚫어낸 이광주는 특별한 존재다. 70년대에 이미 그는 정신의 주체성을 주목한 마르크스주의자 게오르크 루카치, 르네상스의 대역사가 야코프 부르크하르트, 중세사의 거장 요한 하위징아를 한국사회에 알리고 유럽의 대학과 지성사를 정리해냈다.

그 또한 전두환 신군부에 의해 대학에서 축출되었던 사실은 잘 알려지지 않았다. 그를 조사한 국군보안사령부의 책상에는 "마르크스주의를 무비판적으로 수용하고 있음"이라고 쓰여 있는 노트가 있었다. 이광주의 정신세계는 광범위했다. 『나의 유럽, 나의 편력 : 젊은 날 내 영혼의 거장들』은 그런 그의 면모를 보여주는 데 아쉽지 않다. 『교양의 탄생 : 유럽을 만든 인문정신』에 이르면 우리는 그의 세계에 탄복하게 된다.

"결국 세계는 한 권의 아름다운 책에 이르기 위하여 만들어졌다"는 말라르메의 시를 좋아한 이광주는 이 시대의 독서 유랑자였다. "막연히 마음먹고 집을 나서는 길은 또 다른 자기를 만나는 길, 자기로의 귀환이다."

이광주가 우리에게 권하는 지적 편력의 출발점이자 종착역이다.

15 박태순
『박태순 기행 : 국토와 민중』은 국토 인문학의 이정표가 되었다.

"나는 국토의 편력과 민중세계의 답사는 둘이 아니라 하나라는 사실을 거듭 확인했다. 이 민중의 국토, 이 국토의 민중을 올바르게 관계 맺게 하는 일, 우리의 국토는 민중의 차지며, 민중은 우리 국토의 주인이라는 것을 확고하게 인식하는 일은 몹시 중요함에도 불구하고 어찌 된 일인지 그동안 소홀히 여겨왔다는 사실을 깨닫는다.”

작가 박태순에게 문학과 역사는 분리될 수 없었다. 그 문학은 오늘의 역사를 감당하는 힘이었다. 제3세계 문학을 소개하는 선도자였고 동학농민전쟁에서 한국전쟁, 그리고 산업화 과정의 폭력을 고발했다. 그는 우리 국토의 곳곳에서 그걸 확인하고 일깨워나갔다. 그의 국토인문학은 민중의 사회적 전기와 맞닿아 있다. 그는 국토를 걸었다.

“내가 길을 새롭게 하는가 길이 나를 새롭게 하는가. 양자택일이 아니라 양자양택兩者兩擇이리라.”

그는 길 위에서 태어나는 우리 자신을 보았다.

16 최명희
대하소설 『혼불』은 무려 10권이다. 그의 『혼불』은 처연하고 끈질기게 민족사의 비극을 그려내고 있다. 일제강점기를 거치는 3대의 민족사가 좀체 끊어질 수 없는 목숨의 서사로 기록된다.
51세로 요절한 최명희가 살아 있다면, 그는 한국 민족문학의 지평을 넓히는 데 더 많은 역할을 했을 것이다. 그의 언어는 아름답고 바다처럼 깊었다.

“저무는 동짓달 눈 내릴 듯 흐린 날씨의 적막함, 스산하면서도 그립고, 회색의 하늘이 뭔지 사람을 불러들이는 것 같은, 침묵의 습자지 같은, 그걸 어떻게 써볼까, 마감 독촉은 빗발치는데, 사흘째 되던 날, 비가 오려고 먹구름이 몰려오면서 한기가 쫙 끼치는데 그대로 동지섣달 추위가 느껴졌어요. 그 탁한 여름 공기가 어느 저녁에 회색과 보라로 뒤섞이면서 푸른 비늘이 이는 걸 봤지요. 그 공기의 혼은 나의 정수리로 밀밀하게 흘러 들어와 감기었습니다. 그길로 '날이 저문다' 하고 쓰기 시작했지요."

『혼불』은 숨이 막히는 문장이다. 이토록 긴장의 끈을 끝까지 풀지 않고 있다니. 최명희는 일필휘지가 아니라 하염없이 다듬어가는 문장을 썼다. 『혼불』은 그렇게 세상을 불질러 갔다. 이 장편의 대서사를 오늘 다시 열독한다면 우리는 또 다른 호흡의 깊이를 가질 수 있을 것이다.

3. 『그해 봄날』, 고전의 무게를 지니다

『그해 봄날』에 수록된 이들의 삶을 성찰하면서 읽는 행위는 고전을 깊게 읽는 일과 비견된다. 고난의 한복판에서 희망의 길을 열어간 정신의 힘은 세월의 풍파로 마모되지 않는다. 읽고 생각할수록 그 사유의 샘물은 깊어진다.

"우리네 인생길 반 고비에 올바른 길을 잃고서, 나는 어두운 숲속에 있었다. 아, 거칠고 사납던 이 숲이 어떠했노라 말하기가 너무 힘겨워 생각만 하여도 몸서리쳐진다! 죽음 못지않게 쓸쓸했기에 나 거기서 깨달은 선을 말하기 위하여, 거기서 본 다른 것들에 대해 이야기하리라."

단테^{Dante, 1265-1321}의 『신곡』 첫 대목이다. 어둠에 갇혀 길을 헤매면서 공포에 질린 한 사나이의 절규가 들린다. 그러나 이야기는 여기서 막을 내리지 않는다. 무수한 박해로 겁에 질려 연약해진 영혼은 지옥을 통과하면서 마침내 빛으로 가는 길을 찾아 나섰기 때문이다. 그 긴 여정을 지나면서 그는 무엇으로도 무너지지 않는 정신 그 자체로 우뚝 선다.

추방과 유랑의 소용돌이에서 단테는 질식할 것 같은 중세의 부패와 억압과 혼란을 고독하게 뚫어낸 유럽 전체의 지성이 되었다. 하지만 대가는 피할 수 없었다. '자기 시대의 망명자' 그것은 진정한 지성의 당연한 운명이었다. 16인의 현인들 역시 다르지 않다.

단테가 말한 '어두운 숲'은 13세기 유럽의 중세에만 있었던 것이 아니다. 근대 서구의 제국주의적 사유 체계를 비판한 『오리엔탈리즘』의 저자 에드워드 사이드^{Edward Said, 1935-2003} 역시 자신이 살고 있는 시대에 저항하고 불화할 수밖에 없는 지성의 '망명자적 본질'을 말하고 있다. 사이드는 발터 베냐민^{Walter Benjamin, 1892-1940}의 날카로운 통찰을 그대로 받아 모든 문명 속에 숨어 있는 야만을 응시하게 한다. 야만에 합류하는 지성은 지성이 아니다. 한나 아렌트^{Hannah Arendt, 1906-1975}의 『어두운 시대의 사람들』도 20세기 파시즘의 폭력과 대치했던 용기 있는 지성의 사회적 전기를 기록하고 있다. 『그해 봄날』도 이런 지성의 맥박을 짚어내고 있다.

시대를 훨씬 더 거슬러 올라가 보자면, 우리가 흔히 '구약'^{舊約}이라고 부르는 히브리 성서 또한 이와 다를 바 없다. 거대한 제국 바빌론에 끌려간 저 고대 히브리인들의 정신적 충격은 저주로 가득 찬 지옥을 경험하는 것이었다. 그 고백이 창세기 첫 장 태초의 사건으로 이어진다.

"태초에 하나님이 천지를 창조하셨다. 땅이 혼돈하고 공허하며, 어둠이 깊음 위에 있고, 하나님의 영은 물 위에 움직이고 계셨다. 하나님이 말씀하시기를 '빛이 있으라'라 하시니 빛이 생겼다."

모든 창조는 바로 이 혼돈과 공허, 어둠과의 싸움이다. 빛은 그 투쟁 없이는 도달하지 못하는 저편 너머의 세계다. 그런 까닭에 빛의 재료는 놀랍게도 이 창세기 대목이 일깨우는 것처럼 혼돈, 공허, 어둠이다.

히브리인들은 2000년도 넘게 이 이야기를 읽으면서 자신들의 정신 세계를 견고히 다듬어왔다. 역사의 단위가 그저 몇십 년, 몇백 년이 아니다. 어느 날 갑자기 이루어진 일이 아니다. 현실을 기록하고 그 기록을 성찰하고, 성찰한 것이 숙성되어 사유의 심원한 세계를 열어왔다.

우리에게 눈을 돌려보자. 1988년 한길사는 일본에서 활동하던 역사학자 강재언姜在彦, 1926-2017의 『한국의 근대사상』을 펴낸 바 있다. 그는 한국 근대사상의 본류에 대해 말한다.

"우리 민족이 매우 풍부한 사상성을 지녔다는 사실, 식민지화의 내리막길을 막기 위한 반침략과 반봉건의 피어린 고투가 외래 침략자와 봉건적 억압자에 대한 단순한 반발이 아니라 깊은 사상성과 밀접히 결부되어 있다는 사실 말입니다."

강재언은 조선조 봉건체제의 지배구조에서 배제되고 밀려나 있던 이들의 목소리를 탐색한다. 벽촌에서 민중과 함께 숨 쉬면서, 고난 가운데서 새로운 세상을 꿈꾸었던 이들의 정신사적 계보를 추려낸다. 그것은 동학과 개화, 독립운동으로 이어지는 "조선혁명사의 사상적 토대"였다. 역사의 외모만이 아니라 당대의 혈관에 흐르는 내면의 서사를 직시하게 한다.

바로 그런 점에서 출판사 한길사를 일궈온 김언호의 『그해 봄날』은 고난받는 진실의 보편성을 일깨우는 동시에 우리가 기억해야 마땅한 현대사의 육성을 들려준다. 그것은 낮에도 밤이었던 때를 혼신의 힘으로 돌파해나간 '당대의 망명자'가 남긴 '여전히 살아 움직이는 유산'이다. 우리에게 정신의 골격을 바로 잡는 사상의 문서가 된다.

『그해 봄날』에 등장하는 이들은 김언호가 직접 만나 이야기를 나누고 한 시대의 고통을 공유하면서 '책'이라는 작업을 통해 자신들의 삶과 지혜를 역사로 아로새긴 현인들이다.

추방과 박해, 망명과 고난의 시절을 겪어내면서도 맑은 계곡에서 기어이 길어 올린 찬물을 우리의 정수리에 붓는 현인들이다. 지성의 수준을 넘어선 자리에 있다.

『그해 봄날』을 읽을 까닭이 분명해진다. 오늘 우리가 마주한 시대의 허위, 야만, 폭력에 굴하지 않고 아름답게 살아갈 수 있는 정신과의 대화다. 지금으로서는 상상하기 어려운 고초를 감당하면서도 진실에 목마른 시대를 위해 자신을 기꺼이 바친 이들의 목소리는 우리에게 언제나 구원이다.

4. 그리고 '김언호의 세계'

『그해 봄날』은 오늘의 시대가 경청할 현인들의 삶과 목소리를 담아냈기도 하지만, 출판인 김언호의 역사의식이 함께 녹아 있는 한 권의 책이다.

나와 그와의 인연은 30년을 넘는다. 그 세월 속에서 나는 김언호가 현실의 우여곡절을 그대로 지나치지 않고 그 안에 도사리고 있는 정신의 모순과 맥박을 짚고 포착하기 위해 혼신의 힘을 다하는 것을 생생하게 지켜 보아왔다.

김언호는 그런 의미에서 출판인인 동시에 우리 사회의 문화기획자이기도 하다. 그것은 우리의 의식이 딛고 서야 할 주춧돌을 세워가는 작업이다. 그것은 한나 아렌트가 말하는 '인식의 효모' fermenta cognitionis를 세상에 퍼뜨리는 일이기도 하다. 담대한 발상과 멈추지 않는 추진력 없이는 이루어질 수 없는 프로젝트다.

청춘의 시절에 그가 만났던 이들은 우리 시대의 지성사와 실천의 역사를 온몸으로 살아온 분들이다. 김언호에게는 축복의 시간이었고 우리 모두에게도 감격의 기록으로 남아 있다. 세월이 많이 지났어도 이 기록 속의 인물과 사연, 그들이 남긴 '책'은 이제 공공적 자산이 되었다. 문명은 이런 공유재의 축적 위에 서는 미래다.

한 권의 책은 한 개인의 자취로만 남지 않는다. 그 탄생 자체가 집단적인 산물이자 시대의 성과다. 김언호는 이런 시대의 요청을 귀담아듣고 그 임무를 치열하게 수행한다. 『그해 봄날』은 그래서 그 자체로 역사가 된다. 우리가 거쳐온 시대의 명암明暗이 새겨진 너와 나 모두의 소중한 자산이다.

21세기의 현실은 날로 가벼워지고 있다. 물론 무거워야만 좋다는 뜻은 아니다. 하지만 성찰의 힘을 외면하고 시류에 좌충우돌하는 의식세계는 우리를 위기로부터 지켜주지 못한다.

고전은 언제나 인간의 의식세계에서 마지막 보루다. 우리를 지탱하는 전설이며 신화다.

이 작업을 '출판'이라는 노고를 통해 이루어낸 김언호 역시 그 전설과 신화의 소중한 주역이다. 그를 통해 만나게 되는 현인들에게 귀 기울여 보자. 우리의 역사에 이런 분들이 계셨다는 사실에 감사할 것이다. 시대가 바뀌어도 여전히 녹슬지 않은 '고전의 울림'을 들을 수 있기 때문이다.

『그해 봄날』은 우리 시대를 만든 정신의 고전이다. 고난의 시기를 통과한 한 시대의 살아 있는 육성이다. 고전적 정신과 육성을 재현해낸 김언호가 고맙다. 현인들이 들려주는 음향은 망각과 혼돈에서 우리를 구해주는 나침반이다. 『그해 봄날』을 읽는 일은 한 시대의 나아갈 길을 일깨우는 시대의 조타수操舵手가 되는 길이다.

『그해 봄날』의 첫 장을 열고 마지막 닫을 때까지 우리는 역사와의 대화를 이토록 깊게 할 수 있다는 감격에 취할 것이다. 결국 끝까지 살아남아 불멸不滅의 혼이 되는 것은 위대한 정신과의 교류다. 그해 봄날은 그렇게 '찬란한 기억'이 된다.

김민웅

경희대 미래문명원/교육 대학원 교수다. 대학의 인문교육에 새로운
전기를 마련한 경희대 '후마니타스 칼리지'에서 인간의 가치탐색,
문명사, 텍스트 깊이 읽기 교육을 하고 있으며 서울자유시민대학에서
윤리논쟁, 유라시아 실크로드 문명사 강의를 통해 시민들을 위한
평생학습 역량강화에 힘쓰고 있다. 정치학과 신학을 전공했고
언론인, 목회자, 방송인, 시민운동가 등 여러 영역에서
활동해온 전방위적 지식인이다.
저서로는 『인간을 위한 정치』 『시대와 지성을 탐험하다』
『창세기 이야기 1, 2, 3』 『자유인의 풍경』 『반민특위의
역사적 의미를 다시 묻는다』 『동화독법』 『밀실의 제국』
『보이지 않는 식민지』 등이 있다. 김민웅은 특히 세계체제 분석을
통해 미국의 패권체제와 그 역사를 비롯해 마르크스주의 비판철학과
인간의 의식혁명, 정치와 문학, 역사적 예수, 미래학과 인류문명에
대한 연구를 진행하고 있다. 한반도 평화체제 수립은 그에게
가장 중요한 실천운동 영역이다.

The Spring Days of That Year:
The Publisher Kim Eoun Ho Met the Sages of Our Time
By Kim Eoun Ho

한길사 창립 44주년 기념기획

그해 봄날
출판인 김언호가 만난 우리 시대의 현인들

지은이 김언호
펴낸이 김언호

펴낸곳 (주)도서출판 한길사
등록 1976년 12월 24일 제74호
주소 10881 경기도 파주시 광인사길 37
홈페이지 www.hangilsa.co.kr
전자우편 hangilsa@hangilsa.co.kr
전화 031-955-2000-3 **팩스** 031-955-2005

부사장 박관순 **총괄이사** 김서영 **관리이사** 곽명호
영업이사 이경호 **경영이사** 김관영
편집 백은숙 노유연 김지연 김대일 김지수 김영길
마케팅 서승아 **관리** 이주환 문주상 이희문 원선아 이진아
디자인 창포 031-955-2097
인쇄 예림 **제본** 예림바인딩

제1판 제1쇄 2020년 10월 30일

값 19,000원
ISBN 978-89-356-6344-6 03100

그해 봄날